U0920835

成都统计年鉴

CHENGDU STATISTICAL YEARBOOK

2002

成都市统计局　编
COMPILED BY CHENGDU STATISTIC BUREAU

(京)新登字041号

图书在版编目(CIP)数据

成都统计年鉴·2002/成都市统计局编
—北京：中国统计出版社，2002.7
ISBN 7-5037-3800-6
Ⅰ.成…
Ⅱ.成…
Ⅲ.社会经济统计—统计资料—成都市—2002—年鉴
Ⅳ.C832.711-54
中国版本图书馆CIP数据核字（2002）第034182号

成都统计年鉴—2002

作者/统计局
责任编辑/魏玉英　蔡启新
E-mail/yearbook@stats.gon.cn
责任校对/魏玉英
封面设计/汪琪
出版发行/中国统计出版社
通信地址/北京市西城区三里河月坛南街75号　中国统计出版社
电话/（010）63262295
印刷/成都无线电机械学校印刷厂
经销/新华书店
开本/16开本　889×1194毫米
字数/90万
印张/33.5
印数/1-1300
版别/2002年7月第1版
版次/2002年7月第1次印刷
书号/ISBN 7-5037-3800-6/F·1365
定价/198元

《成都统计年鉴—2002》编辑委员会

主　　任： 吴平国　成都市人民政府副市长

副 主 任： 王宗全　成都市人民政府副秘书长

沈　逊　成都市统计局局长

委　　员：（按姓氏笔划为序）

门　生　马　旭　邓全忠　王　钢　艾毓辉　包　惠　李　建　李大地
李水泉　李茂成　李明昌　李美景　刘　仆　刘玉成　向世勇　朱志宏
陈　恒　陈效全　陈顺自　杜开宗　吴宏波　杨　伟　杨洪举　严晓琴
张小彦　张代平　张晓雪　张建远　罗大常　金嘉祥　周光荣　周鸿德
贺晓碧　袁雨田　黄　平　谢述均　谢直兴　蒋志浦　蒲祥海

特邀委员： 李　辉　李盛意　刘玉才　陈　红　郑小明　赵振元　钟强文　胥国勋
柴昌建　熊易华　薛玉川

《成都统计年鉴—2002》编辑部

主　　编： 段忠德

常务副主编： 曹昌玉

副 主 编：（按姓氏笔划为序）

王学华　王斌山　邓丽娟　左正洪　向　丹　余卫平　余新华　杨小西
林　原　姚蕴珊　南天云　晋　勇　高　燕　黄　蘋　黄衍安　彭继红
辜晓英　魏碧西

责任编辑： 魏玉英　蔡启新

编　　辑： 曹昌玉　李　华　魏玉英　汪　琪　高　艳　刘　忠　龚蜀冰　何晓丽
王晓初　魏　无　吴　虹　童良芸　彭　骏　徐冰梅　李世成　郑明华
李　丽　孙宝东　万　茜　向　平　邹　玲　谢　嘉　夏　波　王　炜
陈　虹　姚茹慧　汤艳勤　舒宗惠　喻志强　杨朝伦　孟宪超　赖培霞
赵家荣　赖　敏　陈　珍　马　琦　车明琼　刘劲秋　郇军兰　冯晟臻
周　科

彩图编辑： 汪　琪　伍鹤皋

文字组稿： 汪　琪

英文翻译： 魏玉英

编者说明

一、《成都统计年鉴——2002》是一部全面反映成都市社会经济发展情况的综合性统计资料年刊，本书收录了成都市及区（市）县2001年社会、经济等方面大量的统计数据，以及建国以来，特别是改革开放以来重要年份全市及各区（市）县的主要统计数据。

二、本年鉴共分十七个部分：即：

成都概况

1.综合部分，包括自然地理、行政区划及社会经济发展的主要指标；

2.人口及劳动力；

3.固定资产投资、建筑业；

4.财政、金融、证券和保险；

5.人民生活；

6.城市公用事业；

7.农业；

8.工业；

9.运输、邮电；

10.国内贸易、物价、外经、旅游；

11.科技、教育和文化；

12.体育卫生、福利及其他；

13.企业调查；

14.区（市）县；

15.普查资料；

附录：全国重点城市统计资料和部分企业、事业、机关单位简介。

三、本年鉴资料编辑顺序、所使用的度量衡量单位均采用国际统计标准。

四、本年鉴中统计数据的统计口径及资料来源在各部分都作了较为详细的说明。

五、本年鉴的符号说明：

“…”表示数据不足本表最小单位数；

“空格”表示该统计数据不详或无该项统计数据；

“#”表示其中项；

“①”表示表下方的第一项注解

成都市工商行政管理局

国家工商总局局长王众孚在市工商局党组书记、局长杜开宗陪同下视察注册登记大厅

王恒丰副省长在市工商局党组书记、局长杜开宗陪同下视察12315消费者申诉举报中心

2001年，成都市工商行政管理局围绕成都经济跨越式发展，社会要保持稳定的工作目标，全面开展整顿和规范市场经济秩序工作，圆满完成了机构改革和与所办市场脱钩的任务，队伍进一步加强，各项工作取得的进展。全年共查处各类经济违法违章案件19256件，比 2000年同期增加14.5%，捣毁制假窝点114个。移送司法机关处理12件24人。罚没人库金额3476万元，比上年同期增加42.4%。

朱总理2001年12月22日就 2002年工商行政管理局工作作出重要批示：工商行政管理部门是市场监管和行政执法的政府职能部门，承担着规范和维护市场秩序的重要职责。就是说，各级工商行政管理部门要把好市场主体的人门关。当好市场运行的裁判员，作好市场秩序的坚强卫士。所有工商管理人员都要忠于职守，勇于负责，清正廉洁，执法如山，这是建成社会主义市场经济的保证。

2002年成都市工商行政管理局仍将以邓小平理论和江泽民总书记“三个代表”重要思想为指导，认真贯彻落实党的十五届五中、六中全会和朱总理的重要批示，按照成都经济跨越式发展的总体部署和应对加人WTO的要求，深入开展整顿与规范市场经济秩序工作，转变观念，开拓创新，大力推进市场监管制度改革，努力建设公平竞争、规范有序统一的大市场，提高经济运行的质量和效益；围绕我市经济发展 中心工作，依法行政，全面建设服务型工商行政管理；进一步加强队伍建设，提高执法水平和服务经济发展的能力，以优异成绩迎接党的十六大的召开。

成都市工商局查获注水猪屠宰场，图为屠宰场老板正接受办案人员询问

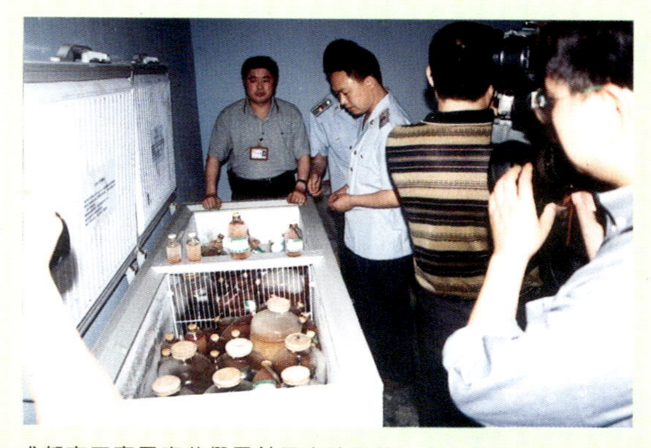
成都市工商局查获假冒兽用血清案件，查扣假冒血清5万毫升

交通银行成都分行

JIAOTONG YINGHANG

交通银行成都分行于1989年11月对外营业，1997年6月改建为省级管辖分行。在成都地区设有营业网点近百个，正式员工1200多人，同时管辖自贡分行、攀枝花支行、遵义分行和广元支行。先后开办了国内商业银行能从事的各种金融业务，太平洋卡和“外汇宝”等品牌业务初具规模。实现了本外币一卡通、全国通，并积极推广电话银行、自助银行等现代化服务手段。认真贯彻国家信贷政策，集中资金支持了一批国家、省市重点企业和项目，为促进地方经济发展、方便人民生活作出了积极的贡献。

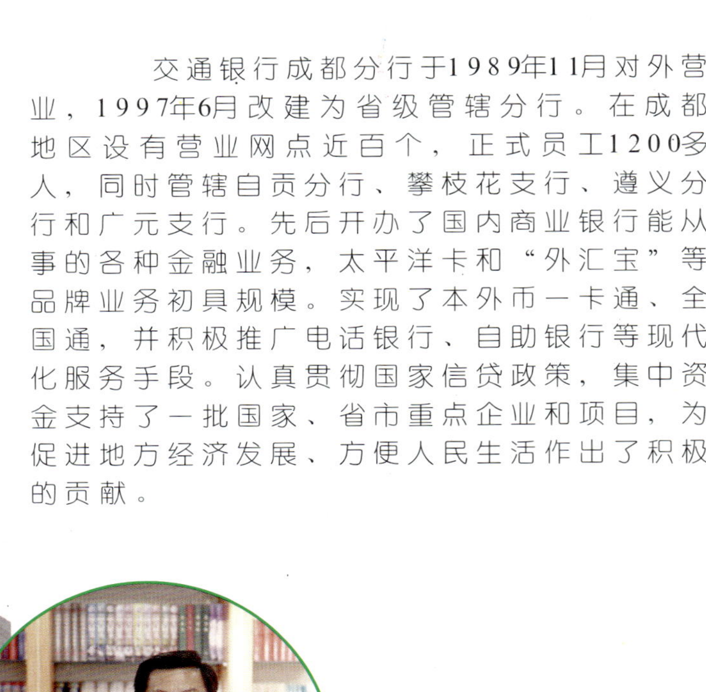

党委书记、行长 蒋志浦

办公大楼

交通银行
BANK OF COMMUNICATIONS
成都分行
CHENGDU BRANCH

营业大厅

电脑中心

支行行员介绍该行的个人贷款业务

庆祝交通银行重新组建15周年举办的才艺大赛

2001年，交行成都分行按照总行提出的“面向新兴市场，综合功能领先，国际业务占优”的发展战略，以分支行联动和业务拓展为主线，加大市场营销、协调整和清收工作力度，使各项业务在新世纪上了一个新台阶，主要业务指标超完成了总行下达计划。

截止2001年末，交行成都分行全辖人民币存款余额121.37亿元，增幅14.28%，其中储蓄存款余额51.92亿元，增幅为29%；外币存款余额14274万美元，增幅8.33%。太平洋卡年末发卡量为58万张，较年初新增20万张，并在成都市率先实现银行卡跨行通用。人民币贷款余额逾80亿元，增幅11.68%。个人贷款业务加快发展，且贷款质量高、效益好。

交行成都分行认真贯彻中国人民银行《商业银行中间业务暂行规定》，推出了太平洋卡IP电话，“储而保”（代理保险）、“银证通”（银证转帐卡炒股）、保管箱等新业务品种。“外汇宝”（个人外汇买卖业务）交易量达8.6亿美元，较上年增长3倍，保持了在当地同业的领先地位。各类票据业务增长迅速，全年累计办理贴现、转贴现近44亿元。

在积极发展信贷业务，调整信贷结构的同时，加强了对全行资金的调度和管理，进一步规范内部资金管理与核算办法，提高支行一级自我调度资金的能力。在确保全行资金头寸的前提下，稳步开展资金拆借、票据贴现、债券回购以及中间业务，提高盈利水平。2001年，分行本部实现利润3271万元。

交通银行成都分行将秉承“一流的服务质量，一流的工作效率，一流的银行信誉”的办行宗旨，竭诚为社会各界和广大客户提供优质高效的服务。殷切希望继续得到社会各界的大力支持，为促进省市社会经济的跨越式发展作出更大贡献。

中房集团

总经理
法人代表 薛玉川

本公司成立于1984年9月，系国家一级房地产企业、全国首届百强企业、银行信用AAA级企业、省级文明单位、中房集团双文明企业。

公司始终坚持“统一规划、合理布局、配套建设、综合开发”和“社会效益、环境效益、经济效益”三统一的方针，十八年来共开发各类房屋320万平方米，向社会提供优质商品房3.5万套，让15万市民喜迁新居。公司先后开发了玉林、李家沱、平安苑、战旗等14个新型住宅小区，并以造型独特、配套完善、环境优美、质量优良而著称，使“中房成都造”成为蓉城市民的青睐品牌。

公司陆续完成了华兴街、西安路等十多处旧城改造项目和政府交办的熊猫万国商城、青羊正街等重点拆迁任务。累计投资约4亿元，用于住宅小区的公建配套建设，为城市的可持续发展和人民的安居乐业做出了巨大贡献。公司坚持“人本”理念，强化商品房质量保证体系的建立，杜绝“豆腐渣”工程，工程质量一次性合格率100%，1998年度优良率达到82%。公司现有总资产达11亿多元，国有资产保值增值率在18%。企业先后被评为成都市优秀开发单位、市文明单位标兵、2001四川省房地产开发企业综合实力10强、2001四川省房地产开发企业最佳效益20强、2001年四川省房地产开发企业最大市场占有份额首强、中房集团“双文明”企业，并跻身首届中国房地产开发百强企业金榜。公司所开发的“平安苑”小区，被评为97’成都房地产十佳项目，98’成都市知名住宅、99’蓉城好住宅、99’成都最佳绿地、2000市民喜爱住宅等。

“蜀风花园城”是公司步人21世纪推出的匠心之作，总建筑面积85.7万平方米，可居住5000余户，绿地率48.72%。作为高品质的居住区，其住宅性能的70%将达到AA、30%达到AAA级的国家标准。该项目将充分展示现代川西民居的建筑风格和巴蜀文化的底蕴，为当代人营造温馨、舒适的绿色家园。

在“一业为主”的基础上，公司积极开展投资主体多元化的有益尝试，涉足餐饮娱乐、社会化的物业管理、教育产业投资等领域。

面对新世纪、新挑战，公司将加快管理与创新的步伐，抓住机遇，增强效益，扩大市场份额，努力开创更为广阔的发展空间。

【蜀风之夜】

华灯初上，夜幕低垂
是什么让人如此沉醉
连满天彩霞都双颊酡红
是晚风的低语，
是溪水的呢喃
是温暖的灯光下
家人的叮咛
是浪漫的夜色中
朋友的等待
凭水临风，所有的日子
让融融情意在夜空中流淌

狄廷国副市长视察蜀风花园城规划

省委常务副书记秦玉琴一行春节看望慰问成都电信职工

成都电信新推出业务无线市话的签字仪式

2001年通信业务收入不含两费完成25.09亿元，同比增长6.3%，占全省总收入的36.38%。总成本费用完成17.39亿元，同比下降3.9%。收支差额完成4.99亿元，同比下降10.1%。资产负债率由去年同期的45.08%下降为32%。

新增电话用户32.7万户，完成年计划的110%，全市电话用户数累计达到206.4万户。在全国省会城市中居第二，仅次于广州。

2002年工作的总体思路：分类指导，集约经营，科学管理，追求效益。通过分类指导来指导发展，通过改革和服务来促进发展，通过发展保持稳定，向科学管理要效益。

2002年主要工作目标：完成电信业务收入26.5亿元，新增固定资产投资186，310万元；新增、扩容交换机容量50万门；电话放号35万户；发展来电显示业务15-20万户；新增数据通信基础业务用户1，500户；发展宽带接入用户3.5万户；完成成都本地电话网升八位工作；完成第二长途枢纽楼建设。

成都市电信分公司2001年下半年经营业务发展动员大会

奉守「用户至上、用心服务」的窗口一线营业人员

成都市电信分公司

王钢总经理接受省电视台的采访

2001年，是新世纪的开局之年，也是成都电信公司化运作的第一年。在这一年里，成都电信不仅内外部环境发生了深刻变化，而且在经营发展上遇到了前所未有的困难，业务收入同比一度出现负增长，成都电信全体员工毫不退缩、勇于拼搏，在省公司、市委市政府支持和公司领导班子的带下，围绕“深化改革、创新机制、提升服务、加强管理、突出效绩”的年度工作方针，解放思想，转变观念，克服困难，在改革中求发展，在强化管理中求效益，切实改善服务，努力推进三个创新，以全心服务、树全新形象，提前两个月完成了重点业务发展全年目标，电话用户在国庆节前突破200万户，成为成都电信发展史上的又一里程碑，为成都电信的持续发展奠定了较为坚实的基础。

团结、务实、进取的公司领导班子

成都电信第一长途电信枢纽大楼

成都市公安局

2001年，全市公安机关在市委、市政府、市委政法委和上级公安机关的领导下，认真贯彻全国和省、市治安工作会议精神，紧紧围绕服从、服务于经济建设这个中心，充分发挥职能作用，采取非常措施，开展了声势浩大的严打整治斗争，在维护政治稳定和社会安定等方面做了大量而卓有成效的工作，为全市的改革开放、实施西部大开发战略和经济建设营造了一个良好的社会治安环境。

省、市领导检查指导公安工作

公安民警开展法制宣传活动

维护了全市社会政治稳定

一是广泛搜集情报信息，粉碎了境内外敌对势力、敌对分子的渗透破坏活动。二是不断研究同“法轮功”斗争的对策，有效遏制了“法轮功”邪教组织的反弹。三是完善排查机制，依法处置了各类群体性治安事件。

打击了种类刑事犯罪活动

按照中央、省、市社会治安工作会议的要求和上级公安机关的统一部署，开展了轰轰烈烈的“严打”整治斗争。全年共开展了“狂飙-A”至“狂飙-E”系列专项斗争和数次打击“两枪”、“两盗”集中统一行动，狠狠打击了违法犯罪分子的嚣张气焰，保障了全市社会治安形势的总体平稳，取得了为期两年严打整治斗争的阶段性成果。

重点整治了治安乱点

紧紧围绕严打整治斗争的各项任务，开展了对群众反映强烈、治安情况复杂辖区的整治工作。按照“确定一年、整治一处、巩固一处、务见实效”的原则，有的放矢地对全市确定的343处热点辖区，特别是市综治委重点督办的32处，中央综治委督办的6处热点辖区，开展持续集中治理，取得了较好实效。全市各级公安机关还认真贯彻执行“三部一局”的通知，对公共娱乐场所开展了集中突袭整治，查禁、取缔卖淫嫖娼、聚众赌博、吸食毒品等社会丑恶现象，对多个活动猖獗、群众反映强烈的黄、赌场所进行了重点打击。同时，按照“联合执法、各司其职、依法行政”的要求，与政府各职能部门密切配合，分别在春、秋季新学年之初，对在中、小学校校园周边进行了3次大规模的统一整治行动，使校园周边治安秩序明显好转，广大师生的安全感明显增强。

责任区治安民警深入基层为群众排忧解难

进一步完善了防控网络

市局结合建立“打防控”警务运作机制的总体构想，从控制多发性案件、多发案部位、多发案人群入手，落实了各部门、各警种的防范责任，着重提高防范的针对性和实效性。一是紧密配合严打斗争，强化各警种在控制街头犯罪方面的协同作战能力。二是规范派出所勤务工作和责任区治安民警工作职责，进一步强化日常基础防范和外口管理工作，增强了为现实斗争服务的意识。三是理顺基础防范工作与案侦工作的关系。四是完善群防群治网络，进一步加强治保会的建设，有效地遏制了可防性案件的发生。

消防官兵奋勇降火魔

完成了各项重大安保工作

全市各级公安机关在全力组织开展严打整治斗争的同时，以加大社会面的治安控制为重点，以高度的政治责任感和使命感投入到保卫工作中，圆满完成了各项安全保卫工作。全年共完成一级警卫任务5次，二级警卫任务46次，三级警卫任务9次，重要会议的保卫任务95次，大型活动的保卫任务87次。一是圆满完成省、市人大、政协会议的保卫任务，维护了建党80周年庆祝活动期间的社会治安秩序。二是紧急部署，迅速出动，切实维护了在美军侦察机撞毁我军用飞机期间、“911”期间美领馆及其周边的社会治安秩序及全市的社会稳定，保证了北京申奥成功、中国足球队成功冲进世界杯期间我市群众的自发庆祝活动的有序进行。

特警制服“暴力犯罪嫌疑人”

加强了公安基础设施建设

一是加快全市公安综合信息系统建设，确保以打防控为重点的信息工作取得明显成效。二是市局综合部门充分发挥职能作用，提高办事效率，推行“限时服务制”等适应严打斗争、服务于中心工作的非常措施。

严打战役取得阶段性胜利

强化了公安队伍自身建设

一是深入开展“三项教育”活动，使队伍的思想作风、工作作风、纪律作风等逐步发生了新的变化，民警的宗旨意识及实事求是、法制意识有了进一步增强。二是按照市委、市政府的统一部署，完成了机构改革工作。以“三个代表”重要思想学习活动为载体，强化了基层党建工作，深化了创建“四好”领导班子活动，以改革人事制度为动力，实行全员考核和民警低分培训、末位调整、辞退制度。三是狠抓教育培训工作，努力提高民警综合素质和业务水平。四是在从优待警方面采取了新的举措。五是掀起了“创优争先”活动的高潮。在全体民警的共同努力下，市局荣获了2001年省级最佳文明单位称号。全年受到市局记功、表彰的集体共53个、个人共116人次，还有78名个人受到市局嘉奖。六是进一步完善警务公开制度，以警务公开促进公正执法，健全了内部的执法监督机制。

川石·克锐达金刚石钻头有限公司

四川川石·克锐达金刚石钻头有限公司（原川石·克里斯坦森金刚石钻头公司）位于四川成都市二仙桥，始建于1986年，如今已经走过了十六年光辉历程，是全国最早成功应用国外先进企业的管理模式，取得最佳社会综合经济效益的中外合资企业之一。拥有国际领先的金刚石钻头设计制造技术和设备，其产品畅销海内外，为亚洲和国内最大的金刚石钻头制造商。长期以来为 国内及欧美 、中东、 东南亚 、北非洲等 油田提供了3－1／2〃至 17－1／2〃各种规格型号的金刚石全面钻及取芯钻头一万多只，取得了骄人的经营业绩和社会效益。因此公司先后曾荣获国家有关部门授予“技术先进型企业”“全国规模最大300 家三资企业之一”“四川省优秀外商投资范例企业”“四川省最佳效益工业企业”“出口创汇先进企业”和“四川省纳税先进单位”等称号。

公司从与美国休斯·克里斯坦森合资起就确立了制造技术和生产装备高起点、工作质量和产品质量高标准、企业机制和人员工作高效率、争创世界一流的经营理念和奋斗目标。公司视技术和质量为企业的生命线，是国内最早通过API和 ISO质量认证的企业之一。由于有美方转让技术作支持和公司科研队伍的开拓创新精神，使公司在技术和产品质量上始终处于世界一流

水平。

为抓住我国加入WTO后难得的发展机遇，充分发挥公司的优势，在控股股东四川石油管理局和省、市政府的支持下，制定了加快发展的战略。一是依托大专院校的科技平台，研制和开发具有自主知识产权、世界一流水平的金刚石钻头。二是狠抓市场营销，提高市场占有率。在扩大国内市场份额的同时，积极拓展国际市场。公司以规范的管理机制，完善的规章制度，丰富的设计、制造实践经验，先进的技术装备，精诚团结的员工队伍，面对新的机遇一定能创造出更加美好的明天。

董事长、总经理　杨廷阔

成都飛機工業（集團）有限責任公司

成都飞机工业（集团）有限责任公司创建于1958年，是我国设计、研制和批生产现代歼击机的主要基地。自1979年以来，公司已连续23年保持盈利。2001年销售收入比上年增长了24%，实现利税比上年增长51.48%，其中利润比上年增长50.6%，获得了2001年度成都市“纳税先进单位”称号。

公司是国有特大型高科技企业，连续多年列为四川省扩张型企业和重点优势企业，2001年又列入成都市重点扶持的13家优势企业。截止2001年底，公司总资产为40.42亿元，固定资产原值20.5亿元。2001年公司在科研生产、产品开发、市场开拓等领域取得了一系列成就，使公司步入了一个快速发展时期。

自改革开放以来，公司的转包生产得到了快速发展，先后与原美国麦道飞机公司、波音飞机公司、欧洲空中客车工业公司和法国达索飞机公司建立了转包生产关系。产品包括：麦道80、麦道90、麦道95（现为波音717）飞机机头，波音飞机公司的波音757飞机尾段，空中客车工业公司的A320飞机的后登机门、A340飞机的反推力门，法国达索飞机公司公务机油箱等航空部件产品。同时不断拓展新的民机生产维修领域，现已与美国老虎飞机公司签订了通用小型飞机合资生产合同；在国内，公司作为中国新支线飞机制造的主要股东之一，参加了新支线飞机项目的开发研制合作工作；还与西南航空公司签订波音757—200机型结构件的维修合同。

非航空产品方面，公司洗涤设备的开发与制造技术处于国内领先水平，包装机械项目已成为国内三大瓦楞纸板包装机械制造企业之一，汽车模具中心已成为国内三大主要汽车模具专业制造企业之一。现正在开发和研制具有良好市场前景的磁悬浮列车、柴油电喷装置等新项目。

厂区大门

洗涤设备、生产现场

波音757飞机平尾

成都市民用建筑统一建设办公室

张中伟省长考察“创业中心”工地

2001年，在市委、市政府的正确领导下，全办职工埋头苦干、奋力拼搏，全年除完成了市政府下达的市图书馆工程建设、火烧堰综合整治、摸底河堤改造工程整治、高攀河改造等目标任务外，将主要精力投入高新西区建设和旧城改造。

高新西区是省、市“一号工程”的重要载体，高新西区“创业中心”总投资7000多万元，占地50余亩，建筑面积23680平方米，室内中庭绿化2000多平方米，采用全钢结构，要求按照作为IT产业进行科技创新、学术交流与成果转化的平台，作为一个科技成果孵化中心实施建没。该办用了三个多月就完成了“创业中心”工程建设。这项工程无论从规模、结构形式，还是工期来讲，在四川乃至整个西南地区均属首创。

高新西区(南片)“三横七纵”，道路全长16，7434公里，道路红线宽25米--40米，计划2002年6月30日竣工。自2001年8月5日开工以来已顺利完成十条主干道路污雨水干管施工，累计敷设直径400-1500污雨水干管53048米；完成区内摸底河、马河共11座桥的桥基、桥台、桥板施工；各工程段已全面进入道路路基、路床土石方回填、铺设阶段。截止12月底，各工程段在配合专业管线施工的同时，全面进行道路基层施工。

西区污水处理厂工程占地32亩，日处理污水能力4万吨，包括污水处理厂一座、污水压力管道2400多米、厂外污水提泵站一座。

李春城市长视察在建“创业中心”工程

抓住机遇 开拓进取 东郊

成都 CHENGDU 冶金实验厂

冶金实验厂厂长、诚实实业有限公司董事长刘东才 诚实公司总经理周继光，陪同市委书记王荣轩、 副市长唐川平等领导视察成都512建材市场。

成都冶金实验厂是四川省地方冶金骨干企业，总资产4.9亿元，占地440亩，职工3100多人， 可年产钢30万吨。曾经为国家和省市经济发展作出了卓越的贡献。

近年来，随着国家产业政策的调整和建立现代企业制度的要求，以及成都市东郊“腾笼换鸟”的发展战略，冶金实验厂以刘东才厂长为首的领导班子为了在新的形势下求生存，谋发展，经过充分的市场调查研究和分析论证，制定并实施了一系列企业结构调整新战略，以期在新形势下，抓住机遇、开拓进取，使传统冶金产业在涅槃中重获新生。目前，冶金实验厂兴办的新产业和新企业有：成都诚实实业有限公司、成都512建材市场 、四川新诚实建筑工程承包有限公司、成都成实钢材仓储加工配送中心、成都钢花广告有限公司、成都诚实餐饮娱乐有限公司、成都成实福田塑胶建材有限公司、成都诚实大港彩色钢板有限公司等系列新型企业，为该厂寻求新的生存发展奠定了基础。

四川新诚实建筑工程承包有限公司钢结构生产现场

成都冶金实验厂 嬗变

- 成都诚实实业有限公司
  - 四川新诚实建筑工程承包有限公司
  - 成都512建材市场
  - 成都钢花广告有限公司
  - 成都诚实餐饮娱乐有限公司
- 成都成实福田塑胶建材有限公司
- 成都诚实大港彩色钢板有限公司
- 成都成实钢材仓储加工配送中心

四川新诚实建筑承包有限公司工程实例

四川新诚实建筑工程承包有限公司

四川新诚实建筑工程承包有限公司是国家技术监督局一级计量企业，IS09002质量认证企业、中国建筑金属结构协会会员，集乙级设计、二级施工资质、甲级工程监理于一体的钢结构及网架建筑工程、土木建筑工程、室内外装饰装修工程的总承包公司。公司现有教授级高工4名、 一级建筑师2名、一级注册结构师2名、中高级技术 管理人员153名。拥有建设部指定国际通用建筑设计软件和3条H型钢、6条彩钢压型板、2条彩钢复合板、5条C（Z）型钢自动流水线。公司产品广泛用于大型仓库、厂房、体育场馆、住宅等各类工业与民用建筑。

公司注册资金两千万元人民币，地处交通便捷的成都市北大门二环路北四段。占地110亩。公司具有年产钢结构2万吨，彩钢压型板及复合板80万平方米，钢结构工程施工35万平方米，塑钢门窗安装10万平方米，土建施工6万平方米，室内外装修装饰3万平方米的工程施工能力。

电话：028- 83244356 83244356

"腾笼换鸟"结出硕果

嬗变出 系列新型企业

XILIEXINXINGQIYE

冶金实验厂党委书记、成实福田塑胶建材有限公司董事长张孝全，新诚实建筑承包有限公司总经理唐焰陪同李春城市长视察成都成实福田塑胶建材有限公司。

成都成实福田塑胶建材有限公司

成都成实福田塑胶建材有限公司是成都冶金实验厂与北京福田建材有限公司合作组建的法人实体。主要开发生产塑料异型材、塑钢门窗等新型化学建材。项目总投资超过1亿元，投资2000多万元建成的一期工程，拥有目前国内最高水平的全电脑控制的异型材生产线和一流的模具，形成了包括50、73、80、88等五大系列，年产塑料异型材1万吨，塑钢门窗5万平方米的生产能力。待二期工程完成后，将达到年产塑料异型材3万吨，塑钢门窗10万平方米的生产规模。电话：028-83240101

成都诚实大港彩色钢板有限公司彩涂板生产现场

成都512建材市场

成都512建材市场由成都诚实实业有限公司投资兴办，是成都市经营墙地砖、卫生洁具和装修、装饰材料的大型建材专业市场。市场面积8万平方米，汇集了300多户国内外知名建材厂家和主承销商。市场地处成都市二环路北四段3号，位置优越、铁路、公路运输方便，场内道路宽敞，库房面积大，并有严格的管理制度和商业行为规范，保持了良好的质量和服务信誉，是经销、采购建材的理想之地。电话：028-83248073

成都诚实大港彩色钢板有限公司

成都诚实大港彩色钢板有限公司由成都冶金实验厂和宁波大港铝有限公司共同出资组建而成,是西南地区第一家彩色钢板专业生产厂家。公司拥有先进的二涂二烘（2C/2B）卷材连续涂层机组，年生产能力5万吨，规格0.2mm-1.2mm，常规颜色分为6个系列50多个品种，非常规颜色可根据用户要求进行配制。

彩色涂层钢板以热镀锌板和冷轧板为基板，经表面处理后，表面涂敷有机涂料，随后经过烘烤而成产品，可供用户直接加工成最终制成品，常称为"彩色涂层钢板"。

彩色钢板不仅颜色鲜艳，而且尺寸精确，表面光洁，性能稳定，防腐性能好，并且具有良好的成型和耐用性，使用寿命长，强度高等优点，成为当今建筑、运输、轻工、家电、机电产品等各行业理想的复合材料。

电话：028-83242433

钢材仓储加工配送中心铁路专用线

成都成实钢材仓储加工配送中心

钢材仓储加工配送中心是成都冶金实验厂依托铁路专用线而开展的钢材仓储、运输、加工、服务的新型产业。目前可供仓储的室内面积上万平方米，拥有60台运输车辆和装卸、加工设备，可对钢材进行开平、剪切等初加工。公司与全国各大钢铁公司建立了长期的供货关系，可向用户配送各种规格的冷、热轧卷板、不锈钢、线材、管材和各种型材、带材，年配送能力可达20万吨。

电话：028-883272316

成都市计划生育委员会

国家省计生委领导考察成都市计划生育综合改革工作

市委、市政府召开人口资源环境座谈会

2001年，我市人口与计划生育工作取得了很大进展。全面和超额完成了省政府下达给我市的目标任务，荣获全省人口与计划生育目标考核一等奖和"求实奖"。

计划生育基层基础工作扎实，综合服务进一步深化，科学管理进一步加强，工作质量进一步提升，实际成效进一步增强。全市人口与计划生育工作呈现出两大可喜特征：一是人口出生率降至6.65‰，自然增长率降至1.53‰，是30年来我市人口出生率和自然增长率的最低水平。其中大邑县、邛崃市为负增长，分别为-0.47‰；和-0.19‰。表明我市出生人口的控制取得了显著成效，稳定低生育水平到了一个新的阶段。二是全市已婚育龄妇女中一孩妇女首次达到80.12%，属于有史以来的最高水平，也是全省第一个跨越80%大关的地区。表明我市计划生育工作稳定，基础扎实，广大群众的生育意愿已明显转变。两大可喜特征的出现，为我市人口与计划生育工作持续、稳定、健康发展奠定了良好的基础。

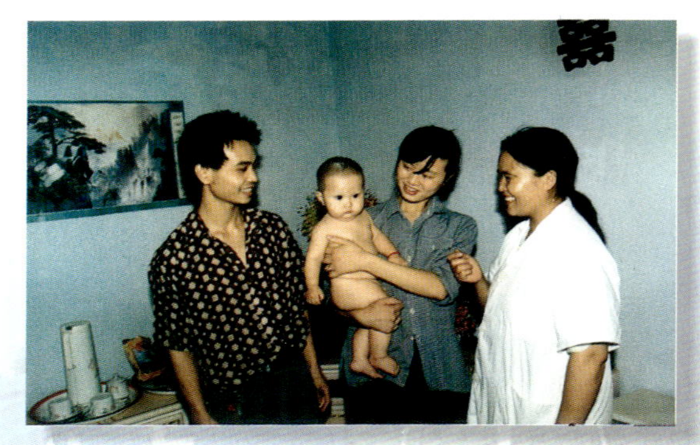

进村入户搞好计划生育优质服务工作

深入街道、乡村宣传人口与计划生育政策法规和科普知识

中国工商银行四川省分行营业部

业务品种不断创新

职业道德知识竞赛

又一批行、处级干部竞争上岗

工商银行省分行营业部办公大楼

中国工商银行四川省分行营业部的前身是工商银行成都市分行。截止2001年末，工行四川省分行营业部辖属29个支行，拥有326个营业网点，在职员工近6000人。年末各项存款余额600亿元，各项贷款余额424亿元，在成都市国有商业银行中的市场占比均在40%以上。2001年在上级行和市委、市府的正确领导下，以调整经营结构，加快服务创新，强化优质服务，严格内部管理，提高经营效益为突破口，通过全体员工的辛勤努力，各项工作取得了较好成绩，全辖经营效益达到了历史最高水平。目前，营业部拥有储蓄帐户850余万个，企业帐户7万余个，与2300多户企业建立有信贷关系，在地方经济发展中起着积极的作用。

总经理：何桂生
电话：(028) 86615188
传真：(028) 86751527
地址：成都市藩库街9号

公司不断深化三项制度改革，增添发展活力

2001年是中国人寿保险公司成都市分公司（四川省分公司营业管理部）完成内部体制改革后的第一个完整经营年，也是公司业务持续、健康、快速发展的一年。一年来，在总、省公司的正确领导下，特别是在总公司大中城市发展战略的指导下，公司锐意进取，知难而进，在竞争中求发展，在发展中创效益，不断规范自身的经营行为，努力提高管理质量和水平。以务实有力的工作举措，全面分解落实上级公司下达的各项任务目标，掀起了全年各项业务高潮频现的发展浪潮，确保了公司全年各项经营目标的全面顺利完成，实现了公司业务分设经营后连续六年的健康高速发展。

2001年，公司实现保费收入87516.80万元，同比增长21.78%。其中个险业务保险费收入68195.02万元，同比增长27.95%，个险首年标准保费18862.77万元，同口径相比增长31.47%；个险续期46500.70万元，同比增长18.12%。团体业务收入19321.78万元，同比增长4.07%。短期险业务收入11429.99万元，同比增长25.71%。

公司贯彻上级公司制定的发展战略，结合成都市场的实际，坚持发展不动摇，稳健经营，不断创新，努力激发和调动全体员工快速发展的市场占有意识；竞争危机的生存意识；成本效益的人均意识，适应竞争的创新意识。一是以新单保费带动整体业务增长，以改革创新促进业务发展。全年公司的首年标准保费1956.25万元，同比增长30%以上，确保了各项业务健康发展。二是适应市场，坚持专业化经营方向。年初公司将原来已具相当规模的营销部裂变为三个同级单位；实行市区范围的个险、团险业务的专业化经营；为公司业务数量、质量的提高做好铺垫。三是深化改革推出涵盖全系统全体员工的新绩效考核办法等举措，使公司的业务发展呈现出空前良好的蓬勃生机。在激烈的竞争形势下，2001年公司以47.51%的比例继续保持了成都寿险市场份额的第一位置。

2001年，公司分红保险业务飞速发展

现代化的客户服务大厅

中国人寿保险公司

四川移动通信公司

总经理：李华

四川移动通信公司1999年成立以来，按照中国移动集团“衔接、起步、腾飞”三部曲的要求，围绕创建西部一流通信企业的目标，实施了“起步年、发展年、服务年”三个发展阶段。“1999起步年”奠定了企业大发展良好的基础；“2000发展年”实现了综合通信能力的显著提升，“2001服务年”实现了网络服务和客户服务的极大改善。通过“三步走”发展战略，取得了在网络能力、客户规模、网络质量、技术走向的“四个领先”，并在网络结构、市场营销、服务模式、成本管理、企业文化建设方面实现了“五个突破”，基本实现了创建西部一流通信企业的目标。目前，四川移动GSM网络国内自动漫游已通达所有地市以上城市和98%以上的县，与90个国家和地区的152个运营商开办了国际自动漫游业务。四川移动通信通过三年大发展，促进了四川国民经济信息化进程。四川移动已发展成为中国西部最大的GSM移动运营公司，在西部同业者中处于主导和领先地位。进入今年，在我国加入世贸组织以后，电信市场即将全面开放的新形式下，移动通信还将面临更加激烈的竞争，四川移动根据集团公司确定的发展战略框架，决定再上一个台阶，确立了“创世界一流通信企业”的长期战略目标。围绕这个目标，四川移动在今后的2－3年内，将会全力以赴地实施“服务与业务领先”战略，四川移动注重细分市场，针对公务员、商人、老人和学生等不同的用户群体，推广“集团客户计划”和“亲情计划”，实施“校园计划”，充分利用网络优势，积极拓展农村市场。在短信息、WAP、GPRS、中国移动互联网等平台的基础上，推广短信批发、增强型短信息、无线局域网、IP电话专线接入、移动信使等数据业务。同时整合无线网络资源，提高网络资源利用率，不断增强网络综合通信能力。已经启动的GSM网络八期扩容工程，还被四川省列为西部大开发和推进信息化建设的“一号工程”的主要内容，工程竣工后，将大大改善四川的通信环境和投资环境，为促进地方经济的发展起到重要作用。而公司立足长远，深化运营体制改革，积极推进管理创新，加强党风廉正建设，推进企业文化建设的一系列举措，更让人们相信，四川移动正满怀信心地向世界一流通信企业迈进。

成都市房産管理局

成都市住房保障中心是成都市房产管理局所属自收自支的正县级事业单位，是从事住房保障职能的工作机构，内设办公室、廉租办、危改办、财务科、计划科、工程科、营销科、物业科八个科室。成都市住房保障中心的前身是成都市住房解困办公室，成立于一九九一年，主要为我市中低收入和最低收入居民家庭进行住房解困、修建了为民新区、联合小区、五福苑、光华苑、八里小区、黄忠小区等安居房、经济适用67.72万平方米，通过各种途径解决人均居住面积6平方米以下住房10.087万户，解决最低收入居民家庭廉租 732户。为改装我市居民的住房困难作出了应有的贡献。

1、负责全市适用住房政策的拟订与建设的统筹协调和日常管理工作。包括全市经济适用住房建设的发展规则、项目申报及审批、规费减免、销售对象和销售价格的拟订、开工和峻工管理、报表统计，以及与相关部门的协调等事项。对区（市）县的工作给予政策指导。

2、负责政府政府自建经济适用住房工程项目的建设、销售和管理。

3、行使成都市住房解危解困工程领导小组办公室日常工作职责。负责城区危旧房屋发行的政策建议和组织实施工作，编制城区危旧房改造年度计划，负责项目初审和经济分析，提出改造项目的政策措施及对改造项目实施监督管理。

4、负责全市廉租住房的政策的拟订与建设的统筹协调和日常管理工作，实施政府廉租住房年度工作目标，并对区（市）县的工作给予政策指导。

5、负责城区范围内政府住房解困日常管理工作，具体实施政府住房解困的年度工作目标。

为了充分发挥政府宏观调控作用，优化配置房屋资源，成立成都市住房储备中心，同成都市住房保障中心合署。成都市住房储备中心的职责：负责全市房屋储备政策的拟宁与建购房屋的统筹协调和日常管理工作。成都市住房保障中心现已开展了全市城区危旧房调查，制定出年度危旧房改造计划和实施方案。今年重点实施中心区交通道路整治和沙河综合整治工程，完成低洼棚户区20改造万平方米。

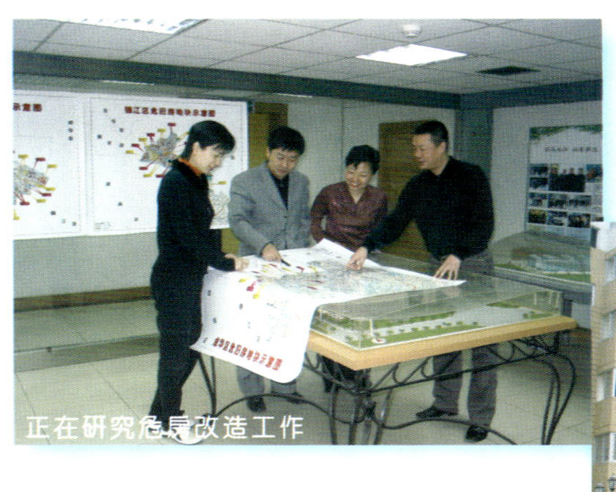
正在研究危房改造工作

已建成的战旗小区经济适用住房

成华区房产管理局

团结的领导班子

金碧苑

近三年来，是成华区房产管理局各项事业辉煌卓著的三年!

危房改造开工面积总计6.6万平方米，招商引资8984万元；安居工程4.5万平方米；公房租金总收入1136万元；拆迁安置400户；公积金归集额达1242.79万元。

一是为民办实事，把解危解困工作放在首要位置。三年来，完成猛追湾危房改造一期、二期工程，东风路居民16、17栋危改工程；李家沱两幢高层危改工程万年场上街危改工程一期工程，房屋销售形势良好。该局已连续年被市房产局评为“住房解困先进单位”。共解决住房困难户643户，其中“双困户”16户。直管公房维修面积达47315平方米，其中零星维修38984平方米，综合维修8036平方米，排危295平方米，无一例群众举报服务态度和质量的事情发生。

二是积极做好招商引资工作。在招商引资的软环境上狠下功夫，经过全局上下努力，引资1.04亿元。

三是切实做好安全防汛工作。深入实际，调查研究，局领导和科（所）负责人，分别分段承包责任和重点部位，并根据不同时段，明确专人定点到位，解决问题。从人力、物业、财力确保安全渡汛顾利进行。

四是认真做好已出售公房的办证和房屋租赁办证工作。在办证工作中克服了资金紧张、难度较大等困难，该局从管理的深度和广度人手，以社会治安综合治理为龙头，对出租住宅进行试点管理。三年共完成房屋租赁办证4000余户。

2002年是成华区房产人谋划新发展，实现新希望的一年！该局正面临着国际国内形势一系列重大而深刻的变化。房产工作的发展离不开改革开放和经济建设的大环境，房产工作必须围绕大局、服务大局。因此，该局将认真领会中央对当前形势的分析判断和作出的重大决策，认清国际国内形势对房产工作提出的新任务新要求，自觉地把今年的房产工作放到国际大背景和全党全国工作的大局中去思考、去部署、去落实，以与时俱进的思想观念和奋发有为的精神状态，高标准高质量地完成各项任务。

东景丽苑

东景丽苑

成都交通加油站

铁路卸油栈桥场景一角

微　机　室

成都交通油料能源股份有限公司

成都交通油料能源股份有限公司是(原成都市交通局油料管理站)集铁路槽运、油料接卸、油品化验、配发、中转、仓储、公路危险品专业运输及加油站零售为一体的，首批获得四川地区成品油批发、零售许可证经营单位之一。

位于双流县境内的公兴油库，即有铁路专用线和30辆自备槽车，又有提油专用公路和汽车油罐车。长期以来，其销售的成品油质量稳定可靠，特别是高标号绿色环保汽油更是成都地区独有的亮点。年进油量达10万吨以上。连年被评为“计量体系三级认证”单位。

斥巨资修建的成都交通加油站，是成宇汽车总站的配套工程。年销成品油近万吨。是市政府首批公务用车定点加油单位之一。也是成都市物价局价格信息采集定点联系窗口。连续七年被评为成都市“双信”和“计量体系二级认证”单位。

在石油成品油的接卸、批发、仓储、运输、零售等经营活动中。本公司一贯坚持诚信为本、礼貌待人，随时为用户提供咨询和服务。公司所属各部门之间实现了计算机网络系统的信息传递和办公自动化。并严格按照GB／T1900系列和IS10012系列国家标准。对油库和加油站的油品进行严格的质量控制。

成都交通油料能源股份有限公司在业界享有的“品牌信誉”，与其拥有一批懂经营、肯钻研的跨世纪企业管理人员及专业计量、质量技术人才和深谙现代企业管理真谛、主动进取、锐意开拓的企业领头人的努力拼搏分不开的。我们愿意与新老朋友一起为四川地区石油市场的稳定和繁荣作出自己的贡献。

■公司董事长：石显林　公司总经理：刁显仁
■电话：(028)86643093　86275790
■传真：(028)86241104
■地址：成都市西胜街8号
■邮编：610015

成都市国土资源局

Chengdushi guotu ziyuanju

2001年，成都市国土资源局管理工作在市委、市政府的正确领导下，在实施西部大开发的战略中，紧紧围绕全市经济工作重点，不断深化国土资源管理和国土资源利用的各项改革，进一步增强服务意识，切实转变工作作风，锐意进取，努力开拓，完成和超额完成了省政府和市委、市政府下达的各项目标任务，为促进全市经济建设和各项社会事业的进一步作出了积极贡献。

★ 1、切实保障各项重点建设用地，推动了全市跨越市发展

★ 2、狠抓了土地复垦，实现了耕地总量动态平衡

★ 3、认真贯彻投资体制改革决定，进一步加强了土地资产管理

★ 4、加大了土地资产处置力度，推动了国有企业改革和发展

★ 5、强化了矿产资源管理，促进了地质环境保护与灾害防治

★ 6、基础业务建设得到加强，国土资源管理水平不断提高

★ 7、加强了国土资源法制宣传，加大了国土执法监察力度

★ 8、加强班子、机关作风与党风廉政建设，提高了办事效率和服务水平

在肯定成绩的同时，该局将针对全市国土资源管理工作还存在差距和不足：采取切实有效措施，在今后的工作中认真加以解决。

2002年，全市国土资源管理工作要在市委、市政府的领导下，以邓小平理论和党的十五大精神为指导，进一步贯彻落实党的十五届五中、六中、中央经济工作和市委九届八次全会精神，按照“三个代表”的要求，坚决执行国土资源基本国策，切实加强国土资源管理，在实施西部大开发战略中，紧紧围绕今年全市经济工作重点，进一步更新观念，转变作风，努力推进成都经济跨越式发展，确保市委、市政府确定的工作目标和省政府下达的国土资源管理目标的全面完成。

市水利综合监察支队在金马河双流段检查

成都市水利局

成都市水利局是主管全市水行政和渔业行政工作的市政府工作部门。其主要工作职责是负责统一管理全市水资源和水产资源。组织制定全市水资源总体规划和中长期计划；组织实施取水许可制度和水资源费征收制度，发布全市水资源公报；负责全市的计划用水和节约用水工作；负责全市水政监察和水行政执法工作；负责全市农村水利和水土保持工作；负责全市河道管理及管护范围内砂石资源的开发、利用和保护工作；承担市人民政府防汛指挥部的日常工作。

2001年，成都市水利局在市委、市政府的正确领导下，围绕成都经济跨越式发展的奋斗目标，大胆改革、勇于创新、扎实工作、狠抓落实，各方面都取得了优异成绩。全年共完成各类水利工程建设62478处，投入水利建设资金8.8亿元，投入劳动积累工1.4亿工日。通过对岷江干流成都段整治、节水改造及微水治旱工程等一大批重点项目的建设，使全市的水利基础得到进一步夯实，抗御洪旱灾害的能力得到提高。受到了各级党委、政府的好评和群众的拥护，并首次荣获省政府颁发的全省农田水利基本建设“李冰杯”一等奖。

成都市水利局将继续紧紧围绕实现追赶型、跨越式发展的宗旨，不断解放思想、更新观念、努力推进水利事业向纵深发展。认真做好防洪、水资源的供需平衡、水生态环境保护三件大事，建立饮水安全、防洪保安、粮食用水、经济发展用水、生态用水五个安全体系，充分发挥水利的基础保障作用，确保全市社会经济持续快速发展。

成都市人民政府

台湾事务办公室

市委副书记黄忠莹走访台资企业

对台经济工作是对台工作的重要内容，做好这项工作，既能以经济促政治，密切两岸关系，加快祖国和平统一进程，又可以为我们经济建设起到重要的作用。因此，对台经济工作有着政治上和经济上的双重重要意义。

近年来，市台办紧紧抓住中央实施西部大开发和两岸加入世贸以及台湾高科技产业进入大陆的第三波契机，以项目为目标，营造投资环境，改进工作作风，搞好服务工作，广泛开展招商引资，取得显著成效。截止2001年，在我市注册的台资企业有509家，投资总额7.59亿美元，利用台资6亿美元。台资在全市吸引外资中排第2位，占全省台资企业的一半。2001年，新增台资企业35家，投资总额4446万美元，利用台资4007万美元。以旺旺、统一为代表的食品生产企业，年产值过亿，税收上千万，已成为成都市食品工业中的支柱性企业；以太平洋百货、好又多为代表的商业零售企业，营业额在10亿元以上，税收上千万，在同行业中起到了领头羊作用。一些重要台资企业，已成为我市经济建设中一支生力军，产品成为成都市的知名品牌。台资企业已成为我市经济发展新的增长点。

成都台资企业产品展览会

召开对台工作表彰会

市台办领导班子走访、慰问贫困户

为成都跨越式发展服务

对台经济工作

认真抓好

金嘉祥局长在成都市肉牛业奶业产业化招标项目合同签字仪式上

召开第二批无公害农产品新闻发布会

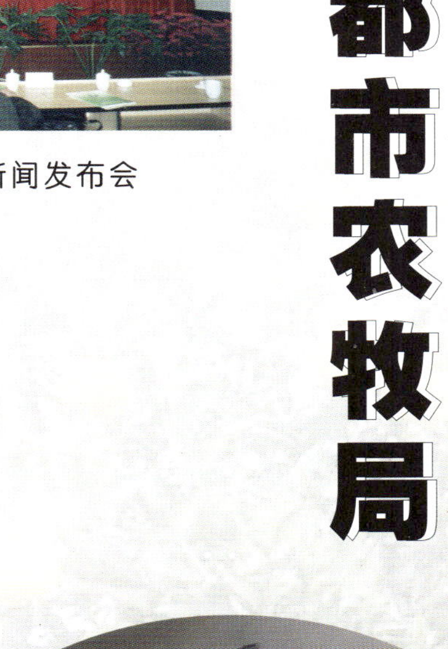

成都市农牧局

成都市农牧局是主管全市农业、畜牧业与农村经济工作的市政府工作部门。其主要职责是：研究拟定农牧业和农村经济发展战略、中长期发展规划及农牧业的产业政策；研究提出深化农村经济体制改革的建议意见、农牧业产业化经营的方针政策；拟定农牧业开发规划、农牧业产业技术标准、农产品市场体系建设与发展规划；提出主要农产品、重要农牧业生产资料的进出口建议；起草农牧业地方性法规、规章草案；组织农业资源区划和规模农业、设施农业、效益农业、生态农业建设及农业可持续发展工作，组织农牧业科研和技术推广项目的遴选及实施，组织种子、种苗、种畜禽的选育、审定、试验、示范、推广工作；指导、监督减轻农民负担、土地承包和耕地使用权流转工作；负责农牧业社会化服务体系、信息体系、执法体系建设和乡村集体经济组织、合作经济组织建设，负责农产品及绿色食品的质量监督、认证、管理和动植物新品种保护工作；负责兽医医政、兽药药政和饲料饲政工作；承办政府间农业涉外事务，组织对外经济、技术交流与合作。

近年来，市农牧局抓住实施西部大开发战略的机遇，以农业结构调整为主线，以农民增收为重点，狠抓新品种的引进和新技术的推广应用，着力提高农产品品质，大力发展农业产业化经营，重点抓好优质粮油、优质蔬菜、优质畜禽、优制裁水果、花卉苗木、优质良种、优质道地中药材、名优茶叶、优质蚕桑等9 大支柱 产业。促进了农业的增效和农民增收。“十五”期间，农业增加值年均递增 4%，到 2005 年，将达到 150 亿，占全市GDP的7.2%；农民人均可支配收入达到3900元，年均递增6%。粮经饲作物比例调整到50∶40∶10，畜牧业总产值占农业总产值的50%以上，非猪肉类产量占肉类总产量的45%，主要农产品优质率达到 70%，农产品的商品率达到75%。粮食生产能力稳定在330万吨。

成都人民防空办公室

中央军委副主席迟浩田上将视察我市平战结合人防工程

我市人民防空建设在市委、市政府、成都军分区和上级人防的领导下，认真落实《中华人民共和国人民防空法》，积极贯彻“长期准备、重点建设、平战结合”的人防工作方针和“与经济建设协调发展，与城市建设相结合的”原则，立足适应高技术局部战争防空袭斗争需要和社会主义市场经济的要求，依法进行人民防空建设和管理，圆满完成了确定的各项任务。在2000年11月召开的第四次全国人民防空会议上，我市被国家国防动员委员会授予“人民防空先进城市”称号，有5个单位，9名个人分别受到国家、成都军区和省的表彰。2001年12月下旬，中共中央政治局委员、中央军委副主席、国务委员兼国防部长迟浩田等军委总部首长视察顺城街人防工程，市委书记王荣轩专题汇报了我市人防建设情况，军委总部首长对我市人防建设取得的成果给予了充分肯定。

省人大 执法检查组听取成都市贯彻落实《人民防空法》情况汇报

中学生接受人民防空知识教育

省人大执法检查组实地检查人防工程建设情况

演练中的人民防空专业队

1

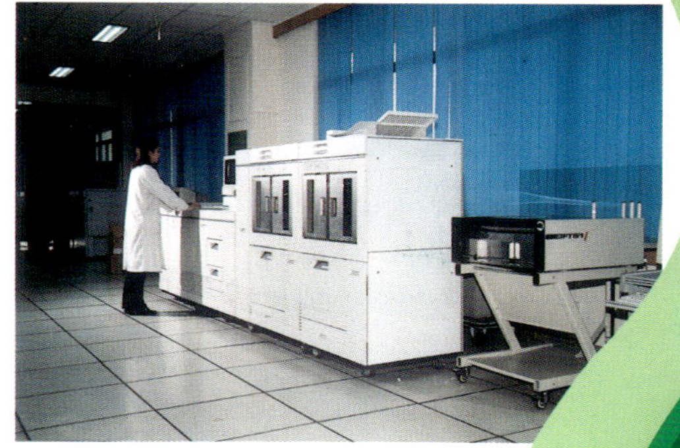

2

成都市邮政局

成都市邮政局是四川省省会局，是具有综合性邮政通信功能和为全网普通服务提供能力支撑的大型联合通信企业，为成都市8区、11县（市）和计划单列的高新技术产业开发区，共12390平方公里内的1013.35万人服务。市区现有邮政局所114处、投递段道194个，全员劳动合同制职工2417人，259个绿卡网点、90台ATM机、67个电子汇兑网点（开通51个）、15个汇兑中心。

市邮政局现设6个专业局、8个城区邮政分局、1个生产处，另管辖成都行政区划内的龙泉驿区、都江堰市、双流县等14个区（市）县邮政局。

成都市邮政局还投入巨资修建“成都邮政通信指挥调度中心”。经过多年发展，成都邮政的网络规模逐年扩大，截止2001年，已拥有汽车501辆、报刊封发流水线1套、商函自动处理流水线1套，年累计发行、订阅、零售报刊6.87亿份（册）。邮件处理在主要生产环节上基本实现了机械化、自动化和电子化。

此外，为了彻底解决投递服务的“最后100米”问题，该局从2001年开始，在市区及郊县进行社区邮政的试点，通过逐步建立社区二级投递网，来提高邮件的妥投率，使投递工作从频次投递转为效果投递，为广大居民提供更加便利快捷的投递和配送服务。截止2001年底，全市已建立了31个社区邮政服务中心，其中市区13个，郊县18个。

3

4

图片说明：

1、185客户服务中心
2、现代化的商函制作设备——高速激光打印机
3、邮政运递车辆，承担全市物流配送、部分包裹直接投递等工作
4、ATM自动取款机

成都市新聞出版局

党委书记、局长 陈新湖

省委常委、市委书记王荣轩（中）向成都时代出版社授牌

2001年，全市新闻出版部门认真学习贯彻江泽民同志“七一”重要讲话和党的十五届六中全会精神，落实“三个代表”要求。根据中央关于新闻出版工作要“加强管理，优化结构，提高质量”的总体要求，遵循“一手抓繁荣，一手抓管理”的方针，一方面，加强日常行政管理，坚持依法行政，以法律法规规范行业行为，对全市出版物的出版、印刷、复制、发行和版权事务实施依法管理。加大对新闻出版行业的临控检查力度，开展行政执法，组织出版物市场秩序整顿规范和“扫黄”“打非”集中行动，严厉打击非法出版发行、侵权盗版活动，坚持查处大案要案。全市新闻出版业行为基本规范，出版物市场管理基本有序。另一方面，全市新闻出版行业进一步深化改革，以产业化发展思路转机改制，实施技术改造创新，着力提高规模效益，增强整体实力，繁荣出版物市场，取得较为明显的成效。

成都市新闻出版局局长陈新湖（左五）出席第二届成都电子出版物展销会开幕式

截止2001年底，成都市有市属综合图书出版社1家，即成都时代出版社；公开报刊27种，报型和刊型内部资料168种；印刷企业（包括出版物印刷、出版物专项许可、包装装潢印刷、其他印刷品印刷和复打印门市）2155家；国有图书发行企业1家，即成都市新华书店，辖14个郊区（市）县新华书店，有发行网点44处；二级批发书店43家，零售书店1540家，销售书报刊的邮亭59个；电子出版物专营区6处（集中6家电脑城内），直接从事电子出版物经营的商家470户。

成都市新华书店“城市之心”（新华广场）大楼效果图

成都市中小企业局

成都市中小企业局（乡镇企业管理局）局长 向世勇

2001年，成都市乡镇企业紧紧抓住西部大开发机遇，继续大力实施以机制创新、科技进步、素质提高为核心内容的第二次创业，保持了较快的发展势头。全市乡镇企业累计完成增加值279.81亿元，同比增长14.2%；完成工业增加值185.01亿元，同比增长13.7%；实现利税总额53.49 亿元，同比增长13.8%;实现入库税金21.37%亿元，同比增长17.4 %；完成现价总产值1109.4 % 亿元，同比增长10.1%；完成工业总产值739.76亿元，同比增长10.2%；完成营业收入994.82亿元，同比增长12.0 %；工业产品产销率达到96.1 %。为全市国发经济发展作出了重要贡献。

2001年我市乡镇企业发展具有以下主要特点：一是经济运行质量进一步提高。经济质量效益指标的增长高于经济总量的增长，正在由速度效益型向质量效益型转变。全市乡镇企业增加值率达到25.2%，比去年提高 0.89个百分点。二是乡镇企业对全市国民经济特别是区（市）县域经济发展的贡献日益突出。乡镇企业增加值占全市GDP1492亿元的18.7%；全市GDP比去年净增182亿元，其中乡镇企业增加值比去年净增 35亿元，占全市GDP增加部分的18.9%。乡镇企业工业增加值占全市工业增加值542亿元的33.6%。三是乡镇企业在农业产业经营中的龙头作用日趋重要。龙头企业的发展壮大已成为农民增收的有效途径。2001年全市乡镇企业新增农业产业化龙头企业 24 户，年销售收入5000万元的农业产业化经营龙头企业18户，目前已形成年营收入过5000万的农业产业化经营龙头企业25户，带动农户17万户，促进农民增收 2.8亿元，为我市农民增收做出了重要贡献。四是招商引资成效显著，固定资产投资稳定增长，企业发展后劲增强。据统计，2001年我市乡镇企业引进到位外资50万美元以上的项目15个，到位外资 19885万美元，引进到位内资28.9亿元。全年全市乡镇企业实施新建和技改项目 1598 项，固定资产投入达 40.26 亿 元，其中 技 改 投 入达22.13 亿元，比上年增长11.0 %。这一大批项目的建成投产，将大大改善我市乡镇企业的产业产品结构，为乡镇企业的进一步发展注入新的活力。

继往开来　创新纪元
KAIYUAN
成都市开元房地产开发有限责任公司
靓典住宅
天纬商务楼
城西公寓
秉持高起点规划、高水平设计、高质量施工、高标准管理的开发理念，致力于为客户提供优质舒适的居住空间和服务。
地址:成都市小河街12号天纬商务楼8楼
电话:(86)－028 － 86119220
传真:(86)－028 － 86139312
网址:www.cd-kaiyuan.com.cn
E-mail:kaiyuan@mail.sc.cninfo.net
开元房产ISO9001国际质量体系认证企业
格林花园

成都市武侯华丰实业有限公司

成都华丰大型食品批发市场全景

成都华丰大型食品批发市场是云南华丰集团来蓉投资建设的最大项目，位于成都市二环路南一段八号，总投资1.2亿元人民币，占地119亩。市场建设采用国内最先进的全开放、大通道规划设计，硬件一流，拥有完善的通讯、消防、停车、安保、银行等配套功能体系。市场共有经营门面一千间，于2000年8月28日正式开业，已聚集了全国各大酒类、饮料、乳制品、糖果、调味品、干杂、小食品等知名品牌生产企业及商家近千家。成都华丰大型食品批发市场现已深深扎根在了成都这座西南商贸中心重镇。华丰品牌声名鹊起，真正成为了成都食品物资交易的中心、进出川食品物资的枢纽、展示食品物资的窗口，成都食品物资批发行业的龙头大市场。华丰市场在2001年度进入武侯区纳税大户行业，并列为武侯区政府2002年度重点企业。

成都华丰大型食品批发市场夜间光彩工程实

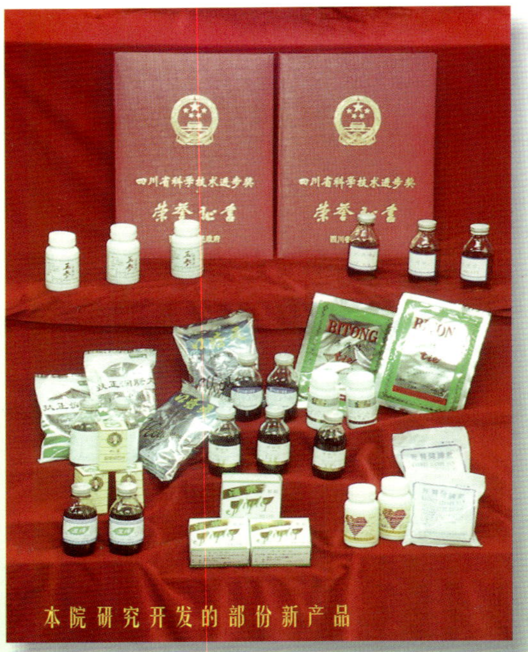

本院研究开发的部份新产品

四川省中医药研究院创建于1985年，是四川省唯一的省级中医药研究机构，也是全国七大中医药研究基地之一。主要研究方向是：运用传统和现代科学方法，开展中医药基础研究，进行川产道地药材的研究，开发西南地区动植药物，开展中药质量和标准化的研究，采用中西药结合方法对常见病多发病及疑难杂症进行临床研究。全院占地面积70余亩，建筑面积近5万平方米，在职职工409人。拥有高级技术职称的专家128人，有享受政府特殊津贴专家15人，“四川省名中医”8名，四川省学术技术带头人1名。

院直属的研究、临床机构有：中医研究所（中医医院）、针灸经络研究所（针灸专科医院）、附属医院。设有中药种植药理、药化、中药制剂、生理、免疫、分子生物、经络、中药基础理论、骨伤骨病、心脑血管、肛肠、文献信息等研究室，其中药理实验室达到应用三级实验室标准，中药制剂、骨伤骨病获国家中医药科研二级实验室登记证书；颇具中医特色的临床专科有中医肿瘤、骨伤骨病、肛肠、针灸、心脑血管疾病等专科，其中有省级中医重点研究室2个，重点学科3个，研究门类比较齐全，开设病床200张，医疗功能基本配套。

建院以来，广泛开展了中医临床各科疾病的诊治方法和中药制剂、针灸经络等多项研究工作，先后承担国家和地方各级科研课题500余项，获奖成果90余项，其中国家级5项，省部级40余项，有20多项成果被纳入四川省中医管理局推广项目，生产院内制剂120多种用于临床，受到患者好评。培训国外及港澳台地区专业技术人员90多名，与日本、美国、瑞典、法国、德国、韩国及港台地区，有着广泛的技术合作关系。经过多年努力，我院建立了“四川省名老中医临床诊治经验数据库”，共收集全省400多名老中医的学术专长、学术流派、临床诊治经验、临床典型病例治验总结、中药制剂专长等内容在内的400多个专题共1000余个单验方或治则，具有较高的学术和开发价值。

四川省中医药研究院大门

地址：成都市人民南路四段51号
法人代表：斯朗旺姆
邮编：610041
联系电话： (028) 85224425
传真： (028) 85228345
网址：http://www.sczyy.org.cn

中国航空港建设第九工程总队

总队党委班子学习高科技知识

中国航空港建设第九工程总队，由数支工程兵部队整编合并而成。早在50年代中期，就一直承担祖国大西南的所有军用机场及国防工程的建设任务，并多次出国征战，执行援外任务，屡建战功，是一支具有光荣传统的空军工程兵部队。

现总队是国家建筑一级企业和中国建筑系统形象AAA级单位。下辖八个业务职能处，四个施工大队，具有国家一级实验检测室，有职工3228人，高、中级技术人员108人，初级工程技术人员286人，有资质项目经理78人，八名主要领导，有5人获工程硕士学位，6人为高级工程师。拥有国内先进水平的现代化机械装备620台（辆），固定资产1.4亿元。主要承担机场、高速公路、市政工程及房屋建筑工程。具有同时兴建一至两个大型机场、三至四个二级机场的生产能力。

1986年以来，总队先后在四川、云南、贵州、西藏、重庆、广西、广州、甘肃、新疆、内蒙等省（区）、市完成了120余项国家及省、市大中型建设项目和一大批国防工程。合格率达100%，优良率达95%以上，其中成都市府南河整治工程荣获联合国人居奖，西藏邦达机场修复工程被评为国家优质样板工程。总队被国家建设部评为“全国先进建筑施工企业”并荣获“全国铁路、公路、隧道、桥梁建筑业100家最佳经济效益和500家最佳经济效益建筑企业”殊荣。被国家民政部和总政治部评为“全国拥政爱民先进单位”，连续六年被四川省评为“重合同、守信用”单位和四川省“九五”期间重点工程建设先进单位。总队长曹定国被评为“全国优秀建筑企业家”。

随着国家经济建设和西部大开发的不断深入发展，总队将一如既往地发挥优势，勇于开拓、牢记宗旨、争创一流。为国家经济建设和西部大开发作出新的更大贡献。

总队长 曹定国　党委书记 陈勇

总队独家承建的四川广元机场场道工程质量优良，正在申报国家建筑工程最高奖“鲁班奖”。

严阵以待

总队修建的高速公路

中国航天科技集团公司烽火机械厂

W418互助互联动加工中心（瑞士）

中国航天科技集团公司烽火机械厂是集机、电、液为一体的航天产品研制生产专业厂。工厂位于成都市国家级科技示范区——温江区。占地面积25.6万平方米，建筑面积19.5万平方米。工厂现有固定资产原值2.5亿元，净值1.67亿元。工厂拥有精密机械加工、橡塑硫化、塑料注射、钣金、冲压、焊接、热表处理、锻造、理化分析、装配、液压试验、电器检测、精密计量（国家二级计量单位）、多种典型环境试验（高温、低温、离心、振动、冲击、湿度、低气压）等生产、检测、试验能力。在精密机械加工、机电液一体化产品制造方面居国内先进水平。现有各类设备及仪器仪表1914台（套），其中金属切削设备418台，加工中心9台，数控设备25台，大型环境试验设备14台，计量检测仪器仪表616台。工厂现有职工2426人（具有大专以上学历的768人），其中：工程技术人员331人，管理人员371人，具有高级技术职称的52人，高级技术工人783人，享受政府津贴的国家专家5人。工厂已通过GJB9002/96模式的质量体系认证。

多年来，工厂圆满完成了国家多种重要型号产品的科研生产任务。并在“军民结合”的方针指引下，民品生产经营也获得了长足的发展。工厂先后从德国威斯特公司引进了处于国内先进水平的波纹管生产线和英国法雷尔修公司引进了一条具有当前国际先进水平的橡胶软管生产线。现已开发成功并批量生产的民品包括：橡胶软管系列（车用电喷管、车用空调管、车用水管、尼龙软管等）、汽车进排气波纹管、油门调速及过压保护装置、破拆液压工具、微力真空助力器等。

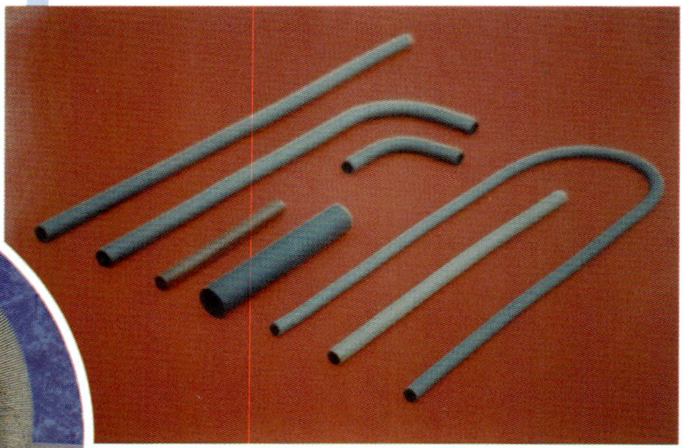

汽车进排汽波纹管

橡胶软管系列

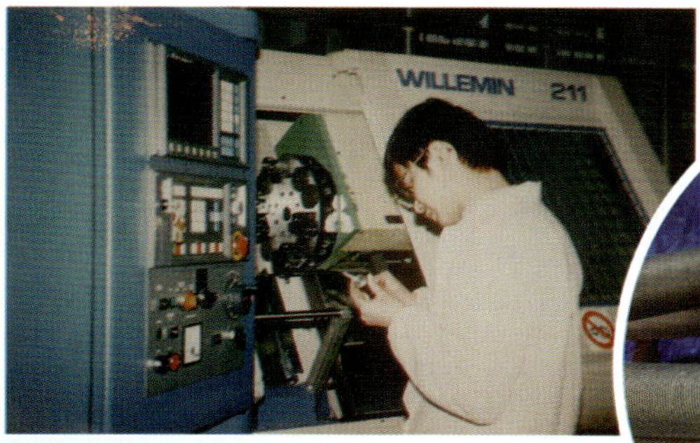

W211数控车床（瑞士）

成都市龙泉驿区 十陵镇

上市股份公司——四川天兴仪表集团

广场入口

体育馆

成都市龙泉驿区十陵镇位于成都市东郊，幅员面积27.38平方公里，规划面积21.3平方公里，总人口8万人，城镇建成面积4平方公里，是建设部和四川省两级小城镇建设试点镇。十陵镇83年纳入成都市总体规划范围，94、95年先后被列为“四川省综合实力200强乡镇”和“成都市30强乡镇”，明蜀王陵96年被列入国家文物保护单位，98获得“成都市卫生集镇”称号，2000年顺利通过“市级文明乡镇”考核验收，并达到“宽裕型小康镇”的标准。近十年来，十陵人锐意改革，开拓进取，实现了地方经济社会超常规发展，2001年全镇GDP8.2亿元，财政体制税收达到5600万元，农民人均纯收入3470元，先后引进天兴仪表集团、华川雅马哈、宁江机械厂、成都大学、树德中学等大中项目，引入资金35亿元，形成了规模型工业开发园区，城镇道路、自来水、天然气、电力、通讯、光纤电视等基础配套设施日趋完善。2001年初，被省统计局列为全省十强乡镇（除城关镇外），城乡一体化进程加快，人民生活质量显著提高。

成都市实施城市战略性调整，在十陵重点布局商贸、旅游、文化、商住、轻工等产业，建设城市副中心。十陵镇党委、政府紧紧抓住历史机遇，发挥地处城市东移桥头堡的作用，进一步解放思想，深化改革，扩大开放，在招商引资和合理开发利用旅游资源、水资源、土地资源上有所突破。加快“四个经济带”建设，在3—5年内初步形成成都市副中心框架，8—10年内建成环境优美、综合实力强、城建有特色、功能齐全配套的现代化、生态化城市副中心。

昭王陵外景

明蜀信王陵地下宫殿

公司簡介

成都新星电器股份有限公司

CHENGDU XIN XING ELECTRICAL APPLIANCE CO.,LTD.

成都新星电器股份有限公司于1997年经成都市体改委批准成立，注册资金1.21亿元，占地面积57905平方米，建筑面积34018平方米。公司现有员工1200余人。其中，大专以上科技人员占总数的31%。1997午被成都市科委正式批准为高新技术企业。公司F设两个专业厂还投资建立了琴蓉电器股份有限公司、新星电器青岛分公司、深蓉工程塑料制品公司、成都制冷元件公司。

公司主要产品有：冰箱、空调用蒸发2S、钣金件和塑料件以及为中央热水机配套的翅片式换热器、膨胀冰箱、烟道等关键配套件，是日前国内冰箱、空调用零部件配套生产能力最大、技术最先进的制造企业。公司生产配套的蒸发器涵盖吹胀式、板管式、翅片式和钢丝管式(含冷凝器)四大系列产品，品种、型号已达100多个，蒸发器午生产能力达2807Y台。在冰箱塑料件、钣金件配套加工上，公司拥有50余台80T—1250T系列塑料加工设备和65台各型锻、冲压设备，加上手段齐全、先进，并具有自行设计和制造工夹模具的条件和能力，年配套能力达50万台。公司长期为成都科龙、青岛海尔，河南新飞、合肥美菱、华凌、宝鸡长岭等主机厂配套。公司按GB／T19002－IS09002标准建立了质量保证体系，1997年通过巴蜀质量认证中心的认证，取得质量体系认证证书并获得注册(编号：1497B036)。

中国市政工程西南设计院成立于一九五六年，是建设部直属的综合甲级勘测科研设计单位，院本部位于四川省成都市，现有职工574人，拥有各类专业技术人员466人，其中高级专业技术人员152人，中、初级技术人员314人。我院专业配备合理，技术力量雄厚，设备保障精良，实践经验丰富，管理体系完善，社会信誉良好。

建院四十多年来，该院先后承担完成了全国各地及国外各类给水排水、工业与民用建筑、道路桥梁、城市燃气、城市规划、园林绿化、电气自动化控制、机械设备和水工结构、工程测量、地形航测、水文地质、工程地质、环保评价、降水工程等市政基础工程勘察设计科研项目二千三百多项，承担完成国家重点攻关科研课题项目八十余项，成果推广使用十余项，完成以设计为龙头的工程总承包项目二十余项，工程监理项目十余项，荣获国家、部、省级优秀设计金质奖、优质工程质量金奖、全国科学大会奖、重大科技成果八十余项，其中引滦入津工程荣获国家优质工程金质奖章及国家优秀设计奖，成都市水六厂工程荣获全国第六届优秀工程铜质奖，重庆市九龙坡水厂工程荣获全国第七届优秀工程铜质奖，上海市闵行三水厂工程荣获全国第九届优秀工程铜质奖，成都三瓦窑污水处理厂工程荣获四川省优秀设计一等奖，贵阳市花果园立交桥荣获贵州省优秀设计二等奖。

改革开放以来，该院与世界二十多个发达国家和地区建立了友好合作关系。近年来，在承担的多项大中型世界银行贷款和外国政府贷款项目中，该院均全过程参与，特别是成都自来水六厂BOT项目与外国公司合作默契。通过国际合作项目该院不仅掌握了大量的国外先进技术和信息、积累了丰富的经验，而且受到了国内外各方的良好评价，为祖国争得了荣誉。

四十多年来历经几代人不懈的努力，该院已形成了专业配套齐全、人才结构合理的设计队伍；建立健全了在院长领导下，以总工程师负责的技术质量保证体系认证并注册。与此同时，注重抓好设计人员的知识更新与技术进步，加大设备投入，改善设计条件。目前,计算机计算和CAD出图率均已达100%,并荣获CAD应用工程国家级示范企业称号，有效地提高了设计效益与设计文件成品质量，为企业的可持续发展打下了良好的基础。

中国市政工程西南设计研究院的企业精神：“团结，创新，敬业，奉献”，质量目标：“质量第一，信誉至上，科学管理，争创一流”。

成都市自来水六厂滤池

成都市天然气储气站

成都市三瓦窑污水厂工程

珠海情侣路

中国市政工程西南设计院

成都市市政工程設計院

CHENGDU MUNICIPAL ENGINEERING DESIGN INSTITUTE

人民南路南延线
（天府大道）

设计院大楼

三环路新成温立交桥
（苏坡立交）

府南河整治工程

成都市市政工程设计院创建于1952年，系国家建设部批准的甲级市政工程设计院。设有道路、桥隧、给水排水、建筑园林三个设计所及工程监理、工程测量、科技咨询、科技信息、技术成品档案和计算机中心，拥有雄厚的技术实力和丰富的设计、经营和管理经验。该院曾派技术骨干参加了尼泊尔、也门等国的援外工程，参加了珠海、北海的市政建设，同时还赴西部大开发中的拉萨、昌都、三峡、云南、贵州及广西南宁等地开拓市场，与国内设计同行建立了广泛的业务关系。

该院的宗旨是：立足四川、面向全国、精心设计、优质服务。注重人才培养、推广运用现代化设计手段，配置有一流的技术装备和设计应用软件，并不断更新，全院已普及应用CAD、PKPN等先进的专业软件，计算机使用率达100%。我院能同时承担各类大、中型工程项目建议书编制、可行性研究、工程设计和技术咨询业务等。

近年来，完成了包括成都市“五路一桥”工程等一千余项。获部、省、市级优秀工程设计奖20余项，1998年该院主设的成都市府南河综合整治工程，荣获“联合国人居奖”，成为世界创造美好生活空间与环境教育的范例。

成都市第三十四届燈會

龙腾奥运

仙乐飘飘

成都市质量技术监督局

国家质监总局常务副局长王秦平，省委常委成都市委书记王荣轩，市委副书记、市长李春城在成都市质监局局长谢述均陪同下亲临打假工作一线指导工作

近年来，成都市质监局在认真履行综合管理和行政执法的职责中不断强化服务意识，将“服务、服务、再服务”的指导思想贯穿到日常各项工作之中，在成都市率先推出了“首问责任制”，彻底解决了“门难进，脸难看，事难办”的现象，受到各级党委、政府的肯定，社会各界好评如潮。在强化服务的过程中，充分利用质量技术监督的信息资源、法律、法规、检验检测等优势，在技术咨询、质量管理、打假扶优等方面给企业以主动热情的服务，使全市产品质量逐年提高，产品抽查合格率达到了目前的94.1%，并通过长年不间断地打假及专项治理，为企业和群众挽回经济损失数十亿元。观念的转变、真诚的服务，不仅推动了企业产品质量和地方经济的发展，得到当地党委和群众的肯定和赞扬，更是有力地促进了全市质量技术监督队伍的建设，素质的提高和质量技术工作的迅速开展。

2001年，在成都市的行风评议中，成都市质量技术监督系统以99.7的高分勇夺各行业及部门的第一名。近3年来，全局系统收人以每年30%的速度递增。

市质监局党组书记、局长谢述均在认真解答消费者的质量咨询

成都市高速公路建设开发有限公司

路面清扫

道路建设

川西平原上的成灌高速

成都市卫生局

2001年，成都市拥有公立医疗卫生机构1435个，病床39796张，每千人口有床位3.4张；全市卫生系统有职工76926人，其中卫生技术人员55176人，每千人口有卫生技术人员5.7人。

居民人均期望寿命达到74.15岁，孕产妇死亡率降至24.37/10万，婴儿死亡率降至18‰，5岁以下儿童死亡率降至24‰，指标居全国大城市中上水平。

全市城乡医疗、预防、保健、社区服务网络健全。183所医院中，有三级医院15所，其中市属三级甲等医院4所，中西医结合呼吸内科、皮肤科、烧伤科、心血管内科、眼科、创伤显微外科、微创外科、肝胆外科等在四川省和西南地区具有较高知名度。分步实施了医疗机构分类管理工作，在全市4822所医疗机构中，已完成4351所医疗机构的认定工作。

全市设有2个市级卫生防疫站和19个区（市）县卫生防疫站，乡镇卫生院、村卫生站配有专（兼）职防保人员。全市儿童计免疫苗接种率达98%，城区新生儿乙肝疫苗接种率达95%，急性传染病发病率控制在300/10万以内。

建立了成都“120”急救指挥中心，与全市大中型医院建成了急救网络体系。有承担省级技术指导任务的血液中心一所，近年来每年采供血20吨左右，能满足成都地区临床用备需求。我市已建成“国家卫生城市”，重视开展全民健康教育。

我市与美国、日本、法国、德国、英国、加拿大、澳大利亚、新加坡等20多个国家进行了医药卫生方面的合作与交流，促进医疗科技水平的提高。

成都燃气发展实业有限公司

成都燃气发展实业有限公司是成都市体改委1993年批准成立，由成都市煤气总公司、成都市干道建设综合开发总公司、成都三泰屋业发展有限公司，成都鼎昆实业发展有限公司共同出资组建的有限责任公司，主要从事经营压缩燃气（CNG）供气、专用燃气技术开发等。公司本着开辟能源利用新领域、减少城市环境污染的宗旨，大力推广CNG环保汽车，公司下属领域九里堤CNG充装站已于1995年投人使用。公司首座站九里堤加气站，位于二环路北二段外侧，西南交大东端，占地10.2亩，现有规模的充装天燃气1.5万立方米，拥有 4500立方米的储气能力，8个天燃气充装车位，可同时进行充装，2 个20T汽油储罐及4台加油机。加气、加油、修车厂、汽车洗车中心一条龙服务。我公司始终坚持科学管理，以优质的服务、诚信的经营取信于用户，有力地推动我市CNG汽车的发展，为我市减少环境污染做出一定的贡献。

总经理牛耕

地址：成都市二环路北二段（西南交大东侧）
电话：（028）87606655　　87610467
邮编：610081

中国光大银行成都支行

响应西部大开发的号召，组织召开研讨会，与省市政府、金融证券机构、上市公司等共商西部大开发大计

中国光大银行成都直属支行成立于1998年5月18日，是中国光大银行在川设立的省级直属机构，中国光大银行作为国内第一家国际金融组织参股的股份商业银行，以其鲜明的股权机构、完善的经营机制、先进的科技支付系统、规范化的管理、广泛的同业合作、合理的机构网络分布逐渐成为对中国经济、社会有影响力的全国性股份制商业银行。中国光大银行成都直属支行下辖六家支行，拥有高素质的员工队伍，立足成都，辐射全川，以全新的经营理念和营销模式、准确的市场定位，创新求发展，取得了令人瞩目的业绩。成立四年来，资产规模增长了十倍，各项存款增长十一倍，累计实现利润近 2 亿元，累计向地方经济投放信用近350亿元，累计上缴利税近2亿元。成都直属支行将继续秉承“繁荣金融、服务经济”的宗旨，开拓创新、稳健发展，为成都、四川以至西部的发展作出新的贡献。

主动营销，使光大银行的产品和服务深入人心

遍布成都市区的金融服务网络

1、中国光大银行成都直属支行
地址：成都市大慈路83号
垂询电话：（028）86716845

2、中国光大银行成都玉双路支行
地址：成都市玉双路1号
垂询电话：（028）84339216

3、中国光大银行成都彩虹桥支行
地址：成都市上池正街65号
垂询电话：（028）86141251

4、中国光大银行成都三洞桥支行
地址：成都市羊市街西延线三洞桥1号
垂询电话：（028）87740141

5、中国光大银行成都人民南路支行
地址：成都市人民南路4段附1号
垂询电话：（028）85536579

6、中国光大银行成都小天竺支行
地址：成都市人民南路3段3号
垂询电话：（028）85537487

7、中国光大银行成都八宝街支行
地址：成都市八宝街88号
垂询电话：（028）86246580

8、中国光大银行成都武侯支行
地址：成都武侯祠横街17号
垂询电话：（028）85554765

成都市规划设计研究院

团结、奋进的领导班子

府南河完工实景图

府南河综合整治工程的荣誉

联合国人居奖

联合国地方首创奖

联合国最佳范例奖

成都市规划设计研究院是国家建设部批准的第一批甲级城市规划设计单位，主要承担规划体系内各层次和各类型的规划设计以及各种专业的规划设计，同时还承担有关城市建设的研究、咨询和策划工作。

该院拥有毕业于清华、同济、重庆建筑大学等重点院校的专业技术人员近百名，其中博士一人、硕士十七人，高、中级职称占全院职工总数的60%以上。根据规划设计的特点和社会的需求，院内设有综合规划所、城市设计与建筑设计所、交通与市政规划所以及信息中心等专业设计部门。

建院近二十年来，该院先后完成了成都市及省内外部分市、县的总体规划的编制和调整，城镇体系规划、风景区规划，分区规划、控制性详细规划以及各类专业规划六千多项。其中“成都市府南河综合整治”工程在1999年荣获联合国“联合国人居奖”、“联合国最佳范例奖”、“地方首创奖”、“优秀水岸最高奖”、“环境地域设计奖”等五项大奖；近几年来有42项规划设计成果荣获部、省级奖励。另外，成都市规划设计研究院还接受建设部的安排承担了国家规范——“城市环卫设施规划规范”的主编工作；同时还参与了“历史文化名城规划规范”的编制工作。此外还承担完成了包括城市发展战略、交通发展战略、城市化发展战略、CBD建设等多项科研项目。

成都市规划设计研究院重视基础设施建设，现已建成基于计算机网络系统的数字化平台，规划设计及办公的电子化工作环境，并朝着全面实现数字规划的目标努力。同时坚持以高素质人才队伍为核心，以高科技技术手段为基础，以严格的质量管理系统为保证，为政府和社会各界提供优质、高效的服务。

地址：成都市五丁路二号　　邮编：610081
传真：(028) 83178384　　电话：(028) 83198616
电子邮件：3429007@mail.sc.Cninfo.net

武侯区簇桥乡

簇桥乡位于成都市南郊，面积28平方公里，辖11个行政村，4个居委会，总人口5万多人，是全省首批小城镇建设试点镇和全国、全省小城镇综合改革试点镇。2001年全乡实现经济总收入44.1亿元，GDP18亿元，财政收入6506万元，农民人均纯收入4500元，各村税收和自有可支配资金在双过百万的基础上，2001年3个村税收超过500万，自有可支配资金最高的达千万，各项经济指标连续5年以25%以上的速度增长，综合实力跃居全省乡镇前茅。目前，全乡共有各类企业2800多家，其中个体私营企业1700多家，形成了以家具、皮鞋、电缆、铝材、机械、食品、配送为主导产业的企业群体和以八一家具材料城、太平园家私广场、欣万隆皮革城、簇锦农贸市场、西南摩托车批发市场、神龙富康汽车西南销售服务中心、西部汽车综合市场、红旗连锁批发配送中心等为代表的数十个专业化市场，创立了八益床垫、鹰牌家具、艾儿女鞋、CNC牌电缆、太中铝材、望锦微型车转向节等十余个全国、西南片区、全省知名品牌，企业年创利税约1.5亿元，为农民增收致富拓宽了渠道。结合农业产业结构调整，走“精品农业”、“科技农业”、“旅游农业”之路，形成了以凉水井村钢架大棚和无公害蔬菜基地，文昌、三河村花卉苗木基地，沈家桥村鲁梅克斯优质牧草种植基地和正在实施的外环路、三环路两侧花卉苗木绿色长廊以及江安河观光旅游农业带为主体的“三基地两长廊一地带”农业产业新布局，为全乡经济注入了新的活力。先后荣获四川省“先进乡党委”、“红旗乡党委”、“先进基层党组织”、成都市“先进基层党组织”、省小城镇建设先进单位、成都市科技示范乡、社会治安综合治理模范乡等荣誉称号。

农民公寓

蔬菜基地

簇桥乡道路

成都飞亚航空设备应用研究所

总经理：彭道堂

成都飞亚航空设备应用研究所是我国最早从事航空电子维修的高科技民营企业之一。一九九四年七月正式成立，一九九五年六月二十一日取得中国民用航空总局(CAAC)颁发的《维修许可证》(证号：D.4817)。

成都飞亚自成立起坚持“以高科技、高质量为航空维修事业服务”和“航空产品 质量第一”的方针，通过这几年的努力和奋斗，已建立了一整套现代化维修管理体制。在富有航空维修理论和实践经验的，以高级工程师为主体的科技队伍基础上，近几年来又吸收了一批从航空和民航院校毕业的专业技术人员充实了成都飞亚的技术实力，在开发新的航空电子设备维修项目过程中，成都飞亚向专业化 、规模化发展奠定了扎实的软件和硬件基础。

几年来，成都飞亚成功地为国内各航空公司和部队完成了多机种航空电子设备的检测、修理、改装和大修等维修工作，确保了正常航行和飞行安全，取得了广大航空公司和部队的信任。成都飞亚的经营宗旨是“科技是实力、质量是生命”、本着“航空产品质量第一”的方针，信守合同、周到服务，为确保飞行安全，促进我国航空运输事业的发展和腾飞，作出应有的贡献！

地址：成都市黄田坝纬一路
邮编：610092
电话：(028) 87416110（总经理室）
(028) 87418077（所办）
(028) 87463880（生产科）
传真：(028) 87416162
网址：http://www.cdfeiya.com
E-mail:info@cdfeiya.com

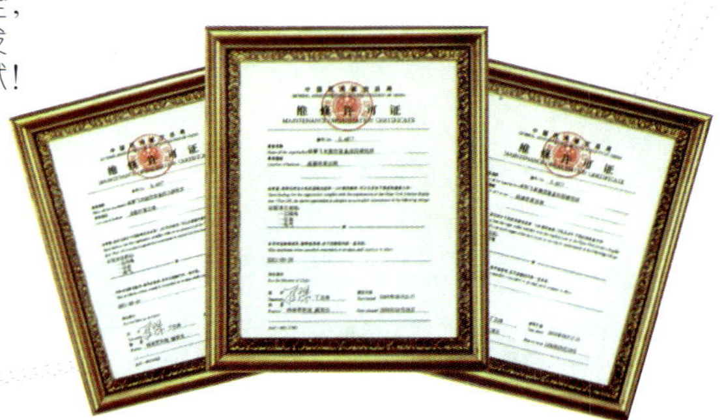

成都市第二十八中學

成都市第二十八中学，其前身是创于1933年的成才协进中学，后以“成都的陕北公学”饮誉蓉城，以“团结、勤奋、求实、创新”为校训；以“智、勇、诚、朴”为学风，采用了“严、早、实、细、活、全”的分层管理。学校位于市内西胜街，环境幽静，布局合理；运动场设施齐全，200米塑胶跑道环绕校园，是一所求学奋进的理想学校。

学校有一支思想业务素质好，勤奋扎实，敬业爱生，协同奋进的骨干教师队伍。有市级学科带头人和高级教师61人，一级教师72人。省市优秀教师、优秀党员、优秀班主任、市优青、校优青共30人，研究生和研究生课程进修教师12人。教师论文获省、市等级奖或在市级以上刊物发表的有119人次。科研兴校是我校提高教育教学质量的重要举措，现有省、市、校三级课题，我校三分之二的教师积极参与。多名教师在全国、省、市赛课分获一、二、三等奖。92年以来学生中有180多人次在市级以上的各类竞赛中获奖，有 57人取得国家等级运动员称号。新建实验综合大楼，有高档次微机房，并建立了校园网，学生可上网学习；各教室安装电视网络系统，每班一台29寸大彩电；多媒体教室、电教室、语音室、理、化、生实验室设备高档；400平方米的学生阅览室，藏书30000多册，报刊杂志百余种。

学校自 92年以来，教育教学质量显著，连续十年来先后荣获市教委表彰表扬奖励。市委宣传部、市教委授予“成都市德育先进集体”；市教委授予“四好领导班子”；市属普通中学首批“市级校风示范校”；警民共建“平安学校”；省委宣传部、省教委授予“四川省中小学德育工作先进单位”；新世纪市级重点中学、“市级文明单位标兵”；2003年争创省级“文明单位”、“省级校风示范校”；2004—2005年争创有特色的“省重点中学”。

在市级重点中学验收评议会上，专家们一致认为：“28中校风正，质量好，是中学生贺大学梦的摇篮！”

欢迎同学们报考和选读我校。

校长：李盛意
联系人：刘林　朱北超　黄保义
电话：(028)86641044
传真：(028)866972050　86630204
校址：成都市西胜街18号
邮编：610015

四川成飞集成科技股份有限公司

公司大门

四川成飞集成科技股份有限公司是以原成飞汽车模具中心为基础，由成都飞机工业（集团）有限责任公司联合成都航空仪表公司、吉利集团有限公司、南京航空航天大学、西北工业大学共同发起，并经国家经贸委批准设立的，以工模具设计、研制和制造为主为业，以计算机集成制造技术开发与应用为特征的高科技股份有限公司。

公司承袭了成飞公司原汽车模具中心、航空型架车间和模具车间精良的装备、先进成熟的技术，秉承了“市场第一，客户至上，追求卓越、服务社会”的经营理念，致力于加快汽车重大技术工艺装备国产化基地建设和企业技术进步，通过高新技术提高我国汽车模具、飞行器模夹具制造业水平，以股东和公司利益最大化为行为准则，服务于客户、贡献于社会。

公司总面积28000平方米，总资产16393.25万元，注册资本8041万元，员工620余人。本着高起点、高科技和经营规模化，成飞集成公司先后引进了国际上先进的数控加工设备和计算机软、硬件，检测设备及相关的冲压、高度设备，目前，成飞集成拥有11台套先进 的数控铣床、67台计算机工作站、75台微机及其它（研配压床、调试压床、检测设备等）各类机器设备近500台。

先进的数控加工

公司将在现有的基础上实施第三期技改工程，并已列入国家“双加”工程，并通过上市进一步扩大生产规模和提高产品档次，发展成为能承接汽车整车工艺装备制造的专业化生产基地。

四川成飞集成科技股份有限公司始终以“创建一流企业、造就一流人才、制造一流产品”为宗旨，以诚恳的态度，竭诚为国内、外各制造厂家服务。

地址：成都黄田坝　　　　邮编：610092
电话：（028）87405033　（028）87406530
传真：（028）87408111
网址：WWW.cac-cite.com.cn

成都飞机工业集团三航有限责任公司

1、技术人员研制新产品
2、公司领导班子共商发展大计
3、军方代表视察新产品

成都飞机工业集团三航有限责任公司是成飞（集团）公司的投资公司，在成都高新区工商管理局注册。1998年，被成都市科学技术委员会认定为高新技术企业。公司主要承揽军机、民机航电产品、设备维修和制造以及民机机械零件维修等项目。公司现有各项制造、维修设备300余台，使用面积 2590m^2，职工大专学历以上文化程度占总人数80%。2001年，公司完善质量体系，取得《中国新时代认证中心》颁布质量体系认证证书。实现产品销售收入1600万元，较上年度增长32.3%，利公司总额较上年度增长50%，取得较好的社会效益和经济效益。

电话：（028）87405470
传真：（028）87418723
地址：成都市黄田坝
联系人：熊伟

成都地方税务局

市局党组书记、局长张代平一行深入扶贫村调查研究工作

2001年，我市地税系统在上级税务机关和各级党委、政府的正确领导下，认真学习和努力实践江泽民同志“三个代表”重要思想，深入贯彻国务院税收工作的“十六字”方针，围绕市局党组提出的“三个一流”目标，按照“收好税、带好队、服好务”的基本思路，求实创新，奋发进取，积极发挥税收职能作用，圆满地完成了各项工作任务。

2001年，是全市地税系统组建以来增收最多的一年，全市地税系统共组织入库各项收入 610078 万元，比上年增收96586万元，地方工商税收达507073万元，比上年增收88137万元，圆满地完成了省局和市政府下达的全年工商税收目标任务。为全市的跨越式发展作出了积极的贡献，同时也展示了“十五”开局之年地税工作的新面貌。

税收宣传深入社会

2001年，全系统获国家人事部和国家税务总局联合表彰的先进集体1个，获四川省人事厅和四川省地税局联合表彰的先进集体4个、先进工作者5人，获成都市人事局和市局联合表彰的先进集体28个、先进工作者38人。市局获得了全省地税系统目标管理一等奖。

2002年全市地税工作的指导思想和总体要求是：以邓小平理论和江泽民同志“三个代表”重要思想为指导，认真贯彻落实全省地税工作会议精神和市委九届八次全会、市委经济工作会议精神，围绕“建一流班子、带一流队伍、创一流业绩”的总目标，坚持以组织收入为中心，突出依法治税、从严治队和科技加管理的工作方针，以创新的精神进一步收好税、带好队、服好务，展示新面貌，增加新活力，取得新成绩，全面完成各项工作任务，为迎接党的十六大召开和实现成都经济跨越式发展再作新贡献。

展示新面貌
增强新活力
取得新成绩
为成都跨越式发展再作新贡献

市局办税服务大厅

中铁二局四川勤宏工程机械厂

中铁二局四川勤宏工程机械厂厂长　孟强

四川勤宏工程机械厂隶属于中铁二局集团机电有限公司，创建于1953年，地处四川省成都市二仙桥，工厂占地面积5万余平方米；现有员工300人，其中高级专家和各类专业技术人员70余人，经过国外经济技术合作与特区工作锻炼的高级技工150余人；拥有大中型冲压、机械加工、检测通（专）用设备140余台（套）。技术实力雄厚。

我厂以研究设计制造工程、建筑机械为主。主要产品有：红岩、斯太尔、尼桑、奔驰等底盘改装的“勤宏牌”汽车式混凝土搅拌运输车，轨行式2-8立方米混凝土搅拌运输车，68-108吨隧道全断面衬砌模板台车，15立方米混凝土搅拌站，各型混凝土拌合机、混凝土喷射机等。其它产品有：电动、液压8-14立方米梭式矿车，2-6立方米侧卸式矿车，铁路、公路桥梁铸钢支座，天然气专用汽车等，并承接大型机电设备及钢结构安装。

我厂改装的汽车式混凝土搅拌运输车已列入《全国汽车产品目录》。勤宏牌建筑机械设备以其先进的技术性能、可靠的产品质量和良好的售后服务，畅销全国20多个省、市、自治区。

我厂的质量方针是：精心设计，规范施工，竭诚服务，以质求信。

我厂的质量目标是：为用户提供最满意的产品。

在共同携手进入二十一世纪之际，我们将以能使用户满意的产品和真诚的服务，为您所在企业的发展腾飞作出贡献。

勤宏，就在您的身边

让我们真诚携手，共创美好明天！

勤宏牌JCGY系列2　8 m3轨行式混凝土搅拌运输车

厂区一角

总装车间

以改革促发展

勤宏奔驰SQH5270GJB-BCH型混凝土搅拌运输车

成都市统计学会

成都市统计学会是成都市统计科学研究的群众性团体。近几年来，学会充分利用人才优势、资源优势，较好地发挥了学会作用，开展了大量的统计信息咨询服务工作，在统计信息资料收集整理方面取得了一定突破。

一是在统计资料整理编辑方面取得了突破。对外公开出版了《成都统计年鉴》、《成都五十年》。定期整理编辑了《成都统计月报》、《成都统计手册》、《城市建设统计年鉴》、《成都工业年鉴》、《西部重点城市统计资料汇编》等大量统计资料。

二是搜集整理了大量统计信息资料。包括：全国全省和副省级城市、沿海开放城市、各类重点城市、西部主要城市等方面的统计信息资料。

三是建立了统计信息网络。利用现代信息网络技术建立了涵盖全市，包括各区(市)县的统计信息网络，同时还与国家、省统计局和全国主要城市统计部门联成了全国统计信息网络。

四是建立了统计信息数据库。利用统计部门大量统计资料，建立了统计信息数据库，满足了全市经济社会研究工作的需要。

CHENGDUSHI
TONGJI
XUEHUI

目　　录

CONTENTS

一、综　合
Chapter 1 General Survey

二、人口及劳动力
Chapter 2 Population and Labor Force

三、固定资产投资、建筑业
Chapter 3 Investment in Fixed Assets and Construction

四、财政、金融、证券和保险
Chapter 4 Government Finance,Banking,Securities and Insurance

五、人民生活
Chapter 5 People's Livelihood

六、城市公用事业
Chapter 6 Urban Public Utilities

七、农　业
Chapter 7 Agriculture

八、工　业

Chapter 8 Industry

九、运输、邮电
Chapter 9 Transportation, Postal and Telecommunications Services

十、国内贸易、物价、外经、旅游
Chapter 10 Domestic Trade, Price Indices, Foreign Trade and Economic Cooperation, Tourism

十一、 科技、教育和文化
Chapter 11 Science ,Education and Culture

十二、 体育、卫生、福利及其他
Chapter 12 Sports, Public Health, Social Welfare and Others

十三、 企业调查
Chapter 13 Enterprise Survey

十四、区(市)县
Chapter 14 Districts, Cities at County Level and Counties

十五、普查资料
Chapter 15 Census

成　都　概　况

一、成都历史文化

成都是一座有 2300 多年悠久历史的古城,是国务院首批公布的 24 个历史文化名城之一。公元前四世纪,古蜀国王开明九世于“广都樊乡”(今双流境)“徙治成都”,以“周太王从梁止岐,一年成邑,二年成都”,故名成都,相沿至今。公元前 311 年,秦人按咸阳建制兴筑成都城垣。当时城周 12 里,高 7 丈。成都城市在这一年正式建立。公元前 256 年,蜀郡太守李冰父子率岷江两岸人民兴建的都江堰水利工程,二千多年来一直浇灌着成都平原。因此,成都水旱从人,土地肥沃,气候温和,物产丰富,故世称“天府”。西汉时期,成都织锦业驰名天下,当时,在城西南设立了锦官,专管织锦,并筑有锦官城,故成都又有“锦官城”、“锦城”之称。五代后蜀主孟昶时,在城墙上遍种芙蓉,故成都还有“芙蓉城”、“蓉城”之称。在历史上,成都又是一座水网密布,江桥众多,树木葱笼,繁花似锦的“花城”。19 世纪法国旅行家古德尔孟曾赞叹成都是“东方的巴黎”。

二千多年来,成都一直是祖国西南地区的政治、经济、军事重镇,具有重要战略地位。秦、汉、晋、隋皆因得蜀而统一天下。西汉公孙述、三国刘备、西晋李雄、东晋李寿、五代前蜀王建、后蜀孟知祥等封建王朝均建都成都。成都又一直是各朝代的州、郡、县治所,元、明、清为四川省治所。民国初年,成都是四川省省会。1949 年 12 月 27 日,成都解放,为川西行政公署驻地。1952 年恢复四川省建制,成都为四川省省会至今。

成都是工商繁茂的大都会。秦汉时代,成都是我国有名的商业都市。汉代,又是全国五大都会(洛阳、邯郸、临淄、宛、成都)之一。唐代有“扬(州)一益(成都)二”之称。北宋时期是汴京以外的第二大都会。唐宋时期成都的商业已突破了历史上传统的坊市制的束缚,兴起了临街设店和前店后坊(手工作坊)的格式,进而发展为城内有东市、南市、新南市、西市和北市,城外有草市的格局。一年内,各种专业性市场不断:一月灯市、二月花市、三月蚕市、四月锦市、五月扇市、六月香市、七月宝市、八月桂市、九月药市、十月酒市、十一月梅市、十二月桃符市。城内还兴起了繁华的夜市。现在中共四川省委的所在地“商业街”,成都市委的所在地“羊市街”,这些街名也反映了成都历史上商业的繁荣。

纸币是中国发明的,成都又是中国纸币的发源地。当时,在成都城外西边的“净从寺”(即成都西门万佛寺)有制造纸币(交了)的用纸和印刷纸币的作坊。成都所制交子,是世界货币史上使用最早的纸币,它对贸易往来、金融业的发展和经济繁荣等起了重大作用。

成都是全世界最早开发利用天然气的地方。早在西汉时期,成都人就发现了天然气,并用于制盐。这就是成都临邛地区有名的“火井”。历史上成都还是一座口岸城市。李冰开二江,双过城下,成都成为水陆交汇的口岸城市,又是祖国南方丝绸之路起点的外贸城市。

成都对祖国和世界文化作出了重大贡献。成都的教育事业发达,历史悠久。早在公元前 141 年,蜀郡太守文翁在成都兴学,开学馆,设讲堂,建石室。“文翁倡其教,相如为之师”,于是蜀之人才,辈出于两汉。这是全国地方办学的首创。一直到南宋,发展为规模近千人的地方高等学府。

隋、唐至宋时代,成都的造纸技术为全国的高峰。唐代成都造的“益州麻纸”是官方规定的诏书、册令和中央图书馆的标准用纸。雕版印刷术的发明，是中国对人类文明的又一伟大贡献。而成都是中国雕版印刷术的发源地之一。伦敦博物馆所藏敦煌文书中孟蜀时期成都木刻印刷的“历书”，为世界最早的木刻历书。中国历史博物馆所藏唐代木刻印刷的“陀罗尼经咒”，边款刻有“成都府成都县龙池坊刻”等字样。中国用木刻印刷五经、文选、诗文集，始于唐代的成都。宋代的成都，是全国印刷业三大基地之一，有“宋时蜀刻甲天下”之称。成都又是一座工艺名城。从战国到汉代，成都的漆器即负盛名，享誉海外。著名的马王堆汉墓出土的精美漆器就有成都制造的。成都又是蜀锦的故乡，它一直是中国丝绸文化重要的发源地和生产地。汉、晋时期，蜀锦风靡天下。六朝以后至隋唐，通往西域的丝绸之路所销蜀锦大都是成都生产的。蜀锦在1909年的南洋博览会上获“国际特奖”。成都麻织的“蜀布”，在汉代是名扬天下的高级织物，远销“大夏”（即阿富汗）。

唐宋时期，成都的音乐、歌舞、戏剧已非常繁盛，有“蜀戏冠天下”之称。成都的乐器制造，闻名全国，成都乐器世家雷氏所制“雷琴”，使当时的文化界“叹为观止”，而留存于世者，珍同“国宝”。成都大慈寺的壁画也被称颂为“天下第一”。

饮茶文化始于中国。中国饮茶，源于四川。而四川最早进行茶叶贸易的是成都新津。诗歌中最早饮茶记录亦在成都。唐宋时期，成都是全国茶叶生产的主要地区，也是茶叶贸易的集散中心。清代以来，成都的茶馆文化别具一格，相沿至今。成都茶馆之多，世界第一。

成都是汇百流、善吸收、富创新的开放城市。自古就是一座人才荟萃的名城。汉赋四大家成都有司马相如和杨雄两位。唐代大画家成都有黄筌、黄居采父子。宋代著名史学家成都有范镇、范祖禹。成都还是名流云集之地，大政治家诸葛亮，大诗人李白、杜甫、岑参、薛涛、韦庄、陆游、范成大等都曾寓居这里，有“天下诗人皆入蜀”之说。无产阶级革命家朱德、陈毅都曾就学成都。现代著名文学家郭沫若、巴金、李劼人、李一氓，科学家周太玄等，带来了荆楚文化；秦定蜀，带来了关中文化，后又把六国工商迁创新、勇进取的开放性。开明氏入蜀，带来了荆楚文化；秦定蜀，带来了关中文化，后又把六国工商迁徙入蜀，带来了先进的工商技术；文翁兴学，派蜀人子弟到京师学习中原文化，隋代杨秀作蜀王带来中原高僧，使成都成为佛学中心之一。唐玄宗、僖宗两次“幸蜀”，随行带来了大批大诗人、画家、歌手和百工技艺之才。清代“湖广填四川”，促进了经济、文化、风俗的交流和融汇。川剧、曲艺、绘画、川菜、小吃等，都是集各地之精华而形成成都特有文化。抗日战争时期，各种社会团体和名流志士移居成都，27所大专院校迁来成都，使成都成为大后方文化中心。解放战争时期，随着大西南的解放，人民解放军又带来了晋、绥、秦、鲁、苏大批干部。建国后的三线建设时期，又调进了全国各地的各种人才。成都的经济、政治、文化持久繁荣的重要原因，就在于二千多年来一直不断地吸收引进全国各地的先进文化和人才。

成都是富于革命传统的历史名城。在历史上数次成为革命起义的中心。西晋末年是“成汉”国的都城。北宋初期王小波、李顺起义发动于青城，建政权于成都。明末农民起义领袖张献忠在成都建立了大西国。1911年辛亥秋成都的保路斗争，引起全川起义，成为10月10日武昌起义的开路先锋，被孙中山誉为立下了辛亥革命的“第一功”。五四运动以后，成都是发动赴法勤工俭学的重要城市。王右木、赵世炎、吴玉章、杨闇公、车耀先等革命先驱在成都进行过革命斗争。大革命失败后，“二·六”烈士在下莲池英勇献身。1949年12月，十二桥烈士用鲜血迎来了古城的新生。

在成都市区域内，被列为国家级历史文化名城的有都江堰市，列为省级历史文化名城的有邛崃市、崇州市、彭州市。2000年11月,联合国第24届世界遗产委员会将青城山·都江堰列入《世界遗产》名录。

二、地理位置和自然资源

地理位置 成都市位于四川省中部,四川盆地西部,介于东经102°54′～104°53′和北纬30°05′～31°26′之间,全市东西长192公里,南北宽166公里,总面积12390平方公里,2001年城区建成区面积228平方公里。东北与德阳市、东南与资阳地区毗邻,南面与眉山地区相连,西南与雅安地区、西北与阿坝藏族羌族自治州接壤。距东海1600公里,南海1090公里,属内陆地带。

地形地貌 成都市地质历史悠久,地层出露较全。全市地势差异显著,西北高,东南低,西部属于四川盆地边缘地区,以深丘和山地为主,海拔大多在1000—3000米之间,最高处大邑县双河乡海拔为5364米,相对高度在1000米左右;东部属于四川盆地盆底平原,是成都平原的腹心地带,主要由第四系冲击平原、台地和部分低山丘陵组成,土层深厚,土质肥沃,开发历史悠久,垦殖指数高,地势平坦,海拔一般在750米上下,最低处金堂县云台乡仅海拔387米。成都市东、西两个部分之间高差悬殊达4977米。由于地表海拔高度差异显著,直接造成水、热等气候要素在空间分布上的不同,不仅西部山地气温、水温、地温大大低于东部平原,而且山地上下之间还呈现出明显的不同热量差异的垂直气候带,因而在成都市域范围内生物资源种类繁多,门类齐全,分布又相对集中,这为成都市发展农业和旅游业带来了极为有利的条件。

土地资源 成都市土地总面积12390平方公里,占四川省土地面积的2.6%。成都市土地资源有以下特点,一是土地类型多样。按地貌类型可分为平原、丘陵和山地;按土壤类型可分为水稻土、潮土、紫色土、黄壤、黄棕壤等11类;按土地利用现状类型可分为耕地、园林地、牧草地等8类。二是平原面积比重大,达4971.4平方公里,占全市土地总面积的40.1%,远远高于全国占12%和四川省占2.54%的水平;丘陵面积占27.6%,山地面积占32.3%。三是土地垦殖指数高。土地肥沃,土层深厚,气候温和,灌溉方便,可利用面积的比重可达94.2%,全市平均土地垦殖指数达38.22%,其中平原地区高达60%以上,远远高于全国10.4%和四川省11.5%的水平。

气候资源 成都市位于川西北高原向四川盆地过渡的交接地带,具有自己特有的气候资源:

一是东西两部分之间气候不同。由于成都市东、西高低悬殊,热量随海拔高度急增而锐减,所以出现东暖西凉两种气候类型并存的格局,而且,在西部盆周山地,山上山下同一时间的气温可以相差好几度,甚至由下而上呈现出暖温带、温带、寒温带、亚寒带、寒带等多种气候类型。这种热量的垂直变化,为成都市发展农业特别是多种经营创造了十分有利的条件。二是冬暖、春早、无霜期长,四季分明,热量丰富。年平均气温在16.4°C左右,≥10°C的年平均活动积温为4700～5300°C,全年无霜期大于337天,冬季最冷月(1月)平均气温为5°C左右,0°C以下天气很少,比同纬度的长江中下游地区高2°～3°C,提前一个月入春。三是冬春雨少,夏秋多雨,雨量充沛,年平均降水量为1124.6毫米,而且降水的年际变化不大,最大年降水量与最小年降水量的比值为2:1左右。四是光、热、水基本同季,气候资源的组合合理,很有利于生物繁衍。五是风速小,广大平原、丘陵地区风速为1～1.5米/秒;晴天少,日照率在24～

32%之间，年平均日照时数为1042～1412小时，年平均太阳辐射总量为83.0～94.9千米/平方厘米。

水资源　成都市降水丰沛，年均水资源总量为304.72亿立方米，其中地下水31.58亿立方米，过境水184.17亿立方米，基本上能满足成都市人民生活和生产建设用水的需要。主要特点：一是河网密度大。成都市有岷江、沱江等12条干流及几十条支流，河流纵横，沟渠交错，河网密度高达1.22公里/平方公里；加上驰名中外的都江堰水利工程，库、塘、堰、渠星罗棋布。2001年有效灌溉面积达36.0万公顷；全市水能资源理论蕴藏量为161.5万千瓦。二是水质优良。成都地处长江流域上游，河水主要由大气降水、地下潜流和融雪组成，在流入成都平原之前，河道主要在高山峡谷之间，受人为污染极小，因而水质格外优良，绝大部分指标都符合国家地面水二级标准的要求。

生物资源　成都市地处亚热带湿润地区，地形地貌复杂，自然生态环境多样，生物资源十分丰富。据初步统计，仅动、植物资源就有11纲、200科、764属、3000余种。其中，种子植物2682种，特有和珍稀植物有银杏、珙桐、黄心树、香果树等；主要脊椎动物237种，国家重点保护的珍稀动物有大熊猫、小熊猫、金丝猴、牛羚等；中药材860多种，川芎、川郁金、乌梅、黄连等蜚声中外。

矿产资源　成都市矿产资源较为丰富。一是种类繁多，目前已探明的有铁、钛、钒、铜、铅、锌、铝、金、银、锶、稀土等金属矿产以及钙芒销、蛇纹石、石膏、方解石、石灰石、大理石、煤、天然气等非金属矿产资源60多种。二是分布相对集中。全市有大小矿产地400余处，多属矿产资源分布相对集中。煤炭探明储量1.46亿吨，主要集中在西部边沿山区的彭州市、都江堰市、崇州市和大邑县；天然气探明储量16.77亿立方米，远景储量为42.21亿立方米，主要集中于蒲江、邛崃、大邑、都江堰和金堂一带；钙芒硝储量全国第一，高达98.62亿吨，主要集中于新津县和双流县；多种金属矿产资源则相对集中于彭州市。三是共生矿多。

旅游资源　成都市名胜古迹蜚声中外，加上自然风光绮丽多姿，因而旅游资源得天独厚，并具有鲜明的成都特色。一是人文景观多。全市现有人文景观172处，具有类型多、规模大、分布广、价值高的特点。全市19个区(市)县，都有自己特有的人文景观。其中，尤以二王庙、文君井、武侯祠、杜甫草堂、文殊院、宝光寺、王建墓、东汉墓等最具特色；观音寺的壁画、塑像和花置寺的摩岩造像等也有很高的艺术观赏价值；举世闻名的都江堰水利工程，更是具有极高的科学研究价值。二是自然景观全。成都地形地貌复杂多样，山景、洞景、水景、生景、气景俱全。其中山景具有高、险、奇、秀、幽的特色，如有“天下幽”的青城山、雄奇多姿的九峰山、奇峰挺拔的雾中山、景色秀美的玉垒山等；水景中有汹涌湍急的溪流、清澈明亮的水潭、飞珠溅玉的瀑布、秀美如画的湖泊、千姿百态的泉眼等等。生景中，有少见的桂花林、箭竹林、杜鹃林等植物群落和大熊猫、小熊猫、蝴蝶群等珍稀动物。丰富多彩的成都气景中，有壮观的日出、多变的云海、神奇的佛光、奇特的“神灯”和玄幂的“阴阳界”等等。三是旅游资源分布相对集中。现已形成以成都市区为核心的、组合不同、风格各异的都江堰、青城山、宝光寺等8个国家、省、市级风景片区和西岭雪山国家级风景名胜区、龙池国家级森林公园、龙门山国家级地质公园和白水河国家自然保护区等。四是旅游地理位置十分优越。成都正处在由剑门蜀道、九寨沟、成都、峨眉山、长江三峡等旅游胜地组成的四川旅游环和由北京、西安、成都、昆明、桂林、广州等旅游中心组成的全国旅游环的联结点上，还是内地前往西藏的主要通道。

劳动力资源　2001年，成都市人口总数为1020万人，占四川省总人数的11.8%，占全国总人数的

0.8%。其特点:一是人口密度大。平均每平方公里为 823 人,特别是平原地区人口密度多在每平方公里 1000 人以上,比全国人口密度较高的长江三角州和珠江三角洲的人口密度还高出约一倍。二是社会劳动者人数比重大。全市劳动力资源占全市总人数的 76.8%,从业人员占总人口的比重为 54.4%。三是具有大专以上教育程度的劳动者人数比重大,据第五次人口普查资料,成都市每万人中具有大专以上教育程度人数为 724 人,是第四次人口普查 319 人的 2.27 倍。由此可见,成都市劳动力资源不仅数量众多,而且文化素质较高。

三、人口和行政区划

人口 2001 年末,成都市总人口为 1020 万人,在全国特大城市中,仅次于北京、上海、重庆,居第四位。其中,市区人口 342 万人,县(市)人口 668 万人;女性人口 501 万人,男性人口 519 万人;农业人口 665 万人,非农业人口 355 万人。全市共 321 万户,其中,市区为 112 万户,县(市)为 209 万户。全市平均每户 3.2 人,其中,市区平均每户 3.1 人。全市人口密度为每平方公里 823 人,其中,市区人口稠密,平均每平方公里达 2408 人。

行政区划 建国后,成都市行政辖区几经调整,面积由 29.9 平方公里扩大到 1.23 万平方公里。1952 年撤消成都县,部分划归成都市郊区。1953 年后,相继建立了东城区、西城区、金牛区、青白江区、龙泉驿区和一个区级办事处(黄田坝)。1976 年将温江地区的双流县、金堂县划入成都市管辖。1983 年 5 月,实行市领导县体制,温江地区 10 个县并入成都市。1990 年 9 月,经国务院批准,成都市进行区划调整,五区划为七区。2001 年,成都市辖 7 区 4 市(县级市)8 县,即:锦江区、青羊区、金牛区、武侯区、成华区、龙泉驿区、青白江区,都江堰市、彭州市、邛崃市、崇州市,金堂县、双流县、温江县、郫县、新都县、大邑县、蒲江县、新津县。

四、经济社会发展概况

成都市的国民经济和各项社会事业经过解放后 50 年,特别是改革开放 20 多年的发展,城市综合实力显著增强,社会全面进步,人民生活极大改善,使成都市在全省、西南、全国的地位明显提高。

1984 年 1 月 11 日,国务院批准成都市城市性质为“省会,历史文化名城,重要的科学文化中心”。1993 年 6 月 29 日,国务院进一步要求“充分发挥成都市作为西南地区科技中心、商贸中心、金融中心和交通通信枢纽的作用”,并先后批准成都市实行沿海开放城市政策,列入全国率先建立社会主义市场经济体制试点城市、金融对外开放城市、行政副省级城市。1993 年 10 月,成都市在全国省会城市中,第一个被命名为国家卫生城市。城市综合实力 1992 年进入全国城市 50 强,位居第 11 位,投资硬环境为全国城市 40 优之一。

——经济总量突破千亿大关,综合实力显著增强。2001 年,全市国内生产总值达到 1492 亿元,在全国 15 个副省级城市中,仅次于广州、深圳和杭州,居第四位,GDP 总量比 1978 年增长 11 倍,年平均增长 11.4%,1995 年实现国内生产总值比 1980 年翻两番,用 14 项小康指标衡量,成都市城市居民于 1993

年、农村于1997年基本实现小康，提前实现了20世纪末的战略目标。三次产业协调发展，以商品流通、交通运输、邮电通信、金融保险、房地产、技术服务、旅游等为主的第三产业迅速发展，产业结构调整成效明显，2001年第一、二、三产业在国内生产总值中的比重分别为8.8%、45.3%、45.9%。

—— 基础设施建设成效显著，城市面貌发生重大变化。坚持以规划为龙头，以道路建设带动旧城改造和城市基础设施建设。相继完成了一、二环路、内环路、府南河综合整治城区段工程和天府广场一期工程，城市面貌和生态环境明显改善，城市特色更加突出。实施了蜀都大道、羊市街西延线，东城根街和长顺街南北延线等多条城区道路的改造建设；城市立体交通发展迅速，兴建立交桥数十座。建成成温邛、成彭、唐巴、成仁、新蒲快速通道和成绵、成渝、成乐、成雅、成灌和成都外环高速公路，已开工的城区三环路等"五路一桥"工程即将全面建成。完成自来水六厂、西郊天然气储罐站、成都污水处理厂和成都长途电话枢纽工程等若干重点项目，城市供电、供气、供水和通信能力逐步增强，2001年城市气化率79.6%。城市管理、城市园林绿化、环境保护、市容环卫等工作成效明显，被评为国家卫生城市和环境综合整治优秀城市。郊区(市)县城镇和省、市试点小城镇建设步伐加快，城镇体系建设取得新的进展。

——开发区快速发展，建设规模不断扩大。成都的开发区创建于20世纪80年代末、90年代初，经过10年的发展，现已初具规模。全市主要开发区有：成都高新技术产业开发区，始建于1988年，1991年3月被国务院批准为国家级高新技术产业开发区，2001年集中区实现国内生产总值64亿元。成都经济技术开发区，创建于1990年，2000年2月被国务院批准为国家级经济技术开发区。其他主要开发区还有：成都高新西区、成都海峡两岸科技产业开发园，西南航空港经济开发区，成都市新都卫星城工业区、都江堰工业开发区、四川中美(外)中小企业发展园区等。

——城乡居民收入快速增长，生活水平不断提高。2001年，城镇居民人均可支配收入达到8128元，农民人均可支配收入3111元，城乡居民储蓄存款余额达995亿元，城区居民人均住房建筑面积达24.4平方米，农村居民人均住房面积达36.0平方米，城乡居民生活质量明显改善。

一、综　合

简 要 说 明

主要内容

本部分包括成都市的自然地理、行政区划、国民经济和社会发展综合指标、成都与全国、全省对比情况、国内生产总值及其构成、国有单位资产负债情况等内容。

资料来源

气象资料来源于成都市气象局。

行政区划、乡(镇)名录来源于成都市民政局。

国有单位资产负债情况来源于成都市国资局。

其他资料主要依据成都市统计局综合统计年报和各专业统计年报及相关部门的资料整理而得。

其他需要说明的问题

国内生产总值、工业总产值、农业总产值总量与结构指标按当年价格计算,速度指标按可比价格计算。

国内生产总值（亿元）

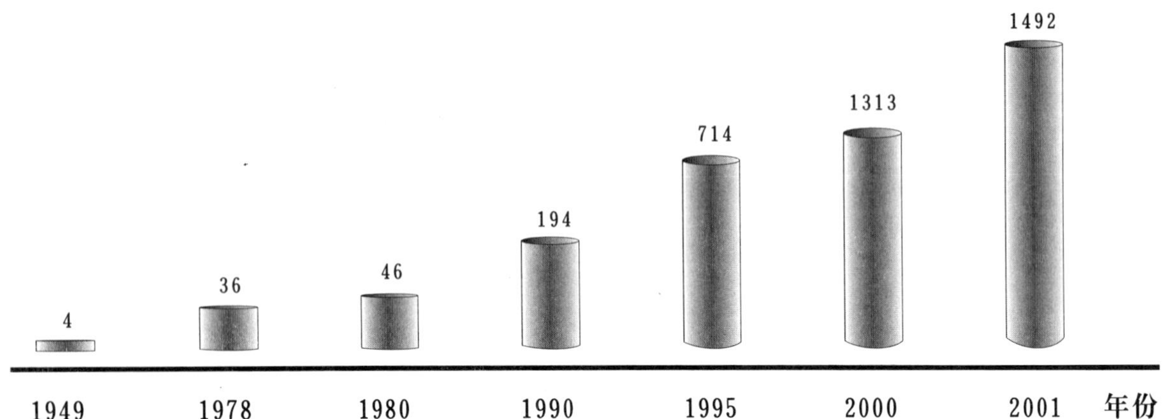

国内生产总值构成（%）

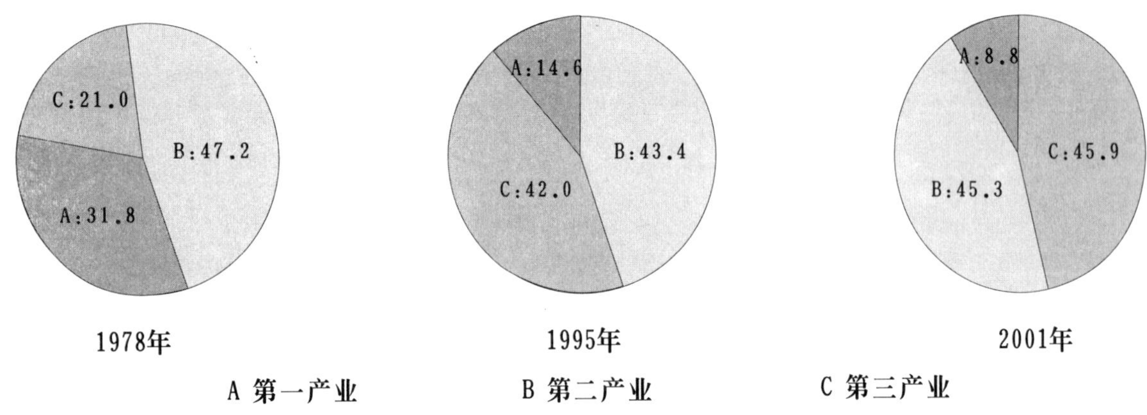

人均国内生产总值（元）

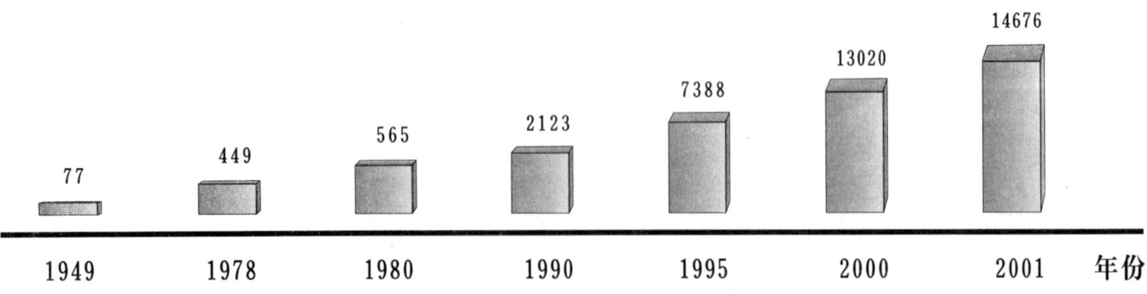

自 然 地 理

位置：

成都，简称蓉。地处东经 102 度 54 分至 104 度 53 分与北纬 30 度 05 分至 31 度 26 分之间，位于四川省中部，东北与德阳市，东南与资阳地区毗邻，西南与雅安地区、西北与阿坝藏族羌族自治州接壤，南面与眉山地区相连。境内海拔最高 5364 米，最低 387 米。

面积：

全市面积 12390 平方公里，东西长 192 公里，南北宽 166 公里，平原面积占 40.1%，丘陵面积占 27.6%，山区面积占 32.3%。

河流：

境内河网稠密，西南部为岷江水系，东北部为沱江水系，全市有大小河流 40 余条，水域面积 700 多平方公里。

气候：

成都属于亚热带湿润季风气候区，热量丰富、雨量充沛、四季分明。年平均气温在 15.2—16.6℃左右，全年无霜期大于 300 天，年平均降水量 873—1265 毫米，年平均日照百分率一般在 23—30%之间，日照时数为 1017—1345 小时，年平均太阳辐射总量为 80.0—93.5 千卡/平方厘米。

1-1 成都市气象情况(2001 年)

Meteorological Phenomenon in Chengdu (2001)

	平均气温 (摄氏度)	日照时数 (小时)	雾 日 (天)	降雨日数 (天)	降雨量 (毫米)	平均风速 (米/秒)
全 年	**17.3**	**1065.2**	**14**	**191**	**826.2**	**1.5**
一 月	7.0	54.7	1	13	2.9	1.0
二 月	10.0	65.3	1	11	4.5	1.4
三 月	15.1	128.2		9	1.5	1.8
四 月	17.3	96.7	1	21	46.0	1.7
五 月	22.7	189.7	1	12	31.3	1.9
六 月	23.9	132.0		20	99.6	1.4
七 月	27.6	142.4		20	161.1	1.6
八 月	24.3	96.5		21	243.6	1.6
九 月	20.8	8.8	1	25	203.0	1.6
十 月	18.8	50.4		21	18.6	1.3
十一月	13.6	56.1	4	10	11.5	1.0
十二月	6.8	44.4	5	8	2.6	1.1

1-2 成都市行政区划(2001年末)

Division of Administrative Areas in Chengdu (End of 2001)

单位：个

	乡政府	镇政府	街道办事处	居民委员会	村民委员会
全　市	**100**	**235**	**88**	**1232**	**4564**
锦江区	2		15	275	24
青羊区	2		14	90	22
金牛区	3		24	123	48
武侯区	2	2	19	170	32
成华区	4		16	74	46
龙泉驿区	2	17		34	189
青白江区	4	11		31	178
金堂县	4	20		43	444
双流县	2	24		58	484
温江县	4	11		14	178
郫　县		19		33	261
新都县		17		48	300
大邑县	9	18		18	345
蒲江县	9	10		18	192
新津县	5	11		9	187
都江堰市	12	16		75	353
彭州市	7	21		52	459
邛崃市	13	20		24	485
崇州市	16	18		38	372

注：高新区所辖乡(镇)、街道包含在武侯区中。

1-3 成都市乡(镇)名录

Name List of Townships and Villages in Chengdu

区(市)县	政府驻地	乡 (镇)
锦江区		三圣乡、琉璃乡
青羊区		文家乡、苏坡乡
金牛区		金牛乡、天回乡、洞子口乡
武侯区		簇桥乡、永丰乡、机投镇、金花镇
成华区		圣灯乡、保和乡、龙潭乡、青龙乡
龙泉驿区	龙泉镇	万兴乡、清水乡、龙泉镇、大面镇、洛带镇、西河镇、柏合镇、洪河镇、同安镇、十陵镇、茶店镇、文安镇、义和镇、黄土镇、西平镇、兴龙镇、平安镇、山泉镇、金龙镇
青白江区	大湾镇	玉虹乡、福兴乡、人和乡、云顶乡、城厢镇、大湾镇、弥牟镇、清泉镇、大同镇、祥福镇、姚渡镇、日新镇、合兴镇、华严镇、龙王镇
金堂县	赵　镇	平桥乡、黄家乡、栖贤乡、云绣乡、赵镇、淮口镇、竹篙镇、土桥镇、五凤镇、云合镇、广兴镇、高板镇、福兴镇、赵家镇、金龙镇、白果镇、三星镇、官仓镇、清江镇、隆盛镇、九龙镇、三溪镇、转龙镇、又新镇
双流县	东升镇	三星乡、合江乡、东升镇、大林镇、煎茶镇、永安镇、白家镇、九江镇、黄水镇、籍田镇、正兴镇、彭镇、太平镇、永兴镇、华阳镇、中和镇、文星镇、金桥镇、黄龙溪镇、公兴镇、黄甲镇、胜利镇、新兴镇、兴隆镇、万安镇、白沙镇
温江县	柳城镇	玉石乡、寿安乡、柳林乡、镇子乡、柳城镇、和盛镇、通平镇、天府镇、金马镇、公平镇、万春镇、永盛镇、永宁镇、涌泉镇、踏水镇
郫　县	郫筒镇	郫筒镇、安靖镇、红光镇、合作镇、唐昌镇、安德镇、团结镇、犀浦镇、花园镇、德源镇、新胜镇、新民场镇、两路口镇、三道堰镇、清河镇、友爱镇、红兴镇、唐元镇、古城镇
新都县	新都镇	新都镇、马家镇、新民镇、三河镇、泰兴镇、利济镇、清流镇、龙虎镇、新繁镇、大丰镇、龙桥镇、斑竹园镇、石板滩镇、木兰镇、军屯镇、龙安镇、竹友镇
大邑县	晋原镇	高山乡、金星乡、雾山乡、鹤鸣乡、三坝乡、墩义乡、蔡场乡、龙凤乡、丹凤乡、晋原镇、安仁镇、悦来镇、新场镇、唐场镇、西岭镇、斜源镇、青霞镇、沙渠镇、元兴镇、董场镇、韩场镇、王泗镇、三岔镇、邛江镇、上安镇、天宫庙镇、苏家镇
蒲江县	鹤山镇	复兴乡、西南乡、光明乡、白云乡、寿民乡、长秋乡、松华乡、敦厚乡、高桥乡、鹤山镇、寿安镇、大塘镇、天华镇、西来镇、大兴镇、甘溪镇、五星镇、朝阳湖镇、成佳镇
新津县	五津镇	兴乐乡、龙马乡、黄渡乡、文井乡、万和乡、五津镇、花桥镇、金华镇、兴义镇、安西镇、新平镇、永商镇、邓双镇、普兴镇、花源镇、方兴镇
都江堰市	灌口镇	驾虹乡、金凤乡、向峨乡、土桥乡、两河乡、大乐乡、徐渡乡、沿江乡、民兴乡、青城乡、麻溪乡、虹口乡、灌口镇、蒲阳镇、石羊镇、安龙镇、胥家镇、太观镇、紫坪铺镇、玉堂镇、幸福镇、中兴镇、柳街镇、聚源镇、天马镇、崇义镇、龙池镇、青城山镇
彭州市	天彭镇	白鹿乡、万年乡、利安乡、西郊乡、致和乡、竹瓦乡、北君平乡、天彭镇、通济镇、九陇镇、隆丰镇、敖平镇、磁峰镇、桂花镇、红岩镇、太清镇、升平镇、小鱼洞镇、楠杨镇、军乐镇、三界镇、大宝镇、新兴镇、丽春镇、九尺镇、濛阳镇、三邑镇、庆兴镇
邛崃市	临邛镇	战斗乡、茶园乡、孔明乡、石头乡、下坝乡、道佐乡、太和乡、油榨乡、银杏乡、南宝乡、大同乡、马湖乡、南君平乡、临邛镇、固驿镇、羊安镇、宝林镇、天台镇、牟礼镇、桑园镇、平乐镇、夹关镇、火井镇、水口镇、冉义镇、回龙镇、高埂镇、前进镇、高何镇、石坡镇、临济镇、卧龙镇、泉水镇
崇州市	崇阳镇	安阜乡、锦江乡、上元乡、公议乡、济协乡、东观乡、崇德乡、桤泉乡、集贤乡、苟家乡、何家乡、西山乡、崇平乡、燎原乡、西江乡、金鸡乡、崇阳镇、怀远镇、元通镇、隆兴镇、羊马镇、三江镇、道明镇、王场镇、三郎镇、江源镇、白头镇、廖家镇、街子镇、万家镇、观胜镇、听江镇、大划镇、梓潼镇

1-4 国民经济和社会发

Principal Aggregate Indicators on National Economic

	单 位	1978年	1980年	1990年	1995年
一、人口与就业					
人 口					
年末总人口	万人	806.06	822.54	919.50	971.60
#市区人口	万人	228.80	238.31	280.81	307.86
#非农业人口	万人	179.46	192.04	250.99	300.86
就 业					
从业人员数	万人	372.30	393.12	546.24	583.64
#在岗职工人数	万人	109.99	115.90	152.71	161.52
#乡村劳动力	万人	262.11	276.57	386.04	403.19
二、宏观经济					
国民核算					
国内生产总值	亿元	35.94	46.30	194.09	713.67
第一产业	亿元	11.45	12.60	40.56	104.29
第二产业	亿元	16.97	22.98	77.07	309.36
第三产业	亿元	7.52	10.72	76.46	300.02
国内支出总额	亿元	35.94	46.30	194.09	713.67
#最终消费	亿元	17.62	26.15	116.37	346.75
居民消费	亿元	13.22	19.68	92.04	279.47
政府消费	亿元	4.40	6.47	24.33	67.28
资本形成总额	亿元	12.76	11.80	72.08	314.59
固定资本形成总额	亿元	2.96	5.62	40.40	235.13
存货增加	亿元	9.80	6.18	31.68	79.46
农 业					
耕地面积	万公顷	49.56	49.00	46.54	44.90
农林牧渔业从业人员	万人	241.36	258.45	305.13	282.60
农林牧渔业总产值	亿元	15.71	17.15	60.19	150.45

展总量与速度指标

and Social Development and Their Related Indices Growth Rates

2000年	2001年	2001年为下列年度(%)				
		1978年	1980年	1990年	1995年	2000年
1013.35	1019.90	126.5	124.0	110.9	105.0	100.6
335.86	341.52	149.3	143.3	121.6	110.9	101.7
345.90	354.78	197.7	184.7	141.4	117.9	102.6
554.26	554.79	149.0	141.1	101.6	95.1	100.1
124.53	117.32	106.7	101.2	76.8	72.6	94.2
396.13	398.15	151.9	144.0	103.1	98.7	100.5
1312.99	1492.04	12.1倍	9.6倍	4.0倍	189.0	113.1
125.56	131.73	2.6倍	2.5倍	151.4	124.8	104.2
587.00	676.15	17.6倍	13.2倍	5.0倍	2.0倍	115.0
600.43	684.15	17.2倍	12.4倍	4.3倍	195.3	113.0
1312.99	1492.04					
600.53	668.86					
448.55	488.63					
151.98	180.23					
637.23	750.16					
538.36	655.06					
98.87	95.10					
42.46	41.53	83.8	84.8	89.2	92.5	97.8
244.09	240.27	99.5	93.0	78.7	85.0	98.4
197.74	212.14	3.1倍	2.9倍	169.1	131.5	105.4

续表 1

	单 位	1978 年	1980 年	1990 年	1995 年
主要农产品、畜产品产量					
粮 食	万吨	294.85	305.14	381.70	398.97
油菜籽	万吨	10.82	13.70	19.85	18.3
蔬 菜	万吨	87.61	75.09	222.80	283.87
水 果	万吨	2.66	4.21	11.17	28.53
肉 类	万吨	14.16	18.60	38.53	53.68
#猪 肉	万吨	12.95	17.14	33.79	41.81
牛 奶	万吨	1.17	1.30	3.17	3.70
禽 蛋	万吨	1.77	1.87	5.97	11.17
水产品	万吨	0.23	0.27	2.39	3.44
工 业					
工业总产值	亿元	43.03	54.40	201.28	738.85
#轻工业	亿元	18.87	25.70	93.31	370.50
主要工业产品产量					
钢 材	万吨	35.55	40.86	86.32	141.67
发电量	亿千瓦小时	10.36	7.06	23.60	44.02
原 煤	万吨	174.72	183.09	310.98	437.92
水 泥	万吨	25.37	37.46	112.87	226.23
化学原料药	吨	544	447	1344	5098
合成氨	万吨	61.44	61.99	55.58	64.04
汽 车	辆	641	966	5230	43912
煤 气	万立方米				

2000 年	2001 年	2001 年为下列年度(%)				
		1978 年	1980 年	1990 年	1995 年	2000 年
363.71	310.73	105.4	101.8	81.4	77.9	85.4
18.59	18.40	170.1	134.3	92.7	100.5	99.0
409.82	398.40	4.5 倍	5.3 倍	178.8	140.3	97.2
52.40	59.53	22.4 倍	14.1 倍	5.3 倍	2.1 倍	113.6
68.62	74.85	5.3 倍	4.0 倍	194.3	139.4	109.1
46.52	49.81	3.8 倍	2.9 倍	147.4	119.1	107.1
4.98	6.28	5.4 倍	4.8 倍	198.1	169.7	126.1
14.64	15.65	8.8 倍	8.4 倍	2.6 倍	140.1	106.9
4.96	5.49	23.9 倍	20.3 倍	2.3 倍	159.6	110.7
1408.26	1570.57	32.8 倍	25.6 倍	7.7 倍	2.4 倍	116.3
759.90	826.31	38.7 倍	28.4 倍	9.7 倍	2.6 倍	113.2
126.21	168.13	4.7 倍	4.1 倍	194.8	118.7	133.2
53.13	48.53	4.7 倍	6.9 倍	2.1 倍	110.2	91.3
250.17	270.92	155.1	148.0	87.1	61.9	108.3
324.00	338.82	13.4 倍	9.0 倍	3.0 倍	149.8	104.6
3109	3174	5.8 倍	7.1 倍	2.4 倍	62.3	102.1
74.4	73.22	119.2	118.1	131.7	114.3	98.4
20124	21897	34.2 倍	22.7 倍	3.2 倍	49.9	108.8
36110	43502					120.5

续表 2

	单　位	1978 年	1980 年	1990 年	1995 年
饮料酒(混合量)	万吨	1.28	2.77	11.00	54.02
卷　烟	万箱	11.19	12.60	22.01	28.00
固定资产投资					
全社会固定资产投资总额	亿元	2.94	5.57	40.12	215.63
#国有单位投资	亿元	2.83	5.20	28.20	108.20
#市及市以下投资	亿元	0.98	2.48	28.92	168.05
#基本建设投资	亿元	2.75	4.67	12.94	75.42
更新改造投资	亿元		0.53	11.77	22.42
房地产投资	亿元			2.99	54.54
运输业					
货物运输量	万吨	2874	4295	10139	11659
货物周转量	亿吨公里	81.29	86.68	147.83	182.44
旅客运输量	万人	2635	4586	12894	19931
客运周转量	亿人公里	27.16	38.43	98.42	187.41
邮电通信业					
邮电业务总量	亿元	0.27	0.31	1.55	11.09
电话交换机总容量	万门	1.74	2.17	8.42	83.70
#市内电话交换机容量	万门	1.25	1.65	7.35	79.98
电话机	万部	2.79	3.10	13.78	49.66
#市内电话	万部	2.52	2.79	13.13	47.97
移动电话	万部				

注：“卷烟”从 1998 年起数含四川卷烟厂数据。

2000 年	2001 年	2001 年为下列年度(%)				
		1978 年	1980 年	1990 年	1995 年	2000 年
48.54	55.99	43.7 倍	20.2 倍	5.1 倍	103.6	115.3
51.10	54.00	4.8 倍	4.3 倍	2.5 倍	192.9	105.7
475.90	582.22	198.0 倍	104.5 倍	14.5 倍	2.7 倍	122.3
227.86	286.94	101.4 倍	55.2 倍	10.2 倍	2.7 倍	125.9
370.79	459.90	469.3 倍	185.4 倍	15.9 倍	2.7 倍	124.0
228.39	281.54	102.4 倍	60.3 倍	21.8 倍	3.7 倍	123.3
48.95	64.91		122.5 倍	5.5 倍	2.9 倍	132.6
129.16	170.76			57.1 倍	3.1 倍	132.2
21489	23719	8.3 倍	5.5 倍	2.3 倍	2.0 倍	110.4
362.65	414.03	5.1 倍	4.8 倍	2.8 倍	2.3 倍	114.2
46459	52433	19.9 倍	11.4 倍	4.1 倍	2.6 倍	112.9
288.95	315.60	11.6 倍	8.2 倍	3.2 倍	168.4	109.2
71.64	73.13	270.9 倍	235.9 倍	47.2 倍	6.6 倍	102.1
257.42	310.31	178.3 倍	143.0 倍	36.9 倍	3.7 倍	120.5
226.37	246.78	197.4 倍	149.6 倍	33.6 倍	3.1 倍	109.0
172.36	220.09	78.9 倍	71.0 倍	16.0 倍	4.4 倍	127.7
144.05	179.06	71.1 倍	64.2 倍	13.6 倍	3.7 倍	124.3
99.10	230.08					2.3 倍

注：运输量从 1998 年起含铁路运输中西昌分局数据。

续表 3

	单 位	1978 年	1980 年	1990 年	1995 年
国内贸易与旅游					
社会消费品零售总额	亿元	13.81	20.51	85.69	285.97
#农民对非农业居民	亿元	0.37	0.95	8.08	54.67
旅游总收入	亿元				38.00
#创汇收入	万美元				
物价指数(上年=100)					
居民消费价格指数		101.1	106.6	103.5	117.5
#食品类		101.1	110.6	102.5	124.2
服务项目类		100.9	100.7	108.5	120.5
商品零售价格指数		101.1	107.1	102.9	114.5
对外贸易					
进出口总额(海关口径)	亿美元				15.05
#出 口	亿美元				10.92
财政与金融					
财政收入	亿元	7.39	7.57	20.40	52.89
财政支出	亿元	2.96	3.34	11.92	35.21
国家银行存款余额	亿元	23.80	24.88	129.65	432.20
国家银行贷款余额	亿元	22.53	26.96	137.66	385.33
国家银行现金收入	亿元	14.40	23.04	175.11	1018.94
国家银行现金支出	亿元	13.90	22.48	161.70	946.79
城乡居民储蓄余额	亿元	2.40	4.28	79.15	341.38

注：①从 1999 年起金融数据含省级在蓉机构数据。②2000 年、2001 年财政收入不含上划省金融保险营业税。

2000 年	2001 年	2001 年为下列年度(%)				
		1978 年	1980 年	1990 年	1995 年	2000 年
554.21	627.52	45.4 倍	30.6 倍	7.3 倍	2.2 倍	113.2
92.74	100.59	271.9 倍	105.9 倍	12.4 倍	184.0	108.5
131.10	151.86				4.0 倍	115.8
8108	11650					143.7
100.2	100.8					
96.3	101.6					
115.1	104.7					
98.2	100.7					
14.81	18.95				125.9	128.0
8.18	8.94				81.9	109.3
118.61	145.32	19.7 倍	19.2 倍	7.1 倍	2.7 倍	122.5
82.94	105.66	35.7 倍	31.6 倍	8.9 倍	3.0 倍	127.4
1298.25	1613.19	67.8 倍	64.8 倍	12.4 倍	3.7 倍	124.4
1074.78	1269.22	56.3 倍	47.1 倍	9.2 倍	3.3 倍	118.1
2818.95	3391.93	235.6 倍	147.2 倍	19.4 倍	3.3 倍	120.3
2702.69	3310.01	238.1 倍	147.2 倍	20.5 倍	3.5 倍	122.5
831.00	995.45	414.8 倍	232.6 倍	12.6 倍	2.9 倍	119.8

续表 4

	单　位	1978 年	1980 年	1990 年	1995 年
三、教育文化					
教　育					
专任教师数					
普通高等学校	万人	0.69	0.74	1.07	1.07
普通中等专业学校	万人	0.22	0.26	0.33	0.35
普通中学	万人	2.74	2.56	2.49	2.70
小　　学	万人	4.10	4.27	4.05	3.70
在校学生数					
普通高等学校	万人	1.96	2.88	5.69	7.75
普通中等专业学校	万人	1.50	1.73	2.80	5.12
普通中学	万人	57.40	43.82	34.70	37.32
小　　学	万人	120.25	123.44	67.07	72.56
文　化					
出版数量					
图　　书	万册			21152	15438
杂　　志	万册			3222	3944
报　　纸	万份			78813	121579
广播节目制作时间	小时			6200	31624
电视节目制作时间	小时			1183	4094
四、人民生活及其他					
家　庭					
总户数	万户	185.56	192.24	262.61	289.51
城镇居民平均每户家庭人口	人	4.19	3.84	3.15	2.96
农村居民平均每户家庭人口	人	5.55	5.17	4.20	3.80

注：广播、电视节目制作时间 1990 年及以前年份未含区(市)县级广播、电视节目制作时间。

2000年	2001年	2001年为下列年度(%)				
		1978年	1980年	1990年	1995年	2000年
1.12	1.26	182.6	170.3	117.8	117.8	112.5
0.32	0.25	113.6	96.2	75.8	71.4	78.1
3.07	3.20	116.8	125.0	128.5	118.5	104.2
3.76	3.71	90.5	86.9	91.6	100.3	98.7
14.07	18.84	9.6倍	6.5倍	3.3倍	2.4倍	133.9
6.50	5.36	3.6倍	3.1倍	191.4	104.7	82.5
48.25	52.06	90.7	118.8	150.0	139.5	107.9
77.16	76.72	63.8	62.2	114.4	105.7	99.4
27315	26047			123.1	168.7	95.4
4908	4171			129.5	105.8	85.0
107292	136737			173.5	112.5	127.4
42280	37332			6.0倍	118.0	88.3
12826	15127			12.8倍	3.7倍	117.9
317.2	320.63	172.8	166.8	122.1	110.7	101.1
2.88	2.98	71.1	77.6	94.6	100.7	103.5
3.60	3.50	63.1	67.7	83.3	92.1	97.2

续表 5

	单 位	1978 年	1980 年	1990 年	1995 年
婚 姻					
结婚数	万对			9.64	9.38
离婚数	万对			1.55	1.88
居 住					
城市居民人均居住面积	平方米	3.1	3.9	7.5	8.7
农村居民人均住房面积	平方米	9.6	10.0	20.6	23.1
居民收支					
城市居民人均可支配收入	元	340	395	1858	5047
城市居民人均消费性支出	元	328	391	1681	4502
农村居民人均可支配收入	元	140	223	773	1649
农村居民人均生活消费支出	元	117	186	693	1644
全部在岗职工平均工资	元	584	771	2189	5592
卫 生					
医院、卫生院数	个	556	556	516	567
医生数	万人		1.43	2.32	2.47
医院、卫生院床位数	万张		2.17	3.04	3.30
市政建设					
全市用电量	亿千瓦小时	19.7	23.68	35.61	59.44
自来水供应量	亿吨	0.82	0.97	4.10	5.43
天然气供气量	亿立方米	4.42	4.56	10.40	12.83
公共交通营运车辆	辆	361	476	942	1526
出租汽车	辆		32	1585	4665
铺装道路长度	公里	319	324	423	698
园林绿地面积	公顷	160	277	1896	2287

注：①城镇居民人均可支配收入 1978 年、1980 年为生活费收入。②自来水供应量 1996 年起未含纯工业用水。

2000 年	2001 年	2001 年为下列年度(%)				
		1978 年	1980 年	1990 年	1995 年	2000 年
7.23	6.84			71.0	72.9	94.6
2.01	2.11			136.1	112.2	105.0
11.6	12.0	3.9 倍	3.1 倍	160.0	137.9	103.4
34.9	36.0	3.8 倍	3.6 倍	174.8	155.8	103.3
7649	8128	23.9 倍	20.6 倍	4.4 倍	161.0	106.3
6423	6801	20.7 倍	17.4 倍	4.0 倍	151.1	105.9
2961	3111	22.2 倍	14.0 倍	4.0 倍	188.7	105.1
2201	2353	20.1 倍	12.7 倍	3.4 倍	143.1	106.9
10370	12493	21.4 倍	16.2 倍	5.7 倍	2.2 倍	120.5
568	566	101.8	101.8	109.7	99.8	99.6
2.62	2.52		176.2	108.6	102.0	96.2
3.41	3.40		156.7	111.8	103.0	99.7
82.10	90.20	4.6 倍	3.8 倍	2.5	151.7	109.9
4.68	4.26	5.2 倍	4.4 倍	103.9	78.5	91.0
15.18	18.31	4.1 倍	4.0 倍	176.1	142.7	120.6
2118	2535	7.0 倍	5.3 倍	2.7 倍	166.1	119.7
7852	8425		263.3 倍	5.3 倍	180.6	107.3
1058	1125	3.5 倍	3.5 倍	2.7 倍	161.2	106.3
4013	4335	27.1 倍	15.6 倍	2.3 倍	189.5	108.0

③城市居民人均居住面积为市区统计口径。④农村居民人均可支配收入 2000 年以前(不含 2000 年)为纯收入。

1-5　国民经济和社会发展结构指标

Structural Indicators on National Economic and Social Development

单位：%

	1978 年	1980 年	1990 年	1995 年	2000 年	2001 年
一、人口与就业						
人　口						
农业与非农业结构						
农　业	77.7	76.7	72.7	69.0	65.9	65.2
非农业	22.3	23.3	27.3	31.0	34.1	34.8
性别结构						
男　性	50.9	50.9	51.2	51.1	50.9	50.9
女　性	49.1	49.1	48.8	48.9	49.1	49.1
地域结构						
市　区	28.4	29.0	30.5	31.7	33.1	33.5
县(市)	71.6	71.0	69.5	68.3	66.9	66.5
就　业						
从业人员产业结构						
第一产业	63.4	63.3	55.1	48.6	44.2	41.1
第二产业	16.2	16.1	25.0	29.0	25.7	25.0
第三产业	20.4	20.6	19.9	22.4	30.1	33.9
从业人员经济类型结构						
#国有经济	22.3	22.8	21.8	21.4	16.9	15.9
集体经济					68.0	66.3
城乡个体及私营					11.8	13.5
股份有限、有限责任公司					2.5	3.0
二、宏观经济						
国民经济核算						
国内生产总值结构						
第一产业	31.8	27.2	20.9	14.6	9.6	8.8
第二产业	47.2	49.6	39.7	43.4	44.7	45.3
第三产业	21.0	23.2	39.4	42.0	45.7	45.9

续表1

单位：%

	1978年	1980年	1990年	1995年	2000年	2001年
国内支出结构						
最终消费	49.0	56.5	60.0	48.7	45.7	44.8
居民消费	36.8	42.5	47.4	39.3	34.2	32.7
政府消费	12.2	14.0	12.6	9.4	11.5	12.1
资本形成总额	35.5	25.5	37.1	44.2	48.5	50.3
固定资本形成总额	8.2	12.1	20.8	33.0	41.0	43.9
存货增加	27.3	13.4	16.3	11.2	7.5	6.4
货物服务净出口	15.5	18.0	2.9	7.1	5.8	4.9
农　业						
农林牧渔业总产值结构						
农　业	76.6	73.6	62.3	59.8	61.2	58.4
林　业	3.0	3.0	1.9	1.2	1.5	1.6
牧　业	20.2	23.2	34.1	37.4	35.4	38.2
渔　业	0.2	0.2	1.7	1.6	1.9	1.8
工　业						
经济类型结构						
#国有经济	82.3	80.6	58.2	33.0	11.3	10.8
集体经济	13.3	10.9	30.2	35.0	15.3	11.3
个体私营经济	0.3	0.4	5.8	23.9	44.4	46.8
“三资”经济			0.4	5.3	8.1	7.8
轻重工业结构						
轻工业	43.9	47.3	46.4	50.1	54.0	52.6
重工业	56.1	52.7	53.6	49.9	46.0	47.4
企业规模结构						
大中型企业			49.0	35.8	26.4	30.8
小型企业			51.0	64.2	73.6	69.2

续表 2

单位：%

	1978 年	1980 年	1990 年	1995 年	2000 年	2001 年
固定资产投资						
投资经济类型结构						
#国有单位	96.4	93.3	70.3	50.2	47.9	49.3
集体单位	3.6	6.7	11.4	25.5	7.8	7.2
私营及个体经济			18.3	10.1	8.9	11.4
投资种类结构						
#基本建设	93.4	83.8	32.3	35.0	48.0	48.4
更新改造		9.6	29.3	10.4	10.3	11.1
房地产			7.4	25.3	27.1	29.3
运输业						
货运量结构						
#铁 路	45.9	32.5	15.7	14.7	19.0	18.6
公 路	53.0	66.9	83.8	84.9	80.9	81.0
客运量结构						
#铁 路	58.5	41.3	13.4	8.5	5.8	5.6
公 路	40.9	58.4	85.7	90.2	93.6	93.6
国内贸易						
社会消费品零售总额						
经济类型结构						
国有经济	72.0	62.8	39.4	22.5	9.9	9.2
集体经济	27.9	36.9	34.2	24.5	17.1	16.8

续表3 单位：%

	1978年	1980年	1990年	1995年	2000年	2001年
股份制经济				7.0	7.7	8.9
“三资”经济			1.1	1.7	5.9	6.7
个体私营经济	0.1	0.3	25.3	24.4	41.5	41.5
其他经济				19.9	17.9	16.9
行业结构						
批发零售贸易业	90.0	85.2	75.4	56.6	58.9	59.0
餐饮业	5.9	5.8	8.2	9.1	18.5	19.3
制造业	3.3	7.0	10.6	10.0	5.0	4.7
其　他	0.8	2.0	5.8	24.3	17.6	17.0
隶属关系结构						
市的零售额	47.4	48.0	65.9	75.5	64.1	63.8
县及县以下零售额	52.6	52.0	34.1	24.5	35.9	36.2
财　政						
财政收入结构						
#工商税收	50.7	53.9	84.7	83.8	74.2	69.1
农业税收	5.3	6.1	5.8	4.7	5.1	3.6
企业收入	43.7	39.9	3.1	3.5	8.4	11.3
专款收入			2.4	2.4	1.8	1.7
财政支出结构						
#生产性支出	27.0	20.7	13.9	18.2	21.0	20.4
专款支出			11.8	11.7	9.0	10.9
价格补贴支出			7.9	3.6	1.0	1.0
支农支出	8.2	10.4	7.8	6.7	5.0	4.7
文化、教育、卫生支出	27.9	28.8	31.8	26.4	21.1	19.0

续表 4 单位：%

	1978 年	1980 年	1990 年	1995 年	2000 年	2001 年
行政支出	9.7	10.3	10.1	9.9	9.5	8.9
三、人民生活及其他						
居民生活消费						
城镇居民人均生活消费结构						
#食品类	57.6	57.8	51.4	50.5	38.8	37.4
衣着类	17.1	15.4	14.6	13.9	9.0	8.3
居　住	1.7	1.4	0.8	6.6	11.9	10.8
交通通讯	1.2	1.1	1.3	3.9	5.9	7.3
医疗保健费	0.4	0.4	0.3	2.7	6.5	6.5
农村居民人均生活消费结构						
#食品类		71.1	63.6	59.8	51.2	49.1
衣着类		10.1	6.7	6.7	6.7	6.7
居　住		5.0	16.6	16.0	14.6	15.2
交通及通讯		0.7	1.6	2.3	5.5	6.5
医疗保健费		0.5	2.4	2.3	4.5	5.0
卫　生						
卫生技术人员结构						
#医　生			47.3	47.3	47.5	47.2
护理人员			27.1	27.9	29.4	30.9
药剂人员			10.6	10.6	9.7	9.5
检验人员			4.7	4.5	4.4	4.5

1-6 国民经济和社会发展比例和效益指标

Indicators on Proportions and Efficiency in National Economic and Social Development

	单 位	1978 年	1980 年	1990 年	1995 年	2000 年	2001 年
一、人 口							
出生率	‰	10.3	11.2	13.1	10.8	9.6	7.1
死亡率	‰	6.0	6.1	6.4	6.3	6.6	5.6
自然增长率	‰	4.3	5.1	6.7	4.5	3.1	1.6
二、宏观经济							
全社会劳动生产率	**元/人**	**965**	**1178**	**3553**	**12228**	**23689**	**26894**
第一产业	元/人	485	507	1347	3678	5127	5813
第二产业	元/人	2817	3620	5641	18269	41218	48696
第三产业	元/人	986	1326	7043	22940	35969	36139
农 业							
每一农业人口占耕地	亩	1.19	1.17	1.04	1.00	0.95	1.00
每一乡村劳动力占耕地	亩	2.82	2.65	1.78	1.60	1.56	1.50
每公顷耕地用电量	千瓦小时	243	350	1665	3311	5187	5793
每公顷耕地生产的农业产值	元	3232	3501	12932	33507	46119	51081
农业从业者人均提供农产品产量							
粮 食	千克	1222	1181	1251	1412	1463	1371
油菜籽	千克	45	53	65	65	75	81
肉 类	千克	59	72	126	190	276	330
水产品	千克	1.0	1.0	7.8	12.2	20.0	24.2
每公顷播种面积农产品产量							
粮 食	千克	4010	4245	5433	5708	5902	5383
油菜籽	千克	1680	1807	1924	2040	1948	1908
蔬 菜	吨	26	26	28	26	26	24

续表 1

	单 位	1978 年	1980 年	1990 年	1995 年	2000 年	2001 年
工 业							
独立核算工业企业效益							
综合经济效益指数	%				85.1	103.1	121.5
#总资产贡献率	%				8.7	7.8	8.3
资本保值率	%				141.0	108.5	117.4
资产负债率	%				66.4	62.0	61.6
流动资产周转次数	次				1.3	1.2	1.2
成本费用利润率	%				1.6	4.0	6.1
劳动生产率	元/人				14210	36454	50475
建筑业							
技术装备率	元/人				2927	5459	5579
产值利税率	%				3.89	4.69	4.98
全员劳动生产率	元/人	3256	3608	12792	42048	59242	57930
固定资产投资							
固定资产投资率	%	8.2	12.0	20.7	30.2	36.2	38.9
房屋建设竣工率	%	52.6	53.9	73.8	52.8	56.8	53.6
基本建设固定资产交付使用率	%	120.0	90.7	78.6	61.9	71.5	79.0
基本建设项目竣工率	%	23.7	33.1	42.5	39.8	48.1	43.4
财 政							
财政收入占国内生产总值比重	%	20.6	16.4	10.5	7.4	9.2	9.7
财政支出占国内生产总值比重	%	8.3	7.2	6.1	4.9	6.3	7.1

注：工业经济效益指标 1998 年起为全部国有和年销售收入 500 万元及以上的非国有独立核算企业。

续表 2

	单 位	1978 年	1980 年	1990 年	1995 年	2000 年	2001 年
三、教 育							
学龄儿童入学率	%			99.50	99.90	99.95	99.94
小学升学率	%			68.3	98.1	98.3	99.7
初中升学率	%			51.2	58.6	80.8	80.7
每一教师负担学生数							
普通高等学校	人	2.8	3.9	5.3	7.2	12.5	15.0
普通中等专业学校	人	6.8	6.6	8.6	14.6	20.5	21.4
普通中学	人	20.9	17.1	13.9	13.8	15.7	16.3
小 学	人	29.3	29.0	16.6	19.6	20.5	20.7
四、人民生活及其他							
家 庭							
城市居民家庭							
平均每户就业面	%	41.53	51.30	56.83	57.77	50.15	46.81
每一就业者负担人数	人	2.41	1.95	1.76	1.73	1.99	2.14
农村居民家庭							
平均每一劳动力赡养人口	人	2.2	2.0	1.4	1.3	1.4	1.4
卫 生							
每万人医院、卫生院数	个		0.68	0.56	0.59	0.56	0.56
每万人医生数	人		18	25	26	26	25
每万人医院、卫生院床位数	张		27	33	34	34	33

1-7 社会经济主要指标人均水平

Per Capita Level of Main Indicators in Social and Economic Activities

	单　位	1978 年	1980 年	1990 年	1995 年	2000 年	2001 年
国内生产总值	**元**	**449**	**565**	**2123**	**7388**	**13020**	**14676**
农业总产值	**元**	**196**	**209**	**659**	**1557**	**1961**	**2087**
工业总产值	**元**	**536**	**664**	**2202**	**7649**	**13965**	**15449**
轻工业	元	235	314	1021	3835	7535	8128
重工业	元	301	350	1181	3813	6429	7321
社会消费品零售总额	**元**	**172**	**250**	**937**	**2960**	**5496**	**6173**
城乡居民储蓄存款余额	**元**	**30**	**52**	**866**	**3534**	**8240**	**9792**
财政收入	**元**	**92**	**92**	**223**	**548**	**1198**	**1429**
主要农产品产量							
粮　食	千克	367	372	418	413	361	306
油菜籽	千克	13.4	16.7	21.7	18.9	18.4	18.1
蔬　菜	千克	109	92	244	294	406	392
水　果	千克	3.3	5.1	12.2	29.5	52.0	58.6
肉　类	千克	17.6	22.7	42.2	55.6	68.0	73.6
#猪　肉	千克	16.1	20.9	37.0	43.3	46.1	49.0
牛　奶	千克	1.5	1.6	3.5	3.8	4.9	6.2
禽　蛋	千克	2.2	2.3	6.5	11.6	14.5	15.4
水产品	千克	0.3	0.3	2.6	3.6	4.9	5.4

续表 1

	单 位	1978 年	1980 年	1990 年	1995 年	2000 年	2001 年
主要工业品产量							
钢 材	千克	44	50	94	147	125	165
发电量	千瓦小时	129	86	258	456	437	477
原 煤	千克	218	224	340	453	248	266
水 泥	千克	32	46	123	234	321	333
饮料酒	千克	1.6	3.4	12.0	55.9	53.6	55.1
卷 烟	条	3.5	3.9	6.0	7.3	12.7	13.3
煤 气	立方米					35.8	42.8
人民生活							
全部在岗职工平均工资	元	584	771	2189	5592	10370	12493
#国有经济	元	648	824	2347	5926	11197	13620
集体经济	元	406	616	1687	3835	6533	7751
城市居民人均可支配收入	元	340	395	1858	5047	7649	8128
城市居民人均消费性支出	元	328	391	1681	4502	6423	6810
农村居民人均可支配收入	元	140	223	773	1649	2961	3111
农村居民人均生活消费支出	元	117	186	693	1644	2201	2353

注：①城市居民人均可支配收入 1978 年、1980 年为生活费收入;农村居民人均可支配收入 2000 年以前为纯收入。
②1998 年起"卷烟"含四川卷烟厂数据。

1-8 成都主要经济指标与全国、全省对比(2001年)

Positions of Chengdu in China and Sichuan Province (2001)

	单 位	全 国	全 省	成 都	占全国比 重(%)	占全省比 重(%)
国内生产总值	亿元	95933	4421.8	1492.0	1.6	33.7
第一产业	亿元	14610	981.7	131.7	0.9	13.4
第二产业	亿元	49069	1756.9	676.2	1.4	38.5
#工 业	亿元	42607	1407.8	542.2	1.3	38.5
第三产业	亿元	32254	1683.2	684.1	2.1	40.6
全社会固定资产投资	亿元	36898	1573.8	582.2	1.6	37.0
#基本建设	亿元	14567	741.0	281.5	1.9	38.0
更新改造	亿元	5889	197.7	64.9	1.1	32.8
房地产	亿元	6246	266.2	170.8	2.7	64.1
社会消费品零售总额	亿元	37595	1683.2	627.5	1.7	37.3
进出口总额(海关数)	亿美元	5098	31.0	19.0	0.4	61.1
#出口总额	亿美元	2662	15.8	8.9	0.3	56.6
居民消费品价格指数	%	100.7	102.1	100.8		
商品零售价格指数	%	99.2	100.8	100.7		
实际利用外资	亿美元	468	11.0	3.1	0.7	28.2
旅游创汇收入	亿美元	178	1.7	1.2	0.7	68.8
年末金融机构存款余额	亿元	143617	5256.8	2257.1	1.6	42.9
#城乡居民储蓄存款额	亿元	73762	3123.4	995.5	1.3	31.9
年末金融机构贷款余额	亿元	112315	4498.6	1762.3	1.6	39.2
城市居民人均可支配收入	元	6860	6360	8128		
农村居民人均可支配收入	元	2366	1987	3111		
土地面积	万平方公里	960	48.5	1.2	0.1	2.6
年末总人口	万人	127627	8640.0	1019.9	0.8	11.8

注：农村居民人均可支配收入全国、全省为纯收入。

1-9 历年国内生产总值

Gross Domestic Product by Year

年份	国内生产总值(万元)	第一产业	第二产业	第三产业	人均国内生产总值(元)
1949	39953	29315	3867	6771	77
1950	42058	30634	4041	7383	79
1951	45902	32471	5371	8060	83
1952	51090	35388	6510	9192	100
1953	62510	39415	9241	13854	120
1954	66230	41708	9384	15138	125
1955	69748	42413	10646	16689	128
1956	79610	44961	14538	20111	141
1957	90359	48206	19471	22682	154
1958	103925	49357	29659	24909	174
1959	125501	40997	53922	30582	210
1960	128171	30519	67266	30386	220
1961	79866	28874	26435	24557	229
1962	77482	35064	21974	20444	140
1963	84932	42271	23191	19470	151
1964	104283	50382	31250	22651	180
1965	136371	59250	45569	31552	227
1966	167303	63481	65756	38066	272
1967	146728	64966	44858	36904	232
1968	119505	60438	26949	32118	183
1969	151898	62810	53191	35897	227
1970	205059	68416	91279	45364	300
1971	232066	72740	105637	53689	329
1972	223627	72340	95511	55776	307
1973	231546	78786	95797	56963	311

续表 1

年 份	国 内 生产总值 (万元)	第一产业	第二产业	第三产业	人均国内 生产总值 (元)
1974	222283	83198	82927	56158	293
1975	248198	83355	110844	53999	321
1976	221926	81344	87763	52819	282
1977	287141	90442	131807	64892	363
1978	359356	114449	169748	75159	449
1979	413577	126351	196055	91171	509
1980	462957	126040	229767	107150	565
1981	490129	130146	239291	120692	592
1982	554095	163066	272797	118232	660
1983	627673	173242	315517	138914	743
1984	712035	189588	343487	178960	836
1985	864945	209288	420508	235149	1008
1986	948905	224929	437115	286861	1092
1987	1158644	273588	516883	368173	1315
1988	1464911	322463	687197	455251	1641
1989	1639063	344174	741164	553725	1814
1990	1940857	405650	770657	764550	2123
1991	2369453	421400	880691	1067362	2565
1992	3006712	491941	1125977	1388794	3225
1993	4186250	584141	1777416	1824693	4444
1994	5583533	826293	2446543	2310697	5880
1995	7136718	1042908	3093589	3000221	7388
1996	8693356	1165253	3851785	3676318	8906
1997	10070260	1206037	4563720	4300503	10224
1998	11025948	1235079	4972662	4818207	11103
1999	11900325	1237399	5323924	5339002	11897
2000	13129900	1255577	5869996	6004327	13020
2001	14920370	1317371	6761525	6841474	14676

1-10 历年国内生产总值构成及增长速度

Composition and Growth Rate of Gross Domestic Product by Year

年 份	三次产业构成 (%)			增长速度± (%)			
	第一产业	第二产业	第三产业	国内生产总值	第一产业	第二产业	第三产业
1949	73.4	9.7	16.9				
1950	72.8	9.6	17.6	5.0	4.5	4.5	8.9
1951	70.7	11.7	17.6	8.0	6.0	32.8	8.9
1952	69.3	12.7	18.0	10.5	9.0	21.1	13.7
1953	63.0	14.8	22.2	14.0	4.9	41.9	50.7
1954	63.0	14.2	22.8	5.5	5.3	1.5	8.7
1955	60.8	15.3	23.9	4.1	1.7	13.4	8.5
1956	56.5	18.3	25.2	11.7	5.6	36.6	20.2
1957	53.3	21.6	25.1	8.5	2.3	33.9	12.6
1958	47.5	28.5	24.0	12.0	2.4	52.3	9.8
1959	32.7	43.0	24.3	11.0	–20.5	81.8	22.5
1960	23.8	52.5	23.7	–2.6	–26.8	23.8	–0.9
1961	36.2	33.1	30.7	–38.1	–14.8	–61.0	–23.9
1962	45.2	28.4	26.4	–2.4	17.2	–16.9	–16.8
1963	49.8	27.3	22.9	10.4	20.0	5.5	–4.8
1964	48.3	30.0	21.7	21.6	19.2	34.7	13.5
1965	43.5	33.4	23.1	29.1	17.6	45.6	38.8
1966	38.0	39.3	22.7	20.6	7.1	43.3	20.6
1967	44.3	30.6	25.1	–10.8	2.3	–32.0	–3.1
1968	50.6	22.5	26.9	–17.5	–7.0	–40.4	–14.0
1969	41.4	35.0	23.6	23.6	3.9	96.5	11.8
1970	33.4	44.5	22.1	31.8	8.9	71.4	26.3
1971	31.4	45.5	23.1	11.6	4.0	15.7	18.3
1972	32.3	42.7	25.0	–4.1	–2.6	–9.6	3.9
1973	34.0	41.4	24.6	3.5	8.9	–0.1	1.0
1974	37.4	37.3	25.3	–4.6	2.1	–13.6	–1.4
1975	33.6	44.7	21.7	9.7	–1.8	33.5	–3.8
1976	36.7	39.5	23.8	–10.6	–4.1	–20.8	–2.3

注：增长速度以上年为基期按可比价格计算。

续表 1

年 份	三次产业构成(%)			增长速度±(%)			
	第一产业	第二产业	第三产业	国内生产总值	第一产业	第二产业	第三产业
1977	31.8	46.0	22.0	26.0	8.8	48.8	19.9
1978	31.8	47.2	21.0	19.2	10.2	28.7	14.6
1979	30.6	47.4	22.0	13.8	8.3	14.6	20.2
1980	27.2	49.6	23.2	10.9	–1.7	17.1	15.1
1981	26.6	48.8	24.6	4.1	2.9	3.1	7.7
1982	29.4	49.2	21.4	10.3	15.4	13.8	–2.4
1983	27.6	50.3	22.1	11.2	6.0	14.3	10.9
1984	26.6	48.2	25.2	11.4	6.2	8.5	25.2
1985	24.2	48.6	27.2	18.4	3.0	22.4	26.5
1986	23.7	46.1	30.2	5.2	3.7	3.6	9.8
1987	23.6	44.6	31.8	12.0	6.2	16.3	8.5
1988	22.0	46.9	31.1	12.7	–0.9	20.2	8.2
1989	21.0	45.2	33.8	2.7	3.1	0.9	6.5
1990	20.9	39.7	39.4	4.8	4.6	0.8	13.9
1991	17.8	37.2	45.0	14.3	2.6	10.6	25.0
1992	16.4	37.4	46.2	17.6	5.8	19.8	21.2
1993	14.0	42.5	43.5	20.6	4.4	34.3	14.9
1994	14.8	43.8	41.4	15.2	3.1	21.2	13.4
1995	14.6	43.4	42.0	12.5	3.9	15.6	11.8
1996	13.4	44.3	42.3	11.6	4.4	13.0	12.2
1997	12.0	45.3	42.7	11.5	3.2	13.5	11.7
1998	11.2	45.1	43.7	10.1	3.1	10.8	11.0
1999	10.4	44.7	44.9	10.2	3.4	10.3	11.7
2000	9.6	44.7	45.7	10.7	4.3	11.5	11.2
2001	8.8	45.3	45.9	13.1	4.2	15.0	13.0
平均增长速度:							
1949-2001				8.4	3.4	13.5	10.3
1978-2001				11.4	4.3	13.3	13.2

1-11 历年支出法国内生产总值

Gross Domestic Product by Expenditure Approach by Year

年 份	支出法国内生产总值(万元)	#最终消费	#资 本形成总额	最终消费率(%)	资本形成率(%)
1978	359356	176191	127592	49.0	35.5
1979	413577	216821	121843	52.4	29.4
1980	462957	261533	117987	56.4	25.4
1981	490129	299286	155797	61.1	31.7
1982	554095	318275	197324	57.4	35.6
1983	627673	353433	150048	56.3	23.9
1984	712035	435219	185694	61.1	26.1
1985	864945	536671	296827	62.0	34.3
1986	948905	613554	327956	64.6	34.6
1987	1158644	733678	391155	63.3	33.8
1988	1464911	982722	517952	67.0	35.4
1989	1639063	1049823	580491	64.0	35.4
1990	1940857	1163711	720769	60.0	37.1
1991	2369453	1338317	763970	56.5	32.2
1992	3006712	1566148	1122936	52.1	37.3
1993	4186250	1959302	1841377	46.8	44.0
1994	5583533	2725518	2460524	48.8	44.1
1995	7136718	3467477	3145852	48.6	44.1
1996	8693356	4090088	3927276	47.0	45.2
1997	10070260	4732201	4484344	47.0	44.5
1998	11025948	5095875	5113697	46.2	46.4
1999	11900325	5397409	5670032	45.4	47.6
2000	13129900	6005303	6372295	45.7	48.5
2001	14920370	6688586	7501591	44.8	50.3

1-12 历年支出法国内生产总值结构

Structure of Gross Domestic Product by Expenditure Approach by Year

年 份	最终消费				资本形成总额			
	绝对额(亿元)		比重(%)		绝对额(亿元)		比重(%)	
	居民消费	政府消费	居民消费	政府消费	固定资本形成总额	存货增加	固定资本形成总额	存货增加
1978	13.22	4.40	75.0	25.0	2.96	9.80	23.2	76.8
1979	16.10	5.58	74.3	25.7	5.10	7.08	41.9	58.1
1980	19.68	6.47	75.3	24.7	5.62	6.18	47.6	52.4
1981	22.47	7.46	75.1	24.9	7.38	8.20	47.7	52.6
1982	23.55	8.28	73.9	26.1	9.60	10.14	48.6	51.4
1983	26.06	9.28	73.7	26.3	10.81	4.20	72.0	28.0
1984	32.18	11.35	73.9	26.1	14.74	3.83	79.4	20.6
1985	40.26	13.41	75.0	25.0	24.37	5.32	82.1	17.9
1986	46.27	15.09	75.4	24.6	25.07	7.73	76.4	23.6
1987	55.30	18.07	75.4	24.6	28.88	10.24	73.8	26.2
1988	73.46	24.82	74.8	25.2	36.74	15.05	70.9	29.1
1989	83.70	21.21	79.8	20.2	35.92	22.13	61.9	38.1
1990	92.04	24.33	79.1	20.9	40.40	31.67	56.1	43.9
1991	104.50	29.33	78.1	21.9	48.85	27.54	63.9	36.1
1992	126.53	30.08	80.8	19.2	79.31	32.99	70.6	29.4
1993	156.70	39.23	80.0	20.0	142.38	41.76	77.3	22.7
1994	217.36	55.19	79.7	20.3	185.51	60.55	75.4	24.6
1995	279.47	67.28	80.6	19.4	235.13	79.46	74.7	25.3
1996	326.52	82.49	79.8	20.2	292.45	100.2	74.5	25.5
1997	375.55	97.67	79.4	20.6	350.95	97.49	78.3	21.7
1998	398.05	111.54	78.1	21.9	420.68	90.69	82.3	17.7
1999	408.99	130.75	75.8	24.2	474.11	92.90	83.6	16.4
2000	448.55	151.98	74.8	25.2	538.36	98.87	84.5	15.5
2001	488.63	180.23	73.1	26.9	655.06	95.10	87.3	12.7

1-13 历年居民消费水平

Household Consumption by Year

年份	绝对额(元)			城乡消费水平对比(农村=1)	指数(上年=100)			指数(1978年=100)		
	城乡居民	农村居民	城镇居民		城乡居民	农村居民	城镇居民	城乡居民	农村居民	城镇居民
1978	165	107	371	3.5	113.4	114.6	111.2	100.0	100.0	100.0
1979	199	136	412	3.0	117.5	126.1	108.8	117.5	126.1	108.8
1980	240	171	471	2.8	114.1	121.2	106.6	134.1	152.8	116.0
1981	271	206	482	2.3	109.3	119.0	100.2	146.5	181.9	116.2
1982	281	215	491	2.3	102.4	103.3	100.1	150.1	187.9	116.3
1983	308	243	509	2.1	108.7	112.9	103.5	163.1	212.1	120.4
1984	378	312	572	1.8	118.4	124.9	108.3	193.1	264.9	130.4
1985	469	392	700	1.8	114.5	118.8	110.0	221.1	314.7	143.4
1986	533	448	789	1.8	109.8	111.8	107.7	242.8	351.9	154.5
1987	628	491	1015	2.1	111.4	104.7	117.6	270.5	368.4	181.7
1988	823	639	1337	2.1	110.5	115.3	104.3	298.9	424.8	189.5
1989	927	706	1528	2.2	101.7	102.3	100.2	303.9	434.5	189.9
1990	1007	729	1754	2.4	105.9	101.8	110.1	321.9	442.4	209.0
1991	1131	821	1952	2.4	108.5	110.0	106.3	349.2	486.6	222.2
1992	1357	959	2378	2.5	112.8	112.0	112.3	393.9	545.0	249.5
1993	1546	1058	3158	3.0	109.6	102.6	115.4	431.8	559.2	288.0
1994	2279	1344	4488	3.3	114.2	110.6	115.3	493.1	618.4	332.0
1995	2893	1774	5428	3.1	108.1	108.6	105.6	533.0	671.6	350.6
1996	3345	2113	6049	2.9	107.6	111.3	103.1	573.5	747.5	361.5
1997	3813	2472	6673	2.7	108.9	112.1	105.0	624.6	838.0	379.6
1998	4008	2441	7261	3.0	104.4	99.5	107.9	652.0	833.8	409.5
1999	4089	2246	7802	3.5	104.3	96.6	109.2	680.0	805.5	447.2
2000	4448	2375	8505	3.6	108.7	107.1	108.5	739.2	862.7	485.2
2001	4806	2607	8989	3.4	108.0	109.7	105.6	798.3	946.4	512.4

1-14 分产业国内生产总值及构成

Gross Domestic Product and Its Composition by Industry

	1980 年	1990 年	1995 年	2000 年	2001 年
绝 对 额 (万 元)					
国内生产总值	**462957**	**1940857**	**7136718**	**13129900**	**14920370**
第一产业	126040	405650	1042908	1255577	1317371
第二产业	229767	770657	3093589	5869996	6761525
工 业	215974	679216	2643437	4845500	5421900
建筑业	13793	91441	450152	1024496	1339625
第三产业	107150	764550	3000221	6004327	6841474
农、林、牧、渔服务业	869	3090	13115	29213	31825
地质勘查业、水利管理业	2640	11700	39026	63031	70287
交通运输、仓储及邮电通信业	20503	185742	544839	1244114	1423434
批发和零售贸易、餐饮业	28876	246656	1192987	2064302	1857666
金融保险业	13807	121678	463432	869678	945616
房地产业	2548	21339	139709	420317	530096
社会服务业	9752	45083	220562	539677	623707
卫生、体育、社会福利业	4483	23251	61573	129370	372979
教育、文艺及广播电影电视业	11860	48124	150779	287245	347193
科学研究和综合技术服务业	4179	16085	53605	103802	228396
国家机关、政党机关和社会团体	6389	26389	98303	204349	348925
其他行业	1244	5413	22291	49229	61350
构 成 (%)					
国内生产总值	**100**	**100**	**100**	**100**	**100**
第一产业	27.2	20.9	14.6	9.6	8.8
第二产业	49.6	39.7	43.4	44.7	45.3
工 业	46.6	35.0	37.1	36.9	36.3
建筑业	3.0	4.7	6.3	7.8	9.0
第三产业	23.2	39.4	42.0	45.7	45.9
农、林、牧、渔服务业	0.2	0.2	0.2	0.2	0.2
地质勘查业、水利管理业	0.6	0.6	0.5	0.5	0.5
交通运输、仓储及邮电通信业	4.4	9.6	7.6	9.5	9.6
批发和零售贸易、餐饮业	6.2	12.7	16.7	15.7	12.5
金融保险业	3.0	6.3	6.5	6.6	6.3
房地产业	0.5	1.6	2.0	3.2	3.6
社会服务业	2.1	2.3	3.1	4.1	4.2
卫生、体育、社会福利业	1.0	1.2	0.9	1.0	2.5
教育、文艺及广播电影电视业	2.6	2.5	2.1	2.2	2.3
科学研究和综合技术服务业	0.9	0.8	0.8	0.8	1.5
国家机关、政党机关和社会团体	1.4	1.4	1.4	1.5	2.3
其他行业	0.3	0.2	0.2	0.4	0.4

1-15 国内生产总值构成项目(2001 年)

Composition of Gross Domestic Product (2001)

单位：万元

	增加值	劳动者报酬	固定资产折旧	生产税净额	#补贴	营业盈余
国内生产总值	**14920370**	**7580880**	**2167831**	**2370916**	**139147**	**2800743**
第一产业	1317371	1176412	43474	36886	5288	60599
农　业	958262	855728	31623	26831	5231	44080
林　业	26019	23235	859	729	2	1197
牧　业	312897	279417	10326	8761	26	14393
渔　业	20193	18032	666	565	29	929
第二产业	6761525	3301437	977434	1687089	128766	795565
工　业	5421900	2342265	847490	1563843	128766	668302
采掘业	23286	18752	3168	3792	3640	-2426
制造业	4986791	2256852	755832	1476692	125126	497415
电力煤气及水的生产和供应业	411823	66661	88490	83359		173313
建筑业	1339625	959172	129944	123246		127263
第三产业	6841474	3103031	1146923	646941	5093	1944579
农、林、牧、渔服务业	31825	16364	4541	8523		2397
地质勘查业、水利管理业	70287	57917	10044	1497		829
交通运输、仓储及邮电通信业	1423434	544661	442095	92322		344356
交通运输和仓储业	953557	492230	221971	70291		169065
邮电通信业	469877	52431	220124	22031		175291
批发和零售贸易、餐饮业	1857666	767216	148613	217347	5093	724490
批发和零售贸易业	1492517	616410	119401	174625	5093	582081
餐饮业	365149	150806	29212	42722		142409
金融保险业	945616	277699	52065	147197		468655
金融业	823023	214809	41645	138186		428383
保险业	122593	62890	10420	9011		40272
房地产业	530096	91002	201976	104297		132821
房地产管理业	41264	21457	3301	2476		14030
房地产开发与经营业	332749	69545	42592	101821		118791
城市居民自有住房	65588		65588			
农村居民自有住房	90495		90495			
社会服务业	623707	302872	104596	48774		167465
卫生、体育、社会福利业	372979	300994	42482	783		28720
教育、文艺及广播电影电视业	347193	284698	36316	3055		23124
科学研究和综合技术服务业	228396	139287	50476	8805		29828
国家机关、政党机关和社会团体	348925	300076	38382	6979		3488
其他行业	61350	20245	15337	7362		18406

1-16 市区国民经济和社会发展主要指标(2001 年)

Main Indicators of National Economic and Social Development in Urban District (2001)

	单 位	市区合计	占全市比重(%)
年末总人口	万人	341.52	33.49
#非农业人口	万人	234.11	65.99
年末总户数	万户	112.08	34.96
年末单位从业人员数	万人	83.64	68.31
城镇个体劳动者	万人	19.55	57.16
土地面积	平方公里	1418	11.45
#建成区土地面积	平方公里	228.11	
国内生产总值	万元	7775256	52.11
第一产业	万元	221367	16.80
第二产业	万元	3406348	50.38
#工 业	万元	2523058	46.54
第三产业	万元	4147541	60.62
全社会固定资产投资	亿元	387.72	73.06
#房地产开发投资	亿元	149.12	87.33
#住 宅	亿元	124.89	81.00
商品房销售额	亿元	114.64	88.37
批发零售贸易业商品销售总额	亿元	754.07	77.76
地方财政预算内收入(含市本级)	亿元	50.32	64.81
地方财政预算内支出	亿元	32.95	31.19
#科学、教育事业费支出	亿元	5.73	43.89
年末金融机构存款余额	亿元	1792.92	79.43
#城乡居民储蓄存款余额	亿元	666.58	66.96
年末金融机构贷款余额	亿元	1454.58	82.54
保险承保额	亿元	3157.36	77.00

注：①市区指锦江区、青羊区、金牛区、武侯区、成华区、青白江区、龙泉驿区和高新技术开发区。
②本表数据与国家城市年报口径相同。

续表 1

	单　位	市区合计	占全市比重(%)
本地电话用户	万户	154.57	70.3
全年用电量	万千瓦小时	503496	55.8
#城乡居民用电	万千瓦小时	164800	78.7
高等学校	所	18	81.8
中等专业学校	所	36	78.3
普通中学	所	135	24.5
小　　学	所	541	25.3
各类专业技术人员	万人	23.6	63.0
剧场、影剧院数	个	11	44.0
医院、卫生院数	个	171	30.2
医院、卫生院床位	张	20191	59.1
医生数	人	14370	57.1
社会福利院数	个	93	26.1
社会福利院床位数	张	5605	51.0
城镇居民人均可支配收入	元	8128	
人均住宅居住面积	平方米	12.0	
用水普及率	%	84.65	
用气普及率	%	79.61	
人均拥有道路面积	平方米	6.5	
每万人拥有公共交通车辆	标台	7.8	
建成区绿化覆盖率	%	21.9	
人均公共绿地	平方米	2.8	

注：①"社会福利院"包括民政部门办的社会福利院，儿童福利院、精神病人福利院、各类敬老院、养老院等。

②"用水普及率、用气普及率"和"人均公共绿地"，所使用人口数由原市区非农业人口改为市区全部人口计算。

1-17 成都高新技术产业开发区主要指标

Main Indicators of Chengdu High-Tech Developing Zone

	单 位	2000 年	2001 年	2001 年 比 2000 年 ±(%)
国内生产总值	亿元	48.58	64.00	31.7
#第二产业	亿元	35.50	48.45	36.5
#工 业	亿元	32.52	44.25	36.1
第三产业	亿元	12.25	14.70	20.0
技工贸总收入	亿元	100	138	38.0
全部工业总产值	亿元	84	113	34.5
#支柱产业产值	亿元	65.20	84.80	30.1
#电 子	亿元	33.00	45.00	36.4
医 药	亿元	26.50	32.00	20.8
食 品	亿元	6.20	7.80	25.8
工业利税	亿元	14.10	20.00	41.8
社会消费品零售总额	亿元	11.74	13.43	14.4
财政收入	亿元	5.95	8.93	50.1
#地方财政收入	亿元	2.68	4.46	66.4
利用外资项目	个	37	64	73.0
协议外资金额	万美元	8155	8462	3.8
实际到位外资金额	万美元	4009	6630	65.4
全社会固定资产投资总额	亿元	28.2	33.24	17.9
乡镇企业总产值	亿元	31.23	39.29	25.8
年末总人口	万人	12.59	13.35	6.0
社会从业人员	万人	6.35	6.43	1.3

注：本表数据为集中新建区数据。

1-18 全市国有资产总量

Total State-owned Assets of Chengdu

单位：万元

	2000 年末		2001 年末	
	绝对额	占全市比重(%)	绝对额	占全市比重(%)
全市国有资产总量	**2670754**	**100.0**	**3130517**	**100.0**
经营性资产	1213660	45.4	1484701	47.4
国有企业	1146853	42.9	1440302	46.0
金融企业	56064	2.1	36823	1.2
集体企业	3504	0.1	1466	
企业管理事业单位	7239	0.3	6110	0.2
非经营性资产	1457094	54.6	1645816	52.6
行政机关	292370	11.0	341135	10.9
事业单位	1164724	43.6	1304681	41.7

1-19 全市国有资产总量构成情况(2001 年)

Total State-owned Assets of Chengdu and Its Constitution (2001)

单位：万元

	市本级		区(市)县	
	绝对额	占全市比重(%)	绝对额	占全市比重(%)
全市国有资产总量	**2052549**	**65.6**	**1077968**	**34.4**
经营性资产	1375497	43.9	109204	3.5
国有企业	1335404	42.7	104898	3.4
金融企业	36823	1.2		
集体企业	1466		19	
企业管理事业单位	1823		4287	0.1
非经营性资产	677052	21.7	968764	30.9
行政机关	97314	3.1		
事业单位	579738	18.6		

主 要 统 计 指 标 解 释

市 是指经国家批准成立“市”建制的城市。

按城市市区非农业人口规模分：

①超大城市：200万人以上；

②特大城市：100至200万人口；

③大 城 市：50至100万人口；

④中等城市：20至50万人口；

⑤小 城 市：20万以下人口。

镇 是指经省、自治区、直辖市批准的镇。1963年以前为常住人口在2000人以上，非农业人口占50%以上的。1964年起改为常住人口在3000人以上，非农业人口占70%以上，或常住人口在2500人以上，不满3000人，非农业人口占85%以上的。1984年后又调整为：凡县级地方国家机关所在地；或总人口在20000人以下的乡，乡政府驻地非农业人口超过2000人的；或总人口在20000人以上的乡，乡政府驻地非农业人口占全乡人口10%以上；或少数民族地区、人口稀少的边远地区、山区和小型工矿区、小港口、风景旅游、边境口岸等地，非农业人口虽不足2000人，都可建镇。

国内生产总值 是按市场价格计算的国内生产总值的简称。它是一个国家(地区)所有常住单位在一定时期内生产活动的最终成果。国内生产总值有三种表现形态，即价值形态、收入形态和产品形态。从价值形态看，它是所有常住单位在一定时期内所生产的全部货物和服务价值超过同期投入的全部非固定资产货物和服务价值的差额，即所有常住单位的增加值之和；从收入形态看，它是所有常住单位在一定时期内所创造并分配给常住单位和非常住单位的初次分配收入之和；从产品形态看，它是最终使用的货物和服务减去进口货物和服务。在实际核算中，国内生产总值的三种表现形态表现为三种计算方法,即生产法、收入法和支出法。三种方法分别从不同的方面反映国内生产总值及其构成。

国内生产总值同社会总产值、国民收入的区别,从核算范围看，社会总产值和国民收入都只计算物质生产部门的劳动成果，而国民生产总值除计算物质生产部门劳动成果外，还计算非物质生产部门的劳动成果。从这三个指标的价值构成看，,社会总产值计算了社会产品的全部价值；国内生产总值计算在生产产品和提供劳务过程中增加的价值，即增加值，不计算中间产品和中间劳务投入的价值；而国民收入除了不计算中间产品价值外，还不包括固定资产折旧价值，即只计算净产值。

第一产业：农业(包括农业、林业、牧业和渔业)。

第二产业：工业(包括采掘工业、制造业、自来水、电力、蒸汽、热水、煤气)和建筑业。

第三产业：除第一、第二产业以外的其他各业。由于第三产业包括的行业多、范围广，根据我国的实际情况,第三产业可分为两大部分：一是流通部门，二是服务部门。具体又可分为四个层次：

第一层次：流通部门，包括交通运输业、邮电通讯业、商业、饮食业、物资供销和仓储业。

第二层次：为生产和生活服务的部门，包括金融、保险业、地质勘察业，房地产、公用事业,居民服务业,咨询服务业和综合技术服务业，农、林、牧、渔、水利服务业和水利业，公路、内河(湖)航道养护业等。

第三层次：为提高科学文化水平和居民素质服务的部门，包括教育、文化、广播电视，科学研究、卫生、体育和社会福利事业等。

第四层次：为社会公共需要服务的部门，包括国家机关、政党机关、社会团体，以及军队和警察等。

支出法国内生产总值 指一个国家(或地区)所有常住单位在一定时期内用于最终消费、资本形成总额，以及货物和服务的净出口总额，它反映本期生产的国内生产总值的使用构成。

最终消费 指常住单位在一定时期内对于货物和服务的全部最终消费支出，也就是常住单位为满足物质、文化和精神生活的需要，从本国经济领土和国外购买的货物和服务的支出。它不包括非常住单位在本国经济领土内的消费支出。最终消费分为居民消费和政府消费。

资本形成总额 指常住单位在一定时期内获得减去处置的固定资产和存货的净额，包括固定资产形成总额和存货增加两项。

国有经济单位 指生产资料归国家所有的各种企业、事业单位，以及各级国家机关、人民团体等单位。

集体经济单位 指生产资料归公民集体所有的各种企业、事业单位。包括农村各种经济组织经营的农、林、牧、渔业、乡、村经营的企业、事业单位;城市、县、镇以及街道举办的集体经济性质的企业、事业单位。

私营经济单位 指生产资料归公民私人所有的单位。包括私营独资企业、私营合伙企业和私营有限责任公司。

联营经济单位 指不同所有制性质的企业之间或者企业、事业单位之间共同投资组成新的经济实体。包括紧密型联营企业，半紧密型联营企业和松散型联营企业。股份制经济单位指全部注册资本由全体股东共同出资，并以股份形成投资举办企业。主要包括股份有限公司和有限责任公司。

外商投资经济单位 指外国投资者根据中华人民共和国有关涉外经济的法律、法规,以合资、合作或独资的形式在中国大陆境内开办企业。包括中外合资经营企业、中外合作经营企业和外资企业。

港、澳、台投资经济单位 指港、澳、台地区投资者参照中华人民共和国有关涉外经济的法律、法规,以合资、合作或独资的形式在大陆举办企业。包括合资经营企业、合作经营企业和独资企业。

二、人口及劳动力

简 要 说 明

主要内容

本部份反映了全市人口总量、构成及变动情况、婚姻状况、计划生育情况、劳动力资源配置、从业人员构成、职工工资总额及平均工资等基本情况。

资料来源

人口资料来源于成都市公安局户籍统计年报资料。

婚姻状况资料来源于成都市民政局、成都市法院。

计划生育资料来源于成都市计划生育委员会。

城镇登记失业资料及职业介绍机构资料来源于成都市就业局。

劳动仲裁受理及保险福利费用等资料来源于成都市劳动局。

劳动力资源配置、从业人员、职工工资等资料来源于成都市统计局。

年末总人口（万人）

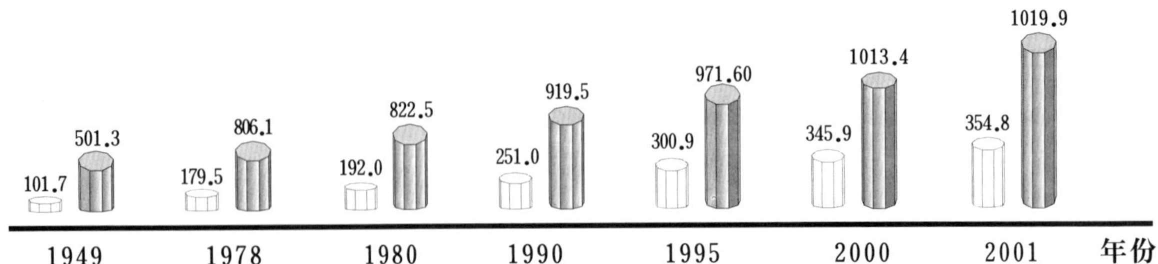

年末从业人员构成（%）

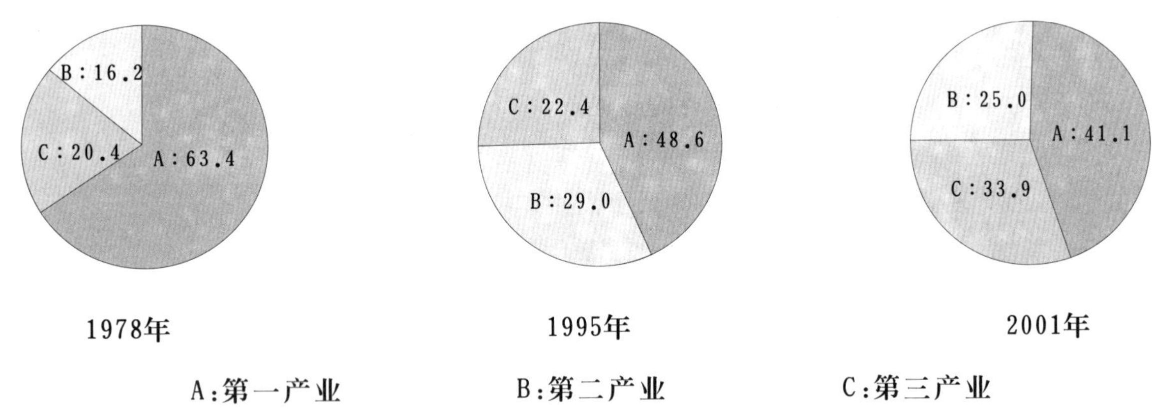

全部在岗职工平均工资（元）

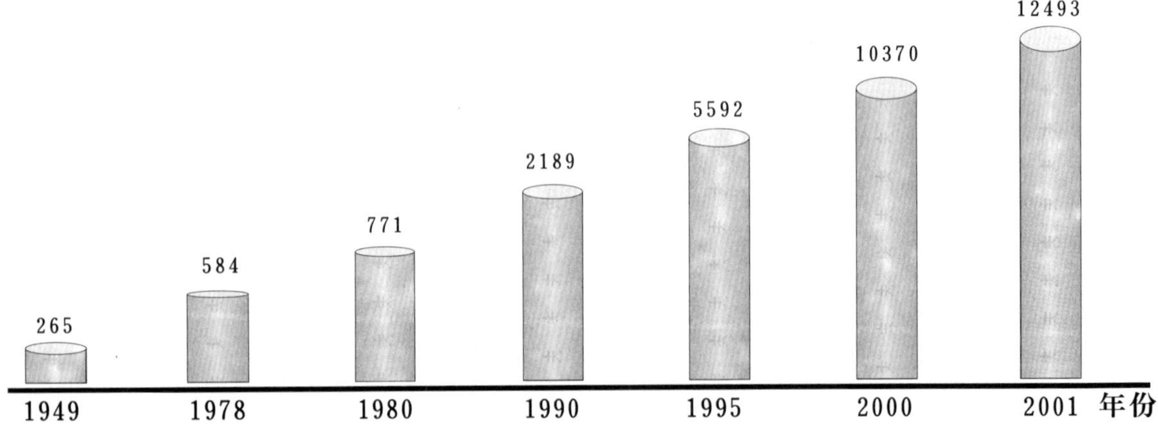

2-1 历年全市年末总户数、总人口

Number of Households and Population by Year (Year-end)

年 份	总户数 (万户)			总人口 (万人)			在总人口中:	
		市区	县(市)		市区	县(市)	男	女
1949	105.83	24.35	81.48	501.32	112.50	388.82	259.23	242.09
1950	109.24	24.51	84.73	504.80	112.43	392.37	258.71	246.09
1951	111.39	26.10	85.29	507.07	109.67	397.40	258.90	248.17
1952	115.56	27.25	88.31	511.96	113.18	398.78	260.03	251.93
1953	118.02	27.84	90.18	523.51	117.68	405.83	265.89	257.62
1954	124.56	31.11	93.45	535.98	130.23	405.75	274.83	261.15
1955	126.30	32.14	94.16	549.77	136.22	413.55	281.21	268.56
1956	129.59	34.66	94.93	577.00	155.11	421.89	299.38	277.62
1957	132.10	36.41	95.69	594.19	162.69	431.50	305.46	288.73
1958	131.47	35.91	95.56	597.06	167.22	429.84	308.46	288.60
1959	131.51	38.11	93.40	595.79	180.41	415.38	311.51	284.28
1960	127.34	35.30	92.04	570.11	179.94	390.17	297.64	272.47
1961	129.27	36.56	92.71	552.59	174.85	377.74	284.32	268.27
1962	132.84	37.13	95.71	551.34	171.65	379.69	282.06	269.28
1963	134.17	38.07	96.10	572.14	178.56	393.58	292.06	280.08
1964	137.65	39.85	97.80	588.15	181.51	406.64	302.29	285.86
1965	138.74	40.38	98.36	609.38	188.83	420.55	311.45	297.93
1966	140.88	41.50	99.38	626.22	191.54	434.68	320.60	305.62
1967	142.91	42.29	100.62	641.81	195.60	446.21	329.52	312.29
1968	146.05	43.56	102.49	663.32	200.42	462.90	340.07	323.25
1969	151.85	45.10	106.75	676.44	199.14	477.30	344.94	331.50
1970	155.95	46.95	109.00	695.21	202.84	492.37	355.77	339.44
1971	159.29	47.47	111.82	719.81	207.57	512.24	368.47	351.34
1972	161.92	48.37	113.55	735.78	210.69	525.09	375.90	359.88

续表 1

年　份	总户数 (万户)	市区	县(市)	总人口 (万人)	市区	县(市)	在总人口中: 男	女
1973	165.76	49.40	116.36	752.25	214.24	538.01	384.26	367.99
1974	170.24	50.85	119.39	766.04	216.94	549.10	391.14	374.90
1975	175.16	52.03	123.13	781.97	218.71	563.26	398.20	383.77
1976	180.27	53.25	127.02	789.92	220.44	569.48	402.39	387.53
1977	184.15	54.38	129.77	798.60	223.06	575.54	406.66	391.94
1978	185.56	55.46	130.10	806.06	228.80	577.26	410.51	395.55
1979	188.15	56.70	131.45	815.81	234.90	580.91	415.43	400.38
1980	192.24	58.01	134.23	822.54	238.31	584.23	418.95	403.59
1981	200.00	61.39	138.61	833.41	242.77	590.64	424.56	408.85
1982	203.94	63.44	140.50	843.25	247.25	596.00	429.91	413.34
1983	208.06	65.02	143.04	848.85	250.54	598.31	432.94	415.91
1984	212.47	67.23	145.24	854.00	253.96	600.04	435.70	418.30
1985	218.24	69.08	149.16	862.68	258.31	604.37	440.43	422.25
1986	224.18	71.15	153.03	874.73	264.24	610.49	447.02	427.71
1987	233.36	73.76	159.60	887.30	269.43	617.87	453.80	433.50
1988	244.41	76.25	168.16	898.57	273.65	624.92	459.70	438.87
1989	254.37	79.20	175.17	908.59	277.62	630.97	465.21	443.38
1990	262.61	81.12	181.49	919.50	280.81	638.69	471.00	448.50
1991	268.15	82.69	185.46	927.73	284.18	643.55	475.11	452.62
1992	274.56	84.93	189.63	936.86	288.28	648.58	479.67	457.19
1993	278.42	86.55	191.87	947.30	293.35	653.95	485.09	462.21
1994	285.05	89.83	195.22	960.39	301.47	658.92	491.01	469.38
1995	289.51	92.62	196.89	971.60	307.86	663.74	496.78	474.82
1996	295.50	96.95	198.55	980.74	317.12	663.62	501.16	479.58
1997	300.08	99.93	200.15	989.19	321.92	667.27	505.50	483.69
1998	304.29	102.16	202.13	997.00	325.98	671.02	508.64	488.36
1999	309.93	106.95	202.98	1003.56	330.29	673.27	511.54	492.02
2000	317.20	110.84	206.36	1013.35	335.86	677.49	515.80	497.55
2001	320.63	112.08	208.55	1019.90	341.52	678.38	518.89	501.01

续表 2

年　份	在总人口：农业人口(万人)	非农业人口(万人)	出生 人数(人)	出生率(‰)	死亡 人数(人)	死亡率(‰)	自然增长 人数(人)	增长率(‰)
1949	399.6	101.7	133811		64491		69320	
1950	404.1	100.7	136426	27.1	65826	13.1	70600	14.0
1951	410.7	96.4	149622	29.6	77248	15.3	72374	14.3
1952	417.7	94.2	153469	30.1	73919	14.5	79550	15.6
1953	427.8	95.7	164276	31.7	67181	13.0	97095	18.7
1954	428.5	107.5	169748	32.1	58411	11.1	111337	21.0
1955	436.7	113.1	164417	30.3	62931	11.6	101486	18.7
1956	447.9	129.1	167416	29.7	58275	10.3	109141	19.4
1957	455.8	138.4	184963	31.6	74356	12.8	110607	18.8
1958	445.4	151.7	168719	28.3	115344	19.5	53375	8.8
1959	424.8	171.0	104306	17.5	230527	38.7	–126221	–21.2
1960	398.6	171.5	73974	12.7	307248	52.7	–233274	–40.0
1961	391.6	161.0	71568	12.8	151448	27.0	–79880	–14.2
1962	402.6	148.7	155735	28.2	76576	13.9	79159	14.3
1963	418.1	154.1	285634	50.9	57550	10.3	228084	40.6
1964	433.7	154.5	225550	38.9	52393	9.0	173157	29.9
1965	446.2	163.2	220307	36.8	52840	8.8	167467	28.0
1966	462.8	163.4	217252	35.3	45189	7.3	172063	27.9
1967	476.2	165.6	201477	31.8	42980	6.8	158497	25.0
1968	492.8	170.5	236703	36.3	46239	7.1	190464	29.2
1969	512.0	164.4	239366	35.8	46560	7.0	192806	28.8
1970	530.1	165.1	245224	35.9	45844	6.7	199380	29.2
1971	553.7	166.1	251582	35.7	57740	8.2	193842	27.5
1972	567.2	168.6	214835	29.5	58511	8.0	156324	21.5

续表 3

年份	在总人口:		出生		死亡		自然增长	
	农业人口(万人)	非农业人口(万人)	人数(人)	出生率(‰)	人数(人)	死亡率(‰)	人数(人)	增长率(‰)
1973	581.72	170.54	190465	25.6	51523	6.9	138942	18.7
1974	594.98	171.06	183811	24.2	55921	7.3	128240	16.9
1975	611.03	170.94	175745	22.7	54341	7.0	121404	15.7
1976	619.27	170.64	143973	18.3	53190	6.8	90783	11.5
1977	625.44	173.16	114031	14.4	54087	6.8	59944	7.6
1978	626.60	179.46	82372	10.3	48141	6.0	34231	4.3
1979	627.99	187.82	94811	11.7	49048	6.1	45763	5.6
1980	630.50	192.04	91450	11.2	49604	6.1	41846	5.1
1981	635.67	197.74	99299	12.0	40714	4.9	58585	7.1
1982	639.51	203.74	102489	12.2	41856	5.0	60633	7.2
1983	639.99	208.86	88709	10.5	51015	6.0	37694	4.5
1984	628.50	225.50	81265	9.5	51675	6.1	29590	3.4
1985	627.75	234.93	102427	11.9	51485	6.0	50942	5.9
1986	647.49	227.25	138763	15.9	51408	5.9	87355	10.0
1987	654.09	233.21	139874	15.9	52454	6.0	87420	9.9
1988	658.41	240.16	120285	13.5	57256	6.4	63029	7.1
1989	663.26	245.34	110200	13.2	56848	6.3	62352	6.9
1990	668.51	250.99	119446	13.1	58223	6.4	61223	6.7
1991	671.69	256.04	110067	11.9	58447	6.3	51620	5.6
1992	670.12	266.74	107086	11.5	61394	6.6	45692	4.9
1993	671.16	276.14	109881	11.7	58918	6.3	50963	5.4
1994	669.41	290.98	106333	11.2	58300	6.1	48033	5.1
1995	670.74	300.86	104362	10.8	61084	6.3	43278	4.5
1996	670.59	310.15	99279	10.2	60043	6.2	39236	4.0
1997	670.69	318.50	88460	9.0	57551	5.8	30909	3.1
1998	669.71	327.29	91112	9.2	61019	6.1	30093	3.0
1999	667.41	336.15	81729	8.2	59435	5.9	22294	2.2
2000	667.45	345.90	97092	9.6	66354	6.6	30738	3.1
2001	665.12	354.78	72504	7.1	56381	5.6	16123	1.6

2-2 人口构成及变动(2001年)

Composition of Population and Its Variations (2001)

	单 位	全 市	市 区	县 (市)
总人口	人	**10198981**	**3415185**	**6783796**
人口构成				
按性别分				
男 性	人	5188923	1736053	3452870
女 性	人	5010058	1679132	3330926
性比例(以女性为100)		104	103	104
按农业、非农业人口分				
农业人口	人	6651231	1073982	5577249
非农业人口	人	3547750	2341203	1206547
人口自然变动				
出生人口	人	72504	23980	48524
死亡人口	人	56381	12548	43833
出生率	‰	7.1	7.1	7.2
死亡率	‰	5.6	3.7	6.5
自然增长率	‰	1.6	3.4	0.7
人口机械变动				
迁入人口	人	158734	104988	53746
迁出人口	人	107862	59862	48000
迁入率	‰	15.6	31.0	7.9
迁出率	‰	10.6	17.7	7.1
机械变动增长率	‰	5.0	13.3	0.9
附:总户数	户	**3206310**	**1120826**	**2085484**

2-3 婚登记和离婚情况姻

Number of Marriages and Divorces

	单 位	1990年	1995年	2000年	2001年
准予登记结婚	对	96368	93807	72339	68367
#初 婚	人	179959	172893	128342	116338
再 婚	人	12777	14721	16336	19332
#华侨、港澳台居民登记结婚	对	125	307	431	532
结婚率	%	2.11	1.94	1.43	1.35
离 婚	对	15461	18786	20069	21122
离婚率	%	0.34	0.39	0.40	0.42

2-4 计划生育情况(2001年)

Conditions of Family Planning (2001)

	单 位	全 市	市 区	县 (市)
计划生育率	%	96.2	98.2	95.4
一孩率	%	91.1	93.2	90.2
领证率	%	44.6	41.8	45.7
育龄妇女人数	人	2766966	786349	1980617
#已婚育龄妇女人数	人	2259164	635575	1623589
已婚育龄妇女占育龄妇女比例	%	81.7	80.8	82.0
出生婴儿性别比(以女性为100)		109	109	109
综合避孕率	%	91.6	88.3	92.9

2-5 城乡劳动力资源配置情况(2001 年末)

Distribution on Source of Urban and Rural Labor Force (End of 2001)

单位：万人

	城乡合计	城　镇	乡　村
劳动力资源总数	**783.21**	**290.57**	**492.64**
#当年新增加的劳动力资源	12.61	4.54	8.07
#16 岁以上全部人数	915.83	357.17	558.66
#不计入劳动力资源的人数	110.86	51.83	59.03
机械变动差额跨地区调整数(+、–)	5.09	2.63	2.46
经济活动人口	**564.11**	**165.96**	**398.15**
从业人员	554.79	156.64	398.15
按就业身份分组			
在岗职工	117.32	117.32	
再就业的离退休人员	0.64	0.64	
私营业主	3.11	1.83	1.28
个体户主	24.8	8.01	16.79
私营企业和个体从业人员	72.73	24.36	48.37
乡镇企业从业人员	79.59		79.59
农村从业人员	252.12		252.12
其　他	4.48	4.48	
按经济类型分组			
国有经济	88.41	88.41	
集体经济	369.28	11.81	357.47
私营经济	34.46	20.11	14.35
个体经济	40.42	14.09	26.33
股份合作	1.52	1.52	
联营经济	0.27	0.27	
有限责任公司	8.14	8.14	
股份有限公司	8.69	8.69	
外商投资经济	1.76	1.76	

续表 1 单位：万人

	城乡合计	城　镇	乡　村
港、澳、台投资经济	1.4	1.4	
其他经济	0.44	0.44	
按国民经济行业分组			
农、林、牧、渔业	226.63	0.76	225.88
采掘业	0.71	0.71	
制造业	78.67	37.41	41.26
电力、煤气及水的生产和供应业	1.94	1.94	
建筑业	57.52	20.86	36.66
地质勘查业、水利管理业	1.37	1.37	
交通运输、仓储及邮电通信业	17.31	6.88	10.43
批发和零售贸易、餐饮业	58.23	31.54	26.69
金融、保险业	4.29	4.29	
房地产业	0.89	0.89	
社会服务业	11.7	11.7	
卫生、体育和社会福利业	6.07	6.07	
教育、文化艺术和广播电影电视业	15.86	15.86	
科学研究和综合技术服务业	4.62	4.62	
国家机关、政党机关和社会团体	10.29	10.29	
其他行业	58.68	1.45	57.23
失业人员	9.32	9.32	
非经济活动人口	**219.10**	**124.61**	**94.49**
#16 岁以上在校学生	39.21	27.84	11.37
家务劳动者	66.65	23.99	42.66

2-6 历年全市年末从业人员情况(按产业分)

Number of Persons Employed by Industry (Year-end)

年份	从业人员(人)				从业人员构成(%)		
		第一产业	第二产业	第三产业	第一产业	第二产业	第三产业
1978	3722994	2358518	602615	761861	63.4	16.2	20.4
1979	3764661	2383030	609875	771756	63.3	16.2	20.5
1980	3931217	2488349	634664	808204	63.3	16.1	20.6
1981	4118652	2607106	679578	831968	63.3	16.5	20.2
1982	4276459	2732657	731275	812527	63.9	17.1	19.0
1983	4465414	2866943	785303	813168	64.2	17.6	18.2
1984	4607406	2796695	995200	815511	60.7	21.6	17.7
1985	4795116	2736616	1232800	825700	57.1	25.7	17.2
1986	4940969	2780993	1263888	896088	56.3	25.6	18.1
1987	5118392	2884365	1268527	965500	56.4	24.8	18.8
1988	5232012	2877430	1321440	1033142	54.9	25.4	19.7
1989	5352008	2966603	1346302	1039103	55.4	25.2	19.4
1990	5462431	3010955	1366076	1085400	55.1	25.0	19.9
1991	5635666	3046286	1435390	1153990	54.1	25.4	20.5
1992	5758985	3039578	1487425	1231982	52.8	25.8	21.4
1993	5774780	3019385	1419600	1335795	52.3	24.6	23.1
1994	5831656	2878742	1612695	1340219	49.4	27.7	22.9
1995	5836411	2835200	1693340	1307871	48.6	29.0	22.4
1996	5837795	2732497	1662930	1442368	46.8	28.5	24.7
1997	5852911	2691771	1654007	1507133	45.9	28.3	25.8
1998	5743156	2680317	1542706	1520133	46.6	26.9	26.5
1999	5623175	2538904	1433567	1650704	45.2	25.5	29.3
2000	5542616	2449175	1424146	1669295	44.2	25.7	30.1
2001	5547855	2266293	1388420	1893142	40.9	25.0	34.1

2-7 历年全市年末从业人员情况(按经济类型分)

Number of Persons Employed by Ownership (Year-end)

单位：人

年 份	从业人员合 计	城 镇	国有经济	集体经济	其他经济	私营与个体	农 村
1978	3722994	1101925	832123	267769		2033	2621069
1979	3764661	1126661	862966	261680		2015	2638000
1980	3931217	1165499	896191	262787		6521	2765718
1981	4118652	1224652	934221	277176		13255	2894000
1982	4276459	1273459	971687	284267		17505	3003000
1983	4465414	1292205	982389	284893		24923	3173209
1984	4607406	1333017	981600	319406	1256	30755	3274389
1985	4795116	1383259	1017857	328212	1518	35672	3411857
1986	4940969	1428803	1056750	330413	1104	40536	3512166
1987	5118392	1485193	1099618	329053	2042	54480	3633199
1988	5232012	1529723	1133013	327634	2738	66338	3702289
1989	5352008	1545518	1157857	315211	3659	68791	3806490
1990	5462431	1601995	1188123	334923	4068	74881	3860436
1991	5635666	1673366	1240718	339265	8077	85306	3962300
1992	5758985	1712250	1268306	340176	10198	93570	4046735
1993	5774780	1742175	1245842	334379	57645	104309	4032605
1994	5831656	1778956	1246100	309200	74656	149000	4052700
1995	5836411	1804559	1246900	305100	84840	167719	4031852
1996	5837795	1840098	1239409	301505	96371	202813	3997697
1997	5852911	1845810	1234089	282361	105178	224182	4007101
1998	5743156	1784744	1101636	237310	167911	277887	3958412
1999	5623175	1622163	988500	185650	165895	282118	4001012
2000	5542616	1581270	934427	171193	186575	289075	3961346
2001	5547855	1566395	884121	118072	222186	342016	3981460

2-8 全市年末从业人员情况(按行业分)

Number of Persons Employed by Sector (Year-end)

单位：人

	1990 年	1995 年	2000 年	2001 年
总　　计	**5462431**	**5836411**	**5542616**	**5547855**
农、林、牧、渔业	2934144	2835014	2449175	2266293
采掘业	22339	20080	8287	7101
制造业	989867	1045064	864054	786703
电力煤气及水的生产和供应业	10755	18862	20061	19391
建筑业	321282	474300	531744	575225
地质勘查业、水利管理业	13632	19752	15333	13692
交通运输、仓储和邮电通信业	128753	179802	179375	173103
批发零售贸易和餐饮业	359553	485856	531580	582316
金融、保险业	20048	29672	42646	42873
房地产业	3477	6890	9179	8880
社会服务业	78756	84845	113679	117045
卫生、体育和社会福利业	59673	55437	61012	60745
教育、文化、艺术、广播电影电视业	154750	152391	153731	158577
科学研究和综合技术服务业	67873	58290	48745	46243
国家机关、政党机关、社会团体	96469	95192	104726	102913
其他行业	201060	274964	409271	586755

2-9 历年全市年末在岗职工人数及构成(按经济类型分)

Number of Fully Employed Staff and Workers and Their Compositions by Ownership (Year-end)

年份	在岗职工人数(人)	国有经济单位	城镇集体经济单位	其他经济单位	构成(%) 国有经济单位	城镇集体经济单位	其他经济单位
1978	1099892	832123	267769		75.7	24.3	
1979	1124646	862966	261680		76.7	23.3	
1980	1158978	896191	262787		77.3	22.7	
1981	1211397	934221	277176		77.1	22.9	
1982	1255954	971687	284267		77.4	22.6	
1983	1267282	982389	284893		77.5	22.5	
1984	1302262	981600	319406	1256	75.4	24.5	0.1
1985	1347588	1017858	328212	1518	75.5	24.4	0.1
1986	1388267	1056750	330413	1104	76.1	23.8	0.1
1987	1430713	1099618	329053	2042	76.9	23.0	0.1
1988	1463385	1133013	327634	2738	77.4	22.4	0.2
1989	1476727	1157857	315211	3659	78.4	21.3	0.2
1990	1527114	1188123	334923	4068	77.8	21.9	0.3
1991	1588060	1240718	339265	8077	78.1	21.4	0.5
1992	1618676	1268306	340172	10198	78.4	21.0	0.6
1993	1610430	1225842	334379	50209	76.1	20.8	3.1
1994	1594135	1217480	302369	74286	76.4	19.0	4.6
1995	1615166	1230768	300071	84327	76.2	18.6	5.2
1996	1540594	1148671	268049	123874	74.6	17.4	8.0
1997	1450610	1103500	248945	98165	76.0	17.2	6.8
1998	1340520	994736	198221	147563	74.2	14.8	11.0
1999	1299774	953582	182005	164187	73.4	14.0	12.6
2000	1245294	896721	166909	181664	72.0	13.4	14.6
2001	1173195	841870	115574	215751	71.8	9.8	18.4

2-10 企业、事业、机关单位数(2001 年末)

Number of Enterprises, Institutions and Agencies Organizations (End of 2001)

单位：个

	合计	国有经济	集体经济	其他经济
总计	**10224**	**6646**	**2518**	**1060**
按企业、事业、机关分组				
企业	4738	1763	1917	1058
事业	3765	3178	585	2
机关	1721	1705	16	
按三次产业分组				
第一产业	296	133	160	3
第二产业	1880	554	771	555
第三产业	8048	5959	1587	502
按国民经济行业分组				
农、林、牧、渔业	296	133	160	3
采掘业	10	7		3
制造业	1472	368	644	460
电力、煤气及水的生产和供应业	99	77	4	18
建筑业	299	102	123	74
地质勘查业、水利管理业	123	114		9
交通运输、仓储及邮电通信业	248	192	28	28
批发和零售贸易、餐饮业	1787	609	866	312
金融、保险业	340	189	140	11
房地产业	193	121	9	63
社会服务业	571	405	101	65
卫生、体育和社会福利业	681	303	377	1
教育、文化艺术和广播电影电视业	1770	1754	10	6
科学研究和综合技术服务业	392	378	10	4
国家机关、政党机关和社会团体	1909	1863	46	
其他行业	34	31		3

2-11 企事业、机关及分行业年末在岗职工人数

Number of Fully Employed Staff and Workers in Enterprises Institutions and Agencies Organizations by Sector (Year-end)

单位：人

	1978 年	1980 年	1990 年	1995 年	2000 年	2001 年
总　计	**1099892**	**1158978**	**1527114**	**1615166**	**1245294**	**1173195**
按企事业和机关分组						
企　业	907070	956843	1148196	1212776	840627	771640
事　业	150508	155883	294228	307307	305289	302951
机　关	42314	46252	84690	95083	99378	98604
按三次产业分组						
第一产业	12310	12971	12046	8288	7239	6385
第二产业	683623	683371	832304	864485	591714	539886
第三产业	403959	462636	682764	742393	646341	626924
按国民经济行业分组						
农、林、牧、渔业	12310	12971	12046	8288	7239	6385
采掘业			22339	17694	8219	7036
制造业	526542	533388	636686	614037	406326	334237
电力、煤气及水的生产和供应业			10755	18780	19961	19290
建筑业	157081	149983	162524	213974	157208	179323
地质勘查业、水利管理业			13632	19639	15151	13486
交通运输、仓储及邮电通信业	59260	69150	75608	84799	67664	60590
批发和零售贸易、餐饮业	145908	166084	189288	187541	97795	84248
金融、保险业	5969	8295	18278	29578	31672	30967
房地产业			3477	6770	8885	8696
社会服务业	12690	16972	45577	62397	64522	64178
卫生、体育和社会福利业	33267	37497	51399	54544	58188	58346
教育、文化艺术和广播电影电视业	83018	93565	134771	143594	149740	154742
科学研究和综合技术服务业	21533	24821	66044	57602	47739	44924
国家机关、政党机关和社会团体	42314	46252	84690	94546	103443	101558
其他行业				1383	1542	5189

2-12　分行业在岗职工人数(2001 年末)

Number of Fully Employed Staff and Workers by Sector (End of 2001)

单位：人

	总　计	国有经济	集体经济	其他经济
总　　计	**1173195**	**841870**	**115574**	**215751**
按企事业和机关分组				
企　业	771640	456784	99549	215307
事　业	302951	286901	15606	444
机　关	98604	98185	419	
按三次产业分组				
第一产业	6385	4558	1407	420
第二产业	539886	302329	68397	169160
第三产业	626924	534983	45770	46171
按国民经济行业分组				
农、林、牧、渔业	6385	4558	1407	420
采掘业	7036	6359		677
制造业	334237	168616	36853	128768
电力、煤气及水的生产和供应业	19290	15940	713	2637
建筑业	179323	111414	30831	37078
地质勘查业、水利管理业	13486	13421		65
交通运输、仓储及邮电通信业	60590	47842	3415	9333
批发和零售贸易、餐饮业	84248	46288	17976	19984
金融、保险业	30967	23412	4121	3434
房地产业	8696	4763	163	3770
社会服务业	64178	49059	7397	7722
卫生、体育和社会福利业	58346	46916	11182	248
教育、文化艺术和广播电影电视业	154742	153667	195	880
科学研究和综合技术服务业	44924	44063	581	280
国家机关、政党机关和社会团体	101558	100818	740	
其他行业	5189	4734		455

2-13 单位从业人员女职工人数(2001年末)

Number of Employed Female Staff and Workers (End of 2001)

单位：人

	总　计	国有经济	集体经济	其他经济
总　　计	**453995**	**329026**	**44538**	**80431**
按企事业和机关分组				
企　业	276207	160137	35896	80174
事　业	146667	137883	8527	257
机　关	31121	31006	115	
按三次产业分组				
第一产业	2110	1628	343	139
第二产业	166232	87949	21817	56466
第三产业	285653	239449	22378	23826
按国民经济行业分组				
农、林、牧、渔业	2110	1628	343	139
采掘业	1631	1509		122
制造业	126527	59955	16476	50096
电力、煤气及水的生产和供应业	7528	6219	237	1072
建筑业	30546	20266	5104	5176
地质勘查业、水利管理业	4647	4623		24
交通运输、仓储及邮电通信业	23552	18076	1673	3803
批发和零售贸易、餐饮业	39430	21153	8576	9701
金融、保险业	22333	15625	1865	4843
房地产业	3230	2013	90	1127
社会服务业	29391	22754	2955	3682
卫生、体育和社会福利业	36850	30068	6634	148
教育、文化艺术和广播电影电视业	75953	75501	94	358
科学研究和综合技术服务业	16752	16452	207	93
国家机关、政党机关和社会团体	32321	32037	284	
其他行业	1194	1147		47

2-14 年末离休、退休、退职人员数

Number of Retired and Resigned Persons (Year-end)

单位：人

	1990 年	1995 年	2000 年	2001 年
总　　计	**299252**	**434171**	**518123**	**554319**
国有经济单位	**226744**	**338017**	**389868**	**429302**
离休人员	16059	18201	13685	14137
退休人员	207150	314418	371441	410172
退职人员	3535	5398	4742	4993
城镇集体经济单位	**72303**	**72213**	**64447**	**65428**
离休人员	294	358	270	237
退休人员	70441	70172	63256	64503
退职人员	1568	1683	921	688
其他各种经济类型单位	**205**	**23941**	**63808**	**59589**
离休人员	19	597	1887	939
退休人员	179	22948	60323	57593
退职人员	7	396	1598	1057

注：退职人员仅为领取定期生活费的退职人员。

2-15 离休、退休、退职人员数与在岗人数的比例(年末数)

Ratios of Retired and Resigned Persons to Fully Employed staff and workers (Year-end)

年　份	离休、退休 退职人数 (万人)	在　岗 职工人数 (万人)	离休、退休、退职人员数 与在岗职工人数的比例 (以职工人数为 1)
1990	29.93	152.71	0.19：1
1991	32.54	158.81	0.20：1
1992	33.99	161.87	0.20：1
1993	38.05	161.04	0.23：1
1994	30.81	159.41	0.19：1
1995	43.42	161.52	0.26：1
1996	46.22	154.06	0.30：1
1997	46.20	145.60	0.32：1
1998	47.22	134.05	0.35：1
1999	50.84	129.98	0.39：1
2000	51.81	124.53	0.42：1
2001	55.43	117.32	0.47：1

2-16 城镇登记失业人员基本情况

Basic Conditions on Registered Urban Unemployed Persons

单位：人

	2000年		2001年			2000年		2001年	
	合 计	# 女 性	合 计	# 女 性		合 计	# 女 性	合 计	# 女 性
总　计	**42983**	**20881**	**53891**	**27357**	6个月以上	29356	14159	29240	16102
按年龄分					**按文化程度分**				
16—25岁	20279	9558	19556	9756	大专及以上	8026	3570	7544	3633
26岁及以上	22704	11323	34335	17601	中专和高中	18888	9781	23790	12778
按失业时间分					初中及以下	16069	7530	22557	10946
6个月以下	13627	6722	24651	11255					

2-17 职业介绍机构及工作情况

Basic Conditions of Employment Services

	单 位	2000年	2001年		单 位	2000年	2001年
年末职业介绍机构	个	**220**	**220**	**求职登记总数**	**人次**	**224112**	**268790**
#劳动部门办	个	20	20	#介绍成功人数	人次	128416	175014
非劳动部门办	个	200	200	用人登记总数	人次	218903	298812
#地市级	个	28	28	#失业人员	人次	36802	41846
县、区级	个	192	192				

2-18 历年在岗职工工资总额及平均工资

Total Wages and Average Wage of Fully Employed Staff and Workers by Year

年 份	在岗职工工资总额(万元)	国有经济单位	城镇集体经济单位	其他经济单位	在岗职工平均工资(元)	国有经济单位	城镇集体经济单位	其他经济单位
1978	61400	50584	10816		584	648	406	
1979	71984	59031	12953		652	706	494	
1980	88395	72170	16225		771	824	616	
1981	92129	74542	17587		772	819	640	
1982	97816	79145	18671		789	831	668	
1983	103159	83740	19419		817	888	626	
1984	127873	101440	26345	88	993	1049	849	727
1985	149045	119033	29892	120	1092	1161	908	821
1986	177609	144392	33108	109	1297	1395	1025	1041
1987	201047	164701	36130	216	1435	1536	1140	1143
1988	243740	201446	41842	452	1696	1821	1321	1589
1989	284793	238527	45556	710	1949	2097	1476	1191
1990	328585	273879	53891	815	2189	2347	1687	2037
1991	359676	29343	62559	1774	2412	2571	1909	2594
1992	439675	367603	69359	2713	2752	2943	2123	2953
1993	549777	449782	80444	19551	3451	3684	2434	4583
1994	780236	618509	120742	40985	4821	5103	3412	6147
1995	893039	724678	115025	53336	5592	5926	3835	6313
1996	1005061	812199	126252	66610	6258	6666	4316	7001
1997	1082417	884054	124669	73694	7420	7911	5019	7944
1998	1119941	888237	106567	125137	8248	8822	5310	8328
1999	1200672	950075	100949	149666	9035	9763	5462	8753
2000	1332340	1042404	111302	178634	10370	11197	6533	9738
2001	1489823	1171993	90628	227202	12493	13613	7753	10585

2-19 分行业在岗职工平均工资

Average Wage of Fully Employed Staff and Workers by Sector

单位：元

	1978 年	1980 年	1990 年	1995 年	2000 年	2001 年
总　　计	**584**	**771**	**2189**	**5592**	**10370**	**12493**
按经济类型分组						
国有经济单位	648	824	2347	5926	11197	13613
城镇集体经济单位	406	616	1687	3835	6533	7753
其他经济单位			2037	6313	9738	10585
按国民经济行业分组						
农、林、牧、渔业	585	726	1744	4410	7620	9153
采掘业			2165	4184	6936	7266
制造业	584	789	2225	5350	8622	10379
电力、煤气及水的生产和供应业			2629	7137	14156	17336
建筑业	694	869	2341	6230	10537	11105
地质勘查业、水利管理业			2457	6053	11129	14339
交通运输、仓储和邮电通信业	730	883	2583	6516	14612	17387
批发和零售贸易和餐饮业	539	718	1861	4538	7945	9546
金融、保险业	643	770	2083	7720	19090	22515
房地产业			2129	6001	12098	12990
社会服务业	621	769	2004	5405	9529	11863
卫生、体育和社会福利业	609	806	2344	6623	12856	15117
教育、文化艺术、广播电影电视业			2100	5520	10210	12908
科学研究和综合技术服务业	656	857	2467	6750	11348	13823
国家机关、政党机关、社会团体	742	923	2247	6026	12567	15320
其他行业				8753	14510	20339

注：1978、1980 两年行业分类仅为十大类与现行行业分类不一致。

2-20 在岗职工工资总额(2001 年)

Total Wages of Fully Employed Staff and Workers (2001)

单位：万元

	在岗职工工资总额	国有经济	集体经济	其他经济
总　　计	**1489823**	**1171993**	**90628**	**227202**
按企业、事业、机关分				
企　　业	936267	633809	76066	226393
事　　业	401563	386711	14043	809
机　　关	151993	151473	520	
按三次产业分				
第一产业	5945	4666	827	452
第二产业	596448	377825	51157	167466
第三产业	887430	789502	38644	59285
按国民经济行业分				
农、林、牧、渔业	5944	4666	827	451
采掘业	6065	5547		518
制造业	358912	190944	26418	141550
电力、煤气及水的生产和供应业	33244	29498	883	2863
建筑业	198227	151836	23856	22535
地质勘查业、水利管理业	20371	20324		47
交通运输、仓储及邮电通信业	106779	90617	2637	13525
批发和零售贸易、餐饮业	84608	51805	12867	19936
金融、保险业	70661	55813	5016	9832
房地产业	11943	7066	194	4683
社会服务业	76543	62628	5751	8164
卫生、体育和社会福利业	87866	77458	10134	274
教育、文化艺术和广播电影电视业	198156	196218	169	1769
科学研究和综合技术服务业	62842	61494	727	621
国家机关、政党机关和社会团体	156996	155847	1149	
其他行业	10666	10232		434

2-21 在岗职工平均工资(2001年)

Average Wages of Fully Employed Staff and workers (2001)

单位：元

	总　计	国有经济	集体经济	其他经济
总　　计	**12493**	**13613**	**7753**	**10585**
按企业、事业、机关分				
企　业	11840	13330	7531	10566
事　业	13291	13507	9097	21694
机　关	15258	15275	11525	
按三次产业分				
第一产业	9153	9989	5838	11093
第二产业	10808	11926	7476	10052
第三产业	13993	14634	8214	12443
按国民经济行业分				
农、林、牧、渔业	9153	9989	5838	11093
采掘业	7266	7230		7669
制造业	10379	10832	6997	10743
电力、煤气及水的生产和供应业	17336	18555	12946	11025
建筑业	11105	12982	7954	7141
地质勘查业、水利管理业	14339	14371		7308
交通运输、仓储及邮电通信业	17387	18780	7391	14098
批发和零售贸易、餐饮业	9546	10655	6677	9614
金融、保险业	22515	23358	12133	29297
房地产业	12990	13641	11149	12196
社会服务业	11863	12687	7880	10389
卫生、体育和社会福利业	15117	16550	9152	11040
教育、文化艺术和广播电影电视业	12908	12874	9075	19205
科学研究和综合技术服务业	13823	13876	12936	10663
国家机关、政党机关和社会团体	15320	15325	14712	
其他行业	20339	21325		9740

2-22 离开本单位仍保留劳动关系的职工基本情况

Basic Conditions of Staff and Workers Who Have Left Their Working Units While Keeping Their Labor Employment Relation Unchanged

	年末人数(人)				劳动报酬和生活费(万元)			
	离开本单位仍保留劳动关系的职工人数		#内部退养职工		离开本单位仍保留劳动关系的职工人数		#内部退养职工	
	2000年	2001年	2000年	2001年	2000年	2001年	2000年	2001年
总计	**219300**	**178674**	**70686**	**73350**	**62922**	**61756**	**34835**	**42814**
按企业、事业、机关分								
企业	209315	161757	68140	68536	59631	55769	33014	38749
事业	9161	15241	2197	3962	2705	4688	1500	3317
机关	824	1676	349	852	586	1299	321	748
按三次产业分								
第一产业	414	349	206	201	86	143	73	127
第二产业	158144	118226	52436	51695	45812	40327	25292	27598
第三产业	60742	60099	18044	21454	17024	21286	9470	15089
按国民经济行业分								
农、林、牧、渔业	414	349	206	201	86	143	73	127
采掘业	2654	1398	435	370	450	439	132	224
制造业	116570	86104	42173	40471	35350	30960	20661	22267
电力、煤气及水的生产和供应业	1496	1666	899	1337	751	929	550	847
建筑业	37424	29058	8929	9517	9261	8000	3949	4260
地质勘查业、水利管理业	3663	6577	228	461	886	1114	113	273
交通运输、仓储及邮电通信业	10886	9996	4200	4837	3238	4521	2169	3544
批发和零售贸易、餐饮业	34065	26899	9904	9246	8803	7928	4585	5254
金融、保险业	490	1172	378	1027	229	972	221	966
房地产业	562	574	57	178	212	319	97	195
社会服务业	4632	4454	925	1162	1228	1420	564	918
卫生、体育和社会福利业	1217	2133	527	1228	458	1170	362	1064
教育、文化艺术和广播电影电视业	2016	3465	732	1098	573	1086	446	912
科学研究和综合技术服务业	2191	2952	730	1253	779	1322	573	1109
国家机关、政党机关和社会团体	829	1598	287	761	487	1132	241	587
其他行业	191	279	76	203	131	301	99	267

主 要 统 计 指 标 解 释

人口数 指一定时点、一定地区范围内的有生命的个人的总和。

年度统计的年末人口数是指每年12月31日24时的人口数。

出生率 指在一定时期内(通常为一年)平均每千人所出生的人数的比率，一般用千分率表示。计算公式：

$$出生率=\frac{年出生人数}{年平均人数}\times 1000‰$$

死亡率 指在一定时期内(通常为一年)一定地区的死亡人数与同期平均人数(或期中人数)之比，一般用千分率表示。计算公式：

$$死亡率=\frac{年死亡人数}{年平均人数}\times 1000‰$$

人口自然增长率 指在一定时期内(通常为一年)人口自然增加数(出生人数减死亡人数)与该时期内平均人数(或期中人数)之比，一般用千分率表示。计算公式：

$$人口自然增长率=\frac{本年出生人数-本年死亡人数}{年平均人数}\times 1000‰$$

$$人口自然增长率=人口出生率-人口死亡率$$

从业人员 指从事一定社会劳动并取得劳动报酬或经营收入的人员。包括：

(1)全部职工

(2)再就业的离退休人员

(3)私营业主

(4)个体户主

(5)私营和个体从业人员

(6)乡镇企业从业人员

(7)农村从业人员

(8)其他从业人员（包括民办教师、宗教职业者、现役军人等）

这一指标反映了一定时期内全部劳动力资源的实际利用情况，是研究我国基本国情国力的重要指标。

各单位的从业人员是指在各级国家机关、政党机关、社会团体及企业、事业单位中工作，并取得劳动报酬的全部人员。包括职工、再就业的离退休人员、民办教师以及在各单位中工作的外方人员和港、澳、台方人员。

各单位的从业人员反映了各单位实际参加生产或工作的全部劳动力。因此,从1998年开始,各单位的从业人员不包括离开本单位仍保留劳动关系的职工。

经济活动人口 指在16岁以上，有劳动能力，参加或要求参加社会经济活动的人口。包括：从业人员和失业人员。

城镇私营和个体从业人员 城镇私营从业人员指在工商管理部门注册登记，其经营地址设在县城关镇（含城关镇）以上的私营企业从业人员。包括：私营企业投资者和雇工。城镇个体从业人员指在工商管理部门注册登记，并持有城镇户口或在城镇长期居住，经批准从事个体工商经营的从业人员。包括：个体经营者和在个体工商户劳动的家庭帮工和雇工。

城镇登记失业人员及失业率 指有非农业户口，在一定的劳动年龄内，有劳动能力，无业而要求就业，并在当地就业服务机构进行求职登记的人员。城镇登记失业率，指城镇登记失业人数同城镇从业人数与城镇登记失业人数之和的比。计算公式为：

$$城镇登记失业率=\frac{城镇登记失业人数}{城镇从业人数+城镇登记失业人数}\times 100\%$$

在岗职工 指调查时期（点）在国有经济、城镇集体经济、联营经济、股份制经济、外商和港、澳、台投资经济、其他经济单位及其附属机构工作并领取工资的职工。

在岗职工工资总额 指各单位在一定时期内直接支付给本单位全部在岗职工的劳动报酬总额。

在岗职工工资总额的计算原则应以直接支付给在岗职工的全部劳动报酬为根据。各单位支付给在岗职工的劳动报酬以及其他根据有关规定支付的工资，不论是计入成本的还是不计入成本的，不论是按国家规定列入计征奖金税项目的，还是未列入计征奖金税项目的，不论是以货币形式支付的还是以实物形式支付的，均包括在工资总额内。

在岗职工平均工资 指企业、事业、机关单位的在岗职工在一定时期内平均每人所得的货币工资额。它表明一定时期在岗职工工资收入的高低程度，是反映在岗职工工资水平的主要指标。计算公式为：

$$在岗职工平均工资=\frac{报告期实际支付的在岗职工工资总额}{报告期在岗职工平均人数}$$

在岗职工平均实际工资 指扣除物价变动因素后的在岗职工平均工资。计算公式为：

$$在岗职工平均实际工资=\frac{报告期在岗职工平均工资}{报告期城镇居民消费价格指数}$$

三、固定资产投资、建筑业

简 要 说 明

主要内容

固定资产投资包括:全社会范围内的固定资产投资总额、发展速度及构成;基本建设、更新改造投资额及构成情况、资金状况;房地产开发投资情况等。

建筑业包括:全市建筑施工企业生产情况、财务状况及其他主要指标。

资料来源

固定资产投资和建筑业资料来源于成都市统计局。

其他需要说明的问题

建筑业统计范围:1995 年以前为城镇集体及国有建筑企业;1996 年起为具有建筑业资质等级四级及四级以上的各种经济类型的建筑企业。

建筑业统计原则:凡公司所在地成都的建筑企业(含本公司在外地的生产活动)均纳入统计范围。

全社会固定资产投资额（亿元）

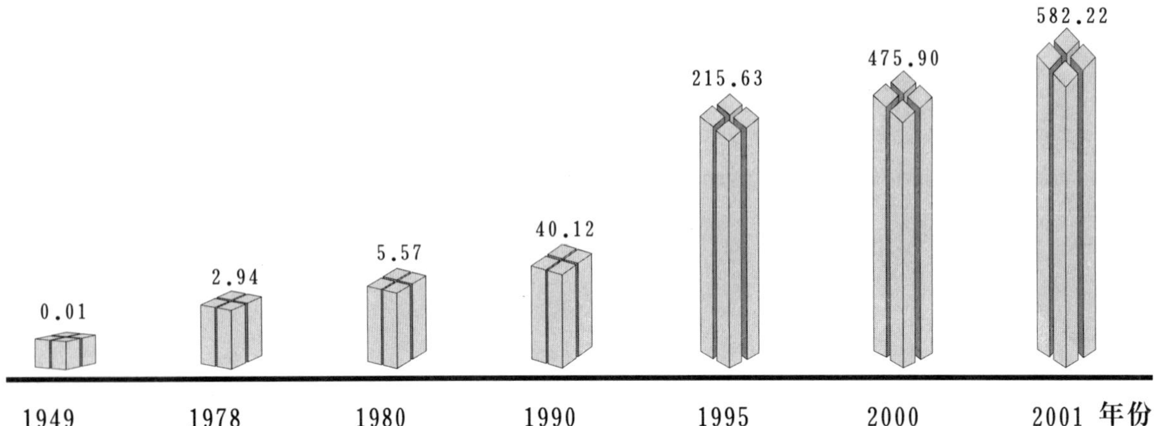

全社会建筑业完成施工产值（亿元）

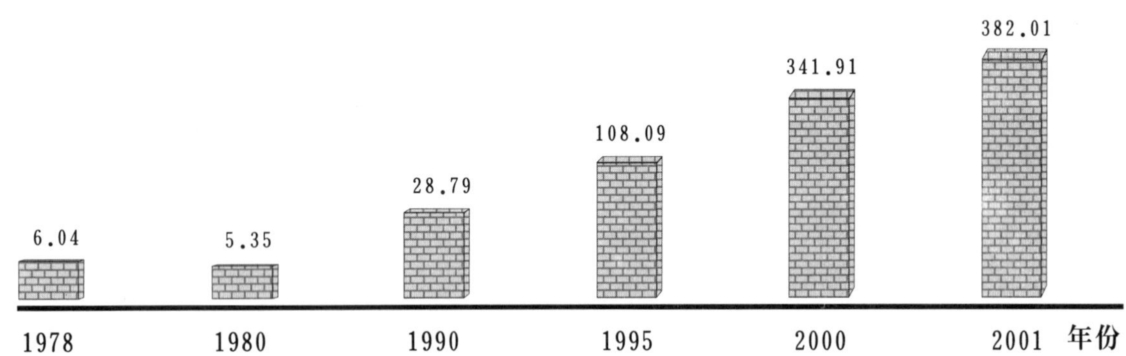

房地产投资完成额（亿元）

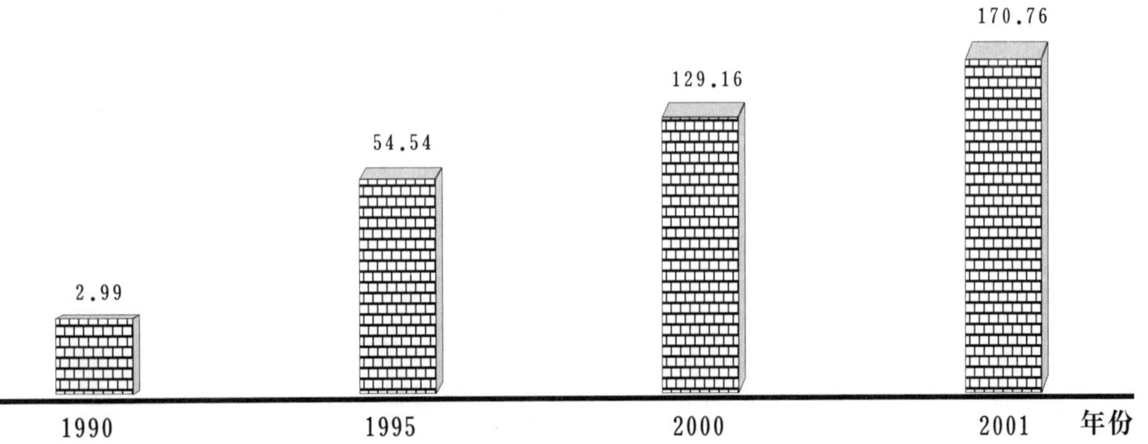

3-1 历年全社会固定资产投资(按经济类型分)

Total Investment in Fixed Assets by Ownership

单位：万元

年　　份	总　　计	# 国有经济	# 集体经济	# 私营及 个体经济	在总计中： 住　　宅
1950	58	58			5
1951	440	440			57
1952	1303	1303			157
1953	3913	3913			512
1954	4395	4395			691
1955	4308	4308			903
1956	11275	11275			2724
1957	16124	16124			2180
1958	22197	22197			1003
1959	47190	47190			2207
1960	62127	62127			2124
1961	18784	18784			1050
1962	10653	10653			604
1963	13547	13547			1276
1964	20305	20305			2161
1965	32112	32112			1731
1966	31220	31220			1036
1967	14482	14482			794
1968	11917	11917			479
1969	14293	14293			827
1970	18540	18540			970
1971	19306	19306			1158
1972	23895	23895			1620
1973	20349	20349			1741
1974	13692	13692			1433
1975	17301	17196	105		1474

续表 1

单位：万元

年 份	总 计	# 国有经济	# 集体经济	# 私营及个体经济	在总计中：住 宅
1976	16504	16403	101		1180
1977	19668	19468	200		2938
1978	29391	28334	1057		4738
1979	50706	48851	1855		13022
1980	55744	52022	3722		18516
1981	73229	61295	6800	5134	27456
1982	95271	81874	7100	6297	32273
1983	107318	89160	7723	10435	38566
1984	146399	103594	16667	26138	40609
1985	241874	173565	44316	23993	62835
1986	248741	185426	29631	33684	60259
1987	286695	199733	38558	48404	80648
1988	364892	241474	46717	76701	103857
1989	356684	243455	44230	68999	105130
1990	401156	282024	45853	73279	120688
1991	485147	349698	56475	78794	131234
1992	788038	523473	150423	114142	225462
1993	1413826	757296	340030	126496	380789
1994	1797908	910033	406660	188132	511760
1995	2156272	1081961	550455	217100	672640
1996	2588457	1192478	568105	308000	832200
1997	3100791	1480027	627493	332443	821886
1998	3718700	2101225	526100	364500	951400
1999	4190983	2339883	453457	365256	1064080
2000	4759020	2278569	372682	422201	1386892
2001	5822157	2869402	420045	661221	1810758

3-2 历年全社会固定资产投资构成(按经济类型分)

Composition of Total Investment in Fixed Assets by Ownership

单位：%

年 份	总 计	#国有经济	#集体经济	#私营及个体经济	在总计中：住 宅
1978	100	96.4	3.6		16.1
1979	100	96.3	3.7		25.7
1980	100	93.3	6.7		33.2
1981	100	83.7	9.3	7.0	37.5
1982	100	85.9	7.5	6.6	33.9
1983	100	83.1	7.2	9.7	35.9
1984	100	70.8	11.4	17.8	27.7
1985	100	71.8	18.3	9.9	26.0
1986	100	74.5	11.9	13.6	24.2
1987	100	69.7	13.4	16.9	28.1
1988	100	66.2	12.8	21.0	28.5
1989	100	68.3	12.4	19.3	29.5
1990	100	70.3	11.4	18.3	30.1
1991	100	72.1	11.6	16.3	27.1
1992	100	66.4	19.1	14.5	28.6
1993	100	53.6	24.0	8.9	27.0
1994	100	50.6	22.6	10.5	28.5
1995	100	50.2	25.5	10.1	31.2
1996	100	46.1	21.9	11.9	32.2
1997	100	47.7	20.2	10.7	26.5
1998	100	56.5	14.1	9.8	25.6
1999	100	55.8	10.8	8.7	25.3
2000	100	47.9	7.8	8.9	29.1
2001	100	49.3	7.2	11.4	31.1

3-3 历年全社会固定资产投资发展速度(按经济类型分)

Development Rates of Total Investment in Fixed Assets by Ownership

单位：%

年　份	总　计	# 国有经济	# 集体经济	# 私营及个体经济	在总计中：住　宅
1978	149.4	145.5	528.5		161.3
1979	172.5	172.4	175.5		274.8
1980	109.9	106.5	200.0		142.2
1981	131.4	117.8	182.7		148.3
1982	130.1	133.6	104.4	122.7	117.5
1983	112.6	108.9	108.8	165.7	119.5
1984	136.4	116.2	215.8	250.5	105.3
1985	165.2	167.5	265.9	91.8	154.7
1986	102.8	106.8	66.9	140.4	95.9
1987	115.3	107.7	130.1	143.7	133.8
1988	127.3	120.9	121.2	158.5	128.8
1989	97.8	100.8	94.7	110.0	101.2
1990	112.5	115.8	103.7	106.2	114.8
1991	120.9	124.0	123.2	107.5	108.7
1992	162.4	149.7	266.3	144.9	171.8
1993	179.4	144.7	226.0	110.8	168.9
1994	127.2	120.2	119.6	148.7	134.4
1995	119.9	118.9	135.4	115.4	131.4
1996	120.0	110.2	103.2	141.9	123.7
1997	119.8	124.1	110.5	107.9	101.2
1998	119.9	142.0	83.8	109.6	115.8
1999	112.7	111.4	86.2	100.2	111.8
2000	113.6	97.4	82.2	115.6	130.3
2001	122.3	125.9	112.7	156.6	130.6
平均发展速度					
1949-2001	125.3	123.6	137.6②	127.5③	128.5
1978-2001	125.9	122.2	129.7	127.5③	129.5

注：①发展速度以上年为基期。

②为 1975—2001 年平均发展速度。

③为 1981—2001 年平均发展速度。

3-4 历年全社会固定资产投资(按种类和构成分)

Total Investment in Fixed Assets by Channel of Management and Use of Funds

单位：万元

年份	总计	按管理渠道分			按构成分		
		#基建投资	#更改投资	#房地产投资	建筑安装工程	设备工器具购置	其他费用
1978	29391	27461			16670	10602	2119
1979	50706	44684	4167		31002	15770	3934
1980	55744	46686	5336		39649	12617	3478
1981	73229	35295	26000		52427	15634	5168
1982	95271	51874	30000		63219	22659	9393
1983	107318	61509	27651		75420	21700	10198
1984	146399	63838	35723		96268	35330	14801
1985	241874	114097	56004		149299	67021	25554
1986	248741	113860	67889		149833	69875	29033
1987	286695	113392	85352		185231	72314	29150
1988	364892	128933	107003		225847	101739	37306
1989	356684	129297	109019		212140	102570	41974
1990	401156	129438	117733	29883	253113	109338	38705
1991	485147	210967	95843	31021	305714	126972	52461
1992	788038	269816	151885	94446	545039	182227	60772
1993	1413826	440521	202886	207310	939120	281104	193602
1994	1797908	614111	308087	337506	1184909	409941	203058
1995	2156272	754208	224222	545376	1482024	369660	304588
1996	2588457	908735	254270	684379	1950825	304328	333304
1997	3100791	1199554	347932	730147	2074831	635973	389987
1998	3718700	1693757	469391	799675	2194308	885732	638660
1999	4190983	2013052	450020	998565	2613297	923373	654313
2000	4759020	2283936	489530	1291611	3129144	803781	826095
2001	5822157	2815371	649091	1707554	3998475	868248	955434

3-5 历年全社会固定资产投资比重(按种类和构成分)

Proportion of Total Investment in Fixed Assets by Channel of Management and Use of Funds

单位：%

年　份	按管理渠道分			按构成分		
	#基建投资	#更改投资	#房地产投资	建筑安装工程	设备工器具购　置	其他费用
1978	93.4			56.7	36.1	7.2
1979	88.1	8.2		61.1	31.1	7.8
1980	83.8	9.6		71.1	22.6	6.3
1981	48.2	35.5		71.6	21.3	7.1
1982	54.4	31.5		66.4	23.8	9.8
1983	57.3	25.8		70.3	20.2	9.5
1984	43.6	24.4		65.8	24.1	10.1
1985	47.2	23.2		61.7	27.7	10.6
1986	45.8	27.3		60.2	28.1	11.7
1987	39.6	29.8		64.6	25.2	10.2
1988	35.3	29.3		61.9	27.9	10.2
1989	36.2	30.6		59.5	28.8	11.7
1990	32.3	29.3	7.4	63.1	27.3	9.6
1991	43.5	19.8	6.4	63.0	26.2	10.8
1992	34.2	19.3	12.0	69.2	23.1	7.7
1993	31.2	14.4	14.7	66.4	19.9	13.7
1994	34.2	17.1	18.8	65.9	22.8	11.3
1995	35.0	10.4	25.3	68.7	17.1	14.2
1996	35.1	9.8	26.4	75.4	11.8	12.8
1997	38.7	11.2	23.5	67.3	20.1	12.6
1998	45.5	12.6	21.5	59.0	23.8	17.2
1999	48.0	10.7	23.8	62.4	22.0	15.6
2000	48.0	10.3	27.1	65.8	16.9	17.3
2001	48.4	11.1	29.3	68.7	14.9	16.4

3-6 历年全社会固定资产投资发展速度(按种类分)

Development Rates of Total Investment In Fixed Assets by Channel of Management

单位：%

年 份	总 计	# 基建投资	# 更改投资	# 房地产投资
1978	149.4	141.1		
1979	172.5	162.7		
1980	109.9	104.5	128.1	
1981	131.4	75.6	487.3	
1982	130.1	147.0	115.4	
1983	112.6	118.6	92.0	
1984	136.4	103.9	129.2	
1985	165.2	178.7	156.8	
1986	102.8	99.8	121.2	
1987	115.3	99.6	125.7	
1988	127.3	113.7	125.4	
1989	97.7	100.3	101.9	
1990	112.5	100.1	108.0	
1991	120.9	163.0	118.6	103.8
1992	162.4	127.9	158.5	304.5
1993	179.4	163.3	133.6	219.5
1994	127.2	139.4	151.8	162.8
1995	119.9	122.8	72.8	161.6
1996	120.0	120.5	113.4	125.5
1997	119.8	132.0	136.8	106.7
1998	119.9	141.2	134.9	109.5
1999	112.7	118.8	95.9	124.9
2000	113.6	113.5	108.8	129.3
2001	122.3	123.3	132.6	132.2
平均发展速度				
1978-2001	125.9	122.3	125.8②	144.5③

注：①发展速度以上年为基期。

②为 1979—2001 年平均发展速度。

③为 1990—2001 年平均发展速度

3-7 历年全社会固定资产投资效果主要指标

Main Indicators of Total Investment Results in Fixed Assets by Year

年　份	施工项目（个）	全部建成投产项目（个）	建设项目投产率（%）	新增固定资产（万元）	固定资产交付使用率（%）	房屋面积竣工率（%）	住宅面积竣工率（%）
1978	693	171	24.6	29345	99.8	52.6	56.9
1979	1067	323	30.3	38966	76.8	49.4	50.7
1980	1228	535	43.6	49430	88.7	53.9	53.0
1981	1289	548	42.5	64474	87.8	68.1	70.1
1982	1633	750	45.9	71030	74.6	66.4	69.3
1983	2427	1482	61.1	82754	77.1	76.2	83.5
1984	1708	863	50.5	116641	79.7	76.7	86.8
1985	2386	1290	54.1	170909	70.7	72.1	79.7
1986	1861	929	49.9	201450	80.9	74.2	82.9
1987	1940	788	40.6	217055	75.7	71.8	80.9
1988	1855	881	47.5	271395	74.4	74.7	85.6
1989	1328	640	48.2	268313	75.2	76.2	86.8
1990	1654	736	44.5	330572	82.4	73.8	78.3
1991	2476	1431	57.8	383200	78.9	73.9	79.3
1992	3822	2089	54.7	519400	65.9	58.8	66.7
1993	4493	2639	58.7	836800	59.2	57.5	63.8
1994	3516	2305	65.6	1230700	68.5	58.1	67.2
1995	3553	2438	68.6	1379900	63.9	52.8	63.5
1996	3161	2156	68.2	1768600	68.3	59.1	68.9
1997	2948	1937	65.7	2289851	73.8	60.9	72.2
1998	4106	2826	68.8	2572400	69.1	53.2	61.9
1999	3190	2068	64.8	3180245	75.8	57.8	61.2
2000	2992	1988	66.4	3237100	68.0	56.8	61.8
2001	2145	1266	59.0	4101094	70.4	53.6	59.9

3-8 历年国有经济单位固定资产投资

Total Investment in Fixed Assets of State–owned Units by Year

单位：万元

年　份	总　计	#基建投资	#更改投资	#房地产投资	在总计中：住　宅
1978	28334	27461			4706
1979	48851	44684	4167		12895
1980	52022	46686	5336		18198
1981	61295	35295	26000		21722
1982	81874	51874	30000		26020
1983	89160	61509	27651		28034
1984	103594	63838	35723		22963
1985	173565	114097	56004		38995
1986	185426	113860	67889		32100
1987	199733	113392	85352		36557
1988	241474	128933	107003		35276
1989	243455	129297	109019		42230
1990	282024	129438	117733	29883	52012
1991	349698	210967	95843	31021	60897
1992	523473	269816	151885	94446	128486
1993	757296	440521	202886	106647	195111
1994	910033	507497	270687	125555	209795
1995	1081961	673204	211501	191869	304617
1996	1192478	764703	189582	231519	324655
1997	1480027	1043977	273403	162647	253833
1998	2101225	1487162	379701	234362	356386
1999	2339883	1683602	319915	336366	447865
2000	2278569	1745390	192205	340974	441863
2001	2869402	2180143	242981	437594	577866

3-9 历年国有经济单位固定资产投资效果主要指标

Main Indicators of Total Investment Results in Fixed Assets of State–owned Units by Year

年 份	施工项目 (个)	全部建成投产项目 (个)	建设项目投产率 (%)	新 增 固定资产 (万元)	固定资产交付使用率 (%)	房屋面积竣工率 (%)	住宅面积竣工率 (%)
1978	667	158	23.7	28365	100.1	49.0	53.2
1979	1026	314	30.6	37637	77.0	48.9	50.6
1980	1135	484	42.6	45634	87.7	50.2	52.2
1981	1202	513	42.7	51242	83.6	53.6	50.8
1982	1541	710	46.1	57503	70.2	49.0	49.7
1983	2234	1356	60.7	65508	73.5	57.1	66.5
1984	1405	671	47.8	78120	75.4	49.2	60.7
1985	1969	1009	51.2	108007	62.2	46.9	52.8
1986	1532	792	51.7	141620	76.4	48.1	56.5
1987	1647	742	45.1	137999	69.1	43.1	44.4
1988	1855	881	47.5	157657	65.3	41.6	69.4
1989	1328	640	48.2	173883	71.4	46.2	54.2
1990	1488	685	46.0	202219	80.2	43.5	46.6
1991	1553	723	46.6	226324	71.0	44.8	47.1
1992	1397	542	38.8	331491	63.3	31.0	30.2
1993	1672	477	28.5	416878	55.0	39.1	40.7
1994	1070	424	39.6	656545	72.1	40.1	43.2
1995	990	437	49.1	714788	66.1	41.0	45.8
1996	1057	533	50.4	894062	75.0	44.4	54.8
1997	940	393	41.8	1147845	77.6	45.5	54.3
1998	1258	595	47.3	1307070	62.2	36.3	33.3
1999	1009	531	52.6	1752261	74.8	43.4	46.3
2000	962	470	48.9	1450128	63.6	49.9	54.5
2001	830	322	38.8	2126044	74.1	45.6	53.2

3-10 历年基本建设投资效果主要指标

Main Indicators of Investment Results in Capital Construction by Year

年 份	项 目 竣工率 (%)	施 工 项 目 (个)	固定资产 交付使用率 (%)	新 增 固定资产 (万元)	房 屋 竣工率 (%)	竣工房屋 面 积 (万平方米)	住 宅 竣工率 (%)	住宅竣工 房屋面积 (万平方米)
1978	23.7	667	120.0	28011	48.5	89.21	52.5	43.03
1979	26.2	736	79.7	35616	49.4	167.41	50.6	103.76
1980	33.1	845	90.7	42357	49.9	211.69	51.8	136.38
1981	38.0	923	88.5	31242	54.1	191.81	51.9	132.61
1982	42.3	1025	72.3	37503	47.4	212.00	48.1	156.72
1983	66.4	1033	74.9	46080	58.9	250.47	67.4	184.28
1984	44.3	774	69.5	44383	49.5	196.00	59.1	127.00
1985	48.5	968	58.8	67123	42.1	242.00	49.9	160.31
1986	57.8	809	74.2	84432	47.4	244.81	57.2	148.07
1987	46.2	741	68.2	77360	41.8	226.24	43.6	102.07
1988	44.1	743	65.3	84223	39.5	197.10	49.8	99.28
1989	50.7	745	81.9	105947	44.0	182.50	55.1	97.30
1990	42.5	857	78.6	101676	41.0	184.32	44.7	86.69
1991	47.7	938	69.4	146446	42.8	184.72	46.8	90.58
1992	36.5	792	78.9	212823	32.7	198.65	34.4	93.22
1993	40.6	793	53.1	233711	38.5	263.61	43.1	143.32
1994	39.3	781	68.6	421005	38.5	314.20	44.6	164.64
1995	39.8	788	61.9	466833	39.1	339.37	48.0	196.21
1996	44.1	833	68.3	620177	41.1	362.72	55.8	206.82
1997	36.6	747	75.4	904700	39.0	315.04	52.5	174.36
1998	36.6	993	64.2	1086984	37.2	352.16	41.0	187.89
1999	46.6	935	72.6	1460846	43.2	402.09	52.1	234.98
2000	48.1	1042	71.5	1632976	50.8	490.55	62.6	273.51
2001	43.4	1005	79.0	2225093	36.9	371.37	42.7	179.68

3-11 历年基本

Investment in Capital

年　　份	总　　计	按隶属关系分		按建设性质分	
		中央、省	市及市以下	#新　建	#改扩建
1978	27461	19578	7883	4744	21546
1979	44684	28383	16301	12481	31208
1980	46686	30983	15703	11444	34763
1981	35295	23534	11761	4306	28059
1982	51874	31635	20239	6329	41229
1983	61509	42623	18886	8657	41697
1984	63838	47704	16134	15820	37500
1985	114097	82087	32010	35112	60392
1986	113860	79102	34758	45402	51887
1987	113392	81138	32254	37546	65670
1988	128933	84121	44812	45711	76120
1989	129297	85020	44277	33879	72925
1990	129438	76721	52717	38398	71553
1991	210967	130035	80932	60168	120590
1992	269816	127368	142448	58383	159132
1993	440521	184218	256303	112791	254247
1994	614111	290406	323705	210700	288804
1995	754208	337648	416560	249075	372410
1996	908735	332456	576279	290734	509662
1997	1199554	517783	681771	309353	723236
1998	1693757	631755	1062002	462547	1023206
1999	2013052	738199	1274853	599024	1016971
2000	2283936	816508	1467428	899973	947529
2001	2815371	873320	1942051	1014528	1481105

建设投资情况

Construction by Year

单位：万元

	按构成分			在总计中：
#单纯购置	建筑安装工程	设备工器具购置	其他费用	住　　宅
1171	15089	10326	2046	4351
995	29169	12064	3451	12660
479	35929	7897	2860	17939
2930	30432	2544	2319	17722
4316	37923	7841	6110	22020
2182	46179	8333	6997	24348
2147	42251	10889	10698	18773
2562	75473	21366	17258	34064
2780	72608	19429	21823	26042
164	82642	14692	16058	27668
1199	83886	26583	18464	25357
14785	77562	22858	28877	35172
455	90306	21836	17296	22748
132	127167	58328	25472	28875
351	177072	45527	47217	46936
256	339660	48538	52323	89869
180	454877	97128	62106	102803
409	568007	77349	108852	172543
2360	649348	113503	145884	148599
80149	843668	205701	150185	143795
97263	1036438	348353	308966	186683
278778	1272504	441684	298864	223373
277202	1611785	420404	251747	260052
176349	1933642	487865	393864	231518

3-12 历年基本建

Composition of Capital

年 份	总 计	按隶属关系分		按建设性质分	
		中央、省	市及市以下	#新 建	#改扩建
1978	100	71.3	28.7	17.3	78.5
1979	100	63.5	36.5	27.9	69.8
1980	100	66.4	33.6	24.5	74.5
1981	100	66.7	33.3	12.2	79.5
1982	100	61.0	39.0	12.2	79.5
1983	100	69.3	30.7	14.1	67.8
1984	100	74.7	25.3	24.8	58.7
1985	100	71.9	28.1	30.8	52.9
1986	100	69.5	30.5	39.9	45.6
1987	100	71.6	28.4	33.1	57.9
1988	100	65.2	34.8	35.5	59.0
1989	100	65.8	34.2	26.2	56.4
1990	100	59.3	40.7	29.7	54.8
1991	100	61.6	38.4	28.5	57.2
1992	100	47.2	52.8	21.6	59.0
1993	100	41.8	58.2	25.6	57.7
1994	100	47.3	52.7	34.3	47.0
1995	100	44.8	55.2	33.0	49.4
1996	100	36.6	63.4	32.0	56.1
1997	100	43.2	56.8	25.8	60.3
1998	100	37.3	62.7	27.3	60.4
1999	100	36.7	63.3	29.7	50.5
2000	100	35.8	64.2	39.4	41.5
2001	100	31.0	69.0	36.0	52.6

设投资构成

Construction by Year

单位：%

	按构成分			在总计中：
#单纯购置	建筑安装工程	设备工器具购置	其他费用	住　　宅
4.2	54.9	37.6	7.5	15.8
2.3	65.3	27.0	7.7	28.3
1.0	77.0	16.9	6.1	38.4
8.3	86.2	7.2	6.6	50.2
8.3	73.1	15.1	11.8	42.4
3.5	75.1	13.5	11.4	39.6
3.4	66.2	17.0	16.8	29.4
2.2	66.1	18.7	15.2	29.9
2.4	63.8	17.0	19.2	22.9
0.1	72.9	13.0	14.1	24.4
0.9	65.1	20.6	14.3	19.7
11.4	60.0	17.7	22.3	27.2
0.3	69.8	16.9	13.3	17.6
0.1	60.3	27.6	12.1	13.7
0.1	65.6	16.9	17.5	17.4
0.1	77.1	11.0	11.9	20.4
	74.1	15.8	10.1	16.7
0.5	75.3	10.3	14.4	22.9
0.3	71.5	12.5	16.0	16.4
6.7	70.3	17.2	12.5	12.0
5.7	61.2	20.6	18.2	11.0
13.8	63.2	21.9	14.9	11.1
12.1	70.6	18.4	11.0	11.4
6.3	68.7	17.3	14.0	8.2

3-13 历年基本建设投资资金来源

Capital Construction by Source of Funds by Year

单位：万元

年 份	总 计	#国 家 预算内资金	# 国内贷款	# 利用外资	# 自筹资金	# 其他资金
1978	27461	20572			6889	
1979	44684	29140	46		15498	
1980	46686	22743	1464	32	22447	
1981	35295	14847	2116	28	18304	
1982	51874	16927	1741	4801	25729	2676
1983	61509	24587	2365	4036	29509	1012
1984	63838	29975	4678	283	25146	3736
1985	114097	49848	13065		44623	6561
1986	113860	42582	17577		42039	11497
1987	114213	45279	13916		47469	7549
1988	131160	35119	25348	177	56852	6264
1989	141196	29352	23931	11743	60482	12163
1990	153562	28054	25080	30233	60674	4519
1991	284734	42430	48183	26860	95996	5710
1992	274872	48738	86710	1993	128219	9212
1993	443309	54743	112848	2190	227407	31194
1994	572310	55648	132642	24528	298296	52548
1995	749469	52162	164330	52768	370592	100367
1996	904586	47601	113683	45759	582707	102652
1997	1027699	50663	141203	34899	676260	119272
1998	1727367	130821	332852	134347	904951	138107
1999	2153283	133684	391282	134786	1187582	130037
2000	2430402	112098	528789	291572	1139342	201677
2001	2975173	152543	551451	242192	1588114	287703

3-14 历年基本建设投资资金来源构成

Composition for Capital Construction by Source of Funds by Year

单位：%

年份	总计	#国家预算内资金	#国内贷款	#利用外资	#自筹资金	#其他资金
1978	100	74.9			25.1	
1979	100	65.2			34.7	
1980	100	48.7	3.1		48.1	
1981	100	42.1	6.0		51.9	
1982	100	32.6	3.4	9.3	49.6	5.1
1983	100	40.0	3.8	6.5	48.0	1.6
1984	100	47.0	7.3	0.4	39.4	5.9
1985	100	43.7	11.5		39.0	5.8
1986	100	37.4	15.4		36.9	10.1
1987	100	39.6	12.2		41.6	6.6
1988	100	26.8	19.3	0.1	43.3	4.8
1989	100	20.8	16.9	8.3	42.8	8.6
1990	100	18.3	16.3	19.7	39.5	2.9
1991	100	14.9	16.9	9.4	33.7	2.0
1992	100	17.7	31.5	0.7	46.6	3.4
1993	100	12.3	25.5	0.5	51.3	7.0
1994	100	9.7	23.3	4.3	52.1	9.2
1995	100	7.0	21.9	7.0	49.4	13.4
1996	100	5.3	12.6	5.1	64.4	11.3
1997	100	4.9	13.7	3.4	65.8	11.6
1998	100	7.6	19.3	7.8	52.4	8.0
1999	100	6.2	18.2	6.3	55.2	6.0
2000	100	4.6	21.8	12.0	46.9	8.3
2001	100	5.1	18.5	8.1	53.4	9.7

3-15　分行业基本建设投资完成情况

Investment in Capital Construction by Sector

单位：万元

	1978 年	1980 年	1990 年	1995 年	2000 年	2001 年
总　　计	**27461**	**46686**	**129438**	**754208**	**2283936**	**2815371**
农、林、牧、渔业	1524	1180	332	1924	12970	18705
采掘业	106	45	688	2059	5945	10035
制造业	14505	17723	39636	157848	161200	270697
电力、煤气及自来水生产和供应业	37	843	18041	65238	224485	250887
#电　力	37	843	14706	35874	141688	173401
建筑业	1553	3027	2562	8843	28271	26111
地质勘查业、水利管理业	1256	2297	1966	4885	34418	66614
#水利管理业	378	408	1610	1518	32950	64704
交通运输、仓储及邮电通信业	1631	1474	4468	81202	683663	891431
#邮电通信业	230	380	2761	19696	98774	157705
交通运输业	1401	1094	1707	61506	581087	726746
批发和零售贸易、餐饮业	1275	3971	8563	53389	71884	84141
金融、保险业	30	164	905	46047	17270	24929
房地产业			2698	18024	72964	34000
社会服务业	1196	2618	7272	120252	497945	757466
卫生、体育和社会福利业	918	1511	5486	7815	34622	36782
教育、文化、艺术和广播电影电视业	1462	3954	20390	65051	191923	171726
科学研究和综合技术服务业	888	2697	8502	24192	38694	33940
国家机关、政党机关和社会团体	1080	5182	6608	83016	126080	130885
其他行业			1321	14423	81602	7022

3-16 分行业更新改造投资完成情况

Investment in Innovation by Sector

单位：万元

	1980 年	1990 年	1995 年	1997 年	2000 年	2001 年
总　　计	**5336**	**117733**	**224222**	**347932**	**489530**	**649091**
#制造业	4215	90612	124571	154932	343963	436424
#轻工业	392	5250		43454	86792	125716
纺织业	1633	3782			5950	2552
化学工业	745	11630		15840	34181	66644
医药制造业		1344		11262	26068	
非金属矿物制造业	192	900		6934	31619	32931
金属冶炼及压延加工	301	11944		9737	13522	38880
机械设备加工及制造业	519	17544		45232	116149	113790
电子及通讯设备制造业		37308		17131	53815	38703
电力、煤气及水生产和供应业		4893	26930	79538	38611	35659
#电　力		3104	24553	70429	29569	25694
建筑业		1470	8008	9925	9191	10319
交通运输、仓储及邮电通信业		3774	46890	88989	66063	87250
#邮电通信业		1831	42234	75130	54107	74331
交通运输业		1943	4656	13159	11386	12296
批发和零售贸易、餐饮业	360	861	1554	592	596	15610
金融、保险业		60	432			
房地产业		502	3198	1871		
社会服务业	379	13023	10354	11339	23852	40986
科学研究和综合技术服务业		1033	1433	590	2966	14449

3-17 历年更新改

Investment in

年　份	总　计	按隶属关系分		按用途分	
		中央、省	市及以下	#增　产	#节　能
1979	4167		4167	1555	16
1980	5336		5336	2742	23
1981	26000	13000	13000	8800	1200
1982	30000	14700	15300	10120	1380
1983	27651	14123	13528	9240	1260
1984	35723	15865	19858	11884	1707
1985	56004	20786	35218	14029	2493
1986	67889	23475	44414	20956	3612
1987	85352	34418	50934	25084	3203
1988	107003	24961	82042	31792	3729
1989	109019	34151	74868	45711	17425
1990	117733	25595	92138	31428	9505
1991	95843	27247	68596	34108	2959
1992	151885	43220	108665	50070	3611
1993	202886	43677	159209	72799	5206
1994	308087	172056	136031	118724	3785
1995	224222	103032	121190	116147	6801
1996	254270	71119	183151	146894	8707
1997	347932	95523	252409	252378	2549
1998	469391	104025	365366	345095	1629
1999	450020	98577	351443	197031	7292
2000	489530	74780	414750	131545	10048
2001	649091	170598	478493	261940	5850

造投资情况

Innovation by Year

单位：万元

#增加品种	#提高质量	按构成分			新增固定资产
		建筑安装工程	设备工器具购置	其他费用	
326	280	583	3117	467	2021
	391	1238	3500	598	3277
2000	1600	13000	10400	2600	22100
2300	1840	15000	12000	3000	2000
2100	1680	13850	11080	2721	19428
2585	2269	17900	14878	2945	30389
7216	3932	23286	25376	7342	37546
11865	4927	27658	35152	5079	53511
12398	6978	36733	37388	11231	59650
18948	9471	45953	45344	15706	72976
8636	7504	41919	58060	9040	59518
39599	10722	41122	66058	10553	90233
21222	7446	40551	46000	9292	73390
43144	25749	53672	81679	16534	83735
40318	14235	90506	98234	14146	126027
40792	54966	97124	190099	20864	207125
34092	9639	72491	135272	16459	177711
36551	11174	74821	148709	30740	156722
24226	12954	100919	222942	24071	196258
65431	12550	92335	336040	41016	390163
68710	48836	155783	265549	28688	340910
146929	72775	155792	281180	52558	340530
82051	101032	296765	259123	93203	343093

3-18 历年更新改

Proportions of Investment in

年份	总计	按隶属关系分		按用途分	
		中央、省	市及以下	#增产	#节能
1979	100		100	37.3	0.4
1980	100		100	51.4	0.4
1981	100	50.0	50.0	33.8	4.6
1982	100	49.0	51.0	33.7	4.6
1983	100	51.1	48.9	33.4	4.6
1984	100	44.3	55.7	33.3	4.7
1985	100	37.1	62.9	25.0	4.5
1986	100	34.6	65.4	30.9	5.3
1987	100	40.3	59.7	29.4	3.8
1988	100	23.3	76.7	29.7	3.5
1989	100	31.3	68.7	41.9	15.9
1990	100	21.7	78.3	26.7	8.1
1991	100	28.5	71.5	35.6	3.1
1992	100	28.5	71.5	32.9	2.4
1993	100	21.5	78.5	35.9	2.5
1994	100	55.8	44.2	38.5	1.2
1995	100	46.0	54.0	51.8	3.0
1996	100	28.0	72.0	57.8	3.4
1997	100	27.5	72.5	59.5	0.7
1998	100	22.2	77.8	73.5	0.3
1999	100	21.9	78.1	38.7	1.4
2000	100	15.3	84.7	26.9	2.0
2001	100	26.3	73.7	40.4	0.9

造 投 资 比 重

Innovation by Year

单位:%

		按构成分		
#增加品种	#提高质量	建筑安装工程	设备工器具购置	其他费用
7.8	6.7	14.0	74.8	11.2
	7.3	23.2	65.6	11.2
7.7	6.1	50.0	40.0	10.0
7.7	6.1	50.0	40.0	10.0
45.0	6.1	50.1	40.1	9.8
7.2	6.4	50.1	41.6	8.3
12.9	7.0	41.6	45.3	13.1
17.5	7.3	40.7	51.8	7.5
14.5	8.2	43.0	43.8	13.2
17.7	8.8	42.9	42.4	14.7
7.9	6.9	38.5	53.3	8.2
33.6	9.1	34.9	56.1	9.0
22.1	7.8	42.3	47.9	9.8
28.4	16.9	35.3	53.8	10.9
19.9	7.0	44.6	48.4	7.0
13.2	17.8	31.5	61.7	6.8
15.2	4.2	32.3	60.3	77.4
14.4	4.4	29.4	58.5	12.1
6.9	3.7	29.0	64.1	6.9
13.9	2.7	19.7	71.6	8.7
13.5	9.6	34.6	59.1	6.3
30.0	14.9	31.8	57.4	10.8
12.6	15.6	45.7	39.9	14.4

3-19 历年更新改造投资资金来源情况

Investment in Innovation by Source of Funds

单位：万元

年份	总计	#国家预算内资金	#国内贷款	#利用外资	#自筹资金	#其他资金
1979	4167	612	624		2733	198
1980	5336	500	2000		2836	
1981	26000	2000	5000		17480	1520
1982	30000	2000	7000	300	18837	1863
1983	27651	1890	6495		18946	320
1984	35723	3016	10076	410	20833	1388
1985	56004	4003	15939	177	32655	3230
1986	67889	4073	24448	234	35282	3852
1987	87950	5271	29923	1601	44498	5228
1988	109334	3812	32137	3236	58954	11195
1989	98853	1085	30569	12716	50475	4008
1990	132356	841	54677	12023	61650	3165
1991	130875	678	59296	9620	57847	3434
1992	159697	2769	76969	3571	72176	4212
1993	206824	663	75125	589	112834	16129
1994	295427	2943	93976	25927	153916	18315
1995	224227	980	57365	18437	127089	20356
1996	282475	408	71125	19158	175668	16116
1997	363442	290	80797	26166	236442	17191
1998	455994		34298	9513	408991	3192
1999	479459	3979	118405	38740	278121	40214
2000	521816	12001	118679	13857	302408	30041
2001	659214	38523	106580	20562	421719	71830

3-20 历年更新改造投资资金来源构成

Composition of Investment in Innovation by Source of Funds

单位：%

年份	总计	#国家预算内资金	#国内贷款	#利用外资	#自筹资金	#其他资金
1979	100	14.7	14.9		65.6	4.8
1980	100	9.4	37.5		53.1	
1981	100	7.7	19.2		67.3	5.8
1982	100	6.7	23.3	1.0	62.8	6.2
1983	100	6.8	23.5		68.5	1.2
1984	100	8.4	28.2	1.1	58.4	3.9
1985	100	7.1	28.5	0.3	58.3	5.8
1986	100	6.0	36.0	0.3	51.9	5.7
1987	100	6.0	34.0	1.8	50.6	6.0
1988	100	3.5	29.4	3.0	53.9	10.2
1989	100	1.1	30.9	12.8	51.1	4.1
1990	100	0.6	41.3	9.1	46.6	2.4
1991	100	0.5	45.3	7.4	44.2	2.6
1992	100	1.7	48.2	2.2	45.3	2.6
1993	100	0.3	36.3	0.3	54.6	7.8
1994	100	1.0	31.8	8.8	52.1	6.3
1995	100	0.4	25.6	8.2	56.7	9.1
1996	100	0.1	25.2	6.8	62.2	5.7
1997	100	0.1	22.2	7.2	65.1	4.7
1998	100		7.5	2.1	89.7	0.7
1999	100	0.8	24.7	7.0	58.0	8.5
2000	100	2.3	22.7	2.7	58.0	5.8
2001	100	5.8	16.2	3.1	64.0	10.9

3-21 历年市及市以下固定资产投资情况

Investment in Fixed Assets belong to Municipal & Below by Year

单位：万元

年份	总计	在总计中:			在总计中:			在总计中:
		#国有经济	#集体经济	#私营及个体经济	#基建投资	#更改投资	#房地产投资	住宅
1978	9813	8756	1057		7883			1600
1979	22323	20468	1855		16301	4167		6455
1980	24761	21039	3722		15703	5336		6895
1981	38746	24761	6800	5134	11761	13000		8179
1982	50100	35539	7100	6297	20239	15300		12635
1983	51823	32414	7723	10435	18886	13528		10933
1984	82830	40025	16667	26138	16134	19858		10124
1985	142377	70672	44316	23993	32010	35218		19843
1986	154182	82849	29631	33684	34758	44414		16141
1987	181954	84177	38558	48404	32254	50934		16504
1988	263637	131235	46286	76701	44812	82042		18059
1989	247025	120828	44230	68999	44277	74868		22365
1990	289200	170113	45767	73279	52717	92138	24403	37041
1991	241935	185609	56326	78794	80932	68595	25272	42781
1992	637847	340589	150223	114142	142448	108665	84830	194332
1993	1017088	542521	325551	126496	284568	160845	107523	260734
1994	1240816	507611	399651	188132	305543	136031	268622	408201
1995	1680532	643704	542426	217100	416560	122801	509766	584518
1996	1943400	747600	545813	308000	576300	183200	649700	765500
1997	2424949	852287	592978	324055	681771	252409	683755	712747
1998	2897000	1451349	514500	358869	1062002	365366	720000	812675
1999	3212600	1458975	450457	365256	1274800	351443	861888	854463
2000	3707885	1443782	365419	369997	1467428	414750	1134904	942477
2001	4598998	3076144	409415	618949	1942051	478493	1533082	1616888

3-22 历年全社会房屋建筑情况

Total Construction of Buildings by Year

单位：万平方米

年 份	施工面积	# 住 宅	竣工面积	# 住 宅
1978	192.6		101.35	47.54
1979	86.61		179.27	107.54
1980	448.85	275.03	242.15	145.77
1981	647.35	498.82	440.98	349.49
1982	827.20	607.12	548.85	421.02
1983	982.43	649.33	748.67	542.22
1984	1143.56	730.29	877.53	634.37
1985	1375.25	860.68	990.97	686.02
1986	1331.19	800.09	988.15	663.62
1987	1490.86	911.27	1070.43	737.40
1988	1503.38	998.10	1123.70	846.20
1989	1305.19	870.37	994.42	755.68
1990	1430.50	1031.50	1056.22	807.44
1991	1436.46	993.20	1061.68	788.02
1992	1717.90	1180.60	1010.14	787.97
1993	2348.62	1262.79	1350.48	806.04
1994	2936.40	1572.49	1706.14	1056.89
1995	3177.41	1682.58	1677.18	1068.87
1996	3274.28	1916.11	1936.29	1320.17
1997	3177.66	1950.47	1937.89	1408.19
1998	3180.07	1991.26	1690.54	1232.48
1999	3462.30	2203.34	2000.57	1348.21
2000	3627.93	2502.18	2062.11	1545.80
2001	4147.85	2833.15	2223.60	1696.85

3-23 全社会固定资产投资主要指标(2001年)

Main Indicators of Total Investment in Fixed Assets (2001)

	单 位	合 计	# 国有经济	#基本建设	#更新改造	#房地产开发
建设项目个数						
施工项目	个	2145	830	698	121	
#大中型项目	个	15	13	13		
限额以上项目	个	13	6		6	
全部建成投产项目	个	1266	322	286	35	
#大中型项目	个	3	2	2		
限额以上项目	个	5	4		4	
建成项目投产率	%	59.0	38.8	41.0	28.9	
投资完成额	**万元**	**5822157**	**2869402**	**2180143**	**242981**	**437594**
按构成分						
建筑工程	万元	3621860	1837641	1402053	57727	371770
安装工程	万元	376615	179341	123823	51697	3621
设备、工具、器具购置	万元	868248	476812	356995	114222	4718
其他费用	万元	955434	375608	297272	19335	57485
本年新增固定资产	**万元**	**4101094**	**2126044**	**1694954**	**158372**	**271627**
固定资产交付使用率	%	70.4	74.1	77.7	65.2	62.1
年末未完工程累计投资	**万元**	**4176276**	**2020631**	**1657094**	**118875**	**236767**
未完工程占用率	%	71.7	70.4	76.0	48.9	54.1
房屋建筑面积						
施工面积	万平方米	4147.85	1216.63	731.81	6.48	477.63
#住宅	万平方米	2833.15	789.9	347.37	0.52	441.3
竣工面积	万平方米	2223.6	554.81	281.15	1.61	272.03
#住宅	万平方米	1696.85	419.94	158.43		261.51
房屋竣工率	%	53.6	45.6	38.4	24.8	57.0
#住宅	%	59.9	53.2	45.6		59.3

3-24 分行业全社会固定资产投资(2001 年)

Total Investment in Fixed Assets by Sector (2001)

单位：万元

	投资完成额	#基本建设	#更新改造	#房地产开发	#其他投资	#农村集体
总　　计	**5822157**	**2815371**	**649091**	**1707554**	**54574**	**256695**
农、林、牧、渔业	32501	18705	2660		1462	9674
采掘业	14820	10035	3623			1162
制造业	875673	270697	436424		14506	154046
电力、煤气及水生产和供应业	288731	250887	35659		70	2115
#电　力	199095	173401	25694			
建筑业	47574	26111	10319		4310	6834
地质勘查业、水利管理业	68813	66614	362			1837
#水利管理业	64704	64704				
交通运输、仓储及邮电通信业	999426	891431	87250		2828	17917
#邮电通信业	232190	157705	74331		154	
交通运输业	741716	726746	12296		2674	
批发和零售贸易、餐饮业	123673	84141	15610		13280	10642
金融、保险业	25559	24929				630
房地产业	1745170	34000		1707554	700	2916
社会服务业	813103	757466	40986		4484	10167
卫生、体育和社会福利业	41352	36782			4448	122
教育、文化、艺术和广播电影电视业	174100	171726	782			1592
科学研究和综合技术服务业	49103	33940	14449		164	550
国家机关、政党机关和社会团体	144400	130885	967		8012	4536
其他行业	39287	7022			310	31955

注：房地产开发投资完成额、农村私人和城镇工矿区私人未按行业分类汇总。

3-25 基本建设施工项目个数和投资完成额

Number of Capital Construction Projects and Their Investment

	2000 年		2001 年	
	施工项目（个）	投资完成额（万元）	施工项目（个）	投资完成额（万元）
总　　计	**1042**	**2283936**	**1005**	**2815371**
按隶属关系分				
中　央	109	451635	81	569371
省　属	107	364873	89	303949
市　属	120	736601	126	886763
县　属	524	491623	453	656304
其　他	182	239204	256	398984
按建设性质分				
#新　建	400	899973	452	1014528
扩　建	294	811691	304	1122674
改　建	111	135838	149	358431
单纯建造生活设施	216	100012	79	57297
迁　建	17	39359	20	86027
单纯购置		277202		176349
按项目规模分				
大中型	13	133834	15	216653
小　型	1029	1872900	990	2422369
按国民经济行业分				
农、林、牧、渔业	22	12970	22	18705
采掘业	9	5945	6	10035
制造业	152	161200	165	270697
电力、煤气及自来水生产和供应业	36	224485	32	250887
建筑业	25	28271	28	26111
地质勘查业、水利管理业	32	34418	33	66614
交通运输、仓储及邮电通讯业	105	683663	115	891431
批发和零售贸易、餐饮业	60	71884	50	84141
金融、保险业	14	17270	6	24929
房地产业	71	72964	21	34000
社会服务业	194	497945	261	757466
卫生、体育和社会福利业	43	34622	32	36782
教育、文化、艺术及广播电影电视业	108	191923	97	171726
科学研究和综合技术服务业	30	38694	23	33940
国家机关、政党机关和社会团体	137	126080	109	130885
其他行业	4	81602	5	7022

3-26 更新改造施工项目个数和投资完成额

Number of Innovation Projects and Their Investment

	2000 年		2001 年	
	施工项目（个）	投资完成额（万元）	施工项目（个）	投资完成额（万元）
总　　计	**453**	**489530**	**434**	**649091**
按隶属关系分				
中　央	24	35877	53	122286
省　属	17	38903	26	48312
市　属	125	220215	59	139828
县　属	123	78634	144	133779
其　他	164	115901	152	204886
按建设性质分				
#新　建	66	97022	99	152865
扩　建	171	201550	203	309712
改　建	210	159544	120	138365
单纯建造生活设施	1	50	2	680
迁　建	5	1648	10	17223
单纯购置		29716		30246
按项目规模分				
#更改限额以上	10	86537	13	71585
按国民经济行业分				
#采掘业		2884		3623
制造业		343963		436424
电力、煤气及自来水生产和供应业		38611		35659
建筑业		9191		10319
交通运输、仓储及邮电通讯业		66063		87250
批发零售贸易、餐饮业		596		15610
房地产业				
社会服务业		23852		40986
教育、文化、艺术及广播电影电视业		1329		782
科学研究和综合技术服务业		2966		14449

3-27 房地产开发投资情况

Real Estate Development

单位：万元

年份	本年投资完成额	按构成分				#住宅投资	本年新增固定资产
		建筑安装工程	设备工具器具购置	其他费用	土地购置费		
1990	29883	20726	18	9139		23374	16543
1991	31021	19406	302	11313		25863	26278
1992	94446	47386	80	46980		74207	29717
1993	207310	123726	63	83521	67759	172211	59411
1994	337506	227361	2250	107895	53932	226016	69206
1995	545376	375634	8660	161082	73045	319019	212255
1996	684379	497252	36277	150850	65116	372952	451813
1997	730147	511129	36188	182830	57437	349139	540428
1998	799675	525943	19554	254178	172775	455224	441452
1999	998565	649077	33270	316218	257849	554029	791459
2000	1291611	842613	16968	432030	333655	867561	617708
2001	1707554	1247879	40810	418865	260481	1228045	954046

年份	本年资金来源合计	#资金来源小计						
		预算内资金	国内贷款	债券	利用外资	自筹资金	其他资金	定金及预收款
1991	59299	462	9969			18605	13987	
1992	207851	1000	46276		1437	71642	7391	
1993	329465		72470	6783	5265	128268	68004	
1994	472142		77716	13538	20100	138614	139987	
1995	923929	1630	176119	5726	32625	203744	357226	233879
1996	1018722	200	187832	4961	46143	276698	335559	202868
1997	1152949		255653	8278	41694	264529	403460	299650
1998	1205556		256554	533	34733	296355	413933	293054
1999	1406368		270707	5000	6164	455686	451019	363095
2000	1889031		307800	3020	19996	525043	757371	521799
2001	2408900		398929		15980	444538	1142603	770449

3-28 房地产开发投资(按资金来源分、2001 年)

Real Estate Development by Source of Funds (2001)

单位：万元

	按资质等级分				
	一级	二级	三级	四级	其他
本年资金来源合计	**207487**	**415277**	**1041994**	**265221**	**478921**
上年末结余资金	**90085**	**81529**	**176399**	**27506**	**31331**
本年资金来源小计	**117402**	**333748**	**865595**	**237715**	**447590**
国内贷款	38975	57790	185084	35796	81284
债　券					
利用外资	600	1720	7102	5300	1258
#外商直接投资	600	1720	2288		1038
自筹资金	30607	33429	262237	74110	44155
#自有资金	17420	21050	179207	50598	25686
其他资金来源	47220	240809	411172	122509	320893
#集　资		80	9951	5124	252527
定金及预收款	35610	220289	368673	96641	49236
本年各项应付款合计	**25152**	**39472**	**133918**	**31270**	**25988**
#工程款	24552	34939	96817	22669	23219
设备器材款	100	3368	11606	3515	777

3-29 房地产投资(按工程用途分、2001年)

Investment in Real Estate by Use (2001)

单位：万元

按经济类型分	本年完成投资	按工程用途分					
		住宅	#别墅高档公寓	#安居工程	#办公楼	商业营业用房	其他
合计	**1707554**	**1228045**	**184365**	**149529**	**28964**	**169774**	**280771**
#国有	437594	385377	6756	149529	929	7512	43776
集体	135753	87639	12846		3875	29917	14322
股份制经济	607908	385693	56037		11971	62026	148218
联营经济	1800	702				1092	6
私营个体经济	306555	220928	37968		4872	37848	42907
港澳台投资	179125	114952	61635		7081	27143	29949
外商投资	38819	32754	9123		236	4236	1593

3-30 房地产开发主要指标(按资质等级分、2001年)

Main Indicators of Real Estate Development by Qualification Grades (2001)

按资质等级分	本年完成投资(万元)	#住宅	施工面积(万平方米)	#住宅	竣工面积(万平方米)	#住宅	销售面积(万平方米)	#住宅
一级	106575	47246	83.79	68.32	40.40	32.59	20.82	19.82
二级	268785	192915	322.38	266.12	161.70	144.86	128.63	119.37
三级	684577	464761	848.40	639.26	253.38	204.05	223.85	184.68
四级	198175	135793	272.82	226.43	119.03	103.58	91.65	82.50
其他	449442	387330	463.99	397.51	241.11	231.26	236.26	231.75

3-31 房地产开发面积情况

Floor Space of Buildings of Real Estate Development

单位：万平方米

	1995 年	1996 年	1997 年	2000 年	2001 年
施工房屋面积	**881.50**	**1046.52**	**1103.85**	**1553.51**	**1991.38**
按用途分					
住　宅	630.20	730.13	726.53	1244.38	1597.64
#别　墅	49.54	18.39	39.02	106.63	272.75
安居工程	37.02	97.04	116.44	249.62	280.76
办公楼	83.76	112.90	120.98	65.76	57.19
商业营业用房	134.08	164.94	197.16	183.89	236.22
其　他	33.46	38.55	59.18	59.48	100.33
房屋新开工面积	**382.32**	**336.94**	**307.48**	**769.46**	**765.28**
按用途分					
住　宅	298.81	277.20	206.10	667.00	659.65
#别　墅	17.68	6.33	17.43	41.63	77.85
安居工程	27.20	51.98	26.79	141.75	143.45
办公楼	26.28	15.92	21.07	15.99	8.42
商业营业用房	40.95	28.82	60.63	62.49	66.34
其　他	16.28	15.00	19.68	23.98	30.87
房屋竣工面积	**228.3**	**372.10**	**454.59**	**541.81**	**815.62**
按用途分					
住　宅	235.40	314.45	359.90	464.77	716.34
#别　墅	15.55	5.28	17.05	21.94	94.41
安居工程	29.08	55.12	68.23	112.77	196.48
办公楼	16.08	26.20	26.99	15.07	9.69
商业营业用房	30.99	25.04	53.24	48.32	54.69
其　他	5.79	6.41	14.86	13.65	34.90

3-32 房地产开发销售情况

Selling of Real Estate Development

	单 位	1996年	1997年	1998年	2000年	2001年
商品房实际销售面积	**万平方米**	**231.09**	**292.42**	**331.61**	**433.62**	**701.21**
#个 人	万平方米	148.40	187.81	237.06	351.81	656.24
按用途分						
住 宅	万平方米	208.43	262.65	310.92	400.12	638.12
#个 人	万平方米	143.96	180.64	222.90	306.89	597.31
#别墅、高档公寓	万平方米	2.97	11.00	7.16	12.82	65.52
安居工程	万平方米	69.87	76.01	74.22	111.86	208.35
办公楼	万平方米	5.78	10.95	7.73	8.85	14.94
商业营业用房	万平方米	16.26	17.12	11.97	22.09	41.25
其 他	万平方米	0.62	1.80	0.99	2.56	6.90
商品房实际销售额	**万元**	**324788**	**441953**	**491736**	**782108**	**1297318**
#个 人	万元	178082	242820	332147	555204	1145629
按用途分						
住 宅	万元	272554	352990	431416	643201	1052518
#个 人	万元	165415	222855	304856	445772	960331
#别墅、高档公寓	万元	8828	33414	31114	51709	201471
安居工程	万元	74064	68638	58606	110026	211187
办公楼	万元	20962	33114	21257	36522	57964
商业营业用房	万元	30139	54367	39893	95659	177465
其 他	万元	1133	1482	2170	6726	9371
商品房空置面积	**万平方米**	**105.36**	**170.87**	**110.77**	**152.30**	**188.24**
按用途分						
住 宅	万平方米	82.42	122.37	61.99	100.75	114.71
#别墅、高档公寓	万平方米	4.77	17.20	3.64	75.30	24.21
办公楼	万平方米	12.14	24.94	28.01	20.95	19.79
商业营业用房	万平方米	8.70	17.81	18.30	22.78	31.19
其 他	万平方米	2.10	5.75	2.47	7.82	22.55

3-33 农村集体固定资产投资情况(2001 年)

Investment in Fixed Assets of Rural Collective–owned Enterprises (2001)

	计划总投资(万元)	本年完成投资(万元)	#住宅	本年新增固定资产(万元)	本年固定资产投资资金来源(万元)	房屋建筑施工面积(万平方米)	房屋建筑竣工面积(万平方米)
总计	**351454**	**256695**	**16326**	**203769**	**257774**	**173.45**	**132.66**
按国民经济行业分							
农、林、牧、渔业	11402	9674	73	8329	9674	4.01	3.9
采掘业	1382	1162		1162	1162		
制造业	222607	154046	7032	131184	154752	115.61	88.82
电力、煤气及水的生产和供应业	2608	2115	45	1735	2115		
建筑业	9976	6834	1558	6376	6834	4.43	3.29
地质勘查业、水利管理业	1915	1837		1657	1837		
交通运输、仓储及邮电通讯业	20617	17917	1805	14017	17933	5.23	3.29
批发和零售贸易、餐饮业	12893	10642	845	6002	10642	9.8	9.35
金融、保险业	1000	630		610	630		
房地产业	3590	2916	800	1686	2916	2.23	2.05
社会服务业	12091	10167	1253	7614	10177	7.04	3.66
卫生、体育和社会福利业	123	122	32	85	122		
教育、文化、艺术及广播电影电视业	2676	1592	100	1352	1592	2.42	2.29
科学研究和综合技术服务业	550	550		200	550		
国家机关、政党机关和社会团体	6026	4536	737	3047	4536	3.49	2.29
其他行业	41998	31955	2046	19323	32302	18.09	12.63

3-34 建筑施工企业主要

Main Indicators of

	建筑业总产值(万元)	竣工产值(万元)	房屋建筑面积(万平方米)	房屋竣工面积(万平方米)	职工平均人数(人)
总计	**3922085**	**2792820**	**4447.66**	**2246.85**	**659773**
按隶属关系分					
中央	814840	570036	281.18	88.38	90727
省属	691467	622411	713.29	195.78	85705
市及市以下	2415778	1600373	3453.19	1962.69	483341
按经济类型分					
内资企业	3902751	2782407	4436.41	1032.41	657523
#国有企业	1198765	913607	1422.22	376.40	154468
集体企业	603922	428973	952.73	179.58	142790
股份合作企业	155074	106787	199.75	48.54	28111
有限责任公司	981354	598457	787.24	179.85	159194
股份有限公司	444286	381504	400.31	98.38	59280
私营企业	491492	332072	644.78	142.22	106891
港、澳、台商及外商投资企业	19334	10412	11.25	1.38	2250
按建筑行业分					
土木工程建筑业	3451345	2461709	4380.56	2219.04	598823
#房屋建筑业	2493009	1758928	4283.41	2192.96	505087
铁路公路隧道桥梁	690519	514375	44.15	12.04	60003
堤坝电站码头	219877	152483	8.82	4.36	24710
线路管道设备安装业	324029	240623	67.10	27.81	37312
#线路管道安装业	155064	130214	17.39	10.35	18474
设备安装业	168965	110409	49.71	17.46	18838
装修装饰业	146711	90488			23638

指标完成情况(2001 年)

Construction Enterprises (2001)

工程结算收入(万元)	资产合计(万元)	固定资产合计(万元)	所有者权益合计(万元)	营业利润(万元)	利润总额(万元)
3467837	**3937450**	**940994**	**1508918**	**86853**	**77182**
824492	914709	223309	226357	16795	12816
689719	790929	172331	256151	16083	14402
1953626	2231812	545354	1026410	53975	49964
3450429	3894092	936538	1494039	87226	77568
1119438	1351957	300070	349128	10179	8250
475903	561396	121980	226854	12642	12775
122339	162328	34395	93035	3770	3129
933142	961021	248419	372439	28072	22213
391010	480176	121665	223217	18083	18510
388912	355420	100509	212716	14291	12499
17408	43358	4456	14879	–373	–386
3074339	3362944	834712	1278097	71326	62427
2089870	2221130	558264	936045	44536	37884
716488	738275	188899	238710	27375	22127
215591	326818	73204	69400	–823	1717
280715	377624	77298	138041	13487	11844
133794	171081	38302	68259	8099	6679
146921	206542	38996	69782	5389	5165
112783	196883	28984	92781	2040	2911

3-35 历年全社会建筑企业基本情况

Basic Conditions of Construction Enterprises by Year

年 份	企业数（个）	完成施工产值（万元）	职工平均人数（人）	全员劳动生产率（元/人）	房屋建筑施工面积（万平方米）	房屋建筑竣工面积（万平方米）	单位工程优良品率（%）
1978	44	60412	185515	3256		287.55	
1979	50	47391	136867	3463		150.18	
1980	53	53531	148347	3608		165.39	
1981	100	61993	157881	3926	416.18	212.61	63.6
1982	103	76414	172985	4417	642.27	246.19	70.1
1983	106	88100	178687	4930	500.82	247.33	73.0
1984	110	124050	183170	6772	557.91	292.13	75.6
1985	111	142044	192228	7389	656.88	266.83	72.5
1986	117	174456	212918	8194	784.67	324.43	60.1
1987	118	208230	226041	9212	830.09	355.96	64.9
1988	112	230928	228992	10085	833.64	325.93	57.4
1989	112	252416	215544	11711	764.69	299.21	43.6
1990	121	287922	225079	12792	771.76	348.72	46.3
1991	137	290981	210500	13823	805.84	334.78	42.3
1992	148	379295	229000	16563	995.60	376.70	43.5
1993	164	643554	240481	26761	1323.50	548.40	42.3
1994	168	834061	248604	33549	1652.50	608.00	40.8
1995	166	1080921	257069	42048	2120.20	571.20	35.4
1996	600	1963802	524996	37406	3413.10	1409.90	33.9
1997	669	2299019	505480	45482	3369.39	1458.69	44.4
1998	715	2554229	528796	48302	3347.05	1456.40	38.7
1999	879	2970103	586161	50670	3296.47	1644.62	43.9
2000	1017	3419146	577153	59242	3794.68	1860.41	46.2
2001	1001	3822085	659773	57930	4447.66	2246.85	46.0

主 要 统 计 指 标 解 释

全社会固定资产投资 固定资产投资额是以货币表现的建造和购置固定资产活动的工作量，它是反映固定资产投资规模、速度、比例关系和使用方向的综合性指标。全社会固定资产投资按经济类型分，包括国有经济单位投资、城乡集体经济单位投资、其他各种经济类型的单位投资和城乡居民个人投资。按照我国现行计划管理体制，全社会固定资产投资总额分为基本建设、更新改造、房地产开发投资和其他固定资产投资四个部分；城乡集体经济单位投资包括城镇集体所有制单位投资和农村集体所有制单位投资；其他各种经济类型单位投资包括联营经济、股份制经济、中外合资经营、中外合作经营、外资、与大陆合资经营、与大陆合作经营、港澳台独资及其他经济的单位投资。城乡居民个人投资包括城市、县城、镇、工矿区所辖范围内的个人建房和农村个人建房及购买生产性固定资产的投资。

基本建设投资 基本建设是企业、事业、行政单位以扩大生产能力或工程效益为主要目的的新建、扩建工程及有关工作。包括(1)列入中央和各级地方本年基本建设计划的建设项目，以及虽未列入本年基本建设计划，但使用以前年度基建计划内结转投资（包括利用基建设备材料）在本年继续施工的建设项目；(2)本年基本建设计划内投资与更新改造计划内投资结合安排的新建项目和新增生产能力（或工程效益）达到大中型项目标准的扩建项目，以及为发展生产力布局而进行的全厂性迁建项目；(3)国有单位既未列入基建计划，也未列入更新改造计划的总投资在50万元以上的新建、扩建、恢复项目和为发展生产力布局而进行的全厂性迁建项目，以及行政、事业单位增建业务用房和行政单位增建生活福利设施的项目。

更新改造投资 更新改造是指企业、事业单位对原有设施进行固定资产更新和技术改造，以及相应配套的工程和有关工作（不包括大修理和维护工程）。包括：(1)列入中央和各级地方本年更新改造计划的项目和虽未列入本年更新改造计划，但使用上年更新改造计划内结转的投资在本年继续施工的项目；(2)本年更新改造计划内投资与基本建设计划内投资结合安排的对企、事业单位原有设施进行技术改造或更新的项目和增建主要生产车间、分厂等其新增生产能力（或工程效益）未达到大中型项目标准的项目，以及由于城市环境保护和安全生产的需要而进行的迁建工作；(3)国有企、事业单位既未列入基建计划也未列入更新改造计划，总投资在50万元以上的属于改建或更新改造性质的项目，以及由于城市环境保护和安全生产的需要而进行的迁建工程。

房地产开发投资 包括各种经济类型的房地产开发公司、商品房建设公司及其他房地产开发单位统一开发的包括统代建、拆迁还建的住宅、厂房、仓库、饭店、宾馆、度假村、写字楼、办公楼等房屋建筑物和配套的服务设施、土地开发工程，如道路、给水、排水、供电、供热、通讯、平整场地等基础设施工程的投资。包括非房地产企业实际从事房地产开发或经营活动，不包括单纯的土地交易活动。

其他固定资产投资 全社会固定资产投资中未列入基本建设、更新改造和房地产开发投资的建造和购置固定资产的活动。包括：(1)国有单位按规定不纳入基本建设计划和更新改造计划管理，计划总投资或实际需要总投资在50万元以上的工程。(2)集体经济单位固定资产投资。(3)联营经济、股份制经济、外商投资经济、港澳台投资经济及其经济类型的企、事业单位建造和购置固定资产其计划总投资在50万元以上的、未列入基本建设计划和更新改造计划的项目。(4)城镇工矿区私人建房投资和农村个人投资。农村个人固定资产投资为根据抽样调查资料推算。

施工和竣工房屋建筑面积 房屋建筑面积是从房屋外墙线算起的各层平面面积的总和，包括房屋结构（如柱、墙）占用的面积和地下室面积。多层建筑按各自然层面积总和计算，包括房屋内的楼隔层，突出墙面的眺望间、门斗、有柱雨罩的面积。不包括突出墙面结构的构件、艺术装饰等所占的面积，如台阶等。凹阳台、挑阳台按其水平投影面积一半计算建筑面积。

新增固定资产 指通过投资活动所形成的新的固定资产价值。包括已经建成投入生产或交付使用的工程价值和达到固定资产标准的设备、工具、器具的价值及有关应摊入的费用。它是以价值形式表示的固定资产投资成果的综合性指标，可以综合反映不同时期、不同部门、不同地区的固定资产投资成果。

建设项目投产率 指一定时期内全部建成投入生产项目个数占同期正式施工项目个数的比率。它是从项目建设速度的角度反映投资效果的指标。

固定资产交付使用率 指一定时期新增固定资产与同期完成投资额的比率。它是反映各个时期固定资产动用速度，衡量建设过程中投资效果的一个综合性指标。

未完工程占用率 指年末未完工程累计完成投资额占全年实际完成投资额的比率。它反映未完工程的相对规模，并可从资金占用的角度反映固定资产投资效果。由于未完工程是指已经开工，但尚未建成交付使用的工程，有个跨年度问题，因此未完工程占用率会出现大于1的情况。

建筑业总产值（即自行完成施工产值） 指建筑业企业或附营建筑施工单位自行完成的按工程进度计算的建筑安装生产总值。建筑业产值包括：①建筑工程产值；②设备安装工程产值；③房屋、构筑物修理产值；④非标准设备制造产值。

建筑业增加值 指建筑业企业在报告期内以货币表示的建筑业生产经营活动的最终成果。目前建筑业增加值采用分配法计算，即从收入的角度出发，根据生产要素在生产过程中应得的收入份额计算。具体计算公式为：

建筑业增加值＝本年提取的固定资产折旧＋主营业务应付工资＋主营业务应付福利费＋管理费用中的劳动待业保险金＋管理费用中的税金＋工程结算税金及附加＋营业利润

房屋建筑施工面积 指在报告期内施工的全部房屋建筑面积。包括本期内新开工的、上期施工跨入本期继续施工、上期停建本期复工的房屋建筑面积；不包括上期开工后又停工，本期未施工的房屋建筑面积。

房屋建筑竣工面积 指在报告期内，按照设计所规定的工程内容全部完成，达到了设计规定的交工条件，经有关部门检查验收鉴定合格的房屋建筑面积。

工程结算收入 指企业（或单位）按工程的分部分项自行完成的建筑产品价值并已与甲方在报告期内办理结算手续的工程价款收入，以及向甲方收取的除工程价款以外的按规定列作营业收入的各种款项，如临时设施费、劳动保险费、施工机械调迁费等以及向甲方收取的各种索赔款。

工程结算利润 指已结算工程实现的利润。如为亏损以"－"号表示。其计算公式为：

工程结算利润＝工程结算收入－工程结算成本－工程结算税金及附加

企业总收入 指与企业生产经营直接有关的各项收入，包括工程结算收入和其他业务收入，即：

企业总收入＝工程结算收入＋其他业务收入

四、财政、金融、证券和保险

简 要 说 明

主要内容

本部份包括全市财政收支情况;全市税收情况、金融机构及国家银行信贷收支、现金收支情况;全市保险机构在本市的保险业务开办情况。

资料来源

财政资料来源于成都市财政局。

税收资料来源于成都市国税局和成都市地税局。

金融资料来源于中国人民银行成都分行营业管理部。

保险资料来源于中国人民保险公司成都市分公司、中国人寿保险公司成都市分公司、中国平安保险股份有限公司成都分公司及中国太平洋保险公司成都分公司。

证券资料来源于中国证券监督管理委员会成都证券监管办公室。

其他需要说明的问题

金融机构及国家银行信贷收支、现金收支统计数含省级在蓉金融机构和国家银行在本市发生的信贷收支、现金收支数。

保险资料统计口径除太平洋保险公司成都分公司外,其余各公司统计数均为在本市发生的业务数。

财政收入与支出(亿元)

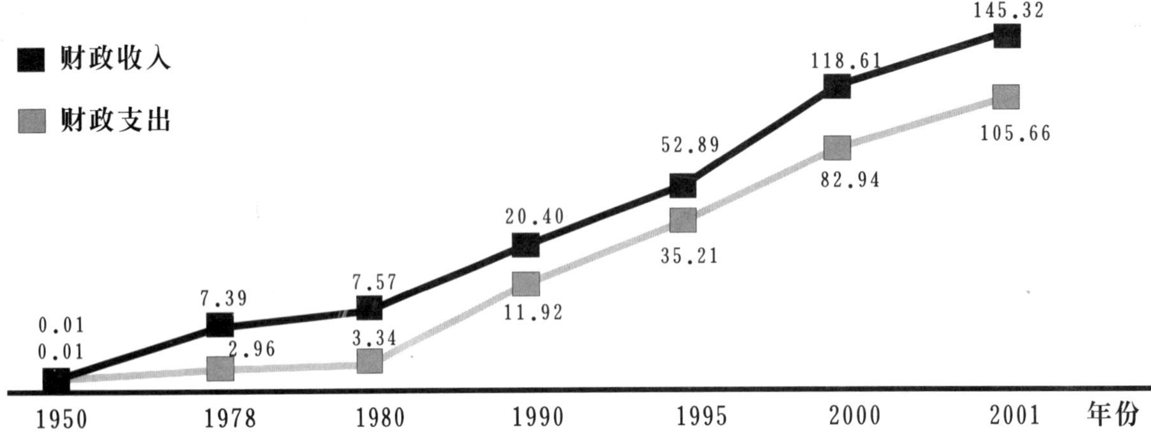

金融机构年末存款与贷款余额(亿元)

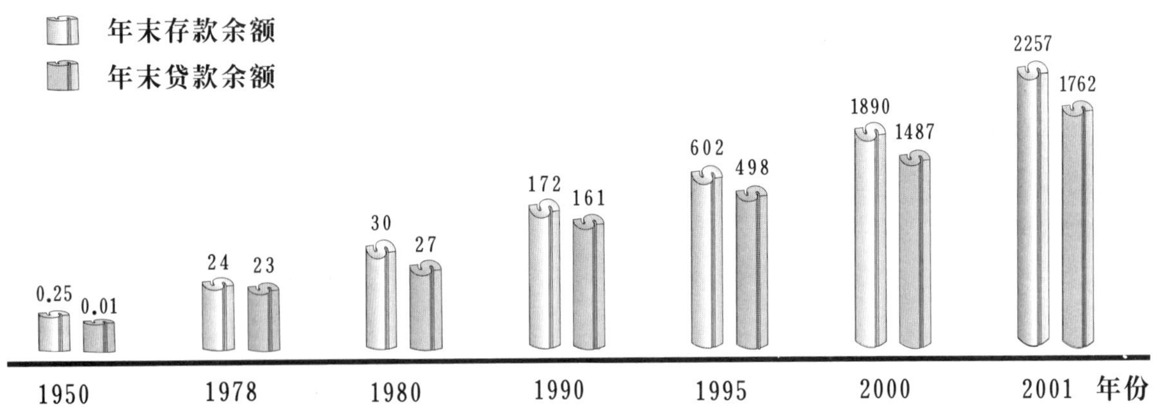

城乡居民储蓄金额(亿元)

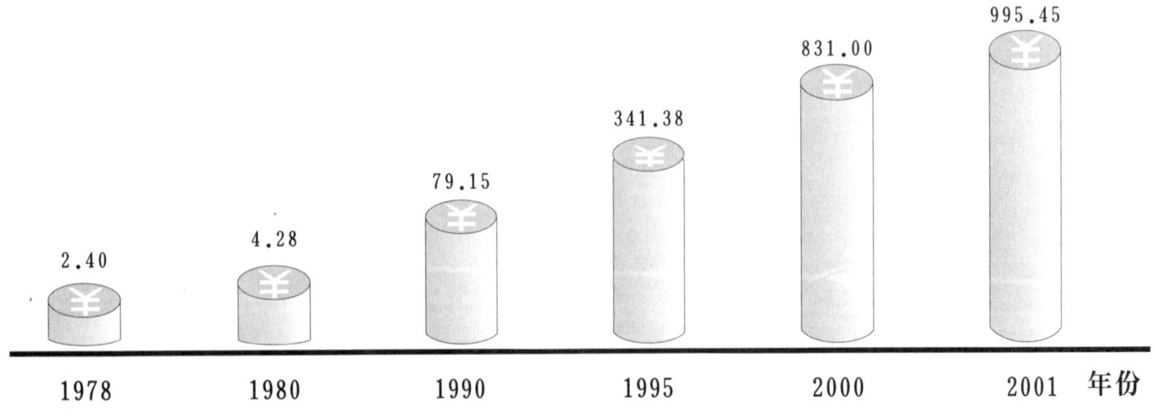

4-1 历年财政收入与财政支出

Government Financial Revenue and Expenditures by Year

年份	财政收入(万元)	财政支出(万元)	财政收支差额(万元)	增长速度±(%)		相当于国内生产总值比例(%)	
				财政收入	财政支出	财政收入	财政支出
1950	52	83	-31			0.1	0.2
1951	282	463	-181	4.4 倍	4.6 倍	0.6	1
1952	794	1407	-613	1.8 倍	2.0 倍	1.6	2.8
1953	9409	2723	6686	10 倍	93.5	15.1	4.4
1954	9614	2887	6727	2.2	6.0	14.5	4.4
1955	10520	3188	7332	9.4	10.4	15.1	4.6
1956	12141	4635	7506	15.4	45.4	15.3	5.8
1957	15334	4923	10411	26.3	6.2	17.0	5.5
1958	25431	12174	13257	65.8	1.5 倍	24.5	11.7
1959	40407	17679	22728	58.9	45.2	32.2	14.1
1960	60046	26489	33557	48.6	49.8	46.9	20.7
1961	21690	8613	13077	-63.9	-67.5	27.2	10.8
1962	14346	4997	9349	-33.9	-42.0	18.5	6.5
1963	20010	5996	14014	39.5	20.0	23.6	7.1
1964	19321	10375	8946	-3.4	73.0	18.5	10.0
1965	21776	11314	10462	12.7	9.1	16.0	8.3
1966	25184	11583	13601	15.7	2.4	15.1	6.9
1967	18501	9730	8771	-26.5	-16.0	12.6	6.6
1968	9991	7327	2664	-46.0	-24.7	8.4	6.1
1969	18803	12430	6373	88.2	69.6	12.4	8.2
1970	27519	13991	13528	46.4	12.6	13.4	6.8
1971	33571	17326	16245	22.0	23.8	14.5	7.5
1972	35024	18636	16388	4.3	7.6	15.7	8.3
1973	33229	17077	16152	-5.1	-8.4	14.4	7.4
1974	29519	15734	13785	-11.2	-7.9	13.3	7.1
1975	40904	18989	21915	38.6	20.7	16.5	7.7

注：①增长速度以上年为基期。②1950—1952 年属建国初期经济恢复时期，我市尚未建立地方级财政，该时期主要税收均由国家、省直接征收地方仅有极少部份税收项目收入，故数字偏小。

续表 1

年 份	财政收入 (万元)	财政支出 (万元)	财政收支差 额 (万元)	增长速度±(%)		相当于国内生产总值比例(%)	
				财政收入	财政支出	财政收入	财政支出
1976	39098	20009	19089	–4.4	5.4	17.6	9.0
1977	50167	21368	28799	28.3	6.8	17.5	7.5
1978	73882	29626	44256	47.3	38.7	20.6	8.3
1979	74864	34597	40267	1.3	16.8	18.1	8.4
1980	75687	33359	42328	1.1	–3.6	16.4	7.2
1981	70933	30410	40523	–6.3	–8.8	14.5	6.2
1982	73839	30466	43373	4.2	0.2	13.3	5.5
1983	86090	35018	51072	16.6	15.0	13.7	5.6
1984	95642	45790	49852	11.1	30.8	13.4	6.4
1985	116497	59707	56790	21.8	30.4	13.5	6.9
1986	133535	68105	65430	14.6	14.1	14.1	7.2
1987	138508	72036	66472	3.7	5.8	12.0	6.2
1988	163280	81158	82122	17.9	12.7	11.2	5.6
1989	195905	105061	90844	20.0	29.2	12.0	6.4
1990	203981	119179	84802	4.1	13.4	10.5	6.1
1991	224354	144965	79389	10.0	21.6	9.5	6.1
1992	249041	167589	81452	11.0	15.6	8.3	5.6
1993	337751	244909	92842	35.6	46.1	8.1	5.9
1994	458905	284996	173909	35.9	16.4	8.2	5.1
1995	528933	352085	176848	15.3	23.5	7.4	4.9
1996	654185	444024	210161	23.7	26.1	7.5	5.1
1997	772534	528323	244211	18.1	19.0	7.7	5.2
1998	894140	600676	293464	15.7	13.7	8.1	5.4
1999	1047867	722136	325731	17.2	20.2	8.8	6.1
2000	1186106	829432	378634	15.3	14.9	9.2	6.3
2001	1453175	1056589	396586	22.5	27.4	9.7	7.1
平均增长速度							
1950-2001				22.1	20.4		
1978-2001				18.4	16.8		

注：2000 年、2001 年财政收入不含上划省金融保险营业税，下同。

4-2 财政分项目收入

Government Financial Revenue by Source

单位：万元

	1978年	1980年	1990年	1995年	2000年	2001年
财政收入	**73882**	**75687**	**203981**	**528933**	**1186106**	**1453175**
工商税收	37465	40824	172818	443130	896867	989951
农业税收	3926	4580	11903	24812	61534	65646
企业收入	32303	30184	6290	18614	101464	163964
专款收入			4797	12873	21996	24602
纳入预算管理基金收入					40601	57510
其他收入	188	99	8173	29504	85604	151502
地方财政收入				**296952**	**587936**	**776481**

注：本表地方财政收入扣除省分税收入。

4-3 财政分项目支出

Government Financial Expenditures by Source

单位：万元

	1978年	1980年	1990年	1995年	2000年	2001年
财政支出	**29626**	**33359**	**119179**	**352085**	**829432**	**1056589**
#生产性支出	8184	6902	16604	64040	178218	215976
专款支出			14008	41345	74614	115173
纳入预算管理基金支出					52587	53729
政策性价格补贴支出			9386	12518	8255	10241
支农支出	2422	3455	9318	23575	41391	49245
文教卫支出	8276	9605	38248	93277	175169	200389
行政管理费支出	2872	3421	12081	35029	75333	94418
公检法支出			6009	21853	57748	69376

4-4 城市维护费及建设资金支出

Expenditures for Municipal Maintenance and Construction

单位：万元

	1990 年	1995 年	2000 年	2001 年
总　　计	**29883**	**106725**	**242181**	**327762**
城市公共设施及维护费	16486	69216	143531	195710
#道 路	5736	26229	59712	79372
排 水	444	3667	4175	7523
环境卫生	1817	16153	29605	24843
园林绿化	2921	8657	21335	27633
城市公用事业建设及维护费	2939	8828	30614	44620
#自来水	904	3496	16806	21520
城市住宅建设及维护费	4761	17072	26727	33994
#公共住宅建设及维护费	3355	13192	23156	29625
环境保护补助资金	1238	3700	6424	6225
城市水源建设资金	188	296	921	998
其他支出	4271	7613	33964	46215

4-5 地方财政用于文教、卫生、科学部门支出

Local Government Expenditures for Culture, Education, Public Health and Science

单位：万元

	1990 年	1995 年	2000 年	2001 年
总　　计	**38248**	**93277**	**175169**	**203342**
文化、出版	1193	2454	5034	5935
教 育	21874	55397	103564	127286
卫 生	6364	14070	23524	26725
公费医疗	5339	13570	27436	18202
体 育	995	1609	2015	1971
科 学	816	1486	2681	3496
地 震	31	80	159	141
广播电影电视	480	969	1558	1874
文 物	144	430	583	911
计划生育	847	2677	5240	6833
其 他	165	535	3375	9968

注：教育不含教育附加费支出。

4-6 分级一般预算内财政收支情况(2001 年)

Financial Revenue and Expenditures in Current Budget by Grade and Source (2001)

单位：万元

	全 市	分级收支			占全市比重(%)		
		市本级	区县级	乡(镇)级	市本级	区县级	乡(镇)级
财政一般预算收入	**718971**	**272180**	**295700**	**151091**	**37.9**	**41.1**	**21.0**
工商税收	326921	108663	124077	94181	33.2	38.0	28.8
农业税收	51984	22272	8169	21543	42.8	15.7	41.5
企业收入	163963	39506	90282	34175	24.1	55.1	20.8
专款收入	24600	8685	15618	297	35.3	63.5	1.2
其他收入	151503	93054	57554	895	61.4	38.0	0.6
财政一般预算支出	**1002860**	**357023**	**516481**	**129356**	**35.6**	**51.5**	**12.9**
#生产性支出	215976	72518	125996	17462	33.6	58.3	8.1
专款支出	115173	59963	50254	4956	52.1	43.6	4.3
价格补贴支出	10241	6175	4066		60.3	39.7	
支农支出	49245	5966	33332	9947	12.1	67.7	20.2
文教卫支出	200389	51940	104136	44313	25.9	52.0	22.1
行政支出	94418	22054	47331	25033	23.4	50.1	26.5
公检法支出	69376	21639	47043	694	31.2	67.8	1.0

4-7 全市税收情况(2001年)

Main Indicators of Taxes Revenue (2001)

单位：万元

	合计	内资企业			
		小计	#国有企业	#集体企业	#联营企业
总计	**1381916**	**1068323**	**484115**	**124812**	**6461**
增值税	622726	418900	160965	44337	4377
消费税	125956	124210	118150	430	8
营业税	251184	223761	95141	38967	634
企业所得税	184563	184563	58827	25528	812
外商独资企业和外国企业所得税	21277				
个人所得税	83896	31451	10984	4026	166
资源税	1472	1222	462	419	10
固定资产投资方向调节税	124	4	1	3	
城市维护建设税	51469	50007	24765	5423	224
房产税	23833	22606	9459	3548	169
印花税	5223	4582	1993	658	13
城镇土地使用税	4677	4471	2022	729	43
土地增值税	752	742	250	107	5
车船使用税	2300	1689	1047	620	
屠宰税	2464	115	49	17	

	内资企业		港澳台外商投资企业	个体经营	在合计中：乡镇企业
	#股份公司	#私营企业			
总计	**351620**	**48411**	**219154**	**94439**	**58638**
增值税	185634	19710	172343	31483	39780
消费税	4033	1581	1472	274	249
营业税	53659	13831	16627	10796	9745
企业所得税	74489	8414			4014
外商独资企业和外国企业所得税			21277		
个人所得税	11899	1390	6323	46122	1215
资源税	181	58	8	242	188
固定资产投资方向调节税				120	
城市维护建设税	12650	1998		1462	1902
房产税	6462	991	609	618	977
印花税	1224	235	495	146	274
镇土地使用税	1069	199		206	258
土地增值税	293	4		10	3
车船使用税	15			611	10
屠宰税	12			2349	23

4-8 历年信贷及现金收支情况

Income and Expenditures on Credit and Cash by Year

单位：万元

年份	金融机构信贷收支		国家银行现金收支		净投放(+) 净回笼(—)
	年末存款余额	年末贷款余额	现金收入	现金支出	
1950	2510	51	3361	4082	721
1951	4641	404	8338	10083	1745
1952	11245	716	13534	15058	1524
1953	8843	6958	18325	20657	2332
1954	18101	40420	30256	29425	–831
1955	22201	23503	34121	33743	–378
1956	14481	18563	45538	47125	1587
1957	20936	21878	55374	54497	–877
1958	38853	37297	63388	63251	–137
1959	103889	79316	70858	67662	–3196
1960	77298	143748	75006	73085	–1921
1961	101189	130652	73303	71947	–1356
1962	70450	90614	60100	55569	–4531
1963	74314	61371	64128	60651	–3477
1964	69339	68163	70908	69027	–1881
1965	88541	90464	78669	77925	–744
1966	112231	126901	84284	82863	–1421
1967	103697	125694	89287	85540	–3747
1968	102058	145786	78624	79804	1180
1969	106782	159196	87936	84430	–3506
1970	143296	169548	89822	82611	–7211
1971	161042	182252	95408	89627	–5781
1972	168218	178822	106045	101187	–4858
1973	158311	187762	114147	108213	–5934
1974	164467	186970	115292	110170	–5122
1975	158736	195459	118666	111249	–7417

续表 1 单位：万元

年　份	金融机构信贷收支		国家银行现金收支		净投放(+) 净回笼(−)
	年末存款余额	年末贷款余额	现金收入	现金支出	
1976	156813	183154	114897	111929	−2968
1977	223387	193600	122723	116698	−6025
1978	237967	225304	144048	139022	−5026
1979	281399	250258	184524	180083	−4441
1980	303681	274013	230362	224825	−5537
1981	324079	294740	257694	247998	−9696
1982	375890	297258	285665	274832	−10833
1983	414984	301860	336814	324651	−12163
1984	561629	631535	419970	416516	−3454
1985	590613	539559	591895	575088	−16807
1986	814434	797886	673159	654730	−18429
1987	1000047	942447	913920	887621	−26299
1988	1121097	1139779	1358685	1388848	30163
1989	1327700	1322547	1545823	1467073	−78750
1990	1723157	1605300	1751065	1616964	−134101
1991	2227217	1996183	2256416	2046852	−209564
1992	2975379	2485056	3356674	3199444	−157230
1993	3494672	3091224	5237439	5097752	−139687
1994	4522346	3880226	7241492	6982354	−259138
1995	6019448	4978719	10189352	9467860	−721492
1996	7596120	5990567	12919604	11849209	−1070395
1997	9068225	7022430	15063348	13661810	−1401538
1998	10870715	8160632	16789857	15762008	−1027849
1999	16364174	13742177	24126046	22950528	−1175518
2000	18904394	14871362	28189459	27026857	−1162602
2001	22571432	17622699	33919325	33100139	−819186

注：①1950—1983 年信贷收支为国家银行口径，1984 年起信贷收支为金融机构口径。

②1999—2001 年信贷收支为成都辖区统计口径，包括省级在蓉金融机构。

4-9 金融机构信贷收入与支出

Credit Income and Expenditures of Financial Institutions

单位：万元

	1990 年	1995 年	2000 年	2001 年
年末存款余额	**1723157**	**6019448**	**18904394**	**22571432**
#企业存款	558479	2277067	8195081	9392238
城乡居民储蓄存款	791512	3413800	8310016	9954531
#城镇居民储蓄存款	621117	2766927	7012579	8503821
年末贷款余额	**1605300**	**4978719**	**14871362**	**17622699**
#短期贷款	1239333	3362774	8971201	9897268
#工　业	586388	1205886	2301405	2959851
商　业	446325	1116695	2059152	2389194
农　业	23738	86661	363771	416145
中长期贷款	198217	824527	3298020	5184684
#技术改造	130857	431274	820163	707014
基本建设	51409	235973	1930634	2198966

注：①城乡居民储蓄存款含省金融机构在本市储蓄数。

②2000 年、2001 年信贷收支为成都辖区金融机构统计口径。

4-10 国家银行信贷收入与支出

Credit Income and Expenditures of State Banks

单位：万元

	1978 年	1980 年	1990 年	1995 年	2000 年	2001 年
年末存款余额	**237967**	**248848**	**1296489**	**4321978**	**12982498**	**16131917**
#企业存款		90831	523869	1894383	6086016	6844728
城镇居民储蓄存款	19449	34252	599216	2356496	5915423	7494723
年末贷款余额	**225304**	**269629**	**1376560**	**3853323**	**10747811**	**12692211**
#短期贷款			1122828	2800642	6325305	6465148
#工　业	50153	126696	579349	1150973	1995384	2422737
商　业	102012	125748	434906	997882	1767336	1778246
农　业			20257	59072	147192	152468
中长期贷款			189325	789857	3149853	4860000
#技术改造			130857	431274	812770	695815
基本建设			51409	235973	1880237	2142988

注：2000 年信贷数据为国有独资商业银行剥离不良资产后的统计数据。

4-11 国家银行现金收入

Cash Income of State Banks

单位：万元

	1978年	1980年	1990年	1995年	2000年	2001年
现金收入	**144048**	**230362**	**1751065**	**10189352**	**28189459**	**33919325**
#商品销售收入	97951	152552	615750	2465411	4677847	5171134
服务事业收入	14708	21067	152126	638051	1813574	202377
城乡个体经营收入			5963	131660	750874	76685
储蓄存款收入	21026	40312	666919	4815827	16876666	21223937
汇兑收入			22102	78101	833516	766183
有价证券收入			16077	106124	461618	473663

4-12 国家银行现金支出

Cash Expenditures of State Banks

单位：万元

	1978年	1980年	1990年	1995年	2000年	2001年
现金支出	**139022**	**224825**	**1616964**	**9467860**	**27026857**	**33100139**
#工资性支出			461644	1467698	2532132	3074949
#国家工资及奖金支出	43554	54726	235517	708475	1131885	1369011
行政企事业管理费支出	10504	17174	144238	877450	2257913	2457759
城乡个体经营支出			11341	171451	762128	846932
储蓄存款支出			520893	4327324	17010071	21263653
汇兑支出			28807	127438	345780	290786
有价证券支出			26249	73184	400933	456795

4-13 国家银行分机构信贷收入与支出(2001 年)

Credit Income and Expenditures of State Banks by Institutions (2001)

单位：万元

	合计	# 工商银行	# 农业银行	# 中国银行	# 建设银行	# 农发银行
年末各项存款	**16131917**	**5429088**	**2869746**	**1728915**	**5243401**	**14484**
# 企业存款	6844728	2233036	1094150	642216	2860863	14463
城镇储蓄存款	7494723	2542540	1625249	927439	2106003	
农业存款	38736		33206		5530	
年末各项贷款	**12692211**	**4096136**	**2638383**	**1636352**	**3958211**	**363129**
# 短期贷款	6465148	2102239	1420253	1122436	1461308	358912
# 工 业	2422737	1242432	138404	178145	863756	
商 业	1778246	628094	463121	263209	66737	357085
建筑业	419639	28710		10015	380914	
农 业	152468		152180		288	
乡镇企业	284420		284420			
三资企业	304691	125150	54330	125211		
中期流动资金贷款	1241430	317008	36477	6700	881245	
中长期贷款	4860000	1591542	1159522	492764	1611955	4217
# 基本建设	2142988	875906	292600	113271	861211	
技术改造	695815	295530	21587	169058	209640	

注：“各项存款”由于机构的统计归属口径与国家银行统计归属口径不一致，故机构之和不等于合计数。

4-14 全市金融机构外汇信贷收支情况(2001 年末)

Foreign exchange credit revenue & disbursement of Financial Institutions (End of 2001)

单位：万美元

	2000 年	2001 年		2000 年	2001 年
年末存款余额	**166253**	**179546**	**年末贷款余额**	**49490**	**80958**
单位活期存款	12654	18068	短期贷款	16933	19043
单位定期存款	42162	40981	境内短期贷款	16933	19043
储蓄存款	100613	112742	境外短期贷款		
信托存款	2125	948	中长期贷款	11193	22176
委托存款	779	753	境内中长期贷款	11193	22121
其他累存款	7613	5988	境外中长期贷款		55
境外存款	7	66			

4-15 上 市 公 司 情 况

Summary for Number of Listed Companies

	单 位	2000 年	2001 年		单 位	2000 年	2001 年
上市公司数量	个	27	31	A 股流通股本	万股	162040	189759
#上交所	个	10	15	H 股流通股本	万股	105532	107222
深交所	个	15	13	总股本	万元	740427	818885
股票总发行股本	万股	740427	818885	资产总计	万元	3110064	3609120
A 股总发行股本	万股	44463	516391	负债合计	万元	1433084	1533240
H 股总发行股本	万股	295806	302566	产品销售收入	万元	1195236	1824059
股票流通股本	万股	267572	296981	利润总额	万元	71766	122878

注：资料范围为总部设在成都市辖区范围内的上市公司。

4-16 证 券 交 易 情 况

Trading Summary for Securities

	单 位	2000 年	2001 年		单 位	2000 年	2001 年
证券营业部	个	78	87	基金成交金额	亿元	83	88
证券投资者人数	万人	170	180	国债成交金额	亿元	378	131
证券成交金额	亿元	4600	2450	B 股	万元	196	39
#A 股成交金额	亿元	3085	1787				

注：资料范围包括成都市辖区范围内从事证券交易的所有证券机构。

4-17 保 险 业 务

Economic and Technical Indicators of Insurance Companies

单位：万元

	保险金额		保 费		赔 付	
	2000 年	2001 年	2000 年	2001 年	2000 年	2001 年
总 计	**38089116**	**41004671**	**252130**	**285055**	**76043**	**89438**
财产保险	18777393	16736924	122059	122719	53736	58023
#财产险	9094520	9652347	21377	22267	7199	8490
机动车辆险	5976927	3257335	86739	83808	41816	43770
货物运输险	1920651	1293451	5447	3390	2755	983
人寿保险	19311723	24267747	129621	162336	22307	31415
#养老金险	51434	32761	12959	14915	1701	4208
意外短期险	11395250	5572845	11097	9163	2926	2636
健康险	4434309	2901929	13925	12615	3236	5324
寿 险	2830730	4484361	91640	149526	14445	31918

主 要 统 计 指 标 解 释

财政收入 包括：(1)各项税收包括增值税、营业税、消费税、土地增值税、城市维护建设税、资源税、城市土地使用税、印花税、固定资产投资方向调节税、个人所得税、企业所得税、关税、农牧业税和耕地占用税等。(2)专项收入包括征收排污费、征收城市水资源费收入，教育费附加收入等。(3)其他收入包括基本建设贷款归还收入、国家能源交通重点建设基金收入、国家预算调节基金等。(4)国有企业计划亏损补贴这项为负收入，冲减财政收入。

财政支出 主要包括：基本建设支出、企业挖潜改造资金、地质勘探费用、科技三项费用、支援农村生产支出、农林水利气象等部门的事业费用、工业交通商业等部门的事业费用、文教科学卫生事业费、抚恤和社会福利救济费、国际支出、行政管理费、价格补贴支出等。

属于地方财政的收入包括营业税、地方企业所得税、个人所得税、城镇土地使用税、固定资产投资方向调节税、城镇维护建设税、房产税、车船使用税、印花税、屠宰税、农牧业税、农业特产税、耕地占用税、契税、增值税25%部分，证券交易税（印花税）的50%部分和除海洋石油资源税以外的其他资源税。

地方财政支出 地方财政支出主要包括地方行政管理和各项事业费，地方统筹的基本建设、技术改造支出，支援农村生产支出，城市维护和建设经费，价格补贴支出等。

预算外资金收支 预算外资金是有关单位凭借国家权力或由国家授权而取得的没有纳入国家预算管理的财政性资金。其收入包括地方财政部门的各项附加收入，集中事业收入，专项收入等，事业行政单位的专用基金，经营性服务纯收入，行政事业性收费，专项资金，中小学勤工俭学收入，税收分成等。其支出包括固定资产投资支出，城市维护支出，福利奖励支出，行政事业支出等。

信贷资金 国家银行用于发放贷款的资金叫信贷资金。中国人民银行信贷资金的来源有各项存款、对国际金融机构负债、流通中货币、银行自有资金及当年结益等。信贷资金的运用有各项贷款、黄金占款、外汇占款、财政借款及在国际金融机构中的资产等。

存款 企业、机关、团体或居民根据可以收回的原则，把货币资金存入银行或其他信用机构保管并取得一定利息的一种信用活动形式。根据存款对象的不同可划分为企业存款、财政存款、机关团体存款、基本建设存款、城镇储蓄存款、农村存款等科目。它是银行信贷资金的主要来源。

贷款 银行或其他信用机构根据必须归还的原则，按一定利率，为企业、个人等提供资金的一种信用活动形式。我国银行贷款分为流动资金贷款、固定资产贷款、城乡个体工商户贷款以及农业贷款等科目。

承保额 又叫保险金额。它是保险人对被保险人损失补偿或约定给付的金额。它是保险合同上的最高责任额，也是计算保费的依据。

保费 又叫保险费。是保险人根据保险合同的有关规定，为被保险人取得因约定危险事故发生所造成的经济损失补偿（或给付）权利，付给保险人的代价。包括财产险和人身险储金收入。

赔款 保险事故发生后，经查证确属保险责任范围以内的保险标的损失，保险人根据保险合同的规定履行赔偿义务，给予被保险人的款项叫做赔款。赔款可分为已决赔款和未决赔款两种。

五、人民生活

简 要 说 明

主要内容

本部份反映人民生活状况,主要包括:市区居民家庭抽样调查的人口、收入、支出总量与结构指标、城市居民家庭人均食物消费量、穿用商品及耐用消费品拥有量情况;农村居民家庭的人口、文化程度、收支、居住情况以及农村居民家庭消费结构、消费量和耐用消费品拥有量等。

资料来源

城市居民家庭生活状况统计资料来源于成都市城市社会经济调查队。

农村居民家庭生活状况统计资料来源于成都市统计局。

城乡居民收入（元）

农村居民人均可支配收入

城市居民人均可支配收入

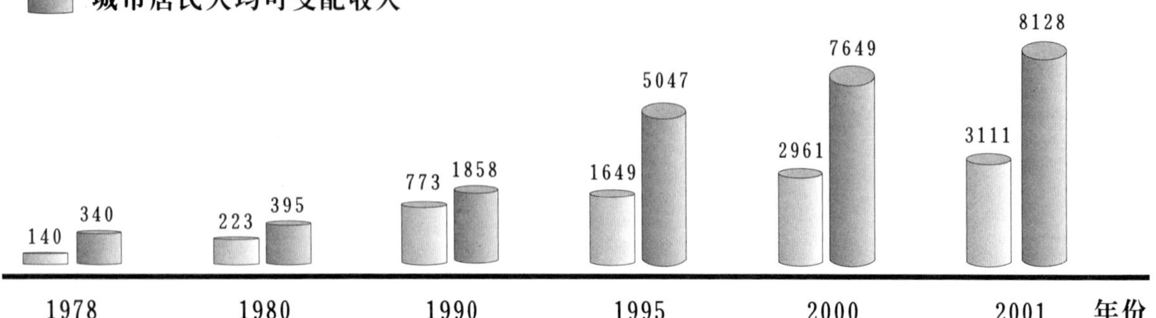

城乡居民人均生活消费支出构成（%）

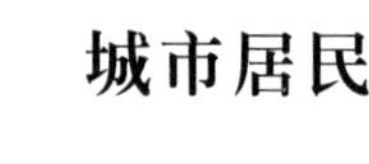

城市居民

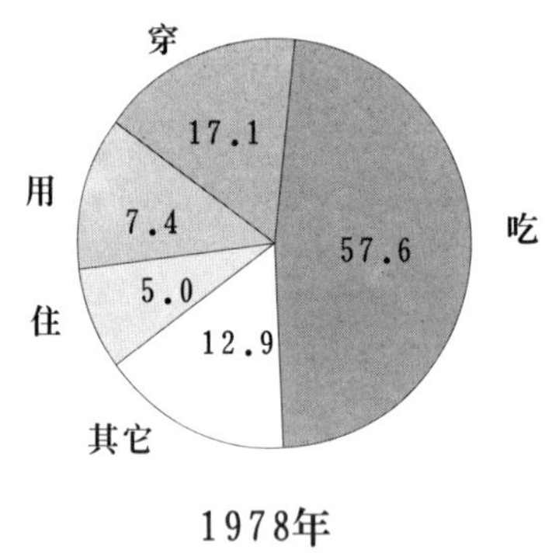

1978年

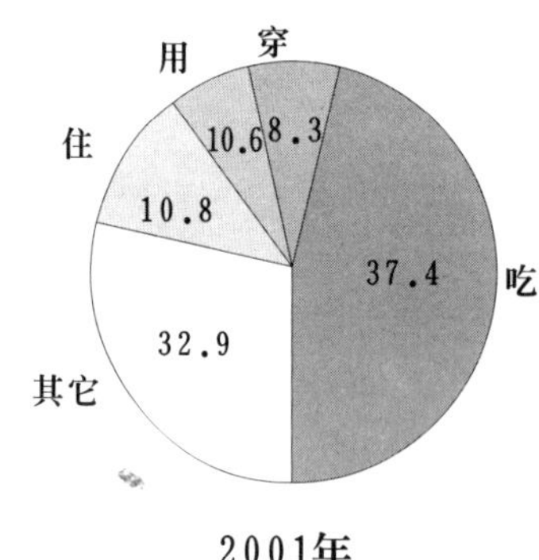

2001年

农村居民

吃 68.5
3.9 其它
6.4 住
8.0 用
13.2 穿

1978年

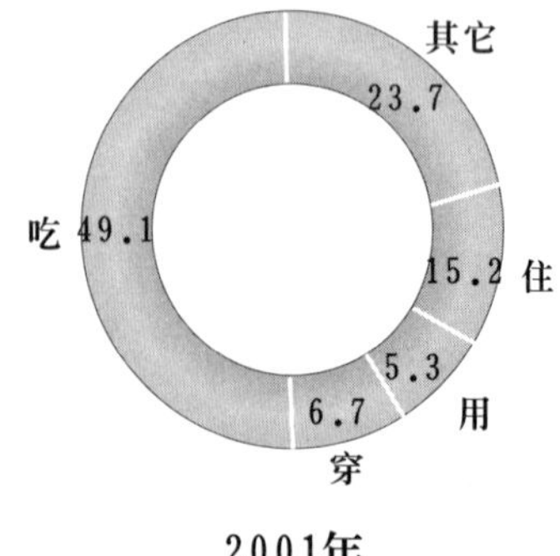

2001年

5-1 历年城市居民家庭基本情况

Basic Conditions of Urban Households by Year

年 份	调查户数 (户)	户均家庭 人 口 (人)	户均就业 人 口 (人)	每一就业者 负担人数 (人)	平均每户 就业面 (%)
1954	300	3.91	1.21	3.23	30.95
1955	300	3.90	1.24	3.15	31.79
1956	300	3.72	1.25	2.98	33.60
1957	300	3.62	1.35	2.68	37.29
1958	300	3.64	1.31	2.78	35.99
1959	300	3.80	1.42	2.68	37.37
1960	300	3.31	1.42	2.33	42.90
1961	300	3.61	1.40	2.58	38.78
1962	300	4.34	1.40	3.10	32.26
1963	300	5.88	1.37	4.29	23.3
1964	300	5.18	1.52	3.41	29.34
1965	300	5.25	1.53	3.43	29.14
1966	300	5.10	1.57	3.25	30.78
1967	300	5.00	1.35	3.70	27.00
1968	300	5.01	1.31	3.82	26.15
1969	300	4.66	1.2	3.88	25.75
1970	300	4.52	1.15	3.93	25.44
1971	300	4.54	1.28	3.55	28.19
1972	300	4.50	1.28	3.52	28.44
1973	300	4.44	1.35	3.29	30.41
1974	300	4.37	1.49	2.93	34.10
1975	300	4.29	1.59	2.70	37.06

续表 1

年份	调查户数（户）	户均家庭人口（人）	户均就业人口（人）	每一就业者负担人数（人）	平均每户就业面（%）
1976	300	4.12	1.60	2.58	38.83
1977	300	4.09	1.67	2.45	40.83
1978	300	4.19	1.74	2.41	41.53
1979	300	4.10	1.86	2.20	45.37
1980	300	3.84	1.97	1.95	51.30
1981	300	4.00	2.09	1.91	52.25
1982	300	3.82	2.07	1.85	54.19
1983	300	3.80	2.11	1.80	55.53
1984	300	3.75	2.10	1.79	56.00
1985	300	3.40	2.05	1.66	60.29
1986	300	3.32	1.98	1.68	59.64
1987	300	3.42	2.10	1.63	61.40
1988	300	3.28	1.87	1.75	57.01
1989	300	3.17	1.78	1.78	56.15
1990	300	3.15	1.79	1.76	56.83
1991	300	3.05	1.72	1.77	56.39
1992	300	3.03	1.66	1.83	54.79
1993	300	2.90	1.51	1.92	52.07
1994	300	2.88	1.56	1.85	54.17
1995	300	2.96	1.71	1.73	57.77
1996	300	2.97	1.76	1.69	59.26
1997	300	2.99	1.77	1.69	59.20
1998	300	2.97	1.72	1.73	57.86
1999	300	2.92	1.72	1.7	58.88
2000	300	2.88	1.44	1.99	50.15
2001	300	2.98	1.39	2.14	46.81

5-2 历年城市居民家庭就业人口情况

The Number of Employee of Urban Households by Year

单位：人

年份	调查户家庭人口	就业人口				
			全民职工	集体职工	个体劳动者	其他劳动者
1978	1257	522				
1979	1318	558				
1980	1152	591				
1981	1200	626	479	144		3
1982	1147	621	488	128		5
1983	1141	632	497	132		3
1984	1125	630	507	113	5	5
1985	1019	614	456	143	12	3
1986	997	595	447	135	5	8
1987	1027	629	467	145	6	11
1988	985	561	428	105	8	20
1989	951	533	432	76	7	18
1990	945	538	454	59	4	21
1991	916	517	398	87	12	20
1992	909	498	383	90	11	14
1993	870	454	339	87	14	14
1994	864	468	365	56	20	27
1995	887	514	426	59	11	18
1996	891	528	437	68	8	15
1997	896	531	431	69	17	14
1998	891	516	423	60	21	12
1999	877	516	416	60	20	20
2000	864	433	320	35	37	41
2001	893	418	238	49	72	59

注：1980 年以前就业人口未分经济类型。

5-3 历年城市居民家庭

Per Capita Cash Income of Urban

年　　份	期　初 手存现金	实际收入	# 生活费 收　入	# 全民职工 工资收入	# 奖　金	# 集体职工 工资收入
1954		159.78	153.85			
1955		178.66	167.40			
1956		186.48	173.16			
1957		250.68	224.40			
1958		228.36	202.20			
1959		212.18	209.99			
1960		217.68	196.92			
1961		208.44	190.80			
1962		199.20	187.56			
1963		203.24	188.04			
1964		214.80	201.48			
1965		208.08	194.52			
1966		223.79	208.12			
1967		208.77	194.57			
1968		201.23	186.94			
1969		207.88	193.54			
1970		204.10	183.69			
1971		208.64	193.82			
1972		229.35	213.75			
1973		241.11	224.59			
1974		284.04	264.64			
1975		291.86	272.89			

注：1980 年以前生活费收入未按经济类型和构成分组。

人均现金收入情况

Households by Year

单位：元

# 奖 金	#从单位得到的其它收入	储蓄借贷收 入	实际支出	#生活费支 出	存入银行及储金会款	期 末手存现金
	2.80	20.35	157.38	138.48	11.13	
	3.54	31.21	175.44	152.16	14.68	
	3.60	37.80	179.64	166.32	18.60	
	3.24	56.16	243.84	217.44	31.32	
	0.96	40.56	215.04	188.88	27.00	
	0.60	42.33	223.49	197.79	26.54	
	0.48	31.08	193.68	179.64	12.12	
	1.05	34.09	204.27	190.32	6.42	
	3.00	31.44	210.48	198.84	3.00	
	3.24	24.96	207.72	192.72	2.40	
	2.28	24.72	210.84	197.52	4.44	
	2.77	25.20	211.80	198.24	3.48	
	2.29	26.34	219.48	204.12	5.33	
	2.88	24.69	204.35	189.85	4.94	
	2.13	30.30	197.82	186.23	12.37	
	1.99	28.79	208.76	195.36	9.67	
	2.44	33.21	199.87	181.49	8.24	
	3.43	37.69	201.22	183.12	6.36	
	4.19	32.03	213.45	190.69	12.87	
	5.78	28.79	237.56	218.61	10.88	
	7.13	35.74	279.89	261.13	9.24	
	6.87	37.23	281.24	254.79	32.30	

续表 1

年 份	期 初 手存现金	实际收入	# 生活费 收 入	# 全民职工 工资收入	# 奖 金	# 集体职工 工资收入
1976		314.03	293.30			
1977		342.77	327.08			
1978		364.55	340.25			
1979		389.60	352.44			
1980	9.66	420.92	395.04	265.23	49.76	62.34
1981	10.41	484.62	457.68	346.80	43.54	75.63
1982	11.40	516.04	485.74	377.28	50.95	69.50
1983	15.47	567.11	520.59	406.27	60.26	78.19
1984	20.73	657.09	603.06	477.18	76.68	79.78
1985	23.95	852.91	786.74	537.44	100.82	126.32
1986	37.51	991.39	913.19	609.56	77.19	148.69
1987	48.73	1101.07	1015.64	684.28	121.48	163.82
1988	48.12	1340.35	1243.12	728.19	161.75	133.43
1989	54.22	1661.91	1564.62	870.77	209.67	119.44
1990	73.79	1870.91	1755.37	1013.35	208.94	90.08
1991	66.25	2062.98	1924.71	976.30	194.05	158.45
1992	94.25	2254.44	2101.87	1189.32	209.77	194.50
1993	92.09	2807.35	2624.20	1435.57	302.24	234.99
1994	117.64	4239.48	3940.47	2189.16	453.44	228.58
1995	204.82	5075.82	4708.99	3099.67	634.09	289.46
1996	229.43	5700.71	5265.64	3589.95	701.09	347.97
1997	264.36	6046.84	5590.90	3797.72	716.58	425.56
1998	302.01	6490.18	6032.31	4012.01	822.28	447.25
1999	345.02	7140.96	6652.89	4428.22	960.37	375.58
2000	227.23	7694.95	7095.56	3614.80	707.29	233.90
2001	340.29	8181.60	7608.77	3041.80	593.90	334.43

单位：元

# 奖 金	# 从单位得到的其它收入	储蓄借贷收 入	实际支出	# 生活费支 出	存入银行及储金会款	期 末手存现金
	7.92	32.66	311.03	286.42	12.09	
	12.68	38.77	341.67	329.13	9.64	
	18.76	39.88	347.83	328.32	12.64	
	16.58	42.73	366.92	341.67	17.87	
11.79	36.88	60.48	415.29	391.26	23.87	12.59
7.54	20.90	58.56	479.48	451.98	38.15	12.63
7.34	27.36	53.20	490.39	459.64	58.14	15.02
10.88	32.07	64.22	545.11	513.60	57.21	22.55
11.77	47.00	66.49	627.57	591.13	69.63	29.98
23.89	58.6	143.43	851.67	810.26	93.58	36.69
15.21	74.25	166.26	999.65	946.17	109.47	50.23
27.46	75.85	151.64	1072.05	1006.60	132.61	59.08
27.64	66.07	266.10	1400.45	1318.01	144.44	70.68
27.87	92.23	256.91	1607.25	1511.89	167.03	108.18
17.90	134.89	246.34	1767.28	1680.77	195.49	164.90
23.19	147.61	262.35	1941.01	1845.11	214.37	151.84
24.64	141.07	443.38	2217.68	1988.08	258.13	149.14
40.65	175.8	532.88	2745.09	2428.32	286.48	192.84
41.70	270.63	682.96	3907.62	3641.19	574.77	307.18
45.33	274.20	676.28	4857.78	4502.46	541.43	411.23
75.78	325.99	808.60	5432.62	4925.45	644.04	476.43
91.78	386.76	1204.41	6083.39	4959.48	493.43	526.87
69.86	443.17	1529.18	6458.53	5482.28	768.57	663.46
61.91	560.96	1321.76	6639.39	5797.97	846.41	887.97
7.42	328.98	1527.74	7174.33	6423.48	922.94	961.31
23.59	296.83	1624.51	7672.85	6801.19	1083.36	873.89

5-4 城市居民家

Basic Conditions of

	单 位	合 计	最 低 收入户	#更 低 收入户
调查户数	户	300	30	15
比 重	%	100	10	5
平均每户家庭人口	人	2.98	3.31	3.41
平均每户就业人口	人	1.39	1.26	1.5
平均每户就业面	%	46.81	38.2	44.06
平均每一就业者负担人数	人	2.14	2.62	2.27
平均每人全年实际收入	元	8181.60	2798.66	2406.63
平均每人可支配收入	元	8128.39	2762.29	2368.61
平均每人生活费收入	元	7608.77	2703.57	2301.26
平均每人消费性支出	元	6801.19	2828.93	2511.23

5-5 城市居民家庭人均

Per Capita Annual Living Expenditures of

	总平均	最 低 收入户	#更 低 收入户
消费性支出	**6801.19**	**2828.93**	**2511.23**
1.食 品	2546.55	1562.84	1515.54
#粮 食	150.81	132.44	132.32
肉、禽及其制品	593.34	433.56	414.40
蛋 类	61.81	45.24	40.74
水 产 品	71.33	38.26	44.34
奶及奶制品	138.43	67.62	54.45
2.衣 着	565.58	122.42	92.66
#服 装	416.12	77.92	56.21
3.家庭设备及服务	719.62	109.56	85.66
#耐用消费品	419.21	14.63	11.11
4.医疗保健	442.31	140.41	135.95
5.交通通讯	498.11	116.20	87.48
6.娱乐教育文化服务	868.78	329.91	217.19
7.居 住	732.56	384.99	315.02
#住 房	353.35	121.48	63.47
8.杂项商品	427.69	62.61	61.73

庭 基 本 情 况（2001年）

Urban Households (2001)

低收入户	中等偏下户	中等收入户	最低偏上户	高收入户	最高收入户
30	60	60	60	30	30
10	20	20	20	10	10
3.23	3.14	3.10	2.82	2.38	2.70
1.44	1.40	1.46	1.38	1.22	1.52
44.63	44.58	47.01	49.08	51.22	56.11
2.24	2.24	2.13	2.04	1.95	1.78
3663.73	5122.53	7052.78	9844.40	14226.52	21077.82
3625.03	5081.85	7012.03	9797.06	14167.98	20921.24
3523.52	4852.03	6514.71	9141.97	12984.57	19506.76
3809.10	4675.40	6155.79	8416.33	10611.28	14938.10

消 费 性 支 出 情 况（2001年）

Urban Households (2001)

单位：元

低收入户	中等偏下户	中等收入户	最低偏上户	高收入户	最高收入户
3809.10	4675.40	6155.79	8416.33	10611.28	14938.1
1815.97	2239.74	2384.88	3096.61	3477.75	3740.86
140.95	147.69	152.52	152.23	178.92	160.59
590.10	580.75	585.2	645.45	722.15	618.44
52.90	54.80	65.52	68.16	75.03	75.59
48.42	53.98	72.46	86.45	106.65	113.83
53.16	119.33	127.98	169.08	226.59	253.82
248.10	376.58	523.11	744.99	876.14	1376.76
178.94	274.45	354.68	559.58	672.03	1059.47
277.42	271.12	673.79	1079.6	945.35	2194.07
176.67	111.86	308.37	584.85	546.38	1716.50
153.62	288.81	405.81	698.45	908.52	652.54
155.24	433.84	432.49	688.11	755.46	1052.62
428.99	421.83	662.93	897.41	1741.28	2736.56
605.62	458.31	771.01	743.94	1034.84	1568.55
301.75	160.95	351.25	334.69	517.93	1044.64
124.13	185.18	301.77	467.22	871.95	1616.14

5-6 城市居民家庭人均消费性支出情况

Per Capita Annual Living Expenditures of Urban Households

单位：元

	1978年	1980年	1990年	1995年	2000年	2001年
消费性支出	**328.32**	**391.26**	**1680.77**	**4502.46**	**6423.48**	**6801.19**
食　　品	189.11	226.15	863.63	2273.48	2491.43	2546.55
#粮　食	42.62	45.02	70.15	202.77	160.36	150.81
油脂类			25.80	99.81	90.41	79.01
#菜籽油			25.80	75.03	72.25	62.49
肉禽及制品			225.33	653.72	599.14	593.34
蛋　类			34.06	81.02	61.82	61.81
水产品类			22.39	65.55	71.58	71.33
菜　类			102.22	236.54	240.15	247.96
#鲜　菜			94.14	224.69	227.44	234.37
糖　类			13.51	39.00	35.58	36.77
烟草类			61.73	121.79	112.05	167.86
酒和饮料			28.34	86.61	106.30	126.34
干鲜瓜果类			54.93	113.50	127.83	124.40
奶及奶制品			19.84	72.30	137.00	138.43
衣　着	56.14	60.21	246.07	626.82	580.47	565.58
#服　装			104.02	412.00	417.10	416.12
衣着材料			62.38	48.12	14.26	14.07
鞋袜帽及其它			43.12	154.74	146.56	133.29
家庭设备用品及服务	24.27	34.74	200.00	472.85	565.00	719.62
#耐用消费品			73.83	270.32	306.02	419.21
#洗衣机			31.92	17.85	9.71	34.32
电风扇			16.52	4.70	2.22	3.82
电冰箱			75.01	20.93	34.60	46.39
医疗保健	4.11	5.11	25.24	119.39	417.32	442.31
交通和通讯	4.08	4.23	22.31	175.36	378.95	498.11
#交　通	3.72	3.84	20.67	97.98	156.16	175.83
通　讯	0.36	0.39	1.64	77.38	222.8	322.28
娱乐文教服务	23.23	27.94	176.05	326.75	828.75	868.78
#耐用消费品			98.64	78.02	211.67	247.93
教　育	4.68	5.88	28.54	148.84	440.23	428.76
文化娱乐	11.76	12.46	29.86	99.88	176.85	192.09
居　住	16.49	17.88	81.91	296.39	764.31	732.56
杂项商品和服务	10.89	15.00	65.56	211.42	397.26	427.69
#金银珠宝饰品				29.58	21.97	12.98
理发、美容用品				30.75	44.70	45.80

注：1990年以前蛋类为鲜蛋；“家庭设备用品及服务”指日用品；“教育”未含教材及参考书；“交通”未含交通工具。

5-7　城市居民家庭人均食品消费量

Per Capita Foods Consumption of Urban Households

单位：千克

	1980 年	1990 年	1995 年	2000 年	2001 年
粮　食	127.80	111.14	90.20	74.28	77.24
油脂类	3.70	8.40	10.70	12.33	11.98
#菜籽油			8.60	10.58	10.52
猪　肉	28.20	34.80	34.10	29.81	28.74
牛羊肉	2.90	1.90	2.00	2.95	2.24
蛋　类	2.40	7.50	12.30	13.18	12.03
#鸡　蛋			10.98	11.80	10.91
菜　类	142.58	156.40	143.82	147.31	138.97
#鲜　菜	140.20	153.91	142.13	145.82	137.42
干　菜	2.38	2.49	0.38	0.35	0.44
菜制品			1.29	1.05	1.09
食　糖	3.40	2.40	2.70	2.84	2.43
糖　果	2.00	1.00	1.20	0.92	0.87
卷　烟	30.50	33.75	27.93	20.88	30.27
白　酒	1.70	2.84	2.71	2.16	2.74
果　酒		0.07	0.08	0.23	0.29
啤　酒	0.30	2.45	3.16	3.24	3.56
汽水、可乐		0.73	0.73	1.48	1.42
茶　叶	0.30	0.44	0.38	0.28	0.38
糕点类	2.00	3.71	3.54	3.44	3.45
鲜乳品	9.80	17.25	17.92	21.83	20.20
奶　粉		0.39	0.39	0.74	0.76

注：1990 年以前蛋类为鲜蛋。副食类包括食堂购买，粮食包括食堂和饮食业购买。

5-8 历年城市居民家庭每百人购买穿用商品情况

Consumption of Clothing and Using Per 100 Citizens by Year

年 份	服 装 (件)	# 男士服装	# 女士服装	棉 布 (米)	棉化纤混纺布 (米)	化 纤 (米)	呢 绒 (米)
1980	235.2			416.0	13.2	94.8	14.4
1981	242.0			390.7	19.8	92.1	10.1
1982	251.1			362.5	12.2	114.5	7.3
1983	275.4			357.9	44.0	163.3	16.3
1984	330.6			269.1	37.9	119.1	21.3
1985	423.3			242.4	36.4	174.6	18.6
1986	448.2			173.9	31.8	153.9	23.4
1987	441.4			114.3	42.9	138.5	22.9
1988	424.6			139.4	19.2	151.2	20.8
1989	244.2			79.6	38.6	134.0	12.3
1990	309.2			81.5	32.9	165.9	20.1
1991	314.7			104.5	39.1	167.6	15.8
1992	591.1	196.8	285.2	54.4	42.4	94.9	6.2
1993	557.9	186.5	277.6	56.7	24.7	76.6	14.6
1994	595.1	202.2	298.6	63.2	25.1	77.0	14.3
1995	661.1	222.4	328.1	53.0	32.7	47.5	12.9
1996	639.6	223.9	316.7	29.9	23.9	44.6	8.7
1997	594.2	194.3	299.7	28.8	11.5	24.2	5.6
1998	658.1	206.6	354.3	21.3	15.9	22.5	3.6
1999	741.3	235.4	408.0	15.2	6.8	13.7	4.7
2000	681.1	219.1	379.2	12.0	4.6	18.1	1.6
2001	721.3	238.0	408.0	18.9	7.0	6.6	0.7

续表 1

年 份	鞋 类（双）	# 皮 鞋	肥 皂（块）	洗衣粉（公斤）	煤 炭（公斤）	液 化 石油气（公斤）	金银珠宝 饰 品（元）
1980	169.2	63.6	820.8	48	16974	51.6	
1981	143.1	47.1	922.7	45.8	16800	32.6	
1982	139.1	43.2	724.3	51.3	14400	22.8	
1983	146.9	50.9	708.8	60.4	16400	30.6	
1984	158.9	67.2	843.3	64.8	14251	62.6	
1985	162.0	84.7	694.0	83.3	18600	46.4	154.4
1986	172.6	96.0	584.0	122.6	17242	51.7	149.7
1987	184.1	117.8	330.2	146.6	16675	29.2	120.2
1988	207.2	101.2	986.1	110.9	19454	36.6	702.1
1989	211.1	95.1	343.5	96.3	18060	106	1613.8
1990	231.1	111.2	415.1	103.7	13939	122.2	1360.9
1991	260.4	125.1	453.5	100.6	21121	90.1	1967.4
1992	221.4	89.4	403.3	112.8	20973	181.54	858.4
1993	232.1	103.9	527.1	114.7	19972	440.6	1422.5
1994	241.3	107.5	496.8	100.8	11874	319.5	3174.7
1995	253.0	112.0	379.8	104.3	6528	222.3	2958.0
1996	256.1	114.0	361.0	97.0	5279	242.3	1663.9
1997	215.3	89.0	226.0	114.0	4087	262.3	536.2
1998	219.9	88.6	253.6	92.7	2989	264.5	672.2
1999	237.5	105.8	290.5	117.4	2663	239.0	1648.9
2000	227.6	84.2	249.4	121.3	3715	305.1	2197.2
2001	231.2	81.3	245.7	142.0	4007	279.7	1298.6

5-9 历年城市居民家庭平均每百户年末耐用消费品拥有量

The Number of Major Durable Consumer Goods Owned Per 100 Urban Households by Year

年份	自行车 (辆)	洗衣机 (台)	电冰箱 (台)	彩电 (台)	电风扇 (台)	摩托车 (辆)	照相机 (架)	电话 (部)	电脑 (台)	汽车 (辆)
1978	104.2				16.2					
1979	115.3			0.3	20.3		2.7			
1980	118.3			0.7	24.7		3.0			
1981	144.7			0.7	50.7		3.7			
1982	151.7			1.3	61.7		5.0			
1983	181.3			3.0	67.0		10.7			
1984	198.3			8.7	72.3		11.7			
1985	202.3	63.7	8.7	26.7	94.7	0.7	18.3			
1986	208.3	25.3	7.8	42.3	108.3	0.7	26.7			
1987	234.0	80.3	33.3	49.3	125.3	0.7	29.0			
1988	213.3	82.0	45.7	65.3	136.7	0.3	32.0			
1989	211.3	85.7	60.3	79.3	150.3		38.7			
1990	218.0	93.0	76.0	92.0	173.0	0.7	43.3			
1991	223.7	87.0	72.3	88.0	177.0	0.7	42.3			
1992	204.3	86.7	70.7	92.3	180.7		40.7	4.7		
1993	208.7	86.0	72.3	89.0	172.3	0.3	36.0	5.3		
1994	216.3	92.0	83.7	100.0	201.3	0.3	40.7	15.3		
1995	242.3	95.7	89.0	111.3	206.3	1.7	49.0	25.3		
1996	246.0	95.7	88.7	114.0	225.7	2.0	51.0	35.3		
1997	241.3	99.0	91.3	117.7	216.3	4.0	50.0	57.0	2.7	
1998	232.7	97.3	93.0	119.3	209.3	7.3	53.7	65.3	9.0	
1999	227.3	99.7	93.7	124.0	216.7	6.7	56.0	70.7	9.3	0.7
2000	203.7	96.0	94.0	141.0	203.0	5.0	64.3	81.0	17.7	1.3
2001	205.0	99.3	94.0	145.0	221.3	4.7	63.3	91.3	25.0	3.3

续表1

年　份	录放机（台）	钢　琴（架）	组合音响（套）	空调器（台）	中高档乐　器（件）	电炊具（台）	淋　浴热水器（台）	抽　排油烟机（台）
1978								
1979								
1980								
1981								
1982								
1983								
1984								
1985					4.3	5.0		
					6.3	6.0		
1986					7.7	6.3		
1987					13.0	8.3		
1988								
1989			1.3		11.0	6.7		
1990	8.0		3.0		13.0	10.0		
1991	16.3		1.0		7.3	17.7		
1992	21.0	0.3	6.0		8.0	24.7	41.7	19.0
1993	27.0	0.3	7.3		9.3	24.0	44.3	18.7
1994	32.7	1.0	14.0	1.3	9.0	54.3	72.7	28.7
1995	38.7	1.0	18.3	3.0	8.7	61.0	78.0	33.7
1996	42.7	0.7	21.0	6.0	9.0	50.7	76.0	33.3
1997	41.0	1.3	25.7	8.7	8.0	51.3	83.0	47.7
1998	36.0	1.3	32.3	13.7	9.7	57.7	80.0	42.7
1999	41.7	2.7	40.0	25.7	10.3	65.7	87.0	48.0
2000	32.3	2.3	33.7	34.3	8.7	75.0	87.0	45.0
2001	34.3	1.7	42.3	47.7	11.0	72.3	90.3	51.7

5-10　农村居民家庭基本情况

Basic Conditions of Rural Households

	单　位	1978 年	1980 年	1990 年	1995 年	2000 年	2001 年
调查户数	**户**	**85**	**162**	**1380**	**940**	**2240**	**2160**
人口状况							
平均每户人口	人	5.5	5.2	4.2	3.8	3.6	3.5
平均每一劳动力赡养人口	人	2.2	2.0	1.4	1.3	1.4	1.4
劳动者文化程度构成							
文盲或半文盲	%			11.6	6.1	2.4	2.2
小学程度	%			45.4	40.7	33.7	31.2
初中程度	%			35.5	44.9	51.2	52.5
高中程度	%			7.0	7.3	10.2	11.2
中专程度	%			0.4	0.7	1.8	2.1
大专程度	%			0.1	0.3	0.6	0.8
人均收入状况							
可支配收入	元	140	223	773	1649	2961	3111
现金收入	元	87	161	996	2387	3302	3680
#出售产品的现金	元	54	91	574	1148	1271	1427
人均储蓄存款与手存现金							
年末存款余额	元			140	406	1453	1746
年末手存现金	元	12	18	189	434	666	828
人均居住情况							
年末住房面积	平方米	9.58	10.04	20.61	23.13	34.85	36.00
#砖木结构面积	平方米			11.43	15.77	17.08	15.77
钢筋混凝土结构面积	平方米			2.26	4.40	15.29	17.60
年末住房价值	元		156	917	1825	4835	6791
人均生产性固定资产情况							
年末生产性固定资产原值	元			214.80	624.25	1404.80	1666.02
#役畜、产品畜	元			26.65	75.16	66.80	80.14
大中型铁木农具	元			29.68	53.48	89.80	79.91
生产用房	元			100.02	317.60	705.05	736.95

注：可支配收入：2000 年起为可支配收入，以前年份为纯收入。

5-11 农村居民家庭人均总收入

Per Capita Annual Gross Income of Rural Households

单位：元

	1978 年	1980 年	1990 年	1995 年	2000 年	2001 年
全年总收入	**168.56**	**262.06**	**1195.27**	**2811.08**	**4298.28**	**4663.34**
工资性收入	28.12	42.41	130.20	296.36	1006.78	1124.93
家庭经营收入	117.83	190.57	1003.28	2398.33	2911.70	3134.80
#种植业收入	66.88	111.16	491.52	1152.29	1210.01	1244.62
林业收入	0.38	0.67	7.74	21.08	40.83	50.63
牧业收入	46.69	71.88	355.61	836.26	895.43	1008.69
渔业收入	0.08	0.22	4.26	19.75	60.59	57.89
工业收入			24.72	47.40	88.06	89.95
建筑业收入			21.82	64.22	80.90	75.81
交通、运输和邮电业收入	0.53	3.33	18.04	46.11	97.25	147.05
批发零售贸易餐饮业收入			20.53	51.66	153.12	172.06
社会服务业收入			19.61	66.18	92.68	94.06
转移性和财产性收入	22.61	29.08	61.79	116.39	379.80	403.60

5-12 农村居民家庭人均现金收支情况

Per Capita Cash Income and Expenditure of Rural Households

单位：元

	1978年	1980年	1990年	1995年	2000年	2001年
年初手存现金	**11.98**	**11.98**	**142.43**	**356.54**	**1295.30**	**666.33**
年初存款余额			**118.12**	**383.55**	**701.66**	**1453.47**
全年现金收入	**87.07**	**160.79**	**995.95**	**2387.42**	**3302.32**	**3680.37**
工资性收入	21.12	42.41	130.20	295.96	1006.48	1122.83
家庭经营收入	55.10	98.34	668.39	1468.34	1922.96	2157.25
#出售产品的现金	53.88	90.90	574.11	1424.09	1271.24	1427.44
#出售种植业产品现金	53.88	90.90	210.60	418.75	479.54	512.54
出售牧业产品现金			309.07	675.49	679.12	798.15
建筑业现金收入			21.82	64.22	80.90	75.81
交通、运输和邮电业现金收入	0.53	3.33	18.04	46.11	97.25	147.05
转移性和财产性收入	8.86	9.62	76.14	169.57	372.89	400.29
非收入所得	1.99	10.42	121.22	453.55	326.27	402.80
全年现金支出	**86.68**	**154.45**	**949.23**	**2310.03**	**2922.27**	**3231.83**
#生产费用支出	20.35	29.29	286.07	778.09	915.30	1033.43
生活消费支出	62.52	103.31	459.39	1067.15	1769.71	1918.08
非消费性现金支出	2.32	13.91	114.04	283.23	339.44	545.49
年末手存现金	**12.37**	**18.32**	**189.15**	**433.93**	**666.33**	**828.24**
年末存款余额			**140.19**	**406.17**	**1453.47**	**1745.99**

5-13 农村居民家庭人均支出情况

Per Capita Expenditure of Rural Households

单位：元

	1978 年	1980 年	1990 年	1995 年	2000 年	2001 年
全年总支出	**146.72**	**234.84**	**1124.89**	**2903.36**	**3495.51**	**3842.65**
家庭经营费用支出			354.23	1011.25	999.79	1161.45
#种植业支出			86.96	274.34	240.59	270.94
牧业支出			229.36	611.99	618.72	705.70
购置生产性固定资产			16.40	35.89	46.14	36.16
税费支出	0.02	0.04	46.37	98.04	77.06	71.93
生活消费支出	116.94	185.70	692.92	1643.51	2200.74	2353.37
食　品	80.12	132.04	440.96	982.62	1126.03	1155.89
#主　食	49.15	70.69	154.57	323.67	228.57	246.42
副　食	22.68	56.87	217.18	508.84	616.53	621.53
衣　着	15.43	18.69	46.12	110.18	146.76	156.50
居　住	7.53	16.56	114.68	263.51	320.79	356.75
家庭设备、用品及服务	9.36	13.31	28.19	92.23	113.72	124.50
医疗保健		0.93	16.43	37.65	99.72	117.65
交通和通讯		1.21	10.91	37.44	120.10	154.14
文化教育娱乐用品及服务	4.50	5.10	31.67	96.89	209.37	219.00
其他商品和服务			3.96	22.99	64.25	68.94
财产转移性支出			14.97	114.67	169.46	219.74
附：生产性固定资产折旧			14.32	41.62	93.65	111.07

5-14 农村居民家庭人均主要实物消费量

Major Foods Consumption Per Capita of Rural Households

	单 位	1978 年	1980 年	1990 年	1995 年	2000 年	2001 年
粮 食	千克			301.81	269.56	230.77	224.74
蔬 菜	千克	140.61	122.63	203.51	152.19	117.63	111.01
植物油	千克	2.27	3.14	4.07	5.99	7.90	7.15
动物油	千克	0.39	0.65	1.29	1.49	1.69	1.47
猪 肉	千克	7.45	12.20	22.55	23.88	30.10	28.53
蛋 类	千克	0.95	1.23	2.95	5.15	5.67	5.64
家 禽	千克	0.43	1.40	1.82	3.38	5.09	5.14
鱼 虾	千克	0.11	0.11	0.59	1.92	2.83	2.67
糖 类	千克	0.60	1.12	1.62	1.89	1.63	1.60
酒	千克	1.46	2.04	5.29	6.88	8.19	8.32
水 果	千克			4.40	10.13	18.07	19.53
化纤布	米	0.32	0.92	1.43	1.64	0.07	0.08
棉 布	米	4.70	3.59	0.48	0.28	0.15	0.09

5-15 农村居民家庭每百户耐用物品拥有量

The Number of Durable Consumer Goods Owned Per 100 Rural Households

	单 位	1978 年	1980 年	1990 年	1995 年	2000 年	2001 年
自行车	辆	46	68	161	182	149	143
电风扇	台			32.2	99.5	171.7	180.0
洗衣机	台			8.3	20.4	50.1	52.5
电冰箱	台			0.3	3.0	16.9	19.8
摩托车	辆			0.7	8.4	39.9	46.1
大型家具	件			432	813	407	401
抽油烟机	台					1.6	1.8
黑白电视机	台	8.2	31.5	59.2	80.1	57.6	45.6
彩色电视机	台			4.0	17.1	69.1	79.9
收录机	台			19.5	31.1	24.3	18.9
照像机	架			0.4	1.1	5.0	5.0
空调机	台					1.2	1.5
电话机	部					29.8	40.3
移动电话	部					9.2	17.0
家用计算机	台					3.0	2.6

5-16 历年农村居民家庭每百人购买穿用商品

The Purchase of Clothing and Using Per 100 Rural Residents by Year

年份	棉布（米）	化纤布（米）	毛料（米）	棉布服装（件）	化纤布服装（件）	毛料服装（件）	电话（部）
1978	469.67	32.33					
1979	464.67	32.33					
1980	359.33	92.33					
1981	383.33	114.33					
1982	306.67	156.67					
1983	286.75	228.58					
1984	273.28	255.06					
1985	204.13	289.29					
1986	135.90	225.00					
1987	111.65	188.37					
1988	93.97	172.61					
1989	56.38	143.33					
1990	48.36	142.74					
1991	49.99	183.78					
1992	46.72	178.43					
1993	43.16	182.54					
1994	31.59	183.00					
1995	27.93	163.59					
1996	33.92	131.99					
1997	26.21	126.41					
1998	22.43	126.42					
1999	19.04	121.18					
2000	15.24	7.15	1.49	14.39	101.91	5,49	2.47
2001	9.25	7.90	2.57	28.50	105.15	7.93	1.97

注：从 2000 年起购买棉布和化纤布中不再包括购买的棉布和化纤布服装的折合量。

续表 1

年　　份	电视机 (部)	# 彩　电	收录机 (部)	自行车 (辆)	洗衣机 (台)	电风扇 (台)	电冰箱 (台)	摩托车 (辆)	手　机 (部)
1978									
1979									
1980									
1981									
1982									
1983	1.09		0.13	3.03		0.20			
1984	1.75		0.31	3.65	0.03	0.12			
1985	1.28	0.07	0.21	3.29	0.09	0.31			
1986	1.58	0.07	0.51	3.33	0.10	0.58			
1987	2.20	0.02	0.53	3.62	0.24	0.98			
1988	2.14	0.15	0.65	4.14	0.42	1.44			
1989	1.09	0.10	0.77	2.29	0.33	0.82			
1990	1.19	0.21	0.36	2.49	0.14	0.79			
1991	1.38	0.11	0.55	3.50	0.28	1.71			
1992	1.46	0.47	0.47	3.46	0.47	1.42			
1993	2.17	0.68	0.52	4.46	0.71	2.72			
1994	1.11	0.42	0.50	3.21	0.50	2.55			
1995	1.18	0.62	0.62	2.72	0.45	3.43			
1996	1.16	0.69	0.38	1.74	0.45	2.70			
1997	1.24	1.01	0.36	1.97	0.66	1.71			
1998	1.53	1.27	0.26	1.68	0.55	2.46			
1999	2.05	1.81	0.21	2.07	0.58	1.86	0.35	1.25	
2000	1.70	1.60	0.24	2.98	0.66	2.37	0.23	0.94	0.30
2001	1.70	1.65	0.31	2.72	0.93	2.81	0.46	1.21	0.71

主 要 统 计 指 标 解 释

城镇居民家庭实际收入 指被调查城镇居民家庭全部的实际现金收入，包括经常或固定得到的收入和一次性收入。不包括周转性收入，如提取银行存款、向亲友借入款、收回借出款以及其他各种暂收款。

城镇居民家庭可支配收入 指被调查城镇居民家庭在支付个人所得税之后，所余下的实际收入。，城镇居民家庭消费性支出指被调查的城镇居民家庭用于日常生活的全部支出，包括购买商品支出和文化生活、服务等非商品性支出。不包括罚没、丢失款和缴纳的各种税款（如个人所得税、牌照税、房产税等），也不包括个体劳动者生产经营过程中发生的各项费用。

农村居民可支配收入 指农村居民获得的经过初次分配与再分配后的收入。可支配收入可用于农村居民的最终消费、非义务性支出以及储蓄。其计算方法是：

农村居民可支配收入=全年总收入-家庭经营费用支出-税费支出-生产性固定资产折旧-调查补贴-财产性支出-转移性支出中除赠送农村内部亲友支出外的所有支出-亲友赠送收入+农村外部亲友赠送收入

农村居民生活消费支出 指农村常住居民家庭年内用于物质生活和精神生活方面的实际支出，直接反映农民的生活水平，是研究农民消费结构变化的基本指标。农民家庭生活消费支出，包括食品、衣着、居住、家庭设备、用品及服务、医疗保健、交通和通讯、文化教育娱乐用品及服务、其他商品和服务等消费支出。

城乡居民储蓄存款余额 城乡居民储蓄存款，包括城镇居民储蓄存款和农民个人储蓄存款两部分。不包括居民的手存现金和工矿企业、部队、机关团体等集团存款。储蓄存款余额，是指城乡居民存入银行及农村信用社储蓄的时点数（存入数扣除取出数的余额），如月末、季末或年末数额。

六、城市公用事业

简 要 说 明

主要内容

本部份资料反映城市基本情况,主要包括:城市规模、建设用地,城市绿化、环境卫生、道路、桥梁、自来水、天然气等城市基础设施情况;全市及分行业用电量情况,工业企业“三废”排放及处理利用情况。

资料来源

城市基础设施建设资料来源于成都市建委。

用电量资料来源于成都电业局。

环保资料来源于成都市环境保护局。

其他需要说明的问题

城市基础设施建设资料为市区范围内全社会统计口径,即包括建设系统内外两部分。

用电量资料仅为成都电业局售给成都地区的售电量,不含各县(市)未入网的自行发电量。

环保资料为全社会统计口径。

建成区面积与绿地面积

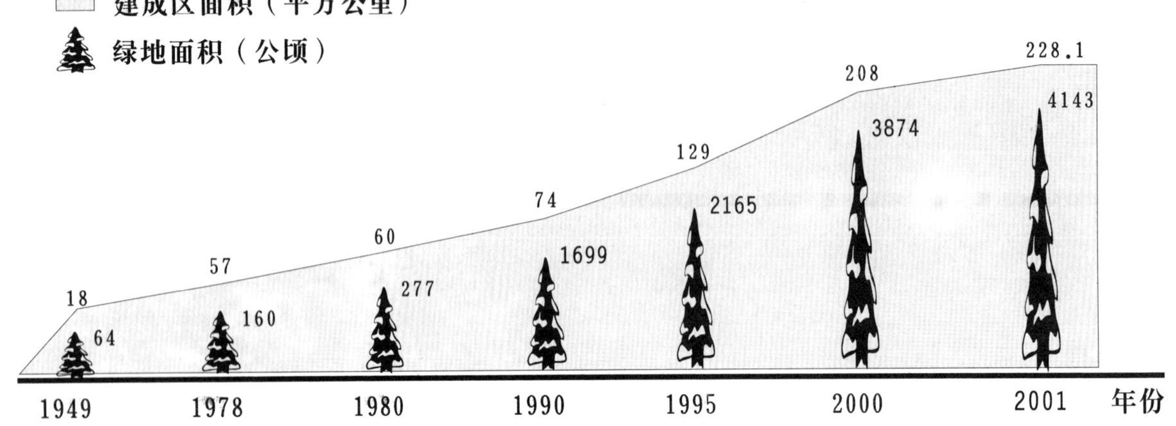

建成区面积（平方公里）
绿地面积（公顷）
18
57
60
74
129
208
228.1
64
160
277
1699
2165
3874
4143
1949
1978
1980
1990
1995
2000
2001
年份

城市居民人均居住面积（平方米）

3.7
3.1
11.6
12.0
1949
1978
2000
2001
年份

全市用电量（亿千瓦小时）

0.08
19.7
82.1
90.2
1950
1978
2000
2001
年份

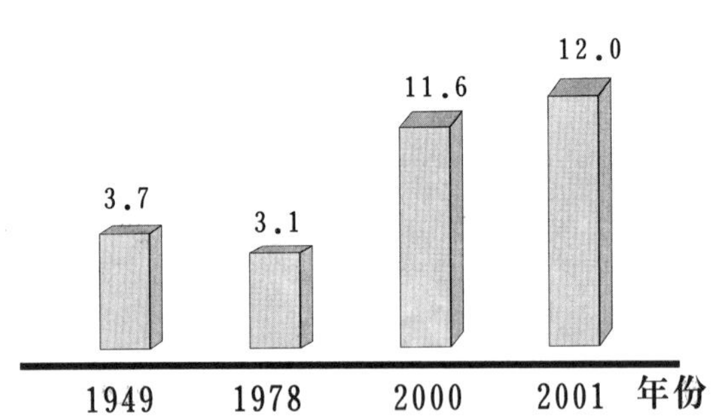

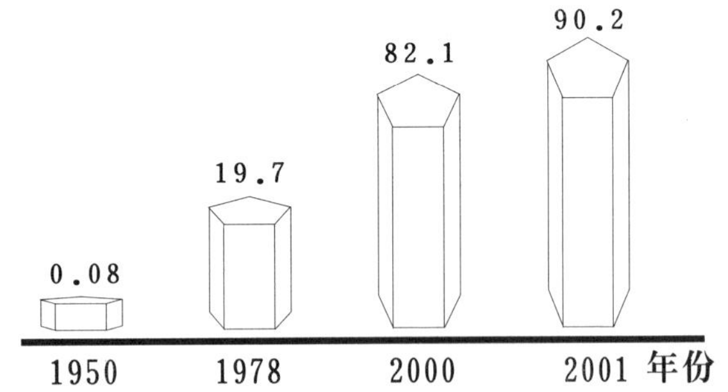

城市供水量（万吨）

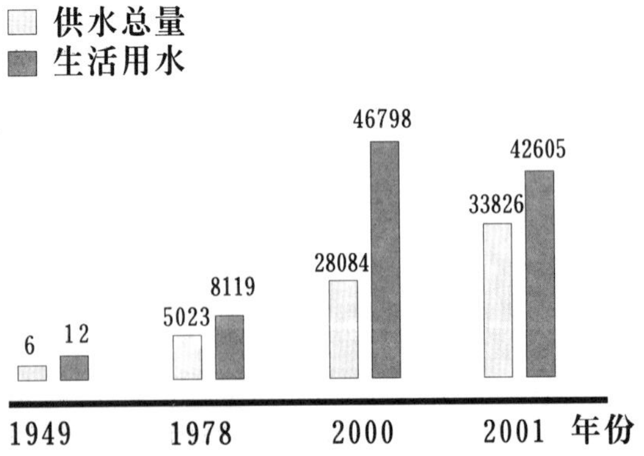

供水总量
生活用水
6
12
5023
8119
28084
46798
33826
42605
1949
1978
2000
2001
年份

城市供天然气量（亿立方米）

供气总量
生活用气
0.24
4.42
0.70
10.4
3.72
15.18
3.98
18.31
1949
1978
2000
2001
年份

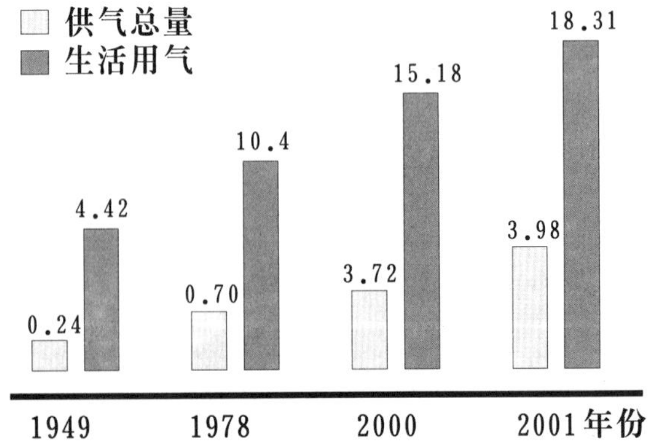

6-1 城市规模和建设用地情况

Urban Scale and Construction Land

	单 位	1990 年	1995 年	2000 年	2001 年
市区人口	万人	280.81	307.86	335.86	341.52
#非农业人口	万人	171.30	199.60	227.68	234.12
城市面积	平方公里	1382	1382	1418	1418
建成区面积	平方公里	74.4	129.0	207.8	228.1
城市建设用地面积	平方公里	85.0	129.0	207.8	224.3
#生活居住用地	平方公里	38.6	40.6	66.1	68.6
公共设施用地	平方公里		20.8	29.0	30.0
工业用地	平方公里	22.3	32.8	46.2	55.0
对外交通用地	平方公里	3.0	4.9	8.6	8.8
仓储用地	平方公里	3.4	3.7	5.4	5.6

6-2 市 政 设 施 水 平

Level of Urban Public Facilities

	单 位	1990 年	1995 年	2000 年	2001 年
用水普及率	%	61.4	66.2	72.6	84.7
用气普及率	%	34.3	55.2	66.8	79.6
每万人拥有公共交通车辆	标台	3.4	5.0	6.2	7.8
人均拥有道路面积	平方米	1.6	2.9	4.6	6.5
人均公共绿地面积	平方米	1.6	1.4	2.7	2.8
建成区绿化覆盖率	%	22.0	20.3	22.6	21.9
每万人拥有公共厕所	座	2.2	2.0	2.1	2.2

注：根据建设部规定，从 2001 年开始人均市政设施水平由原按市区非农业人口计算改为按市区全部人口计算，故对 2001 年以前的数据作了相应调整。

6-3 房屋建设情况
Building Construction

	单　位	1990年	1995年	2000年	2001年
实有房屋建筑面积	万平方米	5151	6493	9314	8968
实有住宅建筑面积	万平方米	2568	3455	5485	5341
房屋建筑竣工面积	万平方米	214	433	688	568
#住宅竣工面积	万平方米	114	310	503	411
居住人口	万人	171.4	199.6	232.6	252.2
实有住宅使用面积	万平方米	1926	2591	4048	4001
人均居住面积	平方米	7.5	8.7	11.6	12.0
解决住房困难户	户			10136	10283

注：2001年房屋面积指标为五城区和高新区的数据，2001年以前为五城区、高新区、龙泉驿区和青白江区的数据。

6-4 市政工程设施情况
Municipal Engineering Facilities

	单　位	1990年	1995年	2000年	2001年
年末实有铺装道路长度	公里	423	698	1058	1125
年末实有铺装道路面积	万平方米	450	890	1559	2222
路灯盏数	千盏	16.7	21.2	43.0	53.5
桥梁数	座	172	196	244	262
#立交桥	座	5	10	13	17
排水管道长度	公里	639	908	1346	1554
防洪堤长度	公里	142	174	249	256

6-5 自来水供应情况

Basic Statistics of Tap Water Supply

	单 位	1990 年	1995 年	2000 年	2001 年
年末供水综合生产能力	万吨/日	65	178	150	140
#自来水公司系统	万吨/日	65	93	123	117
年末自来水管长度	公里	580	900	1669	1826
全年供水量	万吨	40962	54269	46798	42605
#生活用水	万吨	14847	19764	28084	33826
用水人口	万人	172.3	203.9	243.7	289.1
每日人均生活用水量	升	204	267	316	321

注：供水综合生产能力及全年供水量指标从 1996 年起未含纯工业用水。

6-6 液化石油气、天然气情况

Basic Statistics of Urban Supply for Liquefied Petroleum Gas and Natural Gas

	单 位	1990 年	1995 年	2000 年	2001 年
液化石油气					
供气量	吨	2844	15200	40223	73645
#家庭用量	吨	2761	14380	22900	73443
用气人口	万人	4.7	27.1	18.0	18.0
天然气					
输气管道长度	公里	531	902	1606	1669
供气总量	万立方米	104030	128342	151756	183128
#家庭用量	万立方米	6974	13442	37228	39822
用气人口	万人	91.7	142.8	206.3	253.9

6-7 公共汽车、出租车情况

Basic Statistics of Buses, Trolley Buses and Taxies

	单　位	1990年	1995年	2000年	2001年
年末营运汽车	辆	942	1526	2118	2535
年末营运线路长度	公里	628	660	919	995
全年客运总量	万人次	37039	26039	45164	58732
年末出租汽车	辆	1585	4665	7852	8425

6-8 园林绿化情况

Basic Statistics of Parks, Gardens and Green Areas

	单　位	1990年	1995年	2000年	2001年
年末园林绿地面积	公顷	1896	2287	4013	4335
#建成区	公顷	1699	2165	3874	4143
年末公共绿地	公顷	436	438	901	948
绿化覆盖面积	公顷	2466	2935	4873	5229
#建成区	公顷	2206	2614	4696	4992
年末公园数	个	32	34	43	43
年末公园面积	公顷	338	411	534	533
全年游人量	万人次	2429	2585	3225	2481

6-9 城市维护建设资金收支情况

Revenue and Expenditures of urban Maintenance and Construction Funds

单位：万元

	1990 年	1995 年	2000 年	2001 年
一、城市维护建设资金收入	**34982**	**165192**	**417275**	**453455**
#两项城市维护建设资金			34030	31181
#城市维护建设税	6932	13752	30836	24427
公用事业附加	2066	3243	3194	6754
地方财政拨款	773	269	19470	46686
水资源费	264	28	1050	1030
国内贷款	3600	18000	92970	152815
利用外资	1920	7770		6000
企事业自筹			151132	114045
市政公用设施配套费	5196	15647	24977	48552
市政公用设施有偿使用费	1102	5020	7047	8675
土地出让转让金			5561	17665
二、城市维护建设资金支出	**27642**	**136756**	**403202**	**456567**
按用途分				
#固定资产支出	20645	96390	329629	395472
维护支出	5643	27528	70259	50169
按行业分				
#供　水	3233	14125	24363	43966
燃　气	266	12315	10068	12499
公共交通	1568	2656	8065	2800
排水工程			10925	47520
园林绿化	1074	8029	20484	19663
环境卫生	1310	12649	19636	19162

6-10 历 年 全 市 用 电 量

Urban Electricity Consumption by Year

单位：万千瓦小时

年　份	用电量	# 工业用电	# 交通运输用电	# 市政生活用电
1950	770	377		388
1951	1019	591		423
1952	1141	722		414
1953	1540	909		613
1954	1929	1206		701
1955	2331	1457		836
1956	3426	2209		1190
1957	4276	2777		1444
1958	8386	6559		1763
1959	21717	18984		2349
1960	47508	43455		1218
1961	42103	38514		3175
1962	35633	30704		4692
1963	37319	32107		4660
1964	46417	42619		5198
1965	70084	62821	25	5929
1966	96492	86855	63	6528
1967	77595	68445	147	6975
1968	44587	35257	123	6909
1969	85931	72706	267	8404
1970	147391	127357	3637	10233
1971	163559	137687	6098	11894
1972	165761	140600	6093	12313

续表 1

单位：万千瓦小时

年　　份	用电量	# 工业用电	# 交通运输用电	# 市政生活用电
1973	173619	147826	5389	12152
1974	181273	152666	6457	13559
1975	138626	112246	1100	11134
1976	135847	115992	1765	11889
1977	162564	140421	2125	13021
1978	197000	171281	2268	14252
1979	219477	188343	2174	16399
1980	236796	200477	2160	18416
1981	232955	192777	1879	20653
1982	242919	199843	2032	21118
1983	262682	217953	2206	23646
1984	269408	220028	4625	27163
1985	273763	218888	5771	31165
1986	283501	233569	8362	31412
1987	297163	237476	8862	35464
1988	302933	236183	7353	45192
1989	337198	263915	6964	49034
1990	356117	269271	7112	63473
1991	405748	310748	7139	68308
1992	446621	335390	9110	92484
1993	511759	374196	9526	115574
1994	555674	391665	10206	139235
1995	594427	410396	10415	162700
1996	647423	424693	11740	197739
1997	678070	425725	14004	226815
1998	699964	427596	11861	249750
1999	734982	431075	13570	283039
2000	821001	453625	15699	342344
2001	903557	476157	23247	375097

6-11 分 行 业 用 电 量

Electricity Consumption by Sector

单位：万千瓦小时

	1990 年	1995 年	2000 年	2001 年
总　　计	**356117**	**594427**	**821001**	**903557**
农、林、牧、渔、水利业	9447	17318	17278	16658
工　业	269271	410396	453625	476157
地质普查和勘探业	322	399	642	956
建筑业	1212	3614	7112	11442
交通运输、邮电通讯业	7784	10415	15699	23247
商业、饮食、物资仓储供销业	3694	24546	62921	80014
其他事业	23192	53649	72678	85574
城乡居民生活用电	41195	74090	191046	209509
城　市	34353	50854	144338	164765
乡　村	6842	23236	46708	44744

6-12 环　境　卫　生

Environmental Sanitation

	单　位	1990 年	1995 年	2000 年	2001 年
实际清扫面积	万平方米	626	1000	1411	1592
生活垃圾无害处理能力	吨/日			2559	2500
生活垃圾无害处理量	万吨			92.5	90.9
生活垃圾清运量	万吨	62	88	93	101
环卫机械总数	台	315	522	692	753
公共厕所	座	633	628	712	764

6-13 工业“三废”排放及处理利用情况

Discharge, Treatment and Utilization of Waste Water, Waste Gas and Solid Waste by Industrial Enterprises

	单　　位	1990 年	1995 年	2000 年	2001 年
工业废水					
排放总量	万吨	26349	26849	34154	34365
排放达标量	万吨	15319	16802	25625	32747
工业废气					
排放总量	亿标立方米	763	576	719	873
燃烧过程排放量	亿标立方米	538	269	311	469
生产工艺过程排放量	亿标立方米	225	307	407	404
工业烟尘					
排放量	万吨	4.68	4.91	21.27	20.95
去除量	万吨		32	34.7	36.82
工业粉尘					
排放量	万吨	2.65	2.09	3.88	3.83
去除量	万吨			14.36	16.71
工业固体废物					
产生量	万吨	228	228	289	346
综合利用量	万吨	127	182	244	320
贮存量	万吨	24	15	10	5.6
处置量	万吨	47	19	37	6.2
排放量	万吨	39	12	15	15
历年累计堆存量	万吨	582	255	147	153

注：从 1997 年起统计单位包含乡镇企业，故与以前年份不可比。

主 要 统 计 指 标 解 释

自来水生产能力 指城建部门管理的自来水厂和自备水源的社会单位取水、净化、送水、出厂输水干管等环节的实际生产能力。

城市人口用水普及率 指城市用水的人口数（不包括临时人口和流动人口）与城市总人口数之比。计算公式：

用水普及率＝（城市用水的人口数÷城市总人口数）×100%

城市用气普及率 指使用煤气（包括人工煤气、液化石油气、天然气）的城市总人口数（不包括临时人口和流动人口）与城市人口总数之比。计算公式：

$$城市煤气普及率=\frac{城市用气的人口数}{城市总人口数}\times100\%$$

城市污水日处理能力 指污水处理厂每昼夜处理污水量的设计能力。

营运线路长度 指设置的固定营运线路长度，包括郊区营运线路长度。不包括临时行驶的线路长度。

城市园林绿地面积 指城市公共绿地、专用绿地、生产绿地、防护绿地、郊区风景名胜区的全部面积。

公共绿地 指供游览休息的各种公园、动物园、植物园、陵园以及花园、游园和供游览休息用的林荫道绿地、广场绿地。不包括一般栽植的行道村及林荫道的面积。

工业废水排放量 指经过企业厂区所有排放口排到企业外部的工业废水量。包括生产废水、外排的直接冷却水、超标排放的矿井地下水和与工业废水混排的厂区生活污水，不包括外排的间接冷却水（清污不分流的间接冷却水应计算在内）。

工业废水排放达标量 指各项指标都达到国家或地方排放标准的外排工业废水量，包括未经处理外排达标的和经过处理后外排达标的两部分。国家排放标准见 GB8978-88。

工业废气排放量 指企业厂区内燃料燃烧和生产工艺过程中产生的各种排入空气的含有污染物的气体的总量，以标准状态［273K,101325Pa］计。

工业粉尘排放量 指企业在生产工艺过程中排放的颗粒物重量。如钢铁企业的耐火材料粉尘、焦化企业的筛焦系统粉尘、烧结机的粉尘、石灰窑的粉尘、建材企业的水泥粉尘等。不包括电厂排入大气的烟尘。

工业固体废物产生量 指企业在生产过程中产生的固体状、半固体状和高浓度液体状废弃物的总量，包括危险废物、冶炼废渣、粉煤灰、炉渣、煤矸石、尾矿、放射性废物和其他废物等；不包括矿山开采的剥离废石和掘进废石（煤矸石和呈酸性或碱性的废石除外）。酸性或碱性废石是指采掘的废石其流经水、雨淋水的 pH 值小于 4 或 pH 值大于 10.5 者。

工业固体废物综合利用量 指通过回收、加工、循环、交换等方式，从固体废物中提取或者使其转化为可以利用的资源、能源和其他原材料的固体废物量（包括当年利用往年的工业固体废物累计贮存量）。如用作农业肥料、生产建筑材料、筑路等。综合利用量由原产生固体废物的单位统计。

工业固体废物贮存量 指以综合利用或处置为目的，将固体废物暂时贮存或堆存在专设的贮存设施或专设的集中堆存场所内的量。专设的固体废物贮存场所或贮存设施必须有防扩散、防流失、防渗漏、防止污染大气、水体的措施。，工业固体废物处置量指将固体废物焚烧或者最终置于符合环境保护规定要求的场所并不再回取的工业固体废物量（包括当年处置往年的工业固体废物累计贮存量）。处置方法如：填埋（其中危险废物应安全填埋）、焚烧、专业贮存场（库）封场处理、深层灌注、回填矿井等。

七、农　业

简　要　说　明

主要内容

本部份资料反映全市农业生产和农村经济的基本情况,主要包括农村基层组织、乡村从业人员,农、林、牧、渔业产值及其主要产品产量、农业机械拥有量、水利设施、林业生产和乡镇企业等方面的统计资料。

资料来源

农林牧渔业产值、产量及有关资料来源于成都市统计局。

农业机械资料来源于成都市农机局。

渔业生产等资料来源于成都市水利局。

林业生产资料来源于成都市林业局。

乡镇企业资料来源于成都市中小企业局。

注:由于省实行分季定产,时间较早,个别农产品产量与报省数据略有差异。

农林牧渔业总产值（亿元）

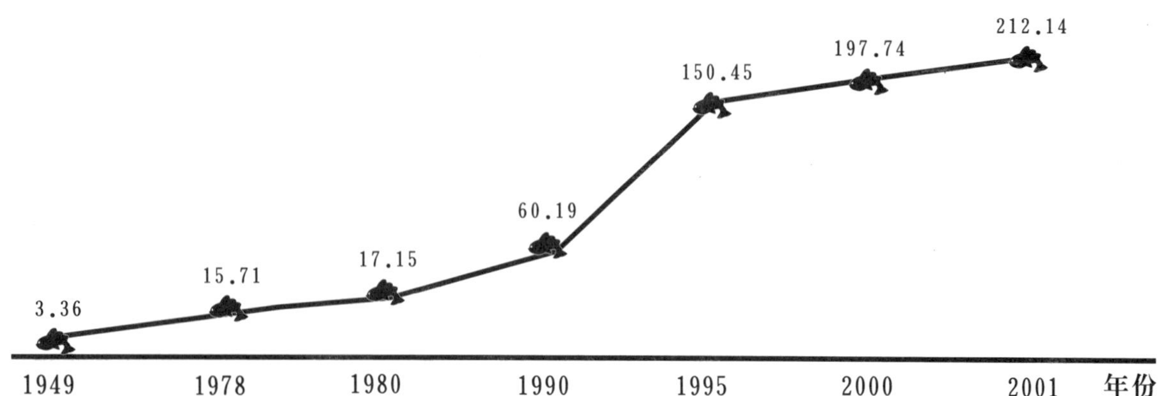

粮食总产量（万吨）

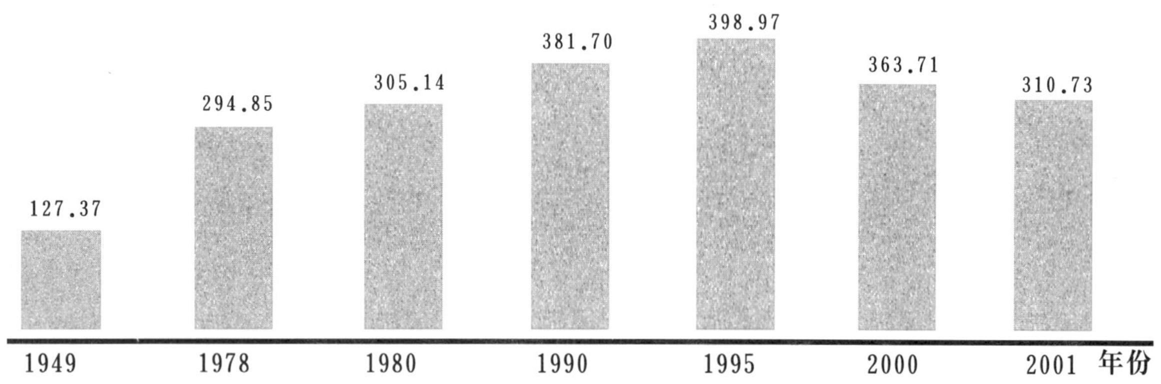

肉类总产量（万吨）

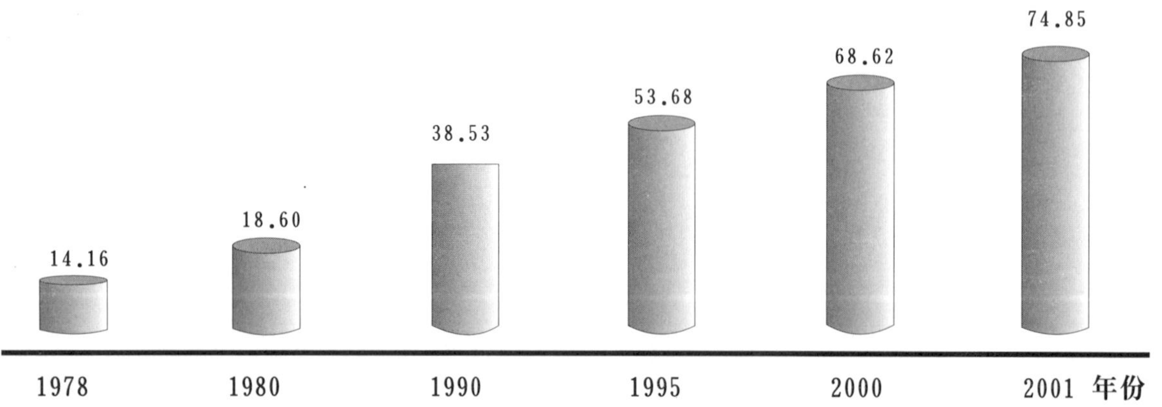

7-1 农村基层组织及农业生产条件

Basic Conditions of Rural Grassroots Units and Agriculture

	单 位	1978年	1980年	1990年	1995年	2000年	2001年
农村基层组织							
乡镇个数	个	394	395	408	309	338	338
#镇个数	个			78	174	208	224
村委会个数	个	4575	4639	4651	4611	4582	4572
乡村户数、人口							
乡村户数	户	1445797	1473951	1977835	2044067	2081843	2084567
乡村人口	人	6348345	6376564	6918256	6873099	6841033	6843314
乡村从业人员	**人**	**2635876**	**2774188**	**3916699**	**4210072**	**4088305**	**4277207**
#转移出省的从业人员	人			13904	57801	126959	143917
按性别分							
男	人	1342399	1388855	2028586	2162395	2113385	2132815
女	人	1293477	1385333	1888113	2047677	1974920	1992562
按行业分							
农、林、牧、渔业	人	2413646	2584538	3051316	2826002	2440924	2402693
工 业	人	87706	105547	348459	462941	412239	412592
建筑业	人	40133		158749	266302	351166	366647
交通运输仓储业及邮电通讯业	人	6126		52632	90609	101882	104302
批发、零售贸易业、餐饮业	人	9452		110166	190176	258698	266893
其他行业	人	78813		193577	374042	523396	572250

注：1980年乡村劳动力按行业分组因报表制度变化，建筑业及第三产业各行业劳动力数据未统计。从1999年起“乡村劳动力”指标已改为“乡村从业人员”统计，细分类指标亦相同。

续表 1

	单　位	1978 年	1980 年	1990 年	1995 年	2000 年	2001 年
农村社会基础设施							
自来水受益村数	个				1275	1897	1955
通汽车村数	个				4445	4577	4567
通电话村数	个				1650	4548	4538
农业主要能源及物质消耗							
乡、村办水电站数	个	810	691	345	366	316	312
发电能力	千瓦	31353	50863	122062	217489	211318	217818
农村用电量	万千瓦小时	12033	17173	77482	148686	222405	240596
农用化肥施用量(折纯)	万吨	15.59	13.22	15.78	18.49	21.42	21.46
氮　肥	万吨	11.50	9.24	11.67	10.15	9.42	9.53
磷　肥	万吨	4.09	3.88	2.99	3.71	4.58	4.64
钾　肥	万吨		0.06	0.38	0.92	1.73	1.81
复合肥	万吨		0.04	0.74	3.71	5.69	5.48
农用塑料薄膜使用量	吨			1131	2846	7331	7105
#地膜使用量	吨				1775	4449	4907
地膜覆盖面积	万公顷				1.75	4.67	4.66
农用柴油	万吨				3.26	2.42	2.43
农药使用量	吨			4080	5599	7146	7326
机耕地面积(负担面积)	公顷	155467	207375	260460	264026	268649	271245
机耕地占耕地面积比重	%	31.37	42.32	55.96	58.80	63.27	65.31

7-2 历年农林牧渔业总产值

Gross Output Value of Farming, Forestry, Animal Husbandry and Fishery by Year

单位：万元

年份	农林牧渔业总产值	农业	林业	牧业	渔业
1950	35140	30850	1070	3192	28
1951	37231	32527	1116	3557	31
1952	40583	35315	1269	3967	32
1953	46049	39992	1526	4489	42
1954	49264	41788	2105	5327	44
1955	50101	42344	2249	5458	50
1956	53498	44926	2428	6089	55
1957	57859	48160	2681	6950	68
1958	67215	54521	5265	7338	91
1959	52465	42641	4281	5471	72
1960	42184	35224	3340	3546	74
1961	36998	31938	1997	2971	92
1962	45840	39385	2041	4345	69
1963	55284	45216	2336	7642	90
1964	65290	51599	3026	10573	92
1965	76227	60247	3053	12829	98
1966	83034	65507	3151	14293	83
1967	84823	66425	3038	15264	96
1968	77963	60731	2856	14293	83
1969	81898	64835	2868	14111	84
1970	90799	73016	2893	14792	98
1971	97206	77463	2989	16658	96
1972	97890	75476	3211	19096	107
1973	105872	81759	3636	20366	111
1974	110799	86075	3801	20795	128
1975	113923	88472	3807	21503	141

续表 1

单位：万元

年份	农林牧渔业总产值	农业	林业	牧业	渔业
1976	113083	87941	3887	21064	191
1977	124834	98381	4059	22121	273
1978	157073	122713	4725	29349	286
1979	173161	132675	5308	34852	326
1980	171518	126158	5175	39849	336
1981	177416	128085	4975	43949	407
1982	219738	166598	5527	47001	612
1983	237768	176620	5983	54107	1058
1984	262666	193216	8339	59181	1930
1985	291302	203470	8756	75682	3394
1986	324607	219259	8041	92244	5063
1987	395987	255562	7935	125554	6936
1988	479787	284690	9386	176896	8815
1989	520868	312455	9886	188248	10279
1990	601911	375241	11248	204964	10458
1991	639111	401953	11361	214000	11797
1992	739631	462607	14415	249449	13160
1993	884061	544490	14837	307831	16903
1994	1279351	750677	16651	491217	20806
1995	1504482	899164	18877	562630	23811
1996	1683751	1020560	21279	612394	29518
1997	1812981	1073548	20612	685333	33488
1998	1919066	1187104	28482	667369	36111
1999	1935590	1207099	28117	666298	34076
2000	1977360	1210837	28556	700601	37366
2001	2121433	1238181	33819	810704	38729

7-3 历年农林牧渔业总产值发展速度

Development Rates of Gross Output Value of Farming, Forestry, Animal Husbandry and Fishery by Year

单位：%

年　份	农林牧渔业总产值	农　业	林　业	牧　业	渔　业
1950	100.0	100.0	100.0	100.0	100.0
1951	106.0	105.3	104.2	111.4	109.8
1952	109.0	108.5	113.7	111.5	105.1
1953	106.9	106.0	112.6	111.7	121.8
1954	106.4	104.4	137.8	112.5	104.0
1955	101.7	101.3	106.8	102.5	114.4
1956	106.4	105.6	107.4	111.0	107.9
1957	103.2	102.1	105.1	108.7	118.6
1958	105.8	103.6	178.7	96.6	122.9
1959	82.1	82.3	85.6	78.5	83.5
1960	79.0	81.7	76.1	64.0	101.3
1961	79.0	81.7	53.8	75.4	111.3
1962	119.5	118.4	98.2	140.4	72.3
1963	120.6	113.3	113.0	174.0	129.7
1964	118.1	113.4	128.7	137.6	100.9
1965	116.2	115.9	100.2	120.5	105.4
1966	108.8	108.6	103.0	110.8	101.4
1967	102.2	101.1	96.2	106.9	96.1
1968	91.9	91.3	93.9	93.5	86.6
1969	105.0	107.1	100.7	99.0	102.0
1970	110.9	112.9	101.1	105.1	116.4
1971	104.7	103.5	100.8	109.9	95.8
1972	98.6	94.8	104.5	111.5	108.0
1973	108.1	108.4	113.3	106.7	104.6
1974	101.8	102.6	101.8	99.5	112.0
1975	100.2	100.1	97.6	100.7	107.5

注：发展速度以上年为基数，按 1990 年不变价格计算。

续表 1

单位：万元

年　　份	农林牧渔业总产值	农　业	林　业	牧　业	渔　业
1976	97.6	97.8	100.5	96.4	133.2
1977	108.1	109.8	102.5	103.1	139.6
1978	109.6	108.3	101.1	115.2	91.2
1979	108.2	105.6	109.8	116.1	111.3
1980	100.2	95.9	87.0	114.0	98.9
1981	100.4	97.2	104.9	107.6	124.0
1982	112.7	119.4	102.6	98.4	133.9
1983	110.9	109.3	105.5	115.2	145.3
1984	105.3	103.0	121.3	108.8	166.6
1985	105.1	101.2	105.7	113.3	149.0
1986	105.7	103.5	90.2	110.5	144.1
1987	106.5	105.0	95.7	110.3	108.3
1988	100.6	96.1	103.6	108.6	113.2
1989	105.4	109.1	97.3	99.2	111.6
1990	103.0	103.0	97.9	103.3	99.3
1991	104.8	104.0	95.9	106.6	107.2
1992	105.1	103.5	118.8	107.5	105.5
1993	104.8	103.8	98.8	106.5	116.1
1994	105.5	103.5	99.2	109.1	107.2
1995	105.5	105.1	97.0	106.4	110.2
1996	104.6	103.7	106.7	105.2	116.8
1997	104.7	103.5	93.0	106.7	110.0
1998	104.3	105.1	105.0	102.9	107.5
1999	104.1	104.8	112.4	102.9	99.5
2000	105.0	103.3	97.6	107.4	114.3
2001	105.5	101.9	106.0	110.9	105.0
平均发展速度					
1949-2001	104.2	103.3	102.6	106.7	111.2
1978-2001	105.3	104.0	102.0	108.0	117.2

7-4 农林牧渔业总产值

Gross Output Value of Farming, Forestry, Animal Husbandry and Fishery

	绝对额(万元)		构　成(%)	
	2000 年	2001 年	2000 年	2001 年
农林牧渔业总产值	**1977360**	**2121433**	**100**	**100**
一、农业产值	1210837	1238181	61.2	58.4
(一)种植业	1101146	1151935	55.7	54.3
1.主产品	1069261	1124180	54.1	53.0
#粮食作物	387531	353647	19.6	16.7
#谷　物	350086	314309	17.7	14.8
油　料	47888	49366	2.4	2.3
蔬菜（含菜用瓜）	358545	404474	18.1	19.1
水　　果	106181	135096	5.4	6.4
茶　　叶		2302		0.1
花卉园艺		38977		1.8
2.副产品	31885	27755	1.6	1.3
粮食作物副产品	30057	25890	1.5	1.2
其他副产品	1828	1865	0.1	0.1
（二）其他农业	109691	86246	5.5	4.1
二、林业产值	28556	33819	1.5	1.6
（一）营　林	9501	17297	0.5	0.8
（二）林产品	3910	4617	0.2	0.2
（三）竹木采伐	15145	11905	0.8	0.6
三、牧业产值	700601	810704	35.4	38.2
（一）牲　畜	365324	455695	18.5	21.5
#猪	347392	431159	17.6	20.3
（二）家禽饲养	206822	211240	10.5	9.9
（三）活的畜禽产品	104662	116023	5.3	5.5
（四）捕　猎		12		
（五）其它动物饲养	23793	27734	1.2	1.3
四、渔业产值	37366	38729	1.9	1.8
#养　殖	36769	37934	1.9	1.8

7-5 农林牧渔业商品产值和商品率

Commodity Output Value and the Ratios of Commodity Output Value to Gross Output Value of Farming, Forestry, Animal Husbandry and Fishery

	1990 年	1995 年	2000 年	2001 年
商品产值(万元)	**357188**	**956753**	**1392571**	**1507938**
农　业	170961	446434	777888	779241
种植业	140161	384459	670992	709493
其他农业	30800	61975	106896	69748
林　业	4654	10949	12593	11708
牧　业	172738	478244	570102	684735
#猪	125539	301102	280902	360497
家　禽	17118	86995	166030	174753
渔　业	8835	21126	31988	32254
商品产值率(%)	**59.3**	**63.6**	**70.4**	**71.1**
农　业	45.6	49.7	64.2	62.9
种植业	41.2	46.2	60.9	61.6
其他农业	88.1	92.7	97.5	80.9
林　业	41.4	58.0	44.1	34.6
牧　业	84.3	85.0	81.4	84.5
#猪	87.0	87.4	80.9	83.6
家　禽	75.4	81.2	80.3	82.7
渔　业	84.5	88.7	85.6	83.3

7-6 耕 地 面 积 情 况

Main Indicators of Cultivated Area

单位：公顷

	1978 年	1980 年	1990 年	2000 年	2001 年
年初实有耕地面积	**497790**	**493385**	**466538**	**432914**	**424584**
当年增加的耕地面积	**1714**	**710**	360	**514**	**348**
#新开荒地	391	220	216	114	160
当年减少的耕地面积	**3911**	**4116**	**1459**	**8843**	**9584**
国家基建占地	588	289	272	1610	2205
#扩修公路占地			47	379	548
乡村集体占地	909		74	963	1697
农民个人建房占地			491	199	380
退耕还林还草面积					2575
农业结构调整用地				6007	5126
挖渔塘占地				36	71
改园地				1710	1348
改林地				4261	3704
灾害毁地				64	176
年末实有耕地面积	**495593**	**489979**	**465439**	**424585**	**415348**
水　田	363848	362961	350539	321810	316957
旱　地	131745	127018	114900	102775	98391
平均每一农业人口占耕地(亩/人)	1.2	1.2	1.0	1.0	1.0
平均每一乡村从业人员占耕地(亩/人)	2.8	2.6	1.8	1.6	1.5

7-7 历年农业机械拥有量

Agricultural Machinery by Year

年 份	农业机械总动力（千瓦）	农用大中型拖拉机		农用排灌动力机械		农用载重汽车（辆）
		台	千瓦	台	千瓦	
1978	401045	3130	86634	9437	90139	150
1979	547861	3830	108568	11903	115810	355
1980	668943	4132	117947	12096	110984	663
1981	751754	4323	144493	12261	120805	864
1982	810771	4337	125921	13921	136008	944
1983	880933	4307	125918	13266	131190	1359
1984	916337	4033	118510	12364	125120	2177
1985	1001914	4162	123521	12091	124118	2821
1986	1060317	4209	125978	12651	122034	3288
1987	1103871	4196	127139	13885	133852	3346
1988	1221017	4115	126475	13397	130678	3925
1989	1251611	3790	117789	13464	133430	4265
1990	1348769	3376	106235	14990	157097	4329
1991	1394756	2730	86817	14090	153435	4517
1992	1451580	2334	74572	14414	156764	4829
1993	1557072	2153	69849	14672	160099	4942
1994	1623060	2100	68988	16234	167906	5459
1995	1759407	1912	63316	16445	174122	6018
1996	1803993	1773	58770	16329	168709	6292
1997	1856009	1831	59375	17003	173272	6485
1998	1920602	2118	65814	17013	177142	6367
1999	2024727	3307	98472	19718	186752	6822
2000	2052884	6415	223449	20173	193664	7056
2001	2113830	7061	240621	20911	185356	6956

7-8 历年农村小水电、用电量、有效灌溉面积及化肥施用量情况

The Number of Small Hydropower Stations, Electricity Consumption, Effective Irrigated Area and Consumption of Chemical Fertilizers in Rural Areas by Year

	农村小型水电站		农村用电量（万千瓦小时）	有效灌溉面积（公顷）	化肥施用量（折纯：吨）
	个数(个)	发电能力(千瓦)			
1978	810	31353	12033	402333	155921
1979	759	39689	21018	403127	149627
1980	691	50863	17173	403533	132170
1981	642	55287	22619	404133	145630
1982	522	58658	25529	403533	145480
1983	455	60827	28262	403200	147081
1984	444	70526	34179	402333	132185
1985	375	73949	38963	399640	119625
1986	370	84002	50939	398120	143128
1987	374	92351	55167	396933	134453
1988	385	95334	59329	396667	136772
1989	386	110390	68113	394636	152904
1990	345	122062	77482	395513	157815
1991	333	125445	79777	394547	176083
1992	339	140066	91325	391293	168497
1993	354	182809	104562	388913	165078
1994	355	193921	117276	386400	172344
1995	366	217489	148686	384000	184865
1996	357	216609	161258	381628	191553
1997	356	223084	180553	369946	191557
1998	336	198461	195302	372813	199910
1999	312	200422	206600	366956	216103
2000	316	211318	222405	365937	214166
2001	312	217818	240596	359667	214635

7-9 农 业 机 械

Main Indicators of Agricultural Machinery

	单 位	1978 年	1980 年	1990 年	1995 年	2000 年	2001 年
农业机械总动力	万千瓦	40.10	66.89	134.88	175.94	205.29	211.38
农用大中型拖拉机	台	3130	4132	3376	1912	6415	7061
	万千瓦	8.66	11.79	10.62	6.33	22.34	24.06
小型（手扶）拖拉机	台	8183	19547	42563	40444	33878	33268
	万千瓦	7.12	17.40	43.58	43.20	36.83	18.07
农用排灌动力机械	台	9437	12096	14990	16445	20173	20911
	万千瓦	9.01	11.10	15.71	17.41	19.37	18.54
农用载重汽车	辆	150	663	4329	6018	7056	6956
	万千瓦	0.91	4.44	31.08	49.28	53.13	52.70
大中型拖拉机配套农具	部	6522	8376	3228	1531	1994	2060
小型拖拉机配套农具	部	15859	34711	56787	50543	44854	42444
农用水泵	台	8522	11366	14701	15589	19950	23698
喷灌机械	套	3033	4643	596	339	1765	1159
机动喷雾机	台	1176	4244	7672	7939	7693	8452
机动脱粒机	台	6065	15738	6243	17946	49617	51996
粮食加工机械	台	18323	23944	24871	25643	24905	24735
油料加工机械	台	662	792	588	847	1528	1508
饲料粉碎机	台	7193	8555	9243	10401	10302	10455
农业机械总值（原值）	万元			44135	84033	135000	167619

注：1978 年、1980 年碾米机数包括磨面机。

7-10 历年粮食、油菜籽、蔬菜产量

Yield of Grains, Rapeseeds and Vegetables by Year

单位：万吨

年份	粮食	# 小麦	# 稻谷	油菜籽	蔬菜
1949	127.37	7.68	98.11	4.05	36.49
1950	137.02	8.52	105.37	4.47	37.25
1951	143.02	9.84	109.99	4.73	42.86
1952	154.47	9.20	119.70	5.61	38.22
1953	163.26	9.66	125.88	5.48	39.05
1954	169.58	9.27	130.93	6.46	44.87
1955	176.55	10.52	134.34	6.92	52.88
1956	188.06	13.24	136.13	6.56	55.87
1957	187.03	13.96	134.68	6.12	54.92
1958	192.05	14.59	130.91	5.00	61.71
1959	150.14	13.78	109.79	4.81	102.85
1960	125.22	13.39	88.81	2.58	116.12
1961	105.49	8.50	78.08	1.86	98.17
1962	137.28	12.65	98.33	2.11	66.35
1963	148.10	10.19	112.46	2.46	59.71
1964	160.18	12.25	122.27	5.24	63.21
1965	191.78	16.09	136.68	7.07	60.10
1966	200.47	23.35	148.96	6.85	63.79
1967	199.11	24.74	146.11	8.36	60.25
1968	176.86	23.10	126.26	7.18	60.09
1969	199.09	20.79	145.18	6.51	62.76
1970	233.94	27.27	161.31	7.88	70.96
1971	231.23	32.48	163.07	8.88	74.04
1972	214.73	35.78	147.17	9.18	75.53

续表 1 单位：万吨

年 份	粮 食	# 小 麦	# 稻 谷	油菜籽	蔬 菜
1973	242.20	36.70	167.15	9.09	78.60
1974	237.68	43.53	157.34	9.67	76.88
1975	253.97	40.27	166.33	8.76	76.68
1976	237.85	45.82	148.39	6.75	85.13
1977	266.63	43.82	176.23	6.78	89.03
1978	294.85	60.64	182.83	10.82	87.61
1979	310.41	63.57	188.80	12.24	84.57
1980	305.14	62.26	189.78	13.70	75.09
1981	301.08	63.65	192.35	16.87	82.97
1982	352.66	76.45	228.31	21.52	102.66
1983	371.22	92.20	230.32	18.69	130.62
1984	359.36	84.33	226.70	17.89	132.67
1985	344.74	76.49	219.74	22.96	154.60
1986	357.73	80.65	231.30	22.32	174.10
1987	353.89	85.12	224.30	23.61	192.68
1988	329.57	74.04	211.03	18.46	203.76
1989	356.80	77.75	230.70	18.08	205.76
1990	381.70	90.14	243.10	19.85	222.80
1991	392.26	96.24	248.22	19.92	227.29
1992	399.05	92.21	255.14	17.88	244.93
1993	397.53	93.70	250.99	13.05	258.10
1994	397.30	99.11	245.79	14.38	271.33
1995	398.97	97.54	246.23	18.30	283.87
1996	400.61	92.68	250.88	15.68	292.47
1997	402.10	90.29	252.92	14.11	307.00
1998	403.86	91.71	252.14	15.06	337.77
1999	397.02	88.59	246.89	14.37	361.81
2000	363.71	72.72	234.50	18.59	409.82
2001	310.73	59.27	201.36	18.40	398.40

7-11 农 作 物 播 种 面 积

Sown Area of Crops

单位：公顷

	1978 年	1980 年	1990 年	1995 年	2000 年	2001 年
农作物总播种面积	**997341**	**958152**	**990944**	**999204**	**988093**	**962576**
粮食作物	735222	718830	702559	698923	616275	577226
谷 物	624324	620069	607380	580750	507259	471073
稻 谷	353555	341394	332677	313955	290118	276643
小 麦	185990	199017	203745	202402	161237	141165
玉 米	77444	70373	65201	62980	54922	52253
高 粱	650	421	376	134	78	79
其他谷物	6685	8864	5381	1279	904	933
豆 类	36169	32884	26116	26264	25156	25599
#大 豆	2853	5069	9509	9846	10638	10846
薯 类	74729	65877	69063	91909	83860	80554
#马铃薯	29157	17830	13301	22300	27082	27400
油 料	67388	79690	108210	96578	105278	107004
#花 生	2976	3834	5059	6851	9835	10520
油菜籽	64408	75803	103146	89724	95430	96470
棉 花	14414	12736	3532	2918	3339	1619
麻 类	5950	2829	172	20	7	5
糖 类	2544	1339	1261	1259	1123	1114
#甘 蔗	2544	1339	1261	1259	1123	1114
烟 叶	3507	1940	2070	1662	1844	1965
药材类	3028	3102	3194	3334	9148	10878
蔬菜、瓜果类	34357	28606	79823	110576	159035	166783
蔬 菜	34357	28606	78384	108843	157824	162854
瓜果类			1439	1733	1211	3929
其他农作物	130931	109080	90123	83934	92044	95982
#青饲料	82425	69264	63383	62142	45520	40553

7-12 主 要 农 产 品 产 量

Yield of Major Agricultural Products

单位：吨

	1978年	1980年	1990年	1995年	2000年	2001年
主要农产品产量						
粮 食	2948539	3051394	3817016	3989688	3637072	3107297
谷 物	2720127	2851054	3606758	3690489	3332937	2828814
稻 谷	1828295	1897841	2430986	2462261	2344973	2013640
小 麦	606425	622579	901383	975409	727238	592749
玉 米	257943	296121	251793	240575	256931	219089
高 粱	1445	1010	1294	382	271	169
其他谷物	26019	33503	21302	11862	3524	3167
豆 类	42580	36937	44997	58059	59757	50802
#大 豆	6944	8940	18213	21022	24958	21552
薯 类	185832	163403	165261	241140	244378	227681
#马铃薯	47224	32480	28163	62542	84254	82575
油 料	112545	142658	207283	197534	209143	206156
#花 生	4306	5557	8784	14490	23250	22156
油菜籽	108238	137023	198492	183042	185880	183990
棉 花	6316	3055	2142	2097	2497	718
麻 类	10600	3364	261	26	10	7
糖 类	106952	52592	74088	77708	66588	58517
#甘 蔗	106952	52592	74088	77708	66588	58517
烟 叶	4276	2128	3791	3376	4097	3995
蔬 菜	876104	750908	2227982	2838731	4098199	3984034

7-13 历年畜牧业生产情况

Productive Statistics of Animal Husbandry by Year

年　份	年末牛存栏数(万头)	年末生猪存栏数(万头)	当年生猪出栏数(万头)	猪肉产量(万吨)	牛　奶(吨)
1949	17.92	80.22	28.42	1.63	15
1950	18.50	82.23	30.14	1.69	15
1951	19.73	92.63	35.10	1.96	15
1952	21.02	100.45	41.06	2.28	48
1953	21.68	116.30	47.40	2.36	58
1954	21.66	129.85	56.91	2.91	78
1955	22.30	123.72	58.80	3.10	139
1956	22.96	133.16	65.75	3.36	173
1957	23.08	172.84	73.17	4.13	2537
1958	22.01	203.03	60.54	2.88	2988
1959	21.12	155.31	50.24	2.36	3933
1960	19.43	93.32	20.24	0.94	4044
1961	18.27	64.91	10.23	0.46	2912
1962	18.57	97.19	21.72	1.08	4103
1963	19.77	159.98	56.48	2.76	5737
1964	20.98	202.35	91.65	4.75	8575
1965	22.68	265.83	120.28	6.24	10073
1966	24.00	310.79	138.83	6.87	9845
1967	24.55	312.18	147.51	7.76	9555
1968	24.92	293.16	147.25	7.27	7867
1969	25.52	279.79	144.92	7.05	8539
1970	25.94	302.01	145.74	7.52	9498
1971	25.75	410.84	160.41	7.98	10455
1972	24.68	459.93	191.71	9.46	10283

续表 1

年　份	年末牛存栏数(万头)	年末生猪存栏数(万头)	当年生猪出栏数(万头)	猪肉产量(万吨)	牛　奶(吨)
1973	24.54	441.36	198.91	9.89	9121
1974	24.03	432.67	193.09	9.52	8668
1975	23.22	441.99	208.50	10.71	8340
1976	21.73	428.61	195.97	9.52	8276
1977	20.70	416.45	193.84	9.80	9587
1978	20.88	459.01	238.88	12.95	11717
1979	20.09	526.37	292.12	15.35	11698
1980	18.68	542.20	334.40	17.14	12997
1981	17.99	502.62	362.28	18.49	12515
1982	17.73	483.08	349.18	17.98	11707
1983	18.04	488.83	350.59	20.77	14237
1984	17.62	527.43	369.98	22.17	15708
1985	16.48	540.26	436.32	26.74	18492
1986	15.85	543.68	468.99	29.42	21678
1987	16.40	540.67	479.00	30.81	27000
1988	16.52	547.43	520.81	34.27	28610
1989	16.20	525.92	521.32	33.01	31449
1990	16.14	532.93	533.52	33.79	31700
1991	16.47	535.05	552.52	34.76	31995
1992	16.61	529.51	567.12	35.87	35530
1993	20.22	520.52	581.67	37.40	37740
1994	22.80	532.87	617.94	39.49	39420
1995	22.48	525.45	637.94	41.81	37011
1996	20.05	521.58	655.07	43.00	36103
1997	16.03	502.56	670.65	44.19	39568
1998	15.40	490.76	676.03	44.82	42750
1999	15.30	436.83	665.26	45.41	44502
2000	15.45	433.17	680.06	46.52	49753
2001	17.92	438.29	724.25	49.81	62778

7-14 主 要 畜 牧 产 品 产 量

Yield of Main Livestock Products

	单 位	1978 年	1980 年	1990 年	1995 年	2000 年	2001 年
出栏肥猪头数	头	2388755	3344023	5335220	6379439	6800579	7242527
出售和自宰肉用牛	头	12277	18049	11954	63411	54596	73401
出售和自宰肉用羊	只	39171	61435	58083	195601	734392	904589
肉类总产量	万吨	14.16	18.60	38.53	53.68	68.62	74.85
#猪　肉	万吨	12.95	17.14	33.79	41.81	46.52	49.81
牛羊肉	万吨	0.17	0.25	0.22	1.28	2.17	2.86
禽　肉	万吨	1.04	1.21	4.14	9.90	18.30	20.18
奶类产量	吨	11717	12997	31759	37053	49779	62778
#牛　奶	吨	11717	12997	31700	37011	49753	62778
禽蛋产量	吨	17652	18719	59660	111693	146369	156520
蜂蜜产量	吨			5575	4985	4735	4961

注：1978 年、1980 年禽肉产量含兔肉。

7-15 渔 业 生 产 情 况

Productive Statistics of Fishery

	单 位	1978 年	1980 年	1990 年	1995 年	2000 年	2001 年
水产品总产量	吨	2300	2673	23885	34405	49622	54863
#养殖产量	吨	1926	2223	23253	33786	49032	53745
#池　塘	吨	1350	1830	16682	27719	43788	48079
稻　田	吨	469	302	5797	4500	1775	1767
鱼　苗	万尾		24625	154286	141259	159136	144420
养殖水面	公顷	4473	4285	8386	9008	9202	9214
#池　塘	公顷	3413	3280	7099	7741	7698	7708
稻田养鱼	公顷		4313	19516	15477	4186	5515

7-16 蚕茧、茶叶和水果、花卉生产情况

Productive Statistics of Silkworm Cocoons,Tea, Fruits and Flowers

	单　位	1978 年	1980 年	1990 年	1995 年	2000 年	2001 年
蚕茧产量	吨	564	1112	766	3423	1654	1482
茶叶产量	吨	1067	914	1917	2387	2531	2861
水果产量	吨	26644	42097	111714	285301	523978	595274
#苹　果	吨	4013	3890	2606	3778	3303	3345
柑　桔	吨	11136	21837	74473	163163	241252	279037
茶园面积	公顷	4108	4020	5022	3821	3054	3237
果园面积	公顷	6702	7361	23477	28406	38567	41096
#柑桔园	公顷	4853	4642	14420	17143	16646	16846
花卉占地面积	公顷			442	377	4978	10149
花卉当年销售收入	万元			719	3077	30394	45120

7-17 林　业 生 产 情 况

Productive Statistics of Forestry

	单　位	1978 年	1980 年	1990 年	1995 年	2000 年	2001 年
造林面积	公顷	6724	6827	3958	6033	12037	9587
#用材林	公顷			2879	3071	3833	2830
经济林	公顷			312	9469	5769	1773
迹地更新面积	公顷			11	46	539	
幼林抚育面积	公顷			10205	12036	4752	9066
成林抚育面积	公顷			987	2115	5005	7932
育苗面积	公顷			197	108	840	468
四旁植树	万株			1935	1257	1122	1072
油桐籽产量	吨			267	376	157	165
棕片产量	吨			625	803	601	728

7-18 农村居民家庭平均每百户生产性固定资产原值

Original Value of Productive Fixed Assets Owned Per 100 Rural Households

单位：元

	1985 年	1990 年	1995 年	2000 年	2001 年
合　　计	**58732**	**90094**	**236549**	**500273**	**590434**
役畜、产品畜	8149	11178	28479	23788	28401
大中型铁木农具	5936	12446	20267	31979	28319
农林牧渔业机械	2179	4066	13681	25069	32090
工业机械	1788	1080	832	16097	41383
运输机械	7045	11478	33888	83670	113052
生产用房	26699	41951	120351	251079	261174
其　　他	6936	7895	19051	68591	86015

7-19 农村居民家庭平均每百户拥有生产性固定资产数量

The Number of Productive Fixed Assets Owned Per 100 Rural Households

	单　位	1985 年	1990 年	1995 年	2000 年	2001 年
汽　车	辆	0.11	0.30	1.06	1.90	2.34
大中型拖拉机	台	0.28	0.36	0.21	0.80	0.69
小型及手扶拖拉机	台	3.22	2.23	2.93	2.72	3.29
机动脱粒机	台	0.22	0.30	6.22	10.76	12.69
胶能大车	辆	0.22	0.51	3.62	5.40	3.94
胶能手推车	辆	4.44	2.35	11.38		
抽水机	台	0.11	0.16	2.50	6.79	
农用水泵	台		2.13	7.13	19.33	23.19
役　畜	头	10.12	8.12	8.27	9.72	7.55
产品畜	头	44.67	30.09	46.81	45.31	54.31

注：从 2001 年起农村住户调查中已取消胶能手推车和抽水机的调查。

7-20 乡镇企业产品出口情况(2001 年)

Exported Products of Town and Township Enterprises (2001)

	单 位	出口产品生产总值	出口产品交货值	# 直接出口	# 外贸部门出口
总 计	**万元**	**273152**	**212110**	**118758**	**70347**
按产品类别分类					
化 工	万元	40765	22021	14390	5644
机 械	万元	25511	24892	3356	2493
矿 产	万元	22420	11931	6212	6212
轻 工	万元	40531	36181	24755	5126
食 品	万元	24838	24780	15159	8601
土 产	万元	3210	3822	3592	1217
畜 产	万元	28121	26704	6211	56
纺 织	万元	3275	3475	3475	1759
丝 织	万元	2306	1165	300	300
服 装	万元	8418	7754	6518	5908
工艺品	万元	126	75	75	
其 他	万元	73631	49310	34715	33031

7-21 规模以上农产品加工企业情况(2001 年)

Basic Statistics on Farm Products Processing Enterprises above Set Scale (2001)

	单位数（个）	从业人员（人）	增加值（万元）	销售收入（万元）	净利润（万元）	上缴税金（万元）
总 计	**241**	**51970**	**262994**	**881884**	**32263**	**26410**
食品加工业	51	6934	61434	261996	1540	3065
食品制造业	29	5995	32416	79120	4241	4328
饮料制造业	66	8042	48718	175467	8793	4780
纺织业	10	2703	6034	17591	20	488
服装及其他纤维制造品制造业	4	1475	6660	18535	1185	581
皮革、皮毛、羽绒及制品制造业	11	12549	29147	68516	354	2361
木材加工及竹、藤、棕草制品业	11	1884	11597	35958	1288	525
家具制造业 （木制）	18	5154	14817	109071	2269	1511
造纸及纸制品业	22	3217	12780	35189	2005	1542
印刷业	8	1307	10157	25700	3542	3618
医药（中药）工业	11	2710	29234	54741	7026	3611

7-22　乡镇集体企业职工素质情况(2001 年)

Qualities of Staff and Workers of Town and Township Collective-owned Enterprises (2001)

	单　位	合　　计	# 工业企业	# 施工企业
职工人数	**人**	**391412**	**214317**	**147826**
#女　性	人	106752	73455	18681
非农业户口职工	人	55761	34534	14480
按劳动岗位分				
#工人和学徒	人	278944	154385	110829
管理人员	人	38205	21782	11157
按年龄分				
#20 岁及以下	人	39323	22984	13404
21—35 岁	人	216021	118321	82668
36—50 岁	人	114892	61286	44900
按文化程度分				
#大专及以上	人	24352	15292	6687
中　专	人	35687	17230	14254
技　校	人	32281	17497	12424
高　中	人	114962	65072	41716
按技术职称分				
#高级职称	人	4711	2805	1493
中级职称	人	14154	7864	4610

7-23 乡镇集体企业固定资产投资情况(2001 年)

Main Indicators on Investment in Fixed Assets of Town and Township Collective-owned Enterprises (2001)

单位：万元，个

	合 计	按建设性质			按国民经济行业	
		#新 建	#改 建	#扩 建	#工 业	#建筑业
本年施工项目个数(个)	1058	493	290	200	824	50
本年新开工项目数(个)	900	433	254	153	689	52
本年投产项目个数(个)	807	352	219	158	620	49
本年完成投资	349171	206250	59499	47931	230377	47884
#设备购置	98598	64664	12675	14864	91255	1925
按完成投资资金来源						
国家扶持资金	7819	5038	211	1370	6082	116
主管部门下拨	113		17	96	105	
银行、信用社贷款	33780	22186	3927	6206	23152	6808
引进资金	78079	54922	4230	10454	57408	6630
#引进外资	23541	14791	1030	430	15951	6300
自有资金	182542	102561	43983	27339	125413	16714
群众集资	4364	2204	1524	561	3414	40
其他资金	42474	19339	5608	1905	14803	17576
本年新增固定资产	257640	130626	50017	46033	163430	32931

主 要 统 计 指 标 解 释

农林牧渔业总产值 是以货币表现的农、林、牧、渔业全部产品的总量，它反映一定时期(通常为一年)内农业生产总规模和总成果。

农、林、牧、渔业的统计范围包括国有经济的各种专业农（农、林、牧、渔）场以及国家各级机关团体、学校、部队、集体所有制的乡、镇、村各级办农场；工矿企业经营的农、林、牧、渔业，农村各种经济组织和农户经营的农林牧渔业和农民家庭兼营的商品性工业等。

粮食产量 指全社会的产量。包括国有经济经营的、集体统一经营的和农民家庭经营的粮食产量，还包括工矿企业办的农场和其他农业生产单位的产量。粮食除包括稻谷、小麦、玉米、高粱、谷子及其他杂粮外，还包括薯类和豆类。其产量计算方法，豆类按去豆荚后的干豆计算；薯类（包括甘薯和马铃薯，不包括芋头和木薯）1963年以前按每4公斤鲜薯折1公斤粮食计算，从1964年开始及以后改为按5公斤鲜薯折1公斤粮食计算。城市郊区作为蔬菜的薯类（如：马铃薯等）按鲜品计算，并且不作为粮食统计。其他粮食一律按脱粒后的原粮计算。

油料产量 指全部油料作物的生产量。包括花生、油菜籽、芝麻、向日葵籽、胡麻籽（亚麻籽）和其他油料。不包括大豆，也不包括木本油料和野生油料。花生以带壳干花生计算。

肉类总产量 是指当年出栏并已屠宰的猪、牛、羊、家禽和兔肉产量之和。猪、牛、羊肉产量是指当年出栏并已屠宰后除去头蹄下水后带骨肉（即胴体重）的重量。

耕地面积 指年初可以用来种植农作物、经常进行耕锄的田地，除包括熟地、当年新开荒地、连续撂荒未满三年的耕地和当年的休闲地（轮歇地）外，还包括以种植农作物为主并附带种植桑树、茶树、果树和其他林木的土地，以及沿海、沿湖地区已围垦利用的“海涂”、“湖田”等面积。但不包括属于专业性的桑园、茶园、果园、果木苗圃、林地、芦苇地、天然或人工草地面积。

农作物播种面积 指实际播种或移植有农作物的面积。凡是实际种植有农作物的面积，不论种植在耕地上还是种植在非耕地上，均包括在农作物播种面积中。在播种季节基本结束后，因遭灾而重新改种和补种的农作物面积，也包括在内。

有效灌溉面积 指具有一定的水源，地块比较平整，灌溉工程或设备已经配套，在一般年景下当年能够进行正常灌溉的耕地面积。

农用化肥施用量 指本年内实际用于农业生产的化肥数量。包括氮肥、磷肥、钾肥和复合肥。化肥施用量要求按折纯量计算数量。折纯法化肥施用量是把氮肥、磷肥和钾肥分别按含氮、含五氧化二磷、含氧化钾的百分之一百成份折算后的数量。复合肥按其所含主要成分折算。

农业机械总动力 指主要用于农、林、牧、渔业的各种动力机械的动力总和。包括耕作机械、排灌机械、收获机械、农用运输机械、植物保护机械、牧业机械、林业机械、渔业机械和其他农业机械（内燃机按引擎马力折成瓦（特）计算，电动机按功率折成瓦（特）计算)。不包括专门用于乡、镇、村、组办工业、基本建设、非农业运输、科学试验和教学等非农业生产方面用的动力机械与作业机械。

乡村从业人员 是指实际参加生产经营活动并取得实物或货币收入的人员，既包括劳动年龄内实际参加劳动的人员，也包括不在劳动年龄实际参加劳动人员，但不包括户口在家的在外学生和丧失劳动能力的人，也不包括待业人员和家务劳动者。从业人员年龄16岁以上，从业时间为一个农事季节，一般为2个月以上的劳动时间。

八、工　业

简　要　说　明

主要内容

本部份包括全市全部工业总产值及其构成，全部国有和年销售收入在500万元及以上非国有独立核算工业企业主要经济指标及能源消费量，大中型工业企业主要经济指标等资料。

资料来源

本部分资料全部来源于成都市统计局。

其他需要说明的问题

为了保证历史资料的可比性，本资料按1999年计算方法及统计口径对工业总产值及相关资料的历史数据作了调整。

表内年销售收入500万元及以上企业指全部国有和年销售收入500万元及以上的非国有企业两部分之和。

工业总产值发展速度均按1990年不变价格计算，工业总产值绝对额及其余指标均按当年价格计算。

工业总产值结构（亿元）

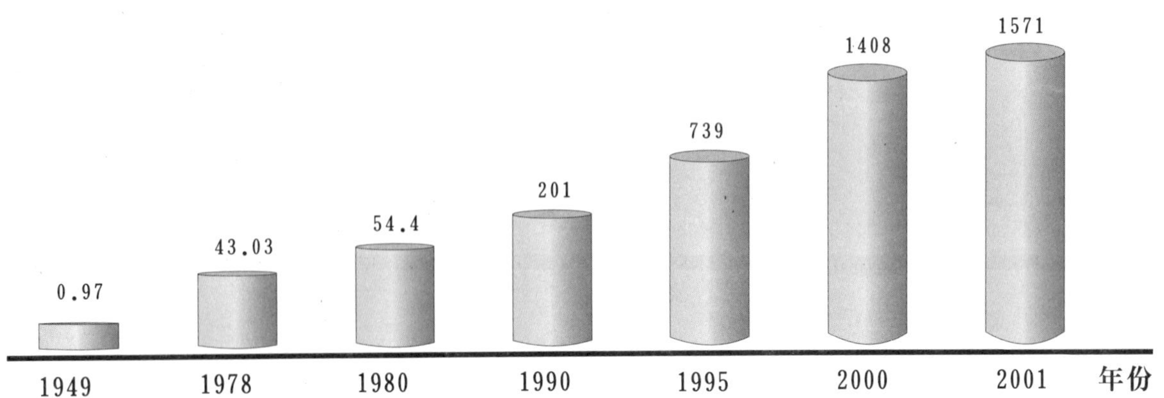

工业总产值结构（%）

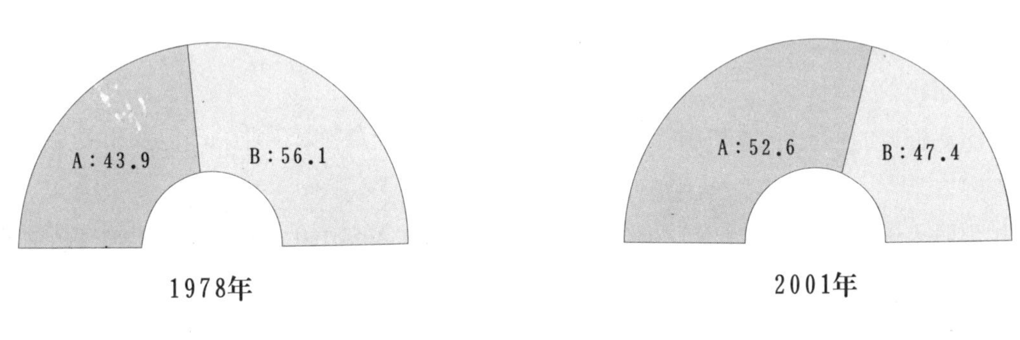

A：轻工业　　B：重工业

2001年全市工业四大支柱产业完成增加值及占全市工业比重

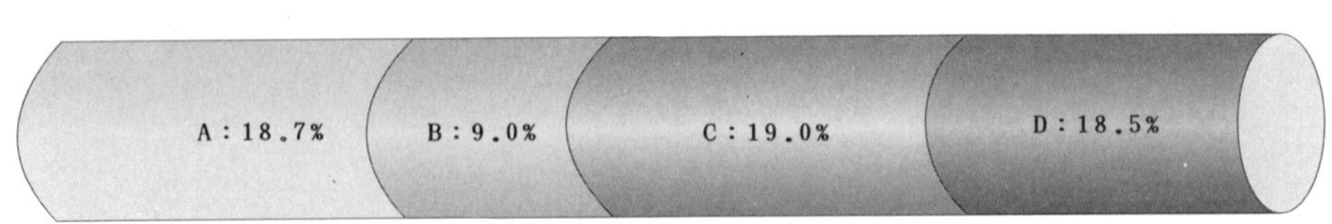

A：食品（烟草）工业45.73亿元　　B：医药工业 22.01亿元　　C：机械汽车工业 37.33亿元　　D：电子信息工业 43.28亿元

8-1 历年全部工业总产值及发展速度

Gross Industrial Output Value and Their Development Rates by Year

年份	工业总产值（万元）	轻工业	重工业	发展速度（%）	轻工业	重工业
1949	9733	8272	1461			
1950	10035	8540	1495	103.1	103.1	103.2
1951	13251	11330	1921	132.1	132.6	128.5
1952	15864	13309	2555	119.2	117.0	135.6
1953	22342	17874	4468	140.8	132.5	193.9
1954	23263	18379	4884	104.1	104.1	104.1
1955	26621	19700	6921	114.2	107.0	145.7
1956	32451	23787	8664	121.9	120.8	125.4
1957	37624	27353	10271	115.9	114.8	119.3
1958	61592	32705	28887	163.7	119.6	295.0
1959	110366	48010	62356	179.2	146.7	218.4
1960	142291	60189	82102	125.8	122.5	128.5
1961	64810	31562	33248	45.6	52.4	40.3
1962	53364	30951	22413	82.2	98.0	66.3
1963	54537	28523	26014	102.2	92.1	117.2
1964	68389	32759	35630	125.4	118.3	133.7
1965	99514	43090	56424	145.5	127.9	163.7
1966	149188	63322	85866	148.0	145.5	150.0
1967	104267	57216	47051	76.9	88.8	67.6
1968	64742	28913	35829	59.6	55.2	64.2
1969	132041	63680	68361	210.0	225.9	196.0
1970	216248	86331	129917	165.6	136.6	195.2
1971	254669	103175	151494	117.9	119.8	116.5
1972	228486	108570	119916	89.1	104.4	77.9

注：发展速度以上年为基期，按 1990 年不变价格计算。

续表 1

年　　份	工　业总产值（万元）	轻工业	重工业	发展速度（%）	轻工业	重工业
1973	233118	113463	119655	101.3	103.9	98.7
1974	205558	105899	99659	87.2	92.4	81.8
1975	280386	132986	147400	137.4	121.6	155.8
1976	233447	127372	106075	86.4	90.8	82.4
1977	348108	156834	191274	144.9	126.8	163.0
1978	430284	188732	241552	119.1	121.3	117.3
1979	494719	216728	277991	116.3	115.3	117.0
1980	544015	257049	286966	110.4	118.4	104.1
1981	566918	309338	257580	103.4	118.4	89.9
1982	630819	326386	304433	110.4	106.2	115.5
1983	742263	371491	370772	116.1	112.6	120.0
1984	817270	404430	412840	115.7	113.7	117.8
1985	973572	454658	518914	122.7	118.8	126.6
1986	1037550	481704	555846	105.6	106.0	105.2
1987	1255953	590742	665211	114.1	113.7	114.4
1988	1681055	775519	905536	123.4	118.4	128.1
1989	1939776	931092	1008684	105.3	103.6	106.8
1990	2012797	933052	1079745	112.8	102.6	121.3
1991	2428067	1144504	1283563	114.0	119.1	110.4
1992	2736355	1231252	1505103	121.5	120.5	122.3
1993	4218591	1847910	2370681	151.9	158.9	146.6
1994	6122260	2951811	3170449	130.8	143.7	120.3
1995	7388470	3704971	3683499	114.8	115.7	113.9
1996	9368535	4748800	4619735	121.7	123.9	119.6
1997	11016783	5830648	5186135	122.0	127.9	116.0
1998	12195700	6617075	5578625	112.4	115.1	109.3
1999	13208027	7181699	6026328	111.1	111.3	110.8
2000	14082648	7599043	6483575	112.8	112.3	113.4
2001	15705746	8263063	7442683	116.3	113.2	119.6
平均发展速度(%)						
1949-2001				115.0	113.9	118.0
1978-2001				117.2	117.8	116.5

8-2　历年分类工业总产值及比重

Cross Industrial Output Value and Their Proportion by Ownership and Scale

单位：万元

年　份	国有经济企　业	集体经济企　业	“三　资”企　业	大中型企　业	占全部工业总产值比重(%)			
					国有经济企　业	集体经济企　业	“三　资”企　业	大中型企　业
1978	354081	57152			82.3	13.3		
1979	407599	65340			82.4	13.2		
1980	438694	59182			80.6	10.9		
1981	448772	87971			79.2	15.5		
1982	499861	97225			79.2	15.4		
1983	588615	114234		334018	79.3	15.4		45.0
1984	633466	136443		402914	77.5	16.7		49.3
1985	619783	247669		422530	63.7	25.4		43.4
1986	617262	278042		454447	59.5	26.8		43.8
1987	706839	341798	204	551363	56.3	27.2		43.9
1988	816573	566790	1077	778328	48.6	33.7	0.1	46.3
1989	1039290	528783	1527	791429	53.6	27.3	0.1	40.8
1990	1171300	608408	7558	814723	58.2	30.2	0.4	40.5
1991	1309047	789957	44386	1107199	53.9	32.5	1.8	45.6
1992	1462249	870893	74700	1387835	53.4	31.8	2.7	50.7
1993	1765653	1659867	115151	2046991	41.9	39.3	2.7	48.5
1994	1976207	2477332	221499	2361306	32.3	40.5	3.6	38.6
1995	2021112	2586455	388668	2642633	27.4	35.0	5.3	35.8
1996	2427657	3622268	420679	2763218	25.9	38.7	4.5	29.5
1997	2474122	4299655	728385	3031709	22.5	39.0	6.6	27.5
1998	2012063	3660340	806529	3564652	16.5	30.0	6.6	29.2
1999	1787523	2603941	970147	3693426	13.5	19.7	7.4	28.0
2000	1591367	2156163	1138503	3723862	11.3	15.3	8.1	26.4
2001	1703017	1772121	1327527	4830746	10.8	11.3	8.5	30.8

8-3 历年主要工业产品产量

Output of Major Industrial Products by Year

年 份	合 成 洗涤剂 (万吨)	卷 烟 (万箱)	饮料酒 (混合量) (万吨)	# 白 酒	# 啤 酒	软饮料 (万吨)	配混合 饲 料 (万吨)	化 学 原料药 (吨)
1949		0.28	0.40					
1950		0.54	0.35					
1951		0.95	0.54					
1952		0.71	0.46					
1953		0.74	0.55					
1954		0.74	0.59					
1955		0.78	0.50					
1956		1.02	0.64					
1957		1.13	0.67					
1958		1.79	0.92					
1959		2.41	1.17					
1960		1.45	1.39					
1961		1.62	0.83					
1962		1.19	0.44					
1963		1.21	0.61					
1964		3.08	0.75					
1965		3.09	0.70					
1966		4.34	0.50					
1967		3.98	0.54					
1968		2.07	0.55					
1969		3.96	0.57					
1970	0.04	5.31	0.66					229
1971	0.10	7.03	0.66					275
1972	0.12	4.88	0.79					276

续表1

年 份	合 成 洗涤剂 (万吨)	卷 烟 (万箱)	饮料酒 (混合量) (万吨)	# 白 酒	# 啤 酒	软饮料 (万吨)	配混合 饲 料 (万吨)	化 学 原料药 (吨)
1973	0.25	6.3	0.75					290
1974	0.20	7.25	0.94					264
1975	0.35	8.53	0.98					346
1976	0.41	8.61	0.99					309
1977	0.51	10.64	1.15					374
1978	0.81	11.19	1.28					544
1979	1.07	12.10	1.70					517
1980	1.27	12.60	2.77					447
1981	1.58	12.50	2.89					686
1982	1.88	12.00	2.86					801
1983	2.13	12.50	3.70					1112
1984	2.62	12.50	5.80					837
1985	2.84	13.23	8.00	4.96	2.27	0.70	7.29	614
1986	3.08	15.57	8.52	5.26	2.63	0.75	10.33	930
1987	3.34	16.00	12.31	8.87	2.96	0.77	12.79	1104
1988	3.63	16.05	9.61	6.11	2.97	0.87	16.29	1105
1989	5.15	20.01	9.82	6.43	2.91	1.32	16.37	1120
1990	6.53	22.01	11.00	8.53	2.47	1.26	24.34	1344
1991	5.92	26.00	15.93	12.28	3.65	1.50	33.72	1462
1992	6.33	27.00	24.71	19.91	4.80	1.15	48.95	2271
1993	7.33	28.00	32.93	26.69	6.24	1.30	72.24	2127
1994	8.04	27.00	41.72	34.62	7.10	1.03	112.78	2598
1995	13.01	28.00	54.02	44.76	9.26	3.28	115.47	5098
1996	9.31	30.00	44.28	34.55	8.86	5.30	150.30	2366
1997	10.10	30.00	43.89	30.89	12.99	9.04	103.43	5459
1998	10.92	50.24	47.52	35.99	11.53	10.79	94.65	2964
1999	10.62	49.00	50.90	40.96	9.94	17.52	92.62	2975
2000	6.49	51.10	48.54	36.41	10.65	22.28	88.88	3109
2001	12.27	54.00	55.99	44.79	11.20	30.39	72.26	3174

续表 2

年份	钢 (万吨)	钢材 (万吨)	原煤 (万吨)	发电量 (万千瓦时)	化学纤维 (吨)	布 (万米)	印染 (万米)
1949			5.82	1027		113	276
1950			5.81	524		106	281
1951			8.26	1533		317	275
1952			10.06	1556		413	455
1953			10.95	2057		600	568
1954			12.37	2522		885	700
1955			13.94	2983		763	616
1956			14.68	4261		878	710
1957			28.00	5215		1932	549
1958	0.01		44.66	10714		2203	707
1959	0.67	1.01	145.23	26544		2872	924
1960	1.33	1.64	188.96	57168		3306	1451
1961	1.43	1.16	128.91	51524		1499	937
1962	0.19	0.29	67.27	43846		1224	591
1963	0.08	0.83	69.23	45076		2025	711
1964	0.37	1.76	61.06	57789		2501	618
1965	1.10	3.67	73.43	82843	27	2452	763
1966	2.57	8.30	76.84	111263	1767	9150	1857
1967	4.40	4.89	82.76	91946	1207	3427	1794
1968	0.60	0.31	82.11	47354	50	2109	112
1969	6.33	1.15	102.15	79317	281	6940	1252
1970	9.35	2.70	126.24	94839	701	8967	4635
1971	18.80	7.99	146.59	106714	1148	8548	5474
1972	20.51	10.76	147.71	95574	1307	8099	4661

续表 3

年　份	钢 (万吨)	钢　材 (万吨)	原　煤 (万吨)	发电量 (万千瓦时)	化学纤维 (吨)	布 (万米)	印　染 (万米)
1973	20.03	12.32	139.14	125068	1145	6395	5613
1974	11.01	8.5	130.31	71640	863	3366	2758
1975	16.59	16.43	170.57	76181	1125	6957	6242
1976	7.89	11.74	148.61	83051	1266	5370	5594
1977	17.71	20.58	195.13	81901	1631	10398	8053
1978	32.73	35.55	174.72	103645	2013	11550	10632
1979	30.97	40.04	187.73	71429	1622	11658	12383
1980	32.29	40.86	183.09	70621	2487	12241	11845
1981	28.34	34.50	216.49	109155	3023	12627	15591
1982	37.06	45.21	192.54	120165	2431	12790	17021
1983	43.61	49.42	217.86	125000	2654	12604	15338
1984	45.10	50.98	246.16	139717	3091	11212	14932
1985	50.00	59.34	280.75	160700	3177	11341	15091
1986	53.63	63.29	283.64	179300	4048	10568	16159
1987	58.50	69.13	305.60	186000	6469	10598	14039
1988	63.24	72.35	308.87	197005	6028	10107	13543
1989	77.30	78.53	321.88	208310	8258	9534	12042
1990	79.96	86.32	310.98	235977	10400	8772	11351
1991	90.53	92.50	312.88	379300	11800	8700	11200
1992	112.88	118.06	346.46	390100	14400	10400	11400
1993	124.44	183.86	432.04	406000	15800	7800	10800
1994	131.59	123.84	519.10	435600	17200	8500	7100
1995	129.37	141.67	437.92	440200	15700	10200	14400
1996	128.45	108.73	346.86	456060	17760	12012	12937
1997	156.37	125.91	312.97	501146	21050	8075	13945
1998	144.38	130.95	293.00	457098	31239	8756	10392
1999	125.08	127.85	280.52	390800	32500	7600	15583
2000	118.75	126.21	250.17	531300	33977	5942	6681
2001	165.60	168.13	270.92	485258	31160	5732	4322

续表 4

年　份	机制纸及纸板（万吨）	中成药（吨）	生物制品（吨）	合成氨（万吨）	水　泥（万吨）	汽　车（辆）	金　属切削机床（台）
1949							
1950							
1951	0.04						
1952	0.07						
1953	0.06						
1954	0.07						
1955	0.12						3
1956	0.18						11
1957	0.26						14
1958	0.42		9.60		0.64		772
1959	0.67		34.40	0.15	0.17		480
1960	1.63		67.80	0.56	3.13		1490
1961	0.64		73.30	2.56	1.20		465
1962	0.50		26.60	3.82	0.05		145
1963	0.72		71.40	4.80	0.65		119
1964	0.89		59.00	7.54	3.90		138
1965	1.07		72.90	10.93	0.14		228
1966	1.35		65.60	13.56	2.87		753
1967	1.19		45.60	7.92	2.70		577
1968	0.43		42.20	1.90	1.02	2	448
1969	0.83		34.00	3.82	1.48	33	700
1970	1.29		57.50	8.08	3.79	102	1105
1971	1.73		64.70	12.53	7.15	181	1472
1972	1.66		69.10	14.92	9.46	158	1672

续表 5

年　份	机制纸及纸板（万吨）	中成药（吨）	生物制品（吨）	合成氨（万吨）	水　泥（万吨）	汽　车（辆）	金　属切削机床（台）
1973	1.61		72.8	16.36	10.38	308	1701
1974	1.66		65.8	16.35	9.61	315	1728
1975	2.18		66.6	20.58	14.86	414	2218
1976	1.83		98.60	27.10	13.18	243	1701
1977	2.33		88.90	46.23	20.84	614	2231
1978	2.99		130.00	61.44	25.37	641	2265
1979	3.74		151.10	63.64	30.98	886	2798
1980	4.71		142.90	61.99	37.46	966	2845
1981	4.56		99.60	57.44	39.65	681	2368
1982	6.25		177.80	54.78	50.49		3696
1983	7.33		239.50	58.10	60.13	2312	2533
1984	8.26		209.50	61.27	72.89	2055	2253
1985	9.13	1533	250.70	57.21	83.05	4065	2500
1986	9.59	1422	203.70	53.87	92.24	3763	2642
1987	11.05	1712	145.42	49.78	104.32	5082	2106
1988	11.44	1690	178.92	55.49	121.26	9422	2115
1989	12.22	1819	192.30	54.57	118.99	5924	1840
1990	12.70	2137	194.22	55.58	112.87	5230	1033
1991	12.00	3592	177.54	48.40	145.89	9113	1300
1992	15.00	3695	171.09	53.97	177.78	18834	1700
1993	18.00	13100	126.96	52.37	210.06	23951	1300
1994	24.00	12843	108.71	60.37	214.75	19298	900
1995	23.00	22144	102.43	64.04	226.23	43912	3700
1996	18.03	8022	106.56	107.09	253.73	23513	1300
1997	21.48	9801	145.26	63.69	235.41	22629	348
1998	15.13	12662	161.10	64.71	277.43	19701	371
1999	12.70	14838	79.70	73.44	301.00	19040	499
2000	9.60	15827	85.00	74.40	324.00	20124	1378
2001	15.47	15162	65.05	73.22	338.82	21897	1717

注：1999 年生物制品产量有部分为冻干粉。

8-4　工业企业数及工业总产值(2001年)

（全部国有和年销售收入500万元及以上的非国有企业）

The Number of Industrial Enterprises and Gross Industrial Output Value (2001)

	企　业　数		工业总产值	
	个　数 (个)	构　成 (%)	绝对额 (万元)	构　成 (%)
总　　计	**1318**	**100**	**7076999**	**100**
按登记注册类型分组				
#国有企业	260	19.73	1703017	24.06
集体企业	201	15.25	547754	7.74
股份合作企业	78	5.92	308477	4.36
联营企业	27	2.05	47037	0.66
有限责任公司	203	15.40	1418593	20.05
股份有限公司	113	8.57	911759	12.88
私营企业	282	21.40	922244	13.03
港澳台商投资企业	87	6.60	455397	6.43
外商投资企业	66	5.01	761864	10.77
按经济组织类型分组				
#独资企业	577	43.77	2553131	36.07
合作合伙企业	122	9.26	470341	6.65
股份有限公司	134	10.17	990953	14.00
有限责任公司	485	36.80	3062574	43.28
按轻重工业分				
轻工业	600	45.52	2745632	38.80
以农产品为原料	418	31.71	2034801	28.75
以非农产品为原料	182	13.81	710831	10.05
重工业	718	54.48	4331367	61.20
采掘工业	12	0.92	23071	0.33
原料工业	198	15.02	1278532	18.07
加工工业	508	38.54	3029764	42.81
按企业规模分				
大中型企业	321	24.36	4830746	68.26
特大型企业	5	0.38	294874	4.17
大一型企业	33	2.50	1343379	18.98
大二型企业	102	7.74	1873964	26.48
中一型企业	70	5.32	702119	9.92
中二型企业	111	8.42	616410	8.71
小型企业	997	75.64	2246253	31.73
按工业行业大类分				
#煤炭采选业	8	0.61	15410	0.22
石油和天然气开采业				
有色金属矿采选业	1	0.08	268	
非金属矿采选业	4	0.30	7645	0.11
食品加工业	80	6.07	318949	4.51
食品制造业	47	3.57	140227	1.98

续表 1

	企业数		工业总产值	
	个数(个)	构成(%)	绝对额(万元)	构成(%)
饮料制造业	88	6.68	318482	4.50
烟草加工业	4	0.30	290042	4.10
纺织业	26	1.97	121023	1.71
服装及其他纤维制品制造业	13	0.99	29316	0.41
皮革、毛皮、羽绒及其制品业	19	1.44	83706	1.18
木材加工及竹、藤、棕、草制品业	15	1.14	49570	0.70
家具制造业	17	1.29	41560	0.59
造纸及纸制品业	37	2.81	81378	1.15
印刷业	43	3.26	169114	2.39
文教体育用品制造业	2	0.15	1977	0.03
石油加工及炼焦业	3	0.23	6938	0.10
化学原料及化学制品制造业	94	7.13	452038	6.39
医药制造业	73	5.54	561042	7.93
化学纤维制造业	6	0.46	44596	0.63
橡胶制品业	10	0.76	9180	0.13
塑料制品业	41	3.11	129920	1.84
非金属矿物制品业	101	7.66	289127	4.09
黑色金属冶炼及压延加工业	31	2.35	606720	8.57
有色金属冶炼及压延加工业	27	2.05	120115	1.70
金属制品业	65	4.93	155515	2.20
普通机械制造业	74	5.61	263272	3.72
专用设备制造业	53	4.02	260277	3.68
交通运输设备制造业	106	8.04	823453	11.64
电气机械及器材制造业	92	6.98	363359	5.13
电子及通信设备制造业	62	4.70	897041	12.68
仪器仪表及文化、办公用机械制造业	13	0.99	50955	0.72
其他制造业	7	0.53	23824	0.34
电力、蒸汽、热水的生产和供应业	34	2.58	281925	3.98
煤气生产和供应业	6	0.46	23009	0.33
自来水的生产和供应业	14	1.06	35430	0.50

8-5 全部独立核算工业企业主要经济指标(2001年)

（全部国有和年销售收入500万元及以上的非国有企业）

Main Economic Indicators of Corporate Industrial Enterprises with Independent Accounting System (2001) 单位：万元

	企业数（个）	#亏损企业	工业总产值	工业增加值
总计	**1318**	**410**	**7076999**	**2449807**
按登记注册类型分组				
#国有企业	260	142	1703017	786492
集体企业	201	55	547754	165417
股份合作企业	78	20	308477	88507
联营企业	27	12	47037	16971
有限责任公司	203	45	1418593	403100
股份有限公司	113	28	911759	285523
私营企业	282	58	922244	272362
港澳台商投资企业	87	29	455397	137494
外商投资企业	66	21	761864	293739
按经济组织类型分组				
#独资企业	577	219	2553131	1064584
合作合伙企业	122	36	470341	143669
股份有限公司	134	33	990953	310079
有限责任公司	485	122	3062574	931475
按轻重工业分				
轻工业	600	189	2745632	1006815
以农产品为原料	418	128	2034801	766717
以非农产品为原料	182	61	710831	240098
重工业	718	221	4331367	1442992
采掘工业	12	7	23071	13228
原料工业	198	69	1278532	493553
加工工业	508	145	3029764	936211
按企业规模分				
大中型企业	321	100	4830746	1739281
特大型企业	5		294874	91350
大一型企业	33	6	1343379	537674
大二型企业	102	35	1873964	655733
中一型企业	70	23	702119	229655
中二型企业	111	36	616410	224869
小型企业	997	310	2246253	710526
按工业行业大类分				
#煤炭采选业	8	5	15410	6630
石油和天然气开采业				
有色金属矿采选业	1	1	268	–57
非金属矿采选业	4	1	7645	6749
食品加工业	80	30	318949	93745
食品制造业	47	16	140227	46946

续表 1

单位：万元

	企业数（个）	#亏损企业	工业总产值	工业增加值
饮料制造业	88	20	318482	128440
烟草加工业	4	1	290042	188215
纺织业	26	11	121023	26408
服装及其他纤维制品制造业	13	6	29316	9034
皮革、毛皮、羽绒及其制品业	19	6	83706	28003
木材加工及竹、藤、棕、草制品业	15	1	49570	13796
家具制造业	17		41560	11439
造纸及纸制品业	37	13	81378	24711
印刷业、记录媒介的复制	43	14	169114	59858
文教体育用品制造业	2		1977	559
石油加工及炼焦业	3	2	6938	1550
化学原料及化学制品制造业	94	25	452038	139004
医药制造业	73	14	561042	220144
化学纤维制造业	6	3	44596	7801
橡胶制品业	10	5	9180	1951
塑料制品业	41	11	129920	38627
非金属矿物制品业	101	34	289127	98528
黑色金属冶炼及压延加工业	31	13	606720	131365
有色金属冶炼及压延加工业	27	9	120115	27663
金属制品业	65	18	155515	49371
普通机械制造业	74	29	263272	78827
专用设备制造业	53	22	260277	70455
交通运输设备制造业	106	34	823453	224039
电气机械及器材制造业	92	21	363359	100664
电子及通信设备制造业	62	12	897041	311975
仪器仪表及文化、办公用机械制造业	13	5	50955	20165
其他制造业	7	3	23824	5331
电力、蒸汽、热水的生产和供应业	34	15	281925	244503
煤气生产和供应业	6		23009	14248
自来水的生产和供应业	14	8	35430	16990

续表 2

单位：万元

	实收资本	资产合计	流动资产年平均余额	固定资产原价	固定资产净值年平均余额
总计	**3171013**	**12845818**	**6092488**	**6290421**	**4079599**
按登记注册类型分组					
#国有企业	911536	4510058	2098072	2481807	1611008
集体企业	128550	613835	302673	308309	200049
股份合作企业	84185	437772	168012	181453	131424
联营企业	24010	93770	54683	36671	18598
有限责任公司	617678	2752046	1403770	1326760	786003
股份有限公司	499490	1823482	854540	769818	506741
私营企业	220101	901031	467416	329235	223236
港澳台商投资企业	252331	714615	308690	384190	254918
外商投资企业	433032	998738	434173	472086	347589
按经济组织类型分组					
#独资企业	1159287	5433917	2567953	2923105	1899800
合作合伙企业	151524	702654	287224	317097	222461
股份有限公司	563876	2013803	947647	840578	548294
有限责任公司	1296326	4695444	2289664	2209641	1409044
按轻重工业分					
轻工业	1267012	4380707	2151795	2016870	1373761
以农产品为原料	864006	2997611	1575732	1277290	868918
以非农产品为原料	403006	1383096	576064	739580	504843
重工业	1904001	8465111	3940693	4273551	2705838
采掘工业	12502	57305	23198	32395	20128
原料工业	514217	2724724	1014880	1785420	1215905
加工工业	1377282	5683082	2902615	2455736	1469805
按企业规模分					
大中型企业	2245488	9795170	4603800	4885764	3131510
特大型企业	124365	706700	373467	513900	229363
大一型企业	628396	3089771	1374718	1752616	1156045
大二型企业	979766	4001561	1917733	1695646	1105697
中一型企业	241969	1106974	509152	489503	343740
中二型企业	270992	890164	428730	434099	296665
小型企业	925525	3050648	1488688	1404657	948089
按工业行业大类分					
#煤炭采选业	11077	50569	20058	29328	18144
石油和天然气开采业					
有色金属矿采选业	1178	4921	1872	1794	1505
非金属矿采选业	293	2304	1348	1856	846
食品加工业	87642	222969	103672	120916	80888
食品制造业	76217	203746	77104	104028	72341

续表 3

单位：万元

	实收资本	资产合计	流动资产年平均余额	固定资产原价	固定资产净值年平均余额
饮料制造业	153293	645543	391878	212676	146404
烟草加工业	66497	465344	335794	122981	81006
纺织业	43140	206175	97414	101127	58916
服装及其他纤维制品制造业	17369	56725	26472	27848	18658
皮革、毛皮、羽绒及其制品业	11746	64116	32829	22529	12764
木材加工及竹、藤、棕、草制品业	13212	66788	30852	33625	25554
家具制造业	24886	64304	29621	29676	21588
造纸及纸制品业	40010	152313	60499	88617	70475
印刷业、记录媒介的复制	120483	264388	92675	187590	125515
文教体育用品制造业	199	1451	1201	314	190
石油加工及炼焦业	1505	5911	3532	2537	1174
化学原料及化学制品制造业	225553	746558	336932	556615	284359
医药制造业	234251	863678	443926	310028	214686
化学纤维制造业	20394	136491	47039	52541	43706
橡胶制品业	3677	17581	6773	8718	5744
塑料制品业	57207	139451	59364	73871	48202
非金属矿物制品业	186193	625702	250544	294088	197438
黑色金属冶炼及压延加工业	152955	873245	336129	599064	335889
有色金属冶炼及压延加工业	53260	175200	69517	122904	86816
金属制品业	74785	279584	154683	116231	74149
普通机械制造业	158323	547566	300303	234710	132962
专用设备制造业	90269	491246	277044	190674	112081
交通运输设备制造业	509266	1777893	913667	866879	542283
电气机械及器材制造业	209912	701557	337588	275869	177838
电子及通信设备制造业	260026	1252595	694389	369702	252932
仪器仪表及文化、办公用机械制造业	32749	204802	63066	98409	69387
其他制造业	15102	35636	22109	14792	8428
电力、蒸汽、热水的生产和供应业	139442	1025330	312760	715149	560136
煤气生产和供应业	20141	191034	99483	94289	60696
自来水的生产和供应业	52691	231443	44199	187704	125296

续表 4

单位：万元

	负　债 合　计	流动负债 合　计	长期负债 合　计	所有者 权　益 合　计	产品销售 收　入
总　　计	**7910894**	**5944559**	**1941440**	**4936925**	**7263946**
按登记注册类型分组					
#国有企业	3154701	2095202	1045073	1355357	2037276
集体企业	396324	328330	64084	219511	518354
股份合作企业	236647	178988	56052	201125	297193
联营企业	52559	35427	17132	41211	41439
有限责任公司	1749695	1415406	333349	1002351	1465795
股份有限公司	898562	715735	182497	924920	917568
私营企业	508707	435265	73154	392324	858943
港澳台商投资企业	386721	309848	74081	327894	416399
外商投资企业	526618	430040	95978	472119	710134
按经济组织类型分组					
#独资企业	3710781	2561750	1130622	1725135	2823420
合作合伙企业	390514	276043	112863	312141	448189
股份有限公司	959743	770451	188932	1054060	999076
有限责任公司	2849856	2336315	509023	1845589	2993261
按轻重工业分					
轻工业	2598283	2158313	434806	1782424	2722195
以农产品为原料	1725962	1493008	227817	1271649	2076879
以非农产品为原料	872321	665305	206989	510775	645316
重工业	5312611	3786246	1506634	3154501	4541751
采掘工业	40616	29684	10932	16690	22626
原料工业	1955230	1027630	921049	769494	1504027
加工工业	3316765	2728932	574653	2368317	3015098
按企业规模分					
大中型企业	6023868	4421928	1585925	3773302	5112246
特大型企业	333288	278987	54300	373412	315166
大一型企业	2171052	1299212	871100	918719	1629826
大二型企业	2288733	1833555	447935	1712827	1957739
中一型企业	678601	545023	128578	428373	662914
中二型企业	552194	465151	84012	339971	546601
小型企业	1887026	1522631	355515	1163623	2151700
按工业行业大类分					
#煤炭采选业	36153	26062	10091	14416	16134
石油和天然气开采业					
有色金属矿采选业	3541	2720	821	1381	156
非金属矿采选业	1384	1315	69	920	6488
食品加工业	144078	135325	7940	78890	315072
食品制造业	96289	90853	5366	107457	120471

续表 5　　单位：万元

	负　债 合　计	流动负债 合　计	长期负债 合　计	所有者 权　益 合　计	产品销售 收　入
饮料制造业	386824	337522	49302	258719	381068
烟草加工业	330628	314007	16621	134717	336515
纺织业	160680	118953	41533	45495	111504
服装及其他纤维制品制造业	55725	41320	14405	999	31980
皮革、毛皮、羽绒及其制品业	51110	49709	1401	13007	71764
木材加工及竹、藤、棕、草制品业	40218	29259	10960	26570	43786
家具制造业	30025	24690	5035	34280	31697
造纸及纸制品业	98380	69321	25318	53934	73003
印刷业、记录媒介的复制	106592	94408	12157	157796	162757
文教体育用品制造业	1068	1024	44	383	2337
石油加工及炼焦业	4523	3490	1034	1387	6344
化学原料及化学制品制造业	344942	268669	73482	401617	452584
医药制造业	420804	365852	54934	442874	539973
化学纤维制造业	82662	62376	20286	53829	49259
橡胶制品业	14854	12965	1890	2727	7645
塑料制品业	60270	41347	18922	79182	108071
非金属矿物制品业	287379	223737	62569	338323	275650
黑色金属冶炼及压延加工业	578404	432894	145510	294841	608205
有色金属冶炼及压延加工业	66758	60265	1493	108443	110565
金属制品业	182610	158723	23887	96974	144627
普通机械制造业	352417	306367	45959	195149	249350
专用设备制造业	352507	297529	54978	138739	293515
交通运输设备制造业	1104894	918535	181424	675000	812099
电气机械及器材制造业	386711	333577	53124	314846	389794
电子及通信设备制造业	758445	591840	164751	494151	846663
仪器仪表及文化、办公用机械制造业	147688	113370	34319	57114	47839
其他制造业	18426	18281	145	17210	24095
电力、蒸汽、热水的生产和供应业	930139	267818	661841	95190	498192
煤气生产和供应业	107755	52686	55068	83279	51223
自来水的生产和供应业	118051	53465	64586	113392	33610

续表 6

单位：万元

	产品销售成本	利润总额	利税总额	应交所得税	本年应交增值税
总　　计	**5501245**	**411609**	**905882**	**57077**	**315959**
按登记注册类型分组					
#国有企业	1468737	114578	356045	16295	102786
集体企业	425046	13693	34576	1872	17685
股份合作企业	222969	20083	33061	2464	11011
联营企业	32649	426	3247	485	2447
有限责任公司	1124384	67399	134580	13497	57092
股份有限公司	692814	57470	105795	9344	38138
私营企业	696540	45560	86695	7608	29938
港澳台商投资企业	323798	27553	48395	1682	18865
外商投资企业	513567	64828	103432	3824	37965
按经济组织类型分组					
#独资企业	2093973	147164	430830	20262	137422
合作合伙企业	335810	29503	53631	3455	21281
股份有限公司	752769	68339	122379	10015	43013
有限责任公司	2318693	166603	299041	23346	114244
按轻重工业分					
轻工业	1888135	145738	441400	29578	143088
以农产品为原料	1422646	132555	387408	23608	106643
以非农产品为原料	465489	13183	53992	5970	36445
重工业	3613110	265871	464482	27499	172871
采掘工业	19925	-710	1278	18	1749
原料工业	1230063	113663	190683	11215	68629
加工工业	2363122	152918	272521	16266	102493
按企业规模分					
大中型企业	3770488	344586	726156	45529	224322
特大型企业	240842	5906	12731	1390	5680
大一型企业	1271604	171649	253287	13237	71845
大二型企业	1340112	110400	346773	22131	97347
中一型企业	501965	36984	69843	5212	28151
中二型企业	415965	19647	43522	3560	21299
小型企业	1730757	67023	179726	11548	91637
按工业行业大类分					
#煤炭采选业	14181	-586	1274	3	1662
石油和天然气开采业					
有色金属矿采选业	157	-250	-236		11
非金属矿采选业	5693	127	263	15	93
食品加工业	281146	2787	8030	1225	4457
食品制造业	93139	3405	9530	199	5875

续表 7

单位：万元

	产品销售成本	利润总额	利税总额	应交所得税	本年应交增值税
饮料制造业	262604	30345	69745	1157	23688
烟草加工业	138712	26506	171066	7912	19689
纺织业	100314	–1598	1535	78	2879
服装及其他纤维制品制造业	27034	–1079	549	549	1378
皮革、毛皮、羽绒及其制品业	65064	–81	2932	40	2029
木材加工及竹、藤、棕、草制品业	35715	1496	2930	113	1320
家具制造业	25370	1269	2780	370	1314
造纸及纸制品业	57658	4011	8202	230	3950
印刷业、记录媒介的复制	118110	21404	35840	5272	13150
文教体育用品制造业	2025	112	209	15	58
石油加工及炼焦业	5463	–121	149	12	240
化学原料及化学制品制造业	366632	12431	31046	2509	16351
医药制造业	271360	59519	105370	9537	41602
化学纤维制造业	39532	3731	5603	532	1287
橡胶制品业	6604	–902	–501	12	293
塑料制品业	89275	5717	10144	1016	4002
非金属矿物制品业	208683	16051	35293	2835	16181
黑色金属冶炼及压延加工业	525240	22343	46344	8013	20386
有色金属冶炼及压延加工业	99564	1235	3807	185	2286
金属制品业	120349	338	7206	765	5821
普通机械制造业	189920	2696	14971	602	11127
专用设备制造业	245622	5729	14152	1228	7638
交通运输设备制造业	663207	6385	30831	1441	19714
电气机械及器材制造业	324621	10212	23071	2198	11351
电子及通信设备制造业	604054	104434	147411	7405	37018
仪器仪表及文化、办公用机械制造业	33018	–2260	–282	116	1796
其他制造业	21174	–1480	48	85	1418
电力、蒸汽、热水的生产和供应业	380084	80263	113484	1130	30933
煤气生产和供应业	46806	1627	4672	254	2693
自来水的生产和供应业	24759	–2408	–83	25	1970

续表 8

	亏损面（%）	产销率（%）	资产贡献率（%）	负债率（%）	流动资产周转次数（次）
总计	**31.11**	**98.56**	**8.34**	**61.58**	**1.19**
按登记注册类型分组					
#国有企业	54.62	101.06	9.62	69.95	0.97
集体企业	27.36	97.76	6.54	64.57	1.71
股份合作企业	25.64	95.82	9.23	54.06	1.77
联营企业	44.44	94.32	5.05	56.05	0.76
有限责任公司	22.17	97.18	6.94	63.58	1.04
股份有限公司	24.78	98.86	7.71	49.28	1.07
私营企业	20.57	98.84	13.14	56.46	1.84
港、澳、台商投资企业	33.33	97.23	9.05	54.12	1.35
外商投资企业	31.82	97.56	11.55	52.73	1.64
按经济组织类型分组					
#独资企业	37.95	100.03	9.43	68.29	1.10
合作合伙企业	29.51	96.29	10.12	55.58	1.56
股份有限公司	24.63	99.22	7.95	47.66	1.05
有限责任公司	25.15	97.46	8.64	60.69	1.31
按轻重工业分					
轻工业	31.50	99.62	11.78	59.31	1.27
以农产品为原料	30.62	100.84	14.88	57.58	1.32
以非农产品为原料	33.52	96.13	5.25	63.07	1.12
重工业	30.78	97.89	7.42	62.76	1.15
采掘工业	58.33	95.65	2.84	70.88	0.98
原料工业	34.85	99.14	10.00	71.76	1.48
加工工业	28.54	97.37	6.34	58.36	1.04
按企业规模分					
大中型企业	31.15	99.39	9.68	61.50	1.11
特大型企业		99.65	2.31	47.16	0.84
大一型企业	18.18	98.76	11.26	70.27	1.19
大二型企业	34.31	100.16	11.20	57.20	1.02
中一型企业	32.86	97.79	9.70	61.30	1.30
中二型企业	32.43	100.13	6.02	62.03	1.27
小型企业	31.09	96.76	7.00	61.86	1.45
按工业行业大类分					
#煤炭采选业	62.50	99.73	3.70	71.49	0.80
有色金属矿采选业	100.00	154.05	-4.28	71.94	0.08
非金属矿采选业	25.00	85.52	12.08	60.06	4.81
食品加工业	37.50	101.95	5.53	64.62	3.04
食品制造业	34.04	92.98	5.57	47.26	1.56

续表 9

	亏损面 （%）	产销率 （%）	资　产 贡献率 （%）	负债率 （%）	流动资产 周转次数 （次）
饮料制造业	22.73	102.00	13.15	59.92	0.97
烟草加工业	25.00	115.82	43.06	71.05	1.00
纺织业	42.31	94.12	2.27	77.93	1.14
服装及其他纤维制品制造业	46.15	95.24	1.90	98.24	1.21
皮革、毛皮、羽绒及其制品业	31.58	96.11	7.08	79.71	2.19
木材加工及竹、藤、棕、草制品业	6.67	97.82	6.25	60.22	1.42
家具制造业		89.74	5.23	46.69	1.07
造纸及纸制品业	35.14	95.19	7.11	64.59	1.21
印刷业	32.56	99.21	14.81	40.32	1.76
文教体育用品制造业		105.31	12.51	73.60	1.95
石油加工及炼焦业	66.67	100.97	4.75	76.53	1.80
化学原料及化学制品制造业	26.60	99.30	5.40	46.20	1.34
医药制造业	19.18	94.82	14.30	48.72	1.22
化学纤维制造业	50.00	99.05	5.05	60.56	1.05
橡胶制品业	50.00	99.40	2.01	84.49	1.13
塑料制品业	26.83	97.19	9.22	43.22	1.82
非金属矿物制品业	33.66	95.43	7.29	45.93	1.10
黑色金属冶炼及压延加工业	41.94	100.41	6.35	66.24	1.81
有色金属冶炼及压延加工业	33.33	97.17	3.29	38.10	1.59
金属制品业	27.69	98.47	4.28	65.31	0.93
普通机械制造业	39.19	96.71	3.89	64.36	0.83
专用设备制造业	41.51	98.47	4.90	71.76	1.06
交通运输设备制造业	32.08	97.98	2.98	62.15	0.89
电气机械及器材制造业	22.83	100.00	4.67	55.12	1.15
电子及通信设备制造业	19.35	95.50	14.23	60.55	1.22
仪器仪表及文化、办公用机械制造业	38.46	101.94	0.68	72.11	0.76
其他制造业	42.86	100.89	0.95	51.71	1.09
电力、蒸汽、热水的生产和供应业	44.12	98.19	19.63	90.72	1.59
煤气生产和供应业		100.00	3.24	56.41	0.51
自来水的生产和供应业	57.14	97.41	0.86	51.01	0.76

8-6 独立核算国有及国有控股企业主要经济指标(2001年)

Main Economic Indicators of State-owned and State Holding Majority Shares Industrial Enterprises with Independent Accounting System (2001)

单元：万元

	企业数（个）	#亏损企业	工业总产值	工业增加值
总计	**381**	**182**	**3157945**	**1252810**
在总计中：亏损企业	182	182	473397	111206
按隶属关系分				
中央企业	63	31	903826	531904
地方企业	318	151	2254119	720906
按轻重工业分				
轻工业	153	69	1034163	444049
#以农产品为原料	90	39	832671	380229
重工业	228	113	2123782	808761
#加工工业	164	87	1349230	438159
按企业规模分				
大中型企业	162	73	2747088	1117364
特大型企业	3		258028	82729
大一型企业	21	4	964122	445481
大二型企业	63	30	1077328	425404
中一型企业	32	16	269734	76999
中二型企业	43	23	177876	86751
小型企业	219	109	410857	135446
按工业行业大类分				
#煤炭采选业	6	5	14532	6282
有色金属矿采选业	1	1	268	–57
非金属矿采选业	1		252	94
食品加工业	15	8	22559	5956
食品制造业	10	4	30943	10442
饮料制造业	7	3	106027	50792
烟草加工业	2		286814	187195

续表 1　　单元：万元

	企业数（个）	#亏损企业	工业总产值	工业增加值
纺织业	9	5	51337	10549
服装及其他纤维制品制造业	5	1	9384	2841
皮革、毛皮、羽绒及其制品业	2	1	15427	4475
木材加工及竹、藤、棕草制品业	3		31171	9251
造纸及纸制品业	5	3	6689	3434
印刷业、记录媒介的复制	25	10	125165	43666
化学原料及化学制品制造业	25	6	220382	70594
医药制造业	15	3	154010	58543
化学纤维制造业	2		37892	6219
橡胶制品业	3	2	3765	736
塑料制品业	6	4	11091	5801
非金属矿物制品业	29	16	75898	24463
黑色金属冶炼及压延加工业	5	2	366016	89661
有色金属冶炼及压延加工业	6	3	44001	11669
金属制品业	13	9	46316	17178
普通机械制造业	25	17	95776	23377
专用设备制造业	21	14	86692	21625
交通运输设备制造业	42	22	539333	154208
电气机械及器材制造业	25	9	131267	34790
电子及通信设备制造业	22	10	308616	132000
仪器仪表及文化办公用机械制造业	8	4	34458	11984
其他制造业	3	2	830	326
电力、蒸汽、热水的生产和供应业	20	9	235097	222318
煤气生产和供应业	5		21187	13635
自来水的生产和供应业	13	7	34156	16630

续表 2　　单位：万元

	实收资本	资产合计	流动资产年平均余额	固定资产原价	固定资产净值年平均余额
总计	**1724629**	**7681914**	**3608394**	**4167571**	**2628858**
在总计中:亏损企业	545359	1682199	665565	1022916	687305
按隶属关系分					
中央企业	426043	2141363	990103	1139619	835921
地方企业	1298586	5540551	2618291	3027952	1792937
按轻重工业分					
轻工业	572847	2162105	1111313	1022755	656567
#以农产品为原料	391409	1490065	882483	586530	365030
重工业	1151782	5519809	2497081	3144816	1972291
#加工工业	831678	3386299	1717746	1743254	986587
按企业规模分					
大中型企业	1421045	6758285	3212713	3651590	2272547
特大型企业	122915	653431	356914	481272	200470
大一型企业	471539	2700684	1225264	1519113	1005542
大二型企业	625074	2622000	1253145	1235236	781152
中一型企业	104657	483422	225659	270694	183333
中二型企业	96860	298748	151731	145275	102050
小型企业	303584	923629	395681	515981	356311
按工业行业大类分					
#煤炭采选业	10415	49218	19554	28268	17467
有色金属矿采选业	1178	4922	1872	1794	1505
非金属矿采选业	46	489	80	583	366
食品加工业	9176	29607	11091	21454	15853
食品制造业	7462	28928	12359	16525	10164
饮料制造业	59455	314757	211785	77036	49268
烟草加工业	64497	454832	332907	114894	73691

续表 3

单元：万元

	实收资本	资产合计	流动资产年平均余额	固定资产原价	固定资产净值年平均余额
纺织业	27546	120600	56883	78958	44214
服装及其他纤维制品制造业	12023	31125	14110	17179	11046
皮革、毛皮、羽绒及其制品业	2215	8456	4913	1863	887
木材加工及竹、藤、棕草制品业	9900	49664	22567	22486	17850
造纸及纸制品业	4583	15449	5603	7316	5672
印刷业、记录媒介的复制	99976	188808	64782	146080	90360
化学原料及化学制品制造业	115050	474049	222363	389527	176434
医药制造业	110815	309398	170553	101038	57674
化学纤维制造业	6428	39857	15184	27975	20757
橡胶制品业	1653	9065	2813	4445	2952
塑料制品业	10966	22311	13697	9146	4302
非金属矿物制品业	58654	185060	71190	105128	73068
黑色金属冶炼及压延加工业	109730	722077	259746	520344	289605
有色金属冶炼及压延加工业	33337	112416	36460	88871	71509
金属制品业	38828	147953	89273	62627	34743
普通机械制造业	106688	352047	185466	154307	87177
专用设备制造业	52992	282213	140088	119929	67113
交通运输设备制造业	383982	1457790	775426	725588	437472
电气机械及器材制造业	109118	391362	178694	172844	107530
电子及通信设备制造业	92535	413009	229395	202406	136110
仪器仪表及文化办公用机械制造业	17831	144972	30951	82333	59627
其他制造业	1038	4384	2527	1948	1759
电力、蒸汽、热水的生产和供应业	87814	852283	269364	568424	470595
煤气生产和供应业	20090	184367	97613	89617	56836
自来水的生产和供应业	52541	228788	42929	185897	124646

续表 4

单位：万元

	负债合计	所有者权益合计	产品销售收入	利润总额	利税总额
总计	**5062146**	**2619768**	**3492951**	**198561**	**508127**
在总计中:亏损企业	1307643	374555	452944	–80892	–57476
按隶属关系分					
中央企业	1658217	483146	1103799	112507	299577
地方企业	3403929	2136622	2389152	86054	208550
按轻重工业分					
轻工业	1346416	815688	1104980	72131	275558
#以农产品为原料	884038	606027	915176	79982	272148
重工业	3715730	1804080	2387971	126430	232569
#加工工业	2095125	1291174	1366217	31534	79727
按企业规模分					
大中型企业	4440779	2317505	3067015	195213	476741
特大型企业	310645	342786	278966	3100	8604
大一型企业	1959363	741322	1248087	151714	221228
大二型企业	1679479	942520	1149313	38883	227970
中一型企业	306341	177080	259036	5316	16846
中二型企业	184951	113797	131613	–3800	2093
小型企业	621367	302263	425936	3348	31386
按工业行业大类分					
#煤炭采选业	35616	13603	15457	–616	1193
有色金属矿采选业	3541	1381	156	–250	–236
非金属矿采选业	462	27	152		22
食品加工业	23380	6227	20895	279	970
食品制造业	16182	12746	21540	594	1888
饮料制造业	178954	135803	166495	23484	38914
烟草加工业	324884	129948	333220	26729	171004

续表 5　　单元：万元

	负债合计	所有者权益合计	产品销售收入	利润总额	利税总额
纺织业	109118	11482	43071	–5762	–3625
服装及其他纤维制品制造业	39874	–8749	8776	–2487	–2252
皮革、毛皮、羽绒及其制品业	3986	4470	13004	317	519
木材加工及竹、藤、棕草制品业	28510	21155	25770	1102	1865
造纸及纸制品业	11529	3920	4070	–704	–491
印刷业、记录媒介的复制	70760	118047	117285	16884	28245
化学原料及化学制品制造业	201928	272121	231051	3605	13071
医药制造业	113557	195841	162020	23857	41092
化学纤维制造业	24437	15421	35136	630	1586
橡胶制品业	9362	–297	2947	–836	–740
塑料制品业	5841	16470	9095	792	1835
非金属矿物制品业	97449	87611	66583	–1287	3244
黑色金属冶炼及压延加工业	495991	226087	384020	13704	33657
有色金属冶炼及压延加工业	33909	78506	42254	181	1743
金属制品业	100517	47436	46984	–1843	1213
普通机械制造业	238393	113654	89879	–6939	–1210
专用设备制造业	208163	74051	131599	–1608	441
交通运输设备制造业	928696	529095	537615	–2525	10951
电气机械及器材制造业	206244	185118	151485	8626	13430
电子及通信设备制造业	339177	73831	265947	31795	45138
仪器仪表及文化办公用机械制造业	117987	26985	30903	–3043	–2076
其他制造业	5004	–620	927	–80	59
电力、蒸汽、热水的生产和供应业	820389	31894	442996	76729	103943
煤气生产和供应业	104949	79419	49330	1329	4294
自来水的生产和供应业	115396	113392	32379	–2298	–58

续表 6

	亏损面 （%）	产销率 （%）	资　产 贡献率 （%）	负债率 （%）	流动资产 周转次数 （次）
总　　计	**47.77**	**99.58**	**8.29**	**65.90**	**0.97**
在总计中：亏损企业	100.00	95.56	-1.39	77.73	0.68
按隶属关系分					
中央企业	49.21	103.79	16.51	77.44	1.11
地方企业	47.48	97.89	4.69	61.44	0.91
按轻重工业分					
轻工业	45.10	103.06	14.45	62.27	0.99
#以农产品为原料	43.33	104.60	20.45	59.33	1.04
重工业	49.56	97.88	5.80	67.32	0.96
#加工工业	53.05	97.17	3.52	61.87	0.80
按企业规模分					
大中型企业	45.06	99.94	8.83	65.71	0.95
特大型企业		99.77	1.66	47.54	0.78
大一型企业	19.05	96.96	11.48	72.55	1.02
大二型企业	47.62	102.97	10.26	64.05	0.92
中一型企业	50.00	97.04	5.93	63.37	1.15
中二型企业	53.49	102.34	1.65	61.91	0.87
小型企业	49.77	97.17	4.72	67.27	1.08
按工业行业大类分					
#煤炭采选业	83.33	99.73	3.57	72.36	0.79
有色金属矿采选业	100.00	154.05	-4.65	71.94	0.08
非金属矿采选业		100.04	4.93	94.52	1.90
食品加工业	53.33	98.56	5.71	78.97	1.88
食品制造业	40.00	81.73	8.59	55.94	1.74
饮料制造业	42.86	103.39	16.08	56.85	0.79
烟草加工业		116.02	43.58	71.43	1.00

续表 7

	亏损面 （%）	产销率 （%）	资　产 贡献率 （%）	负债率 （%）	流动资产 周转次数 （次）
纺织业	55.56	90.25	-1.75	90.48	0.76
服装及其他纤维制品制造业	20.00	89.92	-6.31	128.11	0.62
皮革、毛皮、羽绒及其制品业	50.00	106.66	9.84	47.14	2.65
木材加工及竹、藤、棕草制品业		94.96	7.87	57.40	1.14
造纸及纸制品业	60.00	98.89	-1.25	74.63	0.73
印刷业、记录媒介的复制	40.00	99.47	15.12	37.48	1.81
化学原料及化学制品制造业	24.00	99.72	3.90	42.60	1.04
医药制造业	20.00	101.22	12.92	36.70	0.95
化学纤维制造业		98.75	3.85	61.31	2.31
橡胶制品业	66.67	100.37	0.29	103.28	1.05
塑料制品业	66.67	94.33	11.87	26.18	0.66
非金属矿物制品业	55.17	91.71	2.17	52.66	0.94
黑色金属冶炼及压延加工业	40.00	100.36	5.46	68.69	1.48
有色金属冶炼及压延加工业	50.00	99.02	2.38	30.16	1.16
金属制品业	69.23	100.07	2.68	67.94	0.53
普通机械制造业	68.00	97.21	0.91	67.72	0.48
专用设备制造业	66.67	96.97	1.53	73.76	0.94
交通运输设备制造业	52.38	99.33	1.95	63.71	0.69
电气机械及器材制造业	36.00	103.05	5.53	52.70	0.85
电子及通信设备制造业	45.45	89.54	10.80	82.12	1.16
仪器仪表及文化办公用机械制造业	50.00	96.76	-1.00	81.39	1.00
其他制造业	66.67	106.50	1.51	114.15	0.37
电力、蒸汽、热水的生产和供应业	45.00	97.74	21.36	96.26	1.64
煤气生产和供应业		100.00	3.14	56.92	0.51
自来水的生产和供应业	53.85	97.33	0.85	50.44	0.75

8-7 独立核算集体工业企业主要经济指标(2001年)

(年销售收入500万元及以上企业)

Main Economic Indicators of Collective-owned Industrial Enterprises with Independent Accounting System (2001) 单元：万元

	企业数(个)	#亏损企业	工业总产值	工业增加值
总计	**201**	**55**	**547754**	**165417**
在总计中:亏损企业	55	55	84054	22489
在总计中:农村工业	70	20	242217	55279
按轻重工业分				
轻工业	72	22	154181	53471
#以农产品为原料	48	16	96042	28807
重工业	129	33	393573	111946
#加工工业	97	22	301401	86177
按企业规模分				
大中型企业	15	5	235740	69456
大一型企业	1		25011	2465
大二型企业	4		151034	47527
中一型企业	4	3	15028	6191
中二型企业	6	2	44667	13273
小型企业	186	50	312014	95961
按工业行业大类分				
#煤炭采选业	1		462	158
非金属矿采选业	1		6375	6144
食品加工业	6	4	12704	3607
食品制造业	7	1	8168	2517
饮料制造业	2	2	14368	4212
纺织业	7	3	6198	1767

续表 1

单元：万元

	企业数（个）	#亏损企业	工业总产值	工业增加值
服装及其他纤维制品制造业	4	3	18409	5904
皮革、毛皮、羽绒及其制品业	3		8977	3153
木材加工及竹、藤、棕草制品业	1		915	220
家具制造业	2		2408	819
造纸及纸制品业	12	3	19123	4958
印刷业、记录媒介的复制	4		2906	1052
文教体育用品制造业	2		1977	559
化学原料及化学制品制造业	12	4	18113	4913
医药制造业	3		32298	17616
橡胶制品业	1	1	249	84
塑料制品业	11	4	18627	5632
非金属矿物制品业	23	10	25229	7243
黑色金属冶炼及压延加工业	5	1	32228	4501
有色金属冶炼及压延加工业	7	1	32893	9549
金属制品业	17	2	22487	4278
普通机械制造业	16	3	38779	13201
专用设备制造业	8	2	12490	4954
交通运输设备制造业	16	5	37390	8127
电气机械及器材制造业	22	4	56161	20821
电子及通信设备制造业	3		110721	27347
电力、蒸汽、热水的生产和供应业	2	1	1312	342
煤气生产和供应业	1		1822	613

续表 2

单位：万元

	实收资本	资产合计	流动资产年平均余额	固定资产原价	固定资产净值年平均余额
总计	**128550**	**613835**	**302673**	**308309**	**200049**
在总计中:亏损企业	41920	135854	61317	84218	49452
在总计中:农村工业	55221	235812	113451	119009	80555
按轻重工业分					
轻工业	34784	173038	81843	95951	63929
#以农产品为原料	22711	92730	41856	50114	34792
重工业	93766	440797	220830	212358	136120
#加工工业	67674	351736	176632	151711	99129
按企业规模分					
大中型企业	51781	283124	131509	141770	96058
大一型企业	5816	18908	9645	16968	8910
大二型企业	23641	165503	74412	85726	62273
中一型企业	3870	20092	9464	13451	8783
中二型企业	18454	78621	37988	25625	16092
小型企业	76769	330711	171164	166539	103991
按工业行业大类分					
#煤炭采选业	143	573	443	368	56
非金属矿采选业	30	75	50	15	9
食品加工业	722	6301	3798	2838	1605
食品制造业	2282	9883	6497	4113	2649
饮料制造业	5168	8035	531	8699	7225
纺织业	3786	13860	5787	7478	3762

续表 3

单元：万元

	实收资本	资产合计	流动资产年平均余额	固定资产原价	固定资产净值年平均余额
服装及其他纤维制品制造业	4401	21948	9461	9487	6911
皮革、毛皮、羽绒及其制品业	479	2850	1373	715	647
木材加工及竹、藤、棕草制品业	37	438	318	78	72
家具制造业	2714	6794	3578	2736	1855
造纸及纸制品业	3204	15907	8167	10406	6336
印刷业、记录媒介的复制	658	3256	1640	1862	1211
文教体育用品制造业	199	1451	1201	314	190
化学原料及化学制品制造业	4525	25360	16099	8616	5511
医药制造业	4957	53072	23388	34001	22317
橡胶制品业	250	812	288	458	428
塑料制品业	5860	33235	13047	22032	14349
非金属矿物制品业	7493	31592	15925	19324	10059
黑色金属冶炼及压延加工业	6478	25306	15130	18396	9871
有色金属冶炼及压延加工业	3836	21570	13644	9372	5603
金属制品业	3411	18388	10559	8553	5925
普通机械制造业	14035	64697	35278	36897	18507
专用设备制造业	2051	21402	10330	4819	3250
交通运输设备制造业	15211	58807	25485	22107	12944
电气机械及器材制造业	8549	48285	26487	16395	8984
电子及通信设备制造业	18194	96014	48856	38981	34773
电力、蒸汽、热水的生产和供应业	8556	10232	640	10718	7888
煤气生产和供应业	51	6667	1870	4672	3860

续表 4 单位：万元

	负债合计	所有者权益合计	产品销售收入	利润总额	利税总额
总计	**396324**	**219511**	**518354**	**13693**	**34576**
在总计中:亏损企业	96505	41349	83827	–3626	–411
在总计中:农村工业	166096	71717	222960	6022	14089
按轻重工业分					
轻工业	113142	59896	141679	4770	13481
#以农产品为原料	61904	30826	93043	1704	5417
重工业	283182	159615	376675	8923	21095
#加工工业	228713	125024	290484	7693	17222
按企业规模分					
大中型企业	184447	100676	214976	8840	18416
大一型企业	15107	3801	25648	60	999
大二型企业	106230	59273	131448	7052	14450
中一型企业	8001	12091	10970	93	191
中二型企业	55109	25511	46910	1635	2776
小型企业	211877	118835	303378	4853	16160
按工业行业大类分					
#煤炭采选业	407	166	496	7	31
非金属矿采选业	42	33	5487	51	76
食品加工业	4942	1359	12763	–30	113
食品制造业	4736	5146	6598	33	383
饮料制造业	3227	4808	12516	–352	–119
纺织业	16959	–3099	5937	–412	–249

续表 5

单元：万元

	负债合计	所有者权益合计	产品销售收入	利润总额	利税总额
服装及其他纤维制品制造业	13056	8893	21261	1509	2744
皮革、毛皮、羽绒及其制品业	2207	642	7853	59	140
木材加工及竹、藤、棕草制品业	92	346	891	35	40
家具制造业	1351	5443	1933	21	146
造纸及纸制品业	9546	6360	17738	445	1184
印刷业、记录媒介的复制	2380	876	3770	109	516
文教体育用品制造业	1068	383	2337	112	209
化学原料及化学制品制造业	16961	8399	16841	553	1609
医药制造业	33749	19323	26083	2316	6076
橡胶制品业	618	194	525	−10	9
塑料制品业	18564	14671	20805	280	960
非金属矿物制品业	23580	8012	22377	49	1619
黑色金属冶炼及压延加工业	20977	4329	35042	65	1126
有色金属冶炼及压延加工业	11373	10197	24869	1004	1286
金属制品业	12666	5722	22486	797	1691
普通机械制造业	38506	26191	40263	427	2353
专用设备制造业	11490	9912	9999	171	677
交通运输设备制造业	41201	19606	38202	10	1446
电气机械及器材制造业	33416	14870	51403	160	1317
电子及通信设备制造业	63760	32254	101860	5859	8344
电力、蒸汽、热水的生产和供应业	1618	8614	2093	1	44
煤气生产和供应业	2806	3861	1893	299	378

续表 6

	亏损面（%）	产销率（%）	资产贡献率（%）	负债率（%）	流动资产周转次数（次）
总计	**27.36**	**97.76**	**6.54**	**64.57**	**1.71**
#亏损企业	100.00	102.05	1.16	71.04	1.37
#农村工业	28.57	97.52	4.99	70.44	1.97
按轻重工业分					
轻工业	30.56	98.15	8.29	65.39	1.73
#以农产品为原料	33.33	100.33	7.50	66.76	2.22
重工业	25.58	97.61	5.83	64.24	1.71
#加工工业	22.68	96.77	5.90	65.02	1.64
按企业规模分					
大中型企业	33.33	96.82	7.88	65.15	1.63
大一型企业		98.53	1.96	79.90	2.66
大二型企业		97.24	17.14	64.19	1.77
中一型企业	75.00	91.16	3.05	39.82	1.16
中二型企业	33.33	96.34	3.44	70.09	1.23
小型企业	26.88	98.47	5.52	64.07	1.77
按工业行业大类分					
#煤炭采选业		104.92	8.48	71.02	1.12
非金属矿采选业		86.08	14.61	56.30	110.63
食品加工业	66.67	99.85	4.95	78.43	3.36
食品制造业	14.29	105.27	5.26	47.93	1.02
饮料制造业	100.00	113.55	–0.92	40.16	23.55
纺织业	42.86	97.15	–0.23	122.36	1.03

续表 7

	亏损面 (%)	产销率 (%)	资产贡献率 (%)	负债率 (%)	流动资产周转次数 (次)
服装及其他纤维制品制造业	75.00	97.12	19.12	59.48	2.25
皮革、毛皮、羽绒及其制品业		98.77	6.39	77.46	5.72
木材加工及竹、藤、棕草制品业		97.41	11.46	20.96	2.80
家具制造业		89.27	2.57	19.88	0.54
造纸及纸制品业	25.00	96.62	8.15	60.02	2.17
印刷业、记录媒介的复制		100.16	26.41	73.10	2.30
文教体育用品制造业		105.31	12.51	73.60	1.95
化学原料及化学制品制造业	33.33	95.77	6.50	66.88	1.05
医药制造业		94.51	13.12	63.59	1.12
橡胶制品业	100.00	100.00	5.07	76.10	1.82
塑料制品业	36.36	100.27	4.09	55.86	1.59
非金属矿物制品业	43.48	95.37	5.37	74.64	1.41
黑色金属冶炼及压延加工业	20.00	107.94	5.64	82.89	2.32
有色金属冶炼及压延加工业	14.29	96.26	10.09	52.73	1.82
金属制品业	11.76	97.74	7.70	68.88	2.13
普通机械制造业	18.75	92.71	4.70	59.52	1.14
专用设备制造业	25.00	91.17	6.28	53.69	0.97
交通运输设备制造业	31.25	97.29	3.48	70.06	1.50
电气机械及器材制造业	18.18	94.38	1.95	69.20	1.94
电子及通信设备制造业		98.93	12.24	66.41	2.08
电力、蒸汽、热水的生产和供应业	50.00	100.00	0.47	15.81	3.27
煤气生产和供应业		100.00	5.91	42.09	1.01

8-8 独立核算“三资”工业企业主要经济指标(2001年)

(年销售收入500万元及以上企业)

Main Economic Indicators of Overseas-funded Industrial Enterprises with Independent Accounting System (2001)

单位：万元

	企业数(个)	#亏损企业	工业总产值	工业增加值
总　　计	**153**	**50**	**1217261**	**431233**
按登记注册类型分				
港、澳、台商投资企业	87	29	455397	137494
合资经营企业(港、澳、台资)	63	21	309574	91682
合作经营企业(港、澳、台资)	6	2	38407	14235
港澳台商独资企业	15	5	84367	27960
港澳台投资股份有限公司	3	1	23049	3617
外商投资企业	66	21	761864	293739
中外合资经营企业	56	18	675916	253019
中外合作经营企业	2		49383	17136
外资企业	7	2	31596	22328
外商投资股份有限公司	1	1	4969	1256
按轻重工业分				
轻工业	96	36	668280	224945
#以农产品为原料	63	22	488036	164697
重工业	57	14	548981	206288
#加工工业	49	12	497754	187294
按企业规模分				
大中型企业	58	15	924578	332365
大一型企业	10	2	354298	132208
大二型企业	16	7	222817	61881
中一型企业	12	2	182468	72415
中二型企业	20	4	164995	65861
小型企业	95	35	292683	98868

续表 1

单元：万元

	企业数（个）	#亏损企业	工业总产值	工业增加值
按工业行业大类分				
#食品加工业	9	3	86551	31159
食品制造业	14	7	80016	24873
饮料制造业	4	2	83928	26811
纺织业	2	2	12956	1815
服装及其他纤维制品制造业	1	1	372	-70
皮革、毛皮、羽绒及其制品业	3	1	11131	2866
木材加工及竹、藤、棕、草制品业	3	1	24835	7735
造纸及纸制品业	9	4	34337	11402
印刷业、记录媒介的复制	6	1	41200	12161
化学原料及化学制品制造业	10	2	94261	32377
医药制造业	18	3	137445	60958
化学纤维制造业	1	1	750	-61
塑料制品业	12	3	58940	18302
非金属矿物制品业	5		33376	15228
有色金属冶炼及压延加工业	3	1	1762	-117
金属制品业	7	4	12378	3107
普通机械制造业	6	3	24572	8258
专用设备制造业	5	2	64346	23846
交通输设备制造业	11	3	103056	19518
电气机械及器材制造业	11	4	70797	14890
电子及通信设备制造业	9	1	209438	102380
仪器仪表及文化办公用机械制造业	1		5510	2854
其他制造业	1	1	4969	1256
电力、蒸汽、热水的生产和供应业	2		20335	9685

续表 2

单位：万元

	资产总计	负债总计	所有者权益合计	实收资本
总　　计	**1713353**	**913339**	**800013**	**685363**
按登记注册类型分				
港、澳、台商投资企业	714615	386721	327894	252331
合资经营企业(港、澳、台资)	432265	271886	160379	131409
合作经营企业(港、澳、台资)	72080	48273	23808	19888
港澳台商独资企业	100228	40765	59463	59835
港澳台投资股份有限公司	110042	25797	84245	41199
外商投资企业	998738	526618	472119	433032
中外合资经营企业	895448	475528	419920	401147
中外合作经营企业	67864	35108	32756	14399
外资企业	27156	15662	11494	11017
外商投资股份有限公司	8270	321	7949	6470
按轻重工业分				
轻工业	864536	476709	387827	374248
#以农产品为原料	604265	346272	257994	238385
重工业	848817	436630	412186	311115
#加工工业	724085	357940	366145	275024
按企业规模分				
大中型企业	1294035	663584	630451	525995
大一型企业	454355	213806	240549	184599
大二型企业	372638	163421	209217	200368
中一型企业	257752	173775	83977	62587
中二型企业	209290	112582	96708	78441
小型企业	419318	249755	169562	159368

续表 3

单元：万元

	资产总计	负债总计	所有者权益合计	实收资本
按工业行业大类分				
#食品加工业	58605	34628	23978	35647
食品制造业	86944	47286	39658	38266
饮料制造业	106632	68195	38437	25094
纺织业	13592	18247	–4655	5111
服装及其他纤维制品制造业	774	946	–172	182
皮革、毛皮、羽绒及其制品业	4720	4572	148	1331
木材加工及竹、藤、棕、草制品业	33891	21870	12021	6859
造纸及纸制品业	98806	61599	37207	28411
印刷业、记录媒介的复制	66961	37356	29605	21406
化学原料及化学制品制造业	113607	42418	71189	69556
医药制造业	179146	106467	72679	44805
化学纤维制造业	1894	1060	834	1000
塑料制品业	53578	24493	29085	29521
非金属矿物制品业	78346	37805	40542	31949
有色金属冶炼及压延加工业	6011	4216	1795	1568
金属制品业	37168	27556	9612	14908
普通机械制造业	101123	60616	40507	50382
专用设备制造业	88920	72451	16469	16191
交通输设备制造业	175086	64889	110197	122653
电气机械及器材制造业	181073	53288	127786	82168
电子及通信设备制造业	139095	70680	68415	33978
仪器仪表及文化办公用机械制造业	9137	5032	4105	610
其他制造业	8270	321	7949	6470
电力、蒸汽、热水的生产和供应业	69974	47350	22624	17299

续表 4 单位：万元

	产品销售收入	利税总额	应交所得税	本年应交增值税
总计	**1126533**	**151827**	**5506**	**56830**
按登记注册类型分				
港、澳、台商投资企业	416399	48395	1682	18865
合资经营企业(港、澳、台资)	278958	26088	1284	10253
合作经营企业(港、澳、台资)	34865	6501	199	3070
港澳台商独资企业	81348	7344	199	4937
港澳台投资股份有限公司	21229	8461		606
外商投资企业	710134	103432	3824	37965
中外合资经营企业	643343	93726	3620	33279
中外合作经营企业	47881	8471	204	3276
外资企业	14677	2457		942
外商投资股份有限公司	4233	-1222		467
按轻重工业分				
轻工业	624512	68927	3217	33958
#以农产品为原料	469532	56936	2204	24222
重工业	502021	82900	2289	22872
#加工工业	455363	75159	2163	19487
按企业规模分				
大中型企业	849735	122286	4236	42252
大一型企业	340459	55814	2036	16014
大二型企业	210579	15184	646	8960
中一型企业	168087	30007	581	9732
中二型企业	130611	21281	973	7546
小型企业	276798	29541	1270	14578

续表5 单元：万元

	产品销售收入	利税总额	应交所得税	本年应交增值税
按工业行业大类分				
#食品加工业	93083	3962	571	2148
食品制造业	75316	6404	124	3931
饮料制造业	82567	10694	140	5286
纺织业	11842	–758		500
服装及其他纤维制品制造业	518	–63		46
皮革、毛皮、羽绒及其制品业	9232	157	2	206
木材加工及竹、藤、棕、草制品业	19331	1204	7	193
造纸及纸制品业	32308	7015	185	2533
印刷业、记录媒介的复制	39383	9026	556	2988
化学原料及化学制品制造业	89764	8983	274	3614
医药制造业	120310	22566	1177	8841
化学纤维制造业	794	–185		–45
塑料制品业	41676	4231	206	1405
非金属矿物制品业	31763	7018	13	2265
有色金属冶炼及压延加工业	2499	96		71
金属制品业	12946	–519		304
普通机械制造业	22696	16	13	1336
专用设备制造业	59408	9587	241	3274
交通输设备制造业	101837	8680	28	3662
电气机械及器材制造业	68576	10599	276	3228
电子及通信设备制造业	181286	37219	1568	7913
仪器仪表及文化办公用机械制造业	4818	1211		25
其他制造业	4233	–1222		467
电力、蒸汽、热水的生产和供应业		5905	127	2638

续表 6

	亏损面（%）	产销率（%）	资产贡献率（%）	负债率（%）	流动资产周转次数（次）
总　　　计	**32.68**	**97.44**	**10.55**	**53.31**	**1.52**
按登记注册类型分					
港、澳、台商投资企业	33.33	97.23	9.05	54.12	1.35
合资经营企业(港、澳、台资)	33.33	96.49	8.81	62.90	1.46
合作经营企业(港、澳、台资)	33.33	95.27	15.99	66.97	1.69
港澳台商独资企业	33.33	101.67	7.14	40.67	1.57
港澳台投资股份有限公司	33.33	94.15	8.47	23.44	0.47
外商投资企业	31.82	97.56	11.55	52.73	1.64
中外合资经营企业	32.14	97.22	11.70	53.11	1.65
中外合作经营企业		99.79	16.81	51.73	1.92
外资企业	28.57	99.83	5.61	57.67	1.08
外商投资股份有限公司	100.00	107.43	−12.40	3.88	0.84
按轻重工业分					
轻工业	37.50	97.11	9.26	55.14	1.65
#以农产品为原料	34.92	98.62	10.98	57.30	1.85
重工业	24.56	97.83	12.00	51.44	1.37
#加工工业	24.49	97.57	12.22	49.43	1.37
按企业规模分					
大中型企业	25.86	97.84	12.31	51.28	1.59
大一型企业	20.00	100.45	16.87	47.06	1.82
大二型企业	43.75	94.47	4.64	43.86	1.47
中一型企业	16.67	94.40	16.93	67.42	1.59
中二型企业	20.00	100.59	14.07	53.79	1.31
小型企业	36.84	96.17	6.61	59.56	1.34

续表 7

	亏损面（%）	产销率（%）	资产贡献率（%）	负债率（%）	流动资产周转次数（次）
按工业行业大类分					
#食品加工业	33.33	108.75	9.11	59.09	3.36
食品制造业	50.00	94.95	7.16	54.39	2.13
饮料制造业	50.00	99.94	11.39	63.95	2.66
纺织业	100.00	91.81	–3.44	134.25	1.18
服装及其他纤维制品制造业	100.00	100.91	–2.69	122.26	1.02
皮革、毛皮、羽绒及其制品业	33.33	92.39	8.54	96.86	2.72
木材加工及竹、藤、棕、草制品业	33.33	100.46	6.12	64.53	1.34
造纸及纸制品业	44.44	93.07	9.33	62.34	0.85
印刷业、记录媒介的复制	16.67	99.93	17.32	55.79	1.38
化学原料及化学制品制造业	20.00	98.89	9.44	37.34	2.41
医药制造业	16.67	89.75	15.20	59.43	1.24
化学纤维制造业	100.00	105.27	–9.32	55.97	0.59
塑料制品业	25.00	98.25	8.40	45.72	2.07
非金属矿物制品业		94.78	11.63	48.25	1.54
有色金属冶炼及压延加工业	33.33	99.46	0.69	70.14	1.55
金属制品业	57.14	102.55	–1.32	74.14	0.74
普通机械制造业	50.00	101.97	0.81	59.94	0.58
专用设备制造业	40.00	103.52	13.46	81.48	0.77
交通输设备制造业	27.27	90.23	6.85	37.06	1.53
电气机械及器材制造业	36.36	94.56	6.50	29.43	0.91
电子及通信设备制造业	11.11	99.32	27.25	50.81	2.36
仪器仪表及文化办公用机械制造业		87.43	12.78	55.07	1.00
其他制造业	100.00	107.43	–6.25	3.88	0.84
电力、蒸汽、热水的生产和供应业		100.00	17.89	67.67	1.47

8-9 大中型工业企业主要经济指标

Main Economic Indicators of Large-scale and Medium-scale Industrial Enterprises

单位：万元

合　　计	1990 年		2000 年		2001 年	
	合　计	占全市工业的比重(%)	合　计	占全市工业的比重(%)	合　计	占全市工业的比重(%)
企业单位数(个)	184	3.9	270	21.1	321	24.4
#亏损企业	39	3.7	97	27.1	100	24.4
工业总产值	814723	57.3	3723862	58.9	4830746	68.3
工业增加值			1212032	58.3	1739281	71.0
年末固定资产原值	836243	66.3	4193980	73.9	4885764	77.7
#生产用	663883	64.8	3458387	73.1	3834895	76.2
年末固定资产净值			2604372	71.4	3069505	75.8
固定资产净值年平均余额			2615459	70.3	3131510	76.8
流动资产年平均余额			3404668	68.2	4603800	75.6
资产总计			7727841	69.7	9795170	76.3
负债总计			4805708	70.0	6023868	76.1
产品销售收入	976456	58	3720408	60.1	5112246	70.4
#产品销售税金及附加			148375	86.4	157248	88.2
盈利企业的利润总额	65179	60.2	216080	60.6	418123	80.0
亏损企业的亏损总额	7882	31.5	86372	71.0	73538	66.1
盈亏相抵的利润总额	57297	68.8	129708	55.3	344585	83.7
利税总额	145616	69.6	461670	66.6	726156	80.2
职工平均人数(人)	371676	47.7	326050	61.1	342303	70.5

注：“占全市工业的比重(%)”1990 年指大中型工业企业占全市乡及乡以上独立核算工业企业比重；2000 年、2001 年数为大中型工业企业占全部国有和年销售收入在 500 万元及以上的非国有独立核算工业企业比重。2000 年、2001 年职工平均人数为从业人员平均人数。

8-10 全部独立核算工业企业主要经济效益指标(2001年)

(国有及年销售收入在500万元以上非国有企业)

Main Indicators on Economic Benefit of Industrial Enterprises with Independent Accounting System (2001)

	单位	2001		单位	2001
综合经济效益指数	**%**	**121.49**	**流动资产周转次数**	**次**	**1.19**
#国有及国有控股经济	%	105.60	#国有及国有控股经济	次	0.97
集体经济	%	88.61	集体经济	次	1.71
三资企业	%	177.62	三资企业	次	1.52
总资产贡献率	**%**	**8.34**	**成本费用利润率**	**%**	**6.10**
#国有及国有控股经济	%	8.29	#国有及国有控股经济	%	6.20
集体经济	%	6.54	集体经济	%	2.72
三资企业	%	10.55	三资企业	%	8.82
资本保值率	**%**	**117.40**	**劳动生产率**	**元/人**	**50475**
#国有及国有控股经济	%	108.83	#国有及国有控股经济	元/人	46749
集体经济	%	87.20	集体经济	元/人	38724
三资企业	%	112.30	三资企业	元/人	114653
资产负债率	**%**	**61.58**			
#国有及国有控股经济	%	65.90			
集体经济	%	64.57			
三资企业	%	53.31			

8-11 全市工业企业四大支柱产业主要经济指标(2001 年)

（全部国有和年销售收入在 500 万元及以上的非国有企业）

Main Economic Indicators of Four-prop Industry (2001)

单位：万元

	工业总产值	工业增加值	资产合计	应收帐款
四大支柱产业合计	**4287099**	**1483614**	**7376939**	**1068637**
占全市比重(%)	60.5	60.6	57.4	70.1
按工业行业分				
食品(含烟草)工业	1067701	457346	1537602	202305
占全市比重(%)	15.1	18. 7	12.0	13.3
占四大支柱产业合计比重(%)	24.9	30.8	20.8	18.9
医药工业	561042	220144	863678	141470
占全市比重(%)	7.9	9.0	6.7	9.3
占四大支柱产业合计比重(%)	13.1	14.8	11.7	13.2
机械(含汽车)工业	1347000	373320	2816705	335610
占全市比重(%)	19.0	15.2	21.9	22.0
占四大支柱产业合计比重(%)	31.4	25.2	38.2	31.4
电子信息工业	1311356	432804	2158954	389252
占全市比重(%)	18.5	17.7	16.8	25.5
占四大支柱产业合计比重(%)	30.6	29.2	29.3	36.5

注：“占全市比重(%)”指支柱产业占全市全部国有和年销售收入在 500 万元及以上的非国有企业比重。

续表 1　　单位:万元

	工业总产值	工业增加值	资产合计	应收帐款
按经济类型分				
国有企业	826397	350387	2099255	252012
集体企业	325726	103328	372587	36405
股份合作企业	203816	59375	286030	30072
联营企业	17902	5859	42990	6776
有限责任公司	898290	268803	1821961	290106
股份有限公司	663175	207639	1122125	166369
私营企业	486135	172677	506230	101147
港、澳、台商投资企业	222630	66390	376763	34995
外商投资企业	643028	249156	748998	150755
按轻重工业分				
轻工业	1814521	729159	2805758	388179
重工业	2472578	754455	4571181	680458
按企业规模分				
大中型企业	3022944	1059620	5797724	806166
特大型企业	192773	51808	452554	52981
大一型企业	624824	225238	1315880	194799
大二型企业	1393849	501001	2921552	373105
中一型企业	485809	174161	648884	112431
中二型企业	325689	107413	458853	72850
小型企业	1264155	423994	1579215	262471

续表 2

单位：万元

	产成品资金	负债合计	产品销售收入	管理费用
四大支柱产业合计	**453733**	**4481284**	**4332359**	**403652**
占全市比重(%)	64.1	56.6	59.6	64.7
按工业行业分				
食品(含烟草)工业	68244	957820	1153127	64857
占全市比重(%)	9.6	12.1	15.9	10.4
占四大支柱产业合计比重(%)	15.0	21.4	26.6	16.1
医药工业	54762	420803	539973	56082
占全市比重(%)	7.7	5.3	7.4	9.0
占四大支柱产业合计比重(%)	12.1	9.4	12.5	13.9
机械(含汽车)工业	188819	1809818	1354964	161455
占全市比重(%)	26.7	22.9	18.7	25.9
占四大支柱产业合计比重(%)	41.6	40.4	31.3	40.0
电子信息工业	141908	1292843	1284295	121258
占全市比重(%)	20.1	16.3	17.7	19.4
占四大支柱产业合计比重(%)	31.3	28.8	29.6	30.0

续表 3 单位:万元

	产成品资金	负债合计	产品销售收入	管理费用
按经济类型分				
国有企业	124433	1471288	948474	115497
集体企业	33870	239344	302436	21512
股份合作企业	20286	130129	210970	13733
联营企业	3371	23853	15228	1484
有限责任公司	96319	1189303	946317	103060
股份有限公司	66852	567478	651448	58808
私营企业	45180	276359	447589	27460
港、澳、台商投资企业	27706	171639	215352	18429
外商投资企业	35716	411891	594545	43669
按轻重工业分				
轻工业	149991	1671283	1868251	147298
重工业	303741	2810002	2464108	256354
按企业规模分				
大中型企业	319394	3550669	3116285	321455
特大型企业	6787	262828	205166	27843
大一型企业	82258	874460	668946	60817
大二型企业	158923	1733498	1473472	156588
中一型企业	40244	386722	441502	41528
中二型企业	31182	293162	327199	34679
小型企业	134339	930615	1216074	82197

续表 4 单位：万元

	利息支出	利润总额	利税总额	从业人员平均人数（人）
四大支柱产业合计	**93169**	**249757**	**593894**	**263385**
占全市比重(%)	56.1	60.7	65.6	54.3
按工业行业分				
食品(含烟草)工业	21458	63043	258370	38788
占全市比重(%)	12.9	15.3	28.5	8.0
占四大支柱产业合计比重(%)	23.0	25.2	43.5	14.7
医药工业	9935	59519	105370	25965
占全市比重(%)	6.0	14.5	11.6	5.3
占四大支柱产业合计比重(%)	10.7	23.8	17.7	9.9
机械(含汽车)工业	33773	14809	59954	133588
占全市比重(%)	20.3	3.6	6.6	27.5
占四大支柱产业合计比重(%)	36.3	5.9	10.1	50.7
电子信息工业	28003	112386	170200	65044
占全市比重(%)	16.9	27.3	18.8	13.4
占四大支柱产业合计比重(%)	30.1	45.0	28.7	24.7

续表 5

单位:万元

	利息支出	利润总额	利税总额	从业人员平均人数（人）
按经济类型分				
国有企业	28738	23581	200639	81156
集体企业	5539	8762	21032	21413
股份合作企业	2909	17955	25837	8835
联营企业	190	–69	417	1779
有限责任公司	20684	51280	94425	62387
股份有限公司	16792	49714	81294	39978
私营企业	7188	29613	59312	23358
港、澳、台商投资企业	3656	16622	28940	11319
外商投资企业	7473	52299	81998	13160
按轻重工业分				
轻工业	37578	116796	368152	85660
重工业	55591	132961	225742	177725
按企业规模分				
大中型企业	73320	188975	466893	184052
特大型企业	4183	5006	7390	15922
大一型企业	19736	54002	84436	39569
大二型企业	35200	91560	301510	83530
中一型企业	7890	29262	51501	22364
中二型企业	6310	9145	22057	22667
小型企业	19849	60782	127001	79333

8-12 工业企业主要能源消费量(2001年)

(全部国有和年销售收入500万元及以上的非国有企业)

Consumption of Major Energy of Industry (2001)

	柴油 (吨)	天然气 (万立方米)	电力 (万千瓦小时)
总计	**16410**	**138101**	**560121**
按工业行业大类分			
#煤炭采选业	566		3998
食品加工业	51	23	11602
食品制造业	1981	413	4194
饮料制造业	930	6	4915
纺织业	5	342	7429
服装及其他化学纤维制品制造业		24	376
皮革、毛皮、羽绒及其制品业			885
木材加工及竹、藤、棕、草制品业	71	2	2891
家具制造业	104	3	1448
造纸及纸制品业	103	84	9668
化学原料及化学制品制造业	984	88358	91833
医药制造业	141	557	22897
化学纤维制造业	49	742	6875
塑料制品业	73	122	4574
非金属矿物制品业	3240	19091	56167
黑色金属冶炼及压延加工业	1293	15190	109051
有色金属冶炼及压延加工业	308	1046	7317
金属制品业	819	742	10119
普通机械制造业	445	1000	7992
专用设备制造业	1050	352	5293
交通运输设备制造业	2207	2112	26072
电气机械及器材制造业	166	271	10146
电子及通信设备制造业	1224	1882	12756
仪器仪表及文化、办公用机械制造业	45	76	2107
其他制造业	5		1152
电力、蒸汽、热水的生产和供应业	285	3733	126898
自来水的生产和供应业	57		5147

续表 1

	原　煤 (吨)	焦　碳 (吨)	汽　油 (吨)
总　　计	**3672115**	**507432**	**19312**
按工业行业大类分			
#煤炭采选业	570610	37230	302
食品加工业	32986		176
食品制造业	19476		211
饮料制造业	60657	24	500
纺织业	47976		176
服装及其他化学纤维制品制造业	17		84
皮革、毛皮、羽绒及其制品业	15653		28
木材加工及竹、藤、棕、草制品业	9605		104
家具制造业	853	23	85
造纸及纸制品业	48939		172
化学原料及化学制品制造业	268396	9666	3433
医药制造业	28974		774
化学纤维制造业	96263	50	89
塑料制品业	2226	135	373
非金属矿物制品业	673854	6568	689
黑色金属冶炼及压延加工业	83558	464866	849
有色金属冶炼及压延加工业	7000	87	61
金属制品业	8593	7840	591
普通机械制造业	14215	7506	693
专用设备制造业	8334	2857	651
交通运输设备制造业	40274	879	2445
电气机械及器材制造业	8093	9	644
电子及通信设备制造业	596	246	4794
仪器仪表及文化、办公用机械制造业	3750		132
其他制造业	302		109
电力、蒸汽、热水的生产和供应业	1482691		243
自来水的生产和供应业	12386		220

8-13 成都工业五十强企业名单(2001年度)

List of Top 50 Industrial Enterprises in Chengdu (2001)

序号	企业名称	序号	企业名称
1	成都卷烟厂	26	四川五牛印务有限公司
2	四川全兴股份有限公司	27	四川和协电力有限公司
3	成都地奥集团	28	四川迪康集团有限公司
4	成都印钞公司	29	四川科伦实业集团有限公司
5	成都钢铁厂	30	成都旺旺食品有限公司
6	四川迈普数据通信股份有限公司	31	成都中康光缆有限公司
7	攀钢集团成都无缝钢管有限责任公司	32	成都飞机工业(集团)有限责任公司
8	成都国腾通讯（集团）有限公司	33	四川丰田汽车有限公司
9	四川汇源光通信股份有限公司	34	三勒浆药业集团
10	四川托普集团	35	成都彩虹电器（集团）股份有限公司
11	川化集团有限责任公司	36	成都统一企业食品有限公司
12	四川国栋建设股份有限公司	37	成都宝洁有限公司
13	成都康弘科技实业（集团）有限公司	38	成都生物制品研究所
14	成都神钢建设机械有限公司	39	四川川化味之素有限公司
15	成都旭光电子股份有限公司	40	四川蜀玻（集团）有限责任公司
16	四川天邑集团有限公司	41	成都宁江机床(集团)股份有限公司
17	明达玻璃(成都)有限公司	42	成都银河磁体股份有限公司
18	四川百事可乐饮料有限公司	43	四川省冶金机械厂
19	成都恩威集团公司	44	成都银河创新科技股份有限公司
20	蓝剑集团成都啤酒有限公司	45	成都旭光科技股份有限公司
21	四川锦丰纸业有限公司	46	成都工程机械（集团）有限公司
22	成都聚友泰康网络股份有限公司	47	成都蓉生药业有限责任公司
23	四川旅行车制造厂	48	成都普天电缆股份有限公司
24	成都药业股份有限公司	49	四川建筑机械（集团）有限公司
25	成都中住光纤有限公司	50	河南安彩集团成都电子玻璃有限公司

主 要 统 计 指 标 解 释

工业总产值 是指工业企业在一定时期内生产的已出售或可供出售的以货币表现的工业产品总量，它反映一定时间内工业生产的总规模和总水平。它包括：在本企业内不再进行加工，经检验、包装入库（规定不需包装的产品除外）的成品价值、对外加工费收入、自制半成品在产品期末期初差额价值。工业总产值采用“工厂法”计算，即以工业企业作为一个整体，按企业工业生产活动的最终成果来计算，企业内部不允许重复计算，不能把企业内部各个车间（分厂）生产的成果相加。但在企业之间、行业之间、地区之间存在着重复计算。

工业增加值 是指工业企业在报告期内以货币表现的工业生产活动的最终成果。

实收资本是指企业实际收到投资者投入企业的可作为长期周转使用的经营资金。实收资本按投资主体可分为国家资本、法人资本、个人资本金、港澳台资本和外商资本、集体资本等。

总资产 指企业拥有或控制的全部资产。包括流动资产、长期投资、固定资产、无形及递延资产、其他长期资产、递延税项等即为企业资产负债表的资产总计项。

(1)流动资产指企业可以在一年内或者超过一年的一个生产周期内变现或耗用的资产合计。包括现金及各种存款、短期投资、应收及预付款项、存货等。

(2)固定资产指企业固定资产净值、固定资产清理、在建工程、待处理固定资产损失所占用的资金合计。

(3)无形资产指企业长期使用而没有实物形态的资产。包括专利权、非专利技术、商标权、著作权、土地使用权、商誉等。

总负债 指企业承担并需要偿还的全部债务。包括流动负债、递延税项等即为企业资产负债表的负债合计项。

(1)流动负债指企业在一年内或者超过一年的一个营业周期内需要偿还的债务合计其中包括短期借款、应付及预收款项、应付工资、应交税金和应交利润等。

(2)长期负债指企业在一年以上或者超过一年的一个生产周期以上需要偿还的债务合计其中包括长期借款、应付债务、长期应付款项等。

所有者权益合计 指企业投资人对企业净资产的所有权。企业净资产等于企业全部资产减去全部负债后的余额包括企业投资人对企业的最初投入以及资本公积金、盈余公积金和未分配利润对股份制企业即为股东权益。

利税总额 指企业利润总额、产品销售税金及附加和应交增值税之和。

资金利税率 指在一定时期内已实现的利润、税金总额与同期的资产（固定资产净值和流动资产）之比。计算公式为：

$$资产利税率(\%)=\frac{报告期累计实现利税总额}{固定资产净值平均余额+流动资产平均余额}\times 100\%$$

工业成本费用利润率 指在一定时期内实现的利润与成本费用之比反映工业生产的成本及费用投入的经济效益同时也反映企业降低成本所取得的经济效益。计算公式为：

$$工业成本费用利润率(\%)=\frac{利润总额}{成本费用总额}\times 100\%$$

工业成本费用总额包括产品销售成本、产品销售费用、管理费用、财务费用之和。

工业增加值率 指在一定时期内工业增加值与同期工业总产值之比，反映降低中间消耗的经济效益。计算公式为：

$$工业增加值率(\%)=\frac{工业增加值（现价）}{工业总产值（现价）+销项税额}\times 100\%$$

流动资产周转次数 指在一定时期内流动资产完成的周转次数，反映流动资产的周转速度。计算公式为：

$$流动资产周转次数=\frac{产品销售收入}{全部流动资产平均余额}\times 100\%$$

产品销售率 指一定时期内销售产值与同期全部工业总产值之比反映工业产品已实现销售的程度。计算公式为：

$$工业产品销售率(\%)=\frac{工业销售产值}{现价工业总产值}\times 100\%$$

资产负债率 指报告期流动负债和长期负债之和与同期的流动资产、长期资产、固定资产、无形及递延资产和其他长期资产之和之比是反映企业偿债能力的主要指标。计算公式为：

$$资产负债率(\%)=\frac{负债总额}{资产总额}\times 100\%$$

资本保值增值率 反映企业净资产的变动状况是企业发展能力的集中体现。计算公式为：

$$资本保值增值率(\%)=\frac{报告期期末所有者权益}{上年同期期末所有者权益}\times 100\%$$

总资产贡献率 反映企业全部资产的获利能力是企业经营业绩和管理水平的集中体现是评价和考核企业盈利能力的核心指标。计算公式为：

$$总资产贡献率(\%)=\frac{利润总额+税金总额+利息支出}{平均资产总额}\times 100\%$$

其中：税金总额为产品销售税金及附加与应交增值税之和。

全员劳动生产率 指根据产品的价值量指标计算的平均每一个职工在单位时间内的产品生产量。是考核企业经济活动的重要指标是企业生产技术水平、经营管理水平、职工技术熟练程度和劳动积极性的综合表现。计算公式为：

$$全员劳动生产率=\frac{工业增加值}{全部职工平均人数}$$

九、运输、邮电

简 要 说 明

主要内容

本部份资料反映货物和旅客运输以及邮电通信发展基本情况。

资料来源

铁路客、货运资料来源于铁道部成都铁路分局和四川省地方铁路局。

民用航空资料来源于西南航空公司、四川航空公司、双流国际机场。

水运和公路运输资料来源于成都市交通局。

邮政通信资料来源于成都市邮政局、中国电信成都市电信分公司、中国电信成都市移动通信公司、中国联通四川分公司、省机要局、成都市寻呼公司。

其他需要说明的问题

铁路运输按成都铁路分局和四川省地方铁路局成都辖区部分发出量统计;民用航空运输按成都港发出量统计;水运、公路运输按辖区全社会口径统计。

货物运输量与旅客运输量

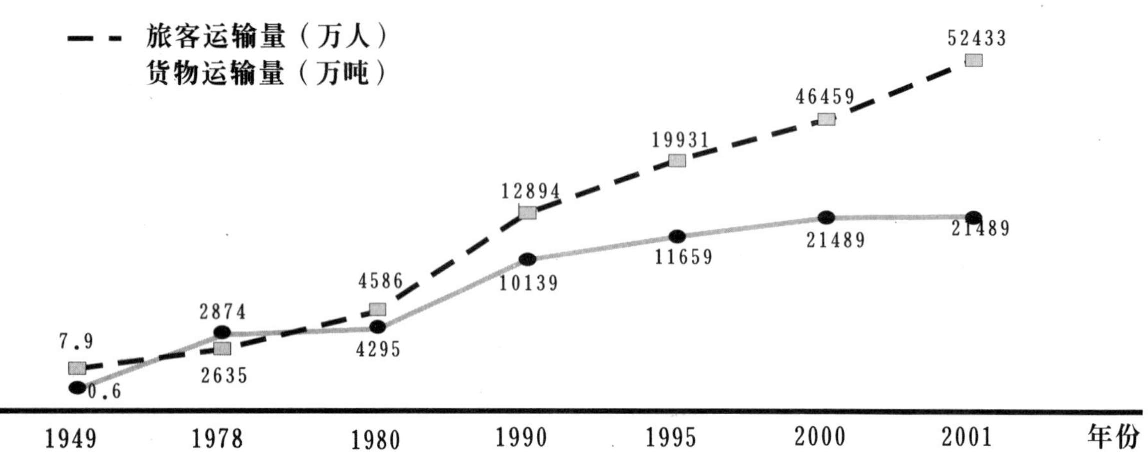

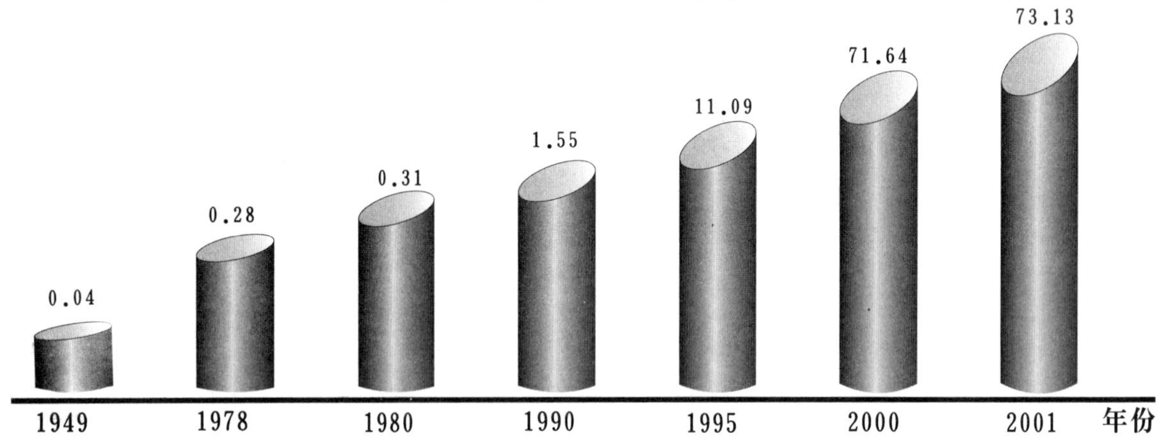

电话交换机总容量（万门）

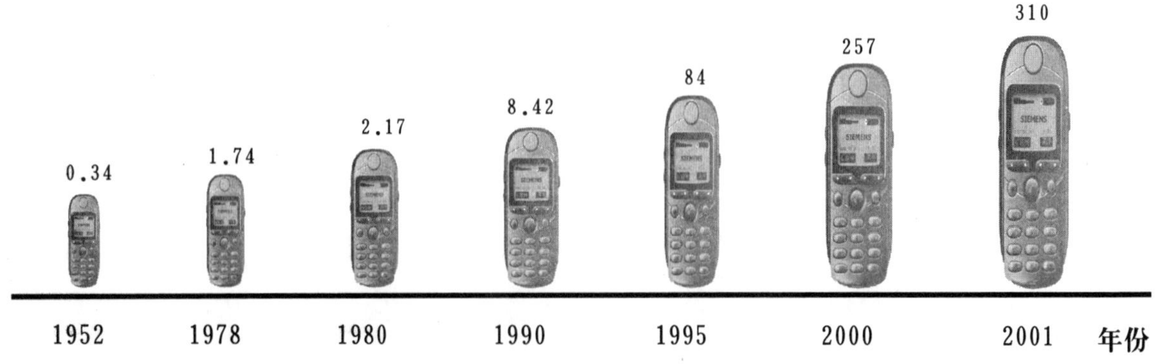

9-1 历年货物运输量

Freight Traffic by Year

单位：万吨

年份	总计	# 交通部门	铁路	民用航空	水运	公路	# 交通部门
1949	0.6					0.6	
1950	1.6	0.9				1.6	0.9
1951	25.0	23.3				25.0	23.3
1952	76.0	72.0			8.4	67.6	64.4
1953	276.8	269.5	106.2		8	162.6	157.8
1954	242.6	234.0	83.9		9.8	148.9	143.5
1955	209.5	199.7	31.8		9.8	167.9	162.4
1956	513.9	496.1	200.4		24.3	289.2	283.3
1957	718.4	707.2	301.8		48.3	368.3	357.1
1958	690.9	636.4	184.5	0.1	49.6	456.7	402.2
1959	1370.7	1323.4	586.7	0.2	50.9	732.9	685.6
1960	1178.4	1087.3	269.1	0.3	61.3	847.7	756.6
1961	808.2	751.7	358.2	0.2	26.7	423.1	366.6
1962	915.9	890.5	472.8	0.1	23.5	419.5	394.1
1963	789.3	753.6	388.9	0.1	27.9	372.4	352.7
1964	992.2	950.3	507.2	0.1	29.6	455.3	428.1
1965	1248.9	1191.7	682.2	0.2	44.2	522.3	490.9
1966	1422.5	1353.1	758.7	0.2	44.6	619	576.1
1967	1113.4	1081.7	552.4	0.2	55.0	505.8	464.2
1968	813.2	758.0	400.9	0.2	25.9	386.2	345.5
1969	1143.3	1088.7	609.5	0.2	26.4	507.2	465.6
1970	1622.1	1445.8	864.4	0.2	30.8	726.7	566.4
1971	1874.7	1661.7	989.0	0.2	38.8	846.7	654.5
1972	1934.5	1697.6	995.7	0.2	43.2	895.4	684.7

续表 1

单位：万吨

年　份	总　计	# 交通部门	铁　路	民用航空	水　运	公　路	# 交通部门
1973	1905.0	1632.1	967.7	0.2	33.6	903.5	648.7
1974	1793.9	1470.7	846.2	0.1	26.5	921.1	611.1
1975	2126.2	1758.9	1060.6	0.2	30.8	1034.6	684.0
1976	1985.3	1541.0	899.1	0.2	33.5	1052.5	628.8
1977	2494.9	1912.3	1134.5	0.2	34.0	1326.2	764.0
1978	2873.6	2122.3	1319.1	0.3	31.4	1522.8	791.7
1979	3723.7	2130.7	1395.2	0.3	24.8	2303.4	726.7
1980	4295.0	2093.4	1395.7	0.4	23.5	2875.4	689.9
1981	4546.2	2000.3	1317.4	0.4	19.1	3209.3	676.9
1982	4813.0	2118.0	1360.9	0.4	16.4	3435.3	752.0
1983	6013.4	2170.8	1414.7	0.4	19.9	4578.4	753.9
1984	6732.3	2245.2	1494.2	0.7	11.9	5225.5	749.4
1985	7467.8	2215.3	1484.3	1.0	15.9	5966.6	730.0
1986	7810.6	2227.3	1536.0	1.0	31.8	6241.8	690.3
1987	8437.4	2275.4	1574.8	1.5	34.1	6827.0	699.1
1988	9308.4	2340.0	1622.0	1.5	45.0	7639.9	716.5
1989	10006.0	2349.0	1669.0	2.0	45.0	8290.0	678.0
1990	10139.0	2239.0	1594.0	2.0	43.0	8500.0	643.0
1991	10719.0	2270.0	1608.0	2.0	43.0	9066.0	660.0
1992	10505.2	2410.0	1715.0	2.2	44.0	8744.0	692.0
1993	11073.8	2420.0	1801.0	2.8	45.0	9225.0	616.0
1994	11191.5	2311.0	1764.0	3.5	46.0	9378.0	543.0
1995	11659.3	2219.0	1714.0	4.3	48.0	9893.0	501.0
1996	13073.9	2407.0	1861.0	4.9	75.0	11133.0	541.0
1997	14341.9	2336.0	1753.0	5.9	32.0	12551.0	577.0
1998	18598.4	4488.9	3906.0	5.4	210.0	14477.0	577.5
1999	19633.0	4510.7	3913.0	6.5	20.0	15693.0	591.2
2000	21489.2	4693.1	4081.7	8.5	20.0	17379.0	602.9
2001	23718.5	4994.4	4402.0	9.5	103.0	19204.0	582.9

注：1998 年水运量含 1 公里以下货物运输;从 1998 年起铁路运输包括西昌分局数据，下同。

9-2 历年货物周转量

Freight Ton-Kilometers by Year

单位：万吨公里

年份	总计	#交通部门	铁路	民用航空	水运	公路	#交通部门
1949	26					26	
1950	259	228				259	228
1951	1249	1030			144	1105	1030
1952	2164	1961			489	1675	1557
1953	62652	62269	59366		357	2929	2768
1954	52948	52444	46900		570	5478	5299
1955	24491	23904	17776		536	6179	5967
1956	122732	121981	112024		889	9819	9606
1957	180608	180445	168706		988	10914	10751
1958	112023	110961	103136	181	1304	7402	6340
1959	243218	242230	227965	336	1742	13175	12187
1960	168470	167097	150427	466	2452	15125	13752
1961	209017	208231	200234	430	1481	6872	6086
1962	279720	279170	264295	191	970	14264	13714
1963	227139	226473	217395	193	683	8868	8444
1964	293117	292258	283525	202	758	8632	8031
1965	396158	395060	381350	279	932	13597	12826
1966	445525	444413	424113	402	786	20224	19392
1967	328912	327706	308792	430	777	18913	18035
1968	237527	236405	224103	325	592	12507	11570
1969	358461	357299	340711	372	598	16780	15757
1970	530710	528352	505686	391	689	23944	21780
1971	579008	575916	551386	338	546	26738	23778
1972	580811	577801	553059	449	581	26722	23886

续表 1　　　　单位：万吨公里

年份	总计	# 交通部门	铁路	民用航空	水运	公路	# 交通部门
1973	560459	556836	532104	330	619	27406	23929
1974	491860	487102	462396	387	483	28594	23973
1975	632240	624833	597437	544	379	33880	26597
1976	534872	526288	501721	691	486	31974	23516
1977	693385	682235	652497	750	449	39689	28988
1978	812941	798866	765995	793	496	45657	31733
1979	818572	768031	736246	910	294	81122	30686
1980	866799	812545	782111	897	259	83532	29358
1981	775434	708635	678534	978	223	95699	28979
1982	811892	739838	704655	1049	195	105993	33993
1983	897339	791046	751125	1004	123	145087	38882
1984	1059673	933907	891346	1864	59	166404	40680
1985	1164952	1014321	973843	2844	55	188210	37634
1986	1269569	1103810	1063715	4669	111	201074	35426
1987	1436309	1228716	1185030	5797	119	245363	37889
1988	1556123	1291571	1245801	4538	157	305627	41232
1989	1562690	1292257	1247164	5480	158	309888	39613
1990	1478332	1224802	1183150	6459	149	288574	35193
1991	1579549	1281529	1240720	6049	150	332630	34760
1992	1616289	1299823	1256236	7545	153	352355	36042
1993	1690540	1355483	1317584	10561	160	362235	27338
1994	1815262	1431354	1394032	13518	162	407550	23804
1995	1824422	1413922	1377400	16147	170	430705	20375
1996	1918702	1500228	1459543	18747	231	440181	21938
1997	1993532	1521061	1474000	19698	64	499770	24816
1998	3398369	2537984	2793895	18816	140	585518	25273
1999	3405441	2783779	2740700	17700	50	646991	25379
2000	3626456	2940435	2893000	21172	41	712243	26263
2001	4140255	3378417	3336200	20200	103	783752	22017

9-3 历年旅客运输量

Passenger Traffic by Year

单位：万人

年份	总计	# 交通部门	铁路	民用航空	水运	公路	# 交通部门
1949	7.9					7.9	
1950	9.9	1.8				9.9	1.8
1951	14.9	6.5				14.9	6.5
1952	29.2	16.9				29.2	16.9
1953	95.9	80.2	45.3			50.6	34.9
1954	107.1	88.4	41.1			66.0	48.3
1955	145.0	121.8	64.9			80.1	56.9
1956	231.6	231.6	113.4	0.2		118.0	118.0
1957	300.0	300.0	149.3	0.3		150.4	150.4
1958	254.7	154.7	158.8	0.8		95.1	95.1
1959	366.4	366.4	200.4	1.0		165.0	165.0
1960	414.9	414.9	276.6	1.3		137.0	137.0
1961	505.7	505.7	414.4	1.5		89.8	89.8
1962	777.3	777.3	455.3	1.1		320.9	320.9
1963	548.3	548.3	274.0	1.0		273.3	273.3
1964	604.1	604.1	218.1	1.7		384.3	384.3
1965	1001.5	1001.5	578.7	2.3		420.5	420.5
1966	1244.9	1244.9	723.5	1.9		519.5	519.5
1967	1510.2	1510.2	1020.6	2.3		487.3	487.3
1968	1530.2	1530.2	1133.9	2.3		394.0	394.0
1969	1919.7	1919.7	1400.0	2.2		517.5	517.5
1970	1960.7	1960.7	1432.8	2.2	4.8	520.9	520.9
1971	2009.3	2009.3	1367.4	2.6	5.0	634.3	634.3
1972	2405.6	2405.6	1560.6	3.3	7.4	834.3	834.3

续表 1

单位：万人

年　份	总　计	# 交通部门	铁　路	民用航空	水　运	公　路	# 交通部门
1973	2489.5	2489.5	1700.4	3.4	7.4	778.3	778.3
1974	2255.8	2255.8	1493.3	4.1	9.3	749.1	749.1
1975	2155.7	2155.7	1415.5	5.8	8.9	725.5	725.5
1976	2114.0	2114.0	1413.9	7.3	9.7	683.1	683.1
1977	2281.0	2281.0	1495.8	8.5	5.3	771.4	771.4
1978	2634.6	2634.6	1541.4	11.3	3.9	1078.0	1078.0
1979	3224.8	3224.8	1740.7	14.2	3.5	1466.4	1466.4
1980	4586.4	4269.3	1894.3	14.6	1.2	2676.3	2359.2
1981	5122.2	4748.4	1785.9	16.3	2.0	3318.0	2944.2
1982	5793.8	5336.3	1830.7	16.0	1.4	3945.7	3488.2
1983	6682.5	6023.4	1916.2	11.8	5.0	4749.5	4090.4
1984	8149.5	7172.1	2112.6	22.5	12.0	6002.4	5037.0
1985	9384.2	8383	2141.6	31.4	10.2	7201.0	6210.0
1986	9861.7	8759.4	2119.0	43.3	12.3	7687.1	6597.1
1987	11088.8	9538.9	2303.0	55.2	34.2	8696.4	7180.7
1988	11512.4	9560.4	2476.0	52.8	42.5	8941.1	7031.6
1989	12484.0	9908.0	2208.0	61.0	44.0	10171.0	7639.0
1990	12894.0	9986.0	17290.	71.0	46.0	11048.0	8186.0
1991	14003.0	10950.0	18380.0	96.0	49.0	12020.0	9051.0
1992	14728.0	11389.0	1968.0	110.0	50.0	12600.0	9311.0
1993	13942.0	10371.0	2028.0	139.0	51.0	11724.0	8204.0
1994	14769.0	10770.0	1998.0	169.0	57.0	12545.0	8602.0
1995	19931.0	10890.0	1703.0	200.0	60.0	17968.0	8987.0
1996	24668.0	11081.0	1408.0	205.0	55.0	23000.0	9468.0
1997	29092.0	12954.0	1473.0	207.0	151.0	27261.0	11273.0
1998	36248.1	14826.1	2126.0	213.1	157.0	33752.0	12487.0
1999	40140.4	15766.1	2423.0	242.4	10.0	37465.0	13100.7
2000	46459.0	16999.0	2685.8	269.2	23.0	43481.0	14035.0
2001	52432.7	17611.8	2925.0	304.7	103.0	49100.0	14382.1

9-4 历年旅客周转量

Passenger-Kilometers by Year

单位：万人公里

年份	总计	# 交通部门	铁路	民用航空	水运	公路	# 交通部门
1949	14220					14220	
1950	15689	1029				15689	1029
1951	16346	1205				16346	1205
1952	23990	1921				23990	1921
1953	38444	10094	6116			32328	3978
1954	42608	10705	5549			37059	5156
1955	55573	13722	8762			46811	4960
1956	22561	22561	15309	166		7086	7086
1957	29895	29895	20156	305		9434	9434
1958	27294	27294	21438	913		4943	4943
1959	39479	39479	27054	1119		11306	11306
1960	47142	47142	37341	1470		8331	8331
1961	63589	63589	55944	1952		5693	5693
1962	79986	79986	61466	1150		17370	17370
1963	51745	51745	36990	1142		13613	13613
1964	53540	53540	29444	1895		22201	22201
1965	108661	108661	78125	2478		28058	28058
1966	131822	131822	97673	2116		32033	32033
1967	167960	167960	137781	2547		27632	27632
1968	176058	176058	153076	2504		20478	20478
1969	224763	224763	189000	2476		33287	33287
1970	227179	227179	193424	2150	89	31516	31516
1971	217262	217262	184604	3136	94	29428	29428
1972	252518	252518	210681	8705	151	32981	32981

续表 1　　　　单位：万人公里

年　份	总　计	# 交通部门	铁　路	民用航空	水　运	公　路	# 交通部门
1973	273320	273320	229551	8624	169	34976	34976
1974	247593	247593	201598	11466	213	34316	34316
1975	239669	239669	191087	15516	198	32868	32686
1976	240981	240981	190871	17724	199	32187	32187
1977	255573	255573	201930	19822	75	33746	33746
1978	271649	271649	206262	23826	55	41506	41506
1979	316515	316515	236050	30612	46	49807	49807
1980	384271	368421	267253	32251	25	84742	68892
1981	383510	364072	245020	34060	42	104388	84950
1982	431061	404526	269390	36262	29	125380	98845
1983	477603	439376	291645	31226	40	154692	116465
1984	590417	534372	335040	58460	52	196865	140872
1985	738637	681109	409835	92383	50	236369	178891
1986	794146	735065	443206	101884	31	249025	189975
1987	949921	883144	526262	134960	86	288613	229122
1988	1021681	939153	579028	126224	106	316323	233901
1989	1041080	935422	529545	141300	110	370125	264577
1990	984166	869570	436419	173439	116	374192	259712
1991	1180397	1066084	472902	288575	123	418797	304607
1992	1318135	1195420	506818	379124	135	432058	309478
1993	1485535	1359168	544638	545355	126	395416	269175
1994	1688276	1528237	569102	683796	140	435238	275340
1995	1874098	1656207	530012	835187	147	508752	291007
1996	1981118	1667990	460279	885593	134	635112	322118
1997	1946330	1709734	433000	755486	254	757590	370772
1998	2465278	1947240	793188	743575	248	928067	410477
1999	2703787	2118999	848100	822200	23	1033464	448699
2000	2889525	2226824	858900	882448	49	1148128	485476
2001	3156153	2365205	898900	963900	232	1293121	502405

9-5 航空及公路运输情况

Basic Statistics of Civil Aviation and Highways Transportation

	单　位	1990 年	1995 年	2000 年	2001 年
航空运输					
民用航空线路条数	条			245	245
飞机架数	架			58	52
旅客吞吐量	万人			552.41	624.47
货邮吞吐量	万吨			15.86	17.80
公路运输					
公路通车里程	公里	5221	5300	13374	12198
#晴雨通车里程	公里	4610	4749	13349	11698
#有路面里程	公里	4576	4734	13255	11838
#高级次高级	公里	2603	3285	6739	7095
国家级干线	公里	305	341	584	468
省级干线	公里	493	494	355	335
县公路	公里	1777	1774	2566	2621
乡公路	公里	2311	2370	9869	7818
专用公路	公里	335	321		
全社会各种机动车辆	**万辆**	**13.04**	**26.64**	**72.70**	**82.09**
载货汽车	万辆	2.98	4.52	8.20	8.49
#大型货车	万辆	1.69	1.71	2.71	2.63
载客汽车	万辆	1.94	8.45	22.31	24.60
#小型载客汽车	万辆			21.48	22.54
其他机动车	万辆	8.12	13.67	40.94	48.46
自行车	**万辆**	**442**	**496**	**317.55**	**361.10**
市　区	万辆	219	208	183.23	217.50
县（市）	万辆	223	288	134.32	143.60

注：2000 年自行车数为 2000 年年检正式数，与往年口径不可比；2001 年公路里程为公路普查数，不包括宽 4.5 米以下的公路里程。

9-6 历年邮电业务基本情况

Basic Conditions of Postal and Telecommunications Services

年份	邮电业务总量(万元)	函件(万件)	电报(万份)	长途电话(万次)	市内电话用户(户)	农村电话用户(户)
1952	381	351	13	20	1906	489
1957	1233	1480	14	27	3027	888
1962	2963	2312	69	103	5668	2616
1965	1827	1999	59	133	6626	1757
1970	1723	1833	75	89	6738	1649
1975	2412	2004	126	160	8301	1922
1978	2768	2140	127	203	9396	2069
1979	2948	2371	135	218	9997	2154
1980	3066	2655	145	207	11140	2232
1981	3537	2794	166	210	12261	2292
1982	3818	2876	169	229	13473	2401
1983	4743	3307	196	260	14844	2418
1984	5136	4173	196	311	17273	2716
1985	6057	4681	272	370	19584	2973
1986	6791	6353	258	395	21955	3028
1987	8384	7450	333	475	27940	3138
1988	10340	8358	430	592	34056	3281
1989	13152	7873	413	717	42642	3392
1990	15520	7538	379	946	50562	3686
1991	20137	7415	385	1556	67287	4105
1992	31160	8483	405	2844	105098	4914
1993	48535	10070	337	5176	144867	5879
1994	72166	11430	233	8884	246681	8776
1995	110949	11939	173	14970	353470	13774
1996	161132	11480	118	21706	477250	21020
1997	196888	9256	62	18829	663758	53361
1998	292225	9970	53	21855	813411	94306
1999	464628	8983	23	25510	1054019	167579
2000	716428	9481	24	30908	1481152	283163
2001	731300	9565	18	27129	1684436	425982

续表 1

年　　份	邮电局 (所)	邮路及投递路线总长度 (公里)	市内电话交换机总容量 (门)	农村电话交换机总容量 (门)	市　内 电话机 (部)	农　村 电话机 (部)
1952	398	481	2884	507		
1957	384	3568	5840	1312	5640	1026
1962	371	9781	8040	4380	15970	3517
1965	394	16627	9120	5346	15966	2216
1970	440	18335	9210	4241	18336	1826
1975	384	20101	10150	4522	20705	2376
1978	396	21583	12510	4850	25185	2741
1979	402	15308	14860	5120	26790	2812
1980	406	21829	16460	5280	27897	3144
1981	400	23481	13860	5420	35551	3940
1982	399	18899	17960	5590	38755	4125
1983	401	17091	24280	6000	47931	4380
1984	416	18599	24420	6680	49506	4543
1985	420	19083	29850	7700	59091	4723
1986	412	47507	31110	8690	71452	5329
1987	414	47099	42510	9560	82961	5896
1988	417	56141	52610	9970	98819	5971
1989	423	83827	53110	10490	128622	6160
1990	429	83765	73510	10676	131268	6559
1991	433	83268	79900	10184	160467	6350
1992	432	83237	154830	10043	207404	7067
1993	430	77064	199654	18174	270776	7490
1994	433	75602	442240	24412	391341	11069
1995	427	75125	799755	37214	479708	16854
1996	489	78809	1025549	51906	636073	25614
1997	505	114271	1398668	108819	792473	57822
1998	480	128531	2032203	233175	916674	98387
1999	465	136677	1949568	279032	1179979	170712
2000	487	147886	2263682	310487	1440460	283163
2001	539	142843	2467847	635344	1790561	410297

主 要 统 计 指 标 解 释

货物（旅客）运输量 指在一定时期内，各种运输工具实际运送的货物（旅客）数量。是反映运输业为国民经济和人民生活服务的数量指标，也是制定和检查运输生产计划，研究运输发展规模和速度的重要指标。货运量按吨计算，客运量按人计算。货物不论运输距离长短，货物类别，均按实际重量统计；旅客不论行程远近或票价多少，均按一人一次作为客运量统计。半价票、小孩票也按一人统计。

货物（旅客）周转量 指在一定时期内，由各种运输工具运送的货物（旅客）数量与其相应运输距离的乘积之总和，是反映运输业生产总成果的重要指标，也是编制和检查运输生产计划，计算运输效率、劳动生产率以及核算运输单位成本的主要基础资料。通常以吨公里和人公里为计算单位。计算货物周转量通常按发出站与到达站之间的最短距离，也就是计费距离计算。

邮电业务总量 指以货币表现的邮电部门用于传递信息和提供其他邮电服务的总数量。它综合反映了一定时期邮电工作的总成果，是研究邮电业务量构成和发展趋势的重要指标。根据邮电管理体制不同，分为中央国营业务总量和地方国营业务总量。它用各种邮电分类业务量，如函件件数、电报份数、长话张数、市内电话和农村电话的年均户数、订销报刊累计份数等，分别乘以相应的平均单价（不变价），加总后再加上出租电路和设备的收入、代用户维护电话交换机和线路等设备的收入、其他业务收入求得。

市内电话 指接入县城（包括个别城镇）及县以上城市的市内电话网上，并按市内电话进行经营管理的电话。按计费办法分为包月制和计次制两种。

(1) 住宅电话指话机装在居民住宅里的电话。它包括私人付费、公费和免费三部分。

(2) 私人付费电话指住宅居民自费安装并自己缴纳通话费的电话。

无线寻呼电话用户 指携带小型寻呼机，接收市话用户通过无线寻呼中心，在规定范围内向其发出声音、数字或文字显示信息的用户。目前在邮电部门办理登记手续的无线寻呼电话用户，每一部寻呼机按一户计算。

移动电话用户 指在邮电部门登记，通过移动电话交换机进入移动电话网、占有移动电话号码的电话用户。用户数量以实际办理登记手续进入邮电部门移动电话网的户数进行计算，一部或一台移动电话统计为一户。

十、国内贸易、物价、外经、旅游

简 要 说 明

主要内容

本部份资料反映国内市场和外经、旅游发展情况与物价变动情况。

国内贸易:包括全市范围内历年社会消费品零售总额及构成;各种经济类型商业企业、物资流通企业商品销售总额;餐饮业销售总额;大中型批发零售贸易企业商品购、销、存情况;城乡个体私营工商企业情况;商品交易市场情况等。

物价:包括历年城市居民消费价格指数及商品零售价格指数。

外经:包括市及市以下招商引资及外商投资企业情况。

涉外旅游:包括成都地区涉外宾馆、饭店接待人数及创汇情况。

资料来源

国内贸易资料来自于成都市统计局。

城乡个体、私营工商企业及商品交易市场资料来源于成都市工商局。

物价资料来源于成都市城市社会经济调查队。

外经资料来源于成都市外经委、成都市统计局和成都市工商局。

涉外旅游资料来源于成都市旅游局。

其他需要说明的问题

外经统计资料未包括省级部门在本市的引资数据。

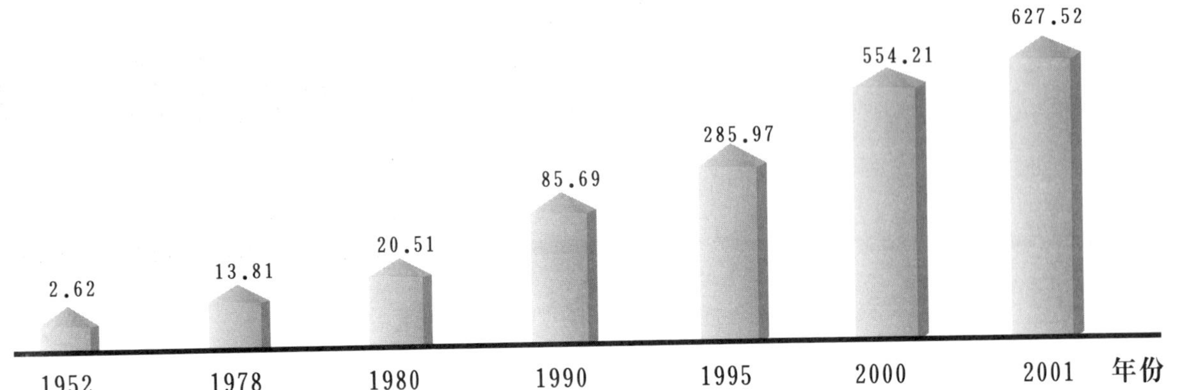
社会消费品零售总额（亿元）
2.62
13.81
20.51
85.69
285.97
554.21
627.52
1952
1978
1980
1990
1995
2000
2001
年份

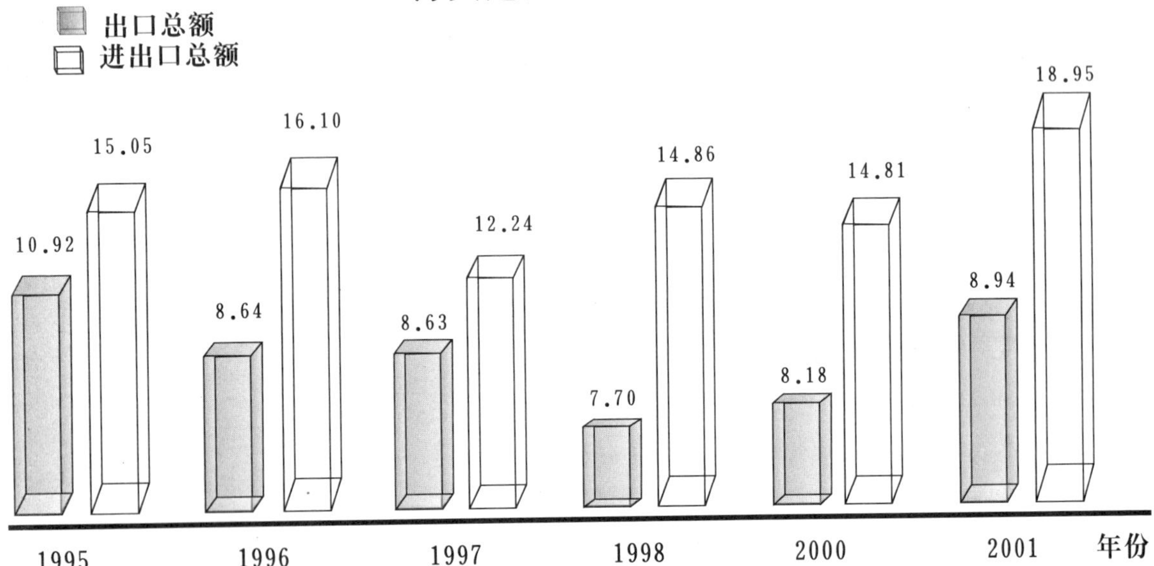
海关进出口总额(亿美元)
出口总额
进出口总额
10.92
15.05
8.64
16.10
8.63
12.24
7.70
14.86
8.18
14.81
8.94
18.95
1995
1996
1997
1998
2000
2001
年份

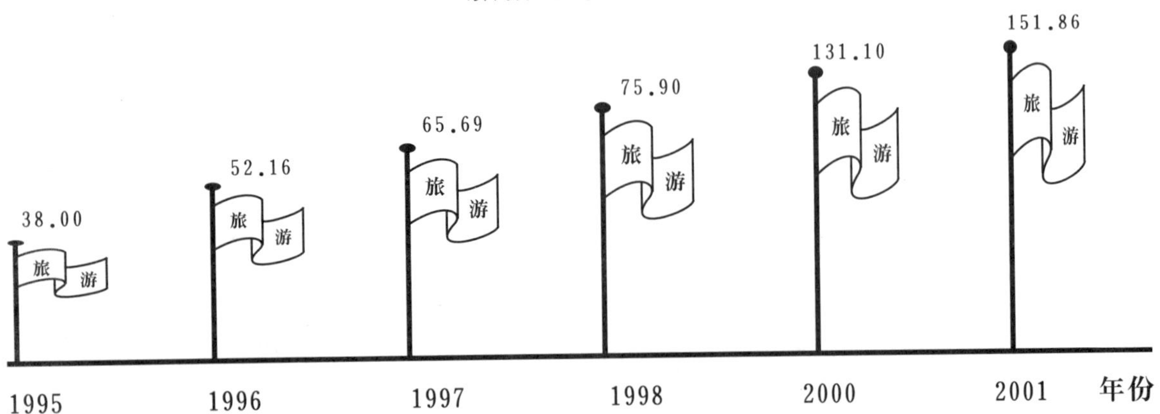
旅游总收入(亿元)
38.00
52.16
65.69
75.90
131.10
151.86
旅
游
1995
1996
1997
1998
2000
2001
年份

10-1 历年社会消费品零售总额及发展速度

Total Retail Sale of Consumer Goods and Development Rates of Consumer Goods by Year

年份	社会消费品零售总额 (万元)	社会消费品零售总额发展速度 (%)	年份	社会消费品零售总额 (万元)	社会消费品零售总额发展速度 (%)
1952	26186		1977	121196	107.7
1954	36113	104.5	1978	138147	113.9
1955	37545	103.9	1979	167159	121.0
1956	46902	124.9	1980	205140	122.7
1957	52521	111.9	1981	234329	114.2
1958	57508	109.4	1982	242251	103.3
1959	70510	122.6	1983	265505	109.5
1960	74193	105.2	1984	318393	119.9
1961	64280	86.6	1985	401200	126.0
1962	66705	103.7	1986	465422	116.0
			1987	556536	119.6
1963	62154	93.1	1988	754398	135.6
1964	67159	108.0	1989	800147	106.1
1965	72601	108.1			
			1990	856919	107.1
1966	78777	108.5	1991	1022264	119.3
1967	85721	108.8	1992	1188406	116.3
1968	70838	82.6	1993	1601707	134.8
1969	81556	115.1	1994	2204903	137.7
1970	86349	105.8	1995	2859688	129.7
1971	92003	106.5	1996	3470809	121.4
1972	101458	110.2	1997	4099934	118.1
1973	106568	105.0	1998	4511917	110.0
1974	110287	103.4	1999	5000817	110.8
1975	117196	106.2	2000	5542123	110.8
1976	112498	95.9	2001	6275187	113.2

注：①1995社会消费品零售总额含居民购房。②社会消费品零售总额发展速度以上年为基期。

10-2 历年社会消费品零售总额分类情况

Basic Statistics of Total Retail Sale of Consumer Goods by Sorts

单位：万元

年份	社会消费品零售总额	社会商品零售额	在总计中：国有经济	集体经济	个体、私营经济	股份制经济	三资经济	其他经济
1952	26186	24813	2442	7636	14735			
1957	52521	51379	22169	28467	743			
1962	66705	70260	40981	29279				
1965	72601	79885	46045	33365	475			
1970	86349	94643	59915	34620	108			
1975	117196	128429	91750	36316	363			
1978	138147	158142	113848	44073	221			
1979	167159	189580	131166	58157	257			
1980	205140	225640	141661	83355	624			
1981	234329	250927	154529	94331	2067			
1982	242251	259166	154896	100869	3401			
1983	265505	281272	161007	107558	12707			
1984	318393	334470	166122	140083	28265			
1985	401200	408286	176959	172449	58878			
1986	465422	472590	195937	197063	79590			
1987	556536	562004	227345	219608	114787		264	
1988	754398	756623	300273	270923	182692		2735	
1989	800147	811170	325728	283226	195505		6711	
1990	856919	859016	338499	293852	217232		9433	
1991	1022264	1028718	416455	333806	266559		11898	
1992	1188406	1180980	520126	336960	305577		18317	
1993	1601707		360384	392418	469300	124933	12813	241859
1994	2204903		497286	539405	646942	171751	17308	332211
1995	2859688		641735	701299	696770	201108	48615	570161
1996	3470809		618417	862025	941979	218771	73789	755828
1997	4099934		644606	1021204	1248082	250130	91801	844111
1998	4511917		632353	1109907	1444982	250272	127119	947284
1999	5000817		568113	1015090	1830621	301512	212356	1073125
2000	5542123		547979	949167	2302111	426885	324435	991546
2001	6275187		577638	1051145	2604057	560519	420392	1061436

注：①1992 年以前按社会商品零售额分类，1992 年以后按社会消费品零售总额分类。

②社会商品零售额=社会消费品零售总额+对农民的农业生产资料零售额-农民对非农业居民的零售额。

续表 1

单位：万元

年　份	在总计中：				在总计中：		农民对非农业居民零售额
	批发零售贸易业	餐饮业	制造业	其　他	市	县及县下	
1952	19875	2389	2489	60	11485	13328	2099
1957	41668	5226	4070	415	25041	26338	4346
1962	58047	8310	3531	372	39817	30443	1023
1965	69325	7053	3057	450	42952	36933	1163
1970	85731	6428	1811	673	49750	44893	1378
1975	115617	7520	4304	988	63634	64795	3936
1978	142345	9327	5276	1194	75005	83137	3674
1979	167621	11335	8708	1916	90293	99287	5246
1980	192121	13104	15795	4620	108391	117249	9490
1981	202051	14236	28545	6095	127805	123122	11923
1982	214024	14654	22858	7630	131438	127728	13728
1983	229606	15749	25585	10332	140054	141218	16840
1984	269233	17837	32913	14487	162051	172419	22398
1985	312890	23625	51532	20239	199554	208732	29835
1986	379872	29614	55385	7719	232919	239671	37664
1987	444796	42119	62662	12427	326201	235803	47444
1988	584342	60225	90735	21321	466684	289939	64133
1989	626841	66214	83975	34140	520203	290967	71844
1990	647934	70563	90992	49527	565717	293299	80781
1991	781647	82306	114482	50283	690714	338004	95057
1992	886478	93188	124076	77238	799573	381407	120107
1993	1075156	151252	150678	224621	1081611	520096	157911
1994	1360081	216486	248224	380112	1633802	571101	238232
1995	1618234	261646	284954	694854	2159480	700208	546693
1996	2054537	364366	330314	721592	2308553	1162256	685319
1997	2333547	546797	339686	879904	2678785	1421149	714089
1998	2538598	671567	303186	998566	2919555	1592362	824308
1999	2832153	831075	281920	1055669	3216789	1784028	984615
2000	3265303	1022633	277973	976214	3554447	1987676	927355
2001	3703392	1212790	292991	1066014	4005583	2269604	1005871

注：1999年制度规定，原农民对非农业居民零售额改为农业生产者直接零售额，口径范围不变。

10-3 限额以上批发零售贸易业商品购进、销售、库存总额

Total Purchases, Sales and Inventory of Enterprises above Designated Size in Wholesale and Retail Sale Trade

单位：万元

	1995年	1996年	2000年	2001年
商品购进总额	**3338403**	**3150807**	**4754283**	**4646045**
#从生产者购进	2061306	2106535		
#农副产品购进	83766	84025		
从批发零售贸易业购进	1053012	925732		
进　口	195229	80256	120602	41160
其　它	28856	38284		
商品销售总额	**3705011**	**3579755**	**5029095**	**5053772**
#批发额	3160837	2968742	4055724	3876077
对生产经营者的批发	1079599	701535		
#农业生产资料销售	48599	21779		
对批发零售贸易业批发	1658444	1915660		
出　口	422794	351547	299677	318689
对居民和社会集团消费品零售额	544174	611013	973371	1177695
年末库存总额	**487143**	**441277**	**424346**	**316570**

10-4 限额以上批发零售贸易业商品购进、销售、库存总额（按经济类型分、2001年）

Total Purchases, Sales and Inventory of Enterprises above Designated Size in Wholesale and Retail Sale Trade by Ownership (2001)

单位：万元

	合　计	其　中					
		国有企业	集体企业	私营企业	有限责任公司	股份制企业	港、澳台及外商投资企业
商品购进总额	**4646045**	**1734618**	**285980**	**156464**	**1291199**	**874714**	**280929**
#进　口	41160	33546	1468		1057	5090	
商品销售总额	**5053772**	**1926115**	**297885**	**162601**	**1323576**	**997081**	**320952**
批发总额	3876077	1778215	287163	91434	929709	754552	15699
#出　口	318689	227007			48097	43585	
零售总额	1177695	147900	10722	71167	393867	242529	305253
商品年末库存总额	**316570**	**172956**	**29174**	**12879**	**57148**	**28775**	**13252**

10-5 限额以上批发零售贸易业财务状况

Financial Indicators of Enterprises above Designated Size in Wholesale and Retail Sale Trade

单位：万元

	1995 年	1996 年	2000 年	2001 年
资本金合计	395362	408496	360060	377724
#国家资本金	303825	288207	191055	207619
外商资本金	35739	12283	16299	18468
流动资产合计	1407235	1546862	1563820	1501425
#存　货	446969	499393	548086	348678
固定资产合计	526116	609220	434736	435812
固定资产原价	538726	603806	508840	532617
#生产经营用	372883	395023	478683	278317
无形及递延资产合计	47522	57639	85939	115284
资产总计	2143254	2408489	2272043	2327391
流动负债合计	1446641	1612732	1731429	1649596
长期负债合计	111107	130949	87109	105802
商品销售收入	3140927	3295336	4012100	4375118
商品销售收入净额	3111043	3171038	3928570	4295711
商品销售成本	2843977	2906871	3672034	3967817
经营费用	116574	127227	139544	158687
商品销售税金及附加	6971	7246	6542	6627
商品销售利润	143521	129694	110450	162580
代购代销收入	1921	1474	13452	1437
主营业务利润	145442	131169	123902	164017
管理费用	105238	119553	108616	117348
营业利润	–2443	–26777	5116	55022
利润总额	27615	–2272	27067	76282
本年应交增值税	14867	35368	27268	44222

注：从 1998 年起资本金合计为实收资本。

10-6 限额以上批发零售贸易业商品销售、库存总额(按国民经济行业分、2001 年)

Total Sales and Inventory of Enterprises above Designated Size in Wholesale and Retail Sale Trade by Sector (2001)

单位：万元

	商品销售总额	批发	零售	年末库存总额
总计	**5053772**	**3876077**	**1177695**	**316570**
批发业	**3752731**	**3586715**	**166016**	**221698**
食品、饮料、烟草批发业	1120794	1119021	1773	56953
棉、麻、土畜产品批发业	41497	41497		3669
纺织品、服装和鞋帽批发业	220699	220699		8185
日用百货批发业	94662	69083	25579	7037
日用杂品批发业	2677	237	2440	1687
五金、交电、化工批发业	134842	133609	1233	8268
药品及医疗器械批发业	186265	118480	67785	35088
能源批发业	663918	656445	7473	6882
化工材料批发业	33779	33727	52	1990
建筑材料批发业	20485	17355	3130	2446
金属材料批发业	527408	521230	6178	30879
机械、电子设备批发业	165782	165782		4089
汽车、摩托车及零配件批发业	93175	50551	42624	7301
再生物资回收批发业	6486	6486		530
其它批发业	436601	428852	7749	46007
零售业	**1301041**	**289362**	**1011679**	**94872**
食品、饮料和烟草零售业	92813	5963	86850	26950
日用百货零售业	633925	73127	560798	32411
纺织品、服装和鞋帽零售业	91934		91934	1774
五金、交电、化工零售业	98931	1034	97897	6601
图书报刊零售业	17497	3042	14455	3903
其它零售业	248391	92911	155480	17809

10-7 限额以上批发零售贸易业分类销售及库存总额(2001 年)

Total Value of Sales and Inventory of Enterprises above Designated Size in Wholesale and Retail Sale Trade (2001)

单位：万元

	商品销售总额	批发	零售	年末库存总额
食品饮料烟酒类	1496965	1305008	191957	81279
#肉禽蛋类	13692	2420	11272	349
烟酒类	1243042	1199932	43110	37195
服装、鞋帽、针织品类	475244	236718	238526	13039
化妆品类	43199	12988	30211	3603
金银珠宝类	22629	96	22533	2182
日用品类	114900	25477	89423	8075
五金、电料类	8712	5086	3626	893
电子出版物及音像制品类	9120	5106	4014	1419
家用电器及音像器材类	304932	106032	198900	23370
体育、娱乐用品类	13570	2097	11473	1008
文化、办公用品类	62473	35607	26866	6106
家具类	3783	1067	2716	132
通讯器材类	178679	153373	25306	4194
中西药品类	306917	236146	70771	36465
书报、杂志类	192163	170861	21302	27403
建筑及装潢材料类	24929	15661	9268	3059
化工材料及制品类	264198	264101	97	19972
金属材料类	518560	518560		27645
木材及制品类	4922	3647	1275	290
机电产品及设备类	454101	265777	188324	29720
煤炭及制品类	723	64	659	26
石油及制品类	677271	662133	15138	6886
种子饲料类	18850	18850		2737
棉麻类	31008	30839	169	3167
其它类	76841	68292	8549	9165

10-8 限额以上批发零售贸易业商品销售及库存数量(2001年)

Total Number of Sales and Inventory of Enterprises above Designated Size in Wholesale and Retail Sale Trade (2001)

	计量单位	商品销售量	#批发	年末库存量		计量单位	商品销售量	#批发	年末库存量
粮　　食	万吨	12.3	6.8	18.6	化学肥料	万吨	183.5	183.5	14.1
食用植物油	万吨	1.1	0.1	0.3	化学农药	万吨	0.7	0.7	0.3
酒	万吨	3.1	2.5	0.3	农用塑料薄膜	万吨	1.0	1.0	0.1
食　　糖	万吨	0.6	0.4		汽　　车	万辆	3.3	1.6	0.3
棉　　花	万吨	2.9	2.9	0.4	#轿车	万辆	2.0	0.9	0.1
服　　装	万件	5663	3159	396.9	钢　　材	万吨	120.4	120.4	6.7
鞋	万双	1940	41.2	57.7	铝	万吨	0.1	0.1	
移动电话机	万部	48.9	39.9	2.1	木　　材	立方米	46878	11971	2901
普通电话机	万部	6.1	0.1	0.1	煤　　油	万吨	23.6	23.6	1.7
影碟机	万台	11.9	0.8	0.5	水　　泥	万吨	42.1	42.1	7.2
组合音响	万台	2.1		0.1	煤　　炭	万吨	4.6	0.5	0.1
电视机	万台	21.7	3.4	1.5	汽　　油	万吨	73.4	71.1	1.7
照相机	万架	3.0		0.3	柴　　油	万吨	124.5	124.5	2.8
家用电风扇	万台	46.5	38.3	8.2					
家用洗衣机	万台	16.5	6.9	1.5					
家用电冰箱	万台	18.1	8.1	0.8					
房间空调器	万台	23.7	11.7	1.1					
微波炉	万台	29.2	15.6	1.7					

10-9 城乡个体工商业基本情况(2001 年)

Basic Conditions of Individual Enterprises in Urban and Rural Areas (2001)

	户　　数 (户)	从业人员 (人)	总产值 (万元)	销售总额 或营业收入 (万元)
总　　计	**248046**	**404234**	**203413**	**1800148**
按城乡分				
城　　镇	80129	140890	54882	1008372
农　　村	167917	263344	148531	791776
按行业分				
农林牧渔业	379	892	3034	3635
采掘业	113	324	3422	
制造业	19120	46695	191385	
建筑业	207	661	5572	
交通运输仓储业	26242	28083		85459
批发零售贸易餐饮业	159978	262084		1492522
#批发零售贸易业	124350	178340		1257125
社会服务业	38581	58802		199909
#日用品修理	10499	15163		51591
旅馆业	718	1114		10396
娱乐服务业	3037	6297		29053
其他行业	3426	6693		18623

10-10 城乡私营企业基本情况(2001年)

Basic Conditions of Private Enterprises in Urban and Rural Areas (2001)

	户 数 (户)	投资者 人 数 (人)	雇工人数 (人)	总产值 (万元)	销售总额 或营业收入 (万元)
总 计	**31077**	**83315**	**261297**	**1074511**	**745973**
按城乡分					
城 镇	18293	52890	148236	390250	560225
农 村	12784	30425	113061	684261	185748
按行业分					
农林牧渔业	356	939	2914	16206	8038
采掘业	56	94	700	5487	
制造业	7470	16107	85968	985535	
建筑业	863	2936	9707	67283	
交通运输仓储业	319	976	1918		8153
批发零售贸易餐饮业	16235	46293	117350		610831
#批发零售贸易业	13341	37884	100154		485981
社会服务业	4699	12967	34533		89755
#日用品修理业	101	208	760		1891
旅馆业	95	255	839		916
娱乐服务业	615	1904	4967		15105
其他行业	1079	3003	8207		29196
按企业类型分					
独资企业	4328	4629	46523		
合伙企业	816	2415	8153		
有限责任公司	25931	76233	206149		
股份有限公司	2	38	472		

10-11 商品交易市场情况

Main Indicators of Commodities Markets

	1995年		2000年		2001年	
	合 计	#农 村	合 计	#农 村	合 计	#农 村
商品交易市场数(个)	**734**	**511**	**927**	**478**	**929**	**442**
一、消费品市场	661	483	807	449	808	420
(一) 综合市场	227	200	288	209	242	167
(二) 农副产品市场	348	240	358	213	407	231
#农副产品专业市场	65	44	43	22	48	7
(三) 工业消费品市场	70	33	159	27	152	22
(四) 其 他			2		7	
二、生产资料市场	73	28	120	29	121	22
(一) 生产资料综合市场	16	6	33	9	26	4
(二) 工业生产资料市场	40	11	84	20	73	18
(三) 农业生产资料市场			2		2	
商品交易市场成交额(万元)	**2884851**	**650527**	**5045091**	**1082248**	**5320606**	**1098199**
一、消费品市场	2294297	610833	3849159	988439	3956024	1037345
(一) 综合市场	465173	243225	759865	362029	792307	279094
(二) 农副产品市场	791095	320402	1252331	530029	1279015	649742
(三) 工业消费品市场	1018576	35474	1830236	90459	1869369	97644
(四) 其 他			6727	5922	15333	10865
二、生产资料市场	590554	39694	1195932	93809	1364582	60854
(一) 综合市场	113062	11843	151902	60653	83487	3872
(二) 工业生产资料市场	442815	23901	983729	30328	1187036	50066
(三) 农业生产资料市场			3249	270	2150	490
(四) 其 他			57052	2558	91909	6426
商品交易市场成交量(万吨)						
粮 食	126	118	89	45	105	42
肉食禽蛋类	30	18	72	35	70	38
蔬 菜	87	63	123	53	162	57
钢 材	25	8	79	17	96	20

10-12 历年居民消费价格指数与商品零售价格指数(以上年为 100)

General Consumer Price Index and General Retail Price Index by Year (Preceding Year=100)

年 份	居民消费价格指数	#食品类	#衣着类	#家庭设备及用品	#娱乐教育文化用品	#医疗保健	商品零售价格指数
1951	114.8	114.0	107.7	112.3	98.2	128.8	113.8
1952	110.6	112.6	96.7	97.8	80.8	93.1	110.3
1953	102.2	103.9	101.3	93.1	89.9	89.9	102.1
1954	103.2	100.8	99.3	97.3	90.8	87.3	103.1
1955	103.6	106.2	98.2	101.7	100.0	103.9	103.1
1956	104.9	107.4	96.4	100.3	103.2	102.9	103.4
1957	106.0	103.9	99.9	101.0	97.7	136.2	104.3
1958	101.0	100.5	99.8	101.0	99.7	98.5	100.1
1958	100.3	99.5	100.2	101.2	100.1	102.7	100.2
1960	100.6	101.1	100.0	98.9	102.2	98.8	100.9
1961	116.0	130.0	100.0	100.0	100.1	99.6	117.7
1962	99.8	99.0	101.4	109.1	109.4	106.3	99.5
1963	91.2	93.0	101.6	101.7	100.3	101.5	90.0
1964	94.4	94.6	99.1	92.8	96.4	88.1	93.8
1965	97.5	93.5	99.2	95.9	94.9	94.3	98.1
1966	100.7	103.0	100.5	99.9	99.7	99.0	101.2
1967	102.0	104.0	99.4	99.2	96.5	91.7	102.0
1968	100.2	100.2	100.0	100.1	98.8	100.0	100.2
1969	100.1	100.0	100.0	100.0	100.0	87.3	99.8
1970	99.5	100.2	100.0	100.0	100.0	77.7	99.5
1971	100.2	100.1	100.0	100.0	100.0	98.7	100.2
1972	100.5	100.8	100.2	99.9	99.1	97.2	100.5

注：居民消费价格指数中 1994 年以前“家庭设备及用品”指日用品类；“娱乐教育文化用品”指文化娱乐用品类；“医疗保健”指药及医疗用品类。

续表 1

年　份	居民消费价格指数	#食品类	#衣着类	#家庭设备及用品	#娱乐教育文化用品	#医疗保健	商品零售价格指数
1973	100.0	99.9	100.0	99.6	97.6	99.2	99.9
1974	100.2	100.2	100.0	100.7	100.9	98.9	100.2
1975	100.3	100.1	100.0	99.9	100.3	99.6	100.3
1976	100.0	100.0	100.0	100.0	101.2	100.0	100.0
1977	100.2	99.6	100.0	100.0	100.0	100.7	100.2
1978	101.0	101.1	100.0	100.0	100.0	103.1	101.1
1979	102.0	104.6	99.4	100.4	100.5	103.7	102.1
1980	106.6	110.6	99.6	101.2	100.3	101.3	107.1
1981	102.1	101.7	100.3	100.6	100.5	103.7	102.1
1982	101.9	103.6	99.2	97.4	100.0	100.8	102.0
1983	100.3	100.7	98.8	98.8	97.0	103.8	100.0
1984	104.6	105.3	101.4	100.0	100.1	101.8	103.8
1985	111.4	115.0	102.2	102.5	102.3	106.1	111.3
1986	104.8	104.9	104.8	104.8	100.4	97.3	104.7
1987	108.8	112.4	102.6	107.4	103.4	113.2	109.4
1988	124.6	130.5	115.6	115.0	122.8	132.0	125.7
1989	116.2	113.6	125.0	113.1	111.0	125.9	116.1
1990	103.5	102.5	106.4	103.4	95.3	100.6	102.9
1991	105.2	105.8	102.6	105.0	94.3	100.9	104.7
1992	110.8	113.5	101.4	100.4	94.3	102.6	108.5
1993	115.9	118.7	107.2	108.9	102.4	115.0	115.1
1994	126.5	136.2	123.1	111.3	113.6	107.2	123.3
1995	117.5	124.2	107.4	106.4	104.3	109.3	114.5
1996	109.7	109.4	109.5	102.1	112.3	109.0	106.5
1997	105.7	104.1	102.1	103.2	100.3	105.5	102.9
1998	100.3	96.9	103.3	99.7	100.4	102.0	98.4
1999	98.3	96.3	99.3	98.4	96.5	101.2	97.1
2000	100.2	96.3	100.2	99.2	94.0	102.2	98.2
2001	100.8	101.6	98.4	99.4	103.9	97.0	100.7

10-13 居民消费价格指数(以上年为100)

General Consumer Price Index by Category (Preceding Year=100)

	2000年	2001年		2000年	2001年
居民消费价格指数	**100.2**	**100.8**	鲜果类	93.6	109.3
食品类	96.3	101.6	衣着类	100.2	98.4
#粮　食	97.4	99.5	家庭设备及用品	99.2	99.4
肉禽及其制品	94.2	101.3	医疗保健	102.2	97.0
菜　类	97.3	108.3	交通和通讯工具	97.6	101.9
调味品	102.3	100.0	娱乐教育文化用品	94.0	103.9
烟草类	102.1	98.6	居　　住	103.6	100.1
酒和饮料	99.0	98.6	服务项目	115.1	104.7

10-14 商品零售价格指数(以上年为100)

General Retail Price Index by Category (Preceding Year=100)

	2000年	2001年		2000年	2001年
商品零售价格指数	**98.2**	**100.7**	书报、杂志类	103.9	108.4
食品类	96.1	102.6	文化体育用品类	98.0	99.1
#粮 食	96.7	99.7	日用品类	99.9	100.0
饮料、烟酒类	99.9	97.8	家用电器类	91.9	94.9
服装、鞋帽类	100.3	99.0	首饰类	101.6	89.0
纺织品类	100.0	99.7	燃料类	116.3	108.8
中、西药品类	102.3	104.3	建筑装潢材料类	98.6	100.0
化妆品类	101.2	100.5	机电产品类	97.4	95.3

注：2001年“医疗保健”类包含个人用品新制度名称为：医疗保健及个人用品。

10-15 全社会主要食品综合平均价格(2001 年)

General Average Prices of Main Foods (2001)

单位：元/千克

	规格等级	全社会综合平均价格		规格等级	全社会综合平均价格
籼 米	散装特米	2.581	青 笋	一等	1.852
黄 豆	一级	3.578	蒜 苔	一等	7.362
菜籽油	二级	6.173	干辣椒	一等	19.727
莲 白	一等	1.131	黑木耳	一等	91.397
油 菜	一等	2.022	猪 肉	一级	10.359
芹 菜	一等	2.196	牛 肉	去骨统肉	13.205
冬 瓜	一等	1.829	鸡	白条公鸡	18.521
茄 子	一等	2.855	鸡 蛋	新鲜	5.041
萝 卜	一等	1.437	鲤 鱼	上等	7.416
青 椒	一等	3.425	草 鱼	上等	7.71
豆 角	一等	3.151	苹 果	一等	4.667
大白菜	一等	1.205	梨	一等	4.298
韭 菜	一等	1.969	广 柑	一等	4.332

10-16 集市贸易价格指数(以上年为 100)

Free market Price Indices (Preceding Year=100)

	2000 年	2001 年		2000 年	2001 年
农产品价格指数	**91.0**	**101.1**	土 豆	95.5	103.7
粮 食	97.0	99.0	干 菜	91.6	96.1
#大 米	97.0	99.5	#黑木耳	100.2	99.7
油脂类	82.8	86.1	肉禽蛋	91.6	102.2
鲜 菜	92.6	107.2	#猪 肉	97.5	102.3
#大白菜	97.7	115.1	白条鸡	90.4	94.9
莲花白	102.9	125.1	鸡 蛋	85.0	109.6
芹 菜	119.7	97.8	水产品	94.2	103.3
青 笋	87.1	134.6	鲜 果	91.8	107.8
萝 卜	101.4	118.9	干 果	103.7	101.0

10-17 外商直接投资(2001年)

Direct Foreign Investment (2001)

	签订合同企业(项目个数)	合同外资金额(万美元)	直接利用外资总额(万美元)	期末累计注册企业(个)
总计	**212**	**38161**	**26094**	**1821**
按投资方式分				
独资经营	93	11610	11154	532
合资经营	108	13410	10141	1175
合作经营	11	13141	4799	113
按国民经济行业分				
#农、林、牧、渔业	6	1107	15	25
制造业	123	20533	13483	1208
城市基础设施	8	1326	3658	
交通运输、仓储、邮电业				12
批发和零售贸易、餐饮业	12	1329	652	91
房地产、社会服务业	57	12641	7030	368
按国别、地区分				
#香　港	74	15064	6871	995
台　湾	38	2476	1258	258
新加坡	6	1011	2693	58
英　国	3	153	1229	25
加拿大	11	3058	78	20
美　国	43	6049	2982	200

10-18 外商投资企业经营状况(2001年)

Financial Indicators of Overseas-funded Enterprises (2001)

单位：万元

	资本金合计	#国家资本金	资产合计	负债合计
总计	**1382218**	**211037**	**3769026**	**2370998**
#国有企业与客商兴办的合资合作企业	495977	95421	1291496	725279
按国民经济行业分				
农、林、牧、渔业	6221		7793	3590
采掘业	2403		2662	1213
制造业	823060	149118	1952922	1012499
电力、煤气及水的生产和供应业	48000	8061	162424	108002
建筑业	17876	974	49593	17794
交通运输、仓储及邮电通信业	63580	1010	205094	125933
批发和零售贸易、餐饮业	49914	2800	190863	144017
房地产业	159808	11749	763713	582722
社会服务业	207367	36626	426940	371840
卫生、体育和社会福利业	927	99	1638	1096
教育、文化艺术及广播电影电视业	1200	600	1100	37
科学研究和综合技术服务业	1141		1843	768
其他行业	721		2441	1487
按地区分				
亚洲	963675	131696	2654322	1748511
非洲	200		470	261
欧洲	242902	30203	523360	280385
拉丁美洲	25207	8661	37571	10190
北美洲	123471	32137	495312	294063
大洋洲	26763	8340	57991	37588

续表 1

单位：万元

	所有者权益合计	主营业务收入净额	利润总额
总　　计	**1398028**	**1736886**	**143073**
#国有企业与客商兴办的合资合作企业	566217	670307	104830
按国民经济行业分			
农、林、牧、渔业	4202	1021	–202
采掘业	1450	793	–155
制造业	940423	1178342	144185
电力、煤气及水的生产和供应业	54423	22018	–2209
建筑业	31798	5712	–267
交通运输、仓储及邮电通信业	79161	29523	8013
批发和零售贸易、餐饮业	46846	324640	9352
房地产业	180991	122769	6485
社会服务业	55100	50506	–22039
卫生、体育和社会福利业	542	421	–25
教育、文化艺术及广播电影电视业	1063	28	–44
科学研究和综合技术服务业	1075	108	–71
其他行业	954	1005	50
按地区分			
亚　洲	905811	1082784	100837
非　洲	209	161	–3
欧　洲	242975	281911	9973
拉丁美洲	27381	23356	–613
北美洲	201249	313367	32944
大洋洲	20403	35307	–65

10-19 旅 游 基 本 情 况

Basic Conditions of Tourism

	1990 年		2000 年		2001 年	
	数　量	构成(%)	数　量	构成(%)	数　量	构成(%)
旅游总收入(亿元)			**131.1**		**151.9**	
国内旅游收入(亿元)			**124.4**		**142.2**	
国内旅游人数(万人次)			**2385**		**2579.8**	
涉外旅游人数(人)	**131349**	**100**	**259266**	**100**	**345588**	**100**
外国人	44162	33.6	127836	49.3	188507	54.5
#日　本	11052	25.0	33375	26.1	55554	29.5
菲律宾	247	0.6	821	0.6	2149	1.1
新加坡	1646	3.7	7118	5.6	10030	5.3
泰　国	892	2.0	8578	6.7	16028	8.5
印度尼西亚	165	0.4	742	0.6	1848	1.0
美　国	5679	12.9	25210	19.7	30715	16.3
加拿大	1057	2.4	3656	2.9	5189	2.8
英　国	2554	5.8	5009	3.9	6446	3.4
法　国	3575	8.1	4699	3.7	5575	3.0
德　国	3543	8.0	6042	4.7	6283	3.3
意大利	2702	6.1	2288	1.8	2254	1.2
俄罗斯联邦	185	0.4	467	0.4	544	0.3
港澳台同胞	86918	66.2	131430	50.7	157081	45.5
旅游人天数(人天)	**335002**	**100**	**503772**	**100**	**717565**	**100**
外国人	172808	51.6	277907	55.2	423423	59.0
港澳台同胞	161713	48.4	225865	44.8	294142	41.0
旅游创汇收入(万美元)	**1690**		**8108**		**11650**	

10-20 国际旅游住宿设施经营和资产情况(2001 年)

Main Financial Indicators of International Tourist Hotels (2001)

项 目	计量单位	累 计	项 目	计量单位	年末实际
营业收入	万元	122600	固定资产合计	万元	517183
客房收入	万元	69434	#固定资产原价	万元	594303
餐饮收入	万元	37532	累计折旧	万元	135155
商品销售收入	万元	1536	#本年折旧	万元	20038
其他收入	万元	14098	年初资产总计	万元	606506
营业成本	万元	22670	年末资产总计	万元	615868
营业费用	万元	49115	流动负债合计	万元	280466
营业税金及附加	万元	6481	长期负债合计	万元	111628
经营利润	万元	44334	负债合计	万元	384450
管理费用	万元	40031	年初所有者权益合计	万元	238299
#税 金	万元	701	年末所有者权益合计	万元	235412
劳动待业保险费	万元	81	#实收资本	万元	188604
财务费用	万元	5304	未分配利润	万元	-37524
营业利润	万元	-1000	股 本	万元	28534
投资收益	万元	775	年末从业人员	人	20297
营业外收支差	万元	1700	#外方人员	人	26
利润总额	万元	1474	本年应付工资	万元	21312
#转作奖金的利润	万元	-1	本年应付福利费	万元	3516
应付利润	万元	40	客房数	间	15864
实际月平均房价	元/间天	226	床位数	张	28690
流动资产合计(年末)	万元	106630	公寓数	套	117
#存 货	万元	21232			

10-21 “黄金周”旅游接待情况

Main Tourism Indicators in Golden Weeks

	单　位	2001 年国庆节	2002 年春节	2002 年劳动节
旅游住宿设施				
累计接待人天数	万人天	112	97.2	197
平均停留天数	天	1.92	1.95	2.18
出租率				
#饭店宾馆	%	55.5	42.6	65.9
#旅馆招待所	%	53.1	40.8	53.5
旅行社				
累计接团数	个	2918	2403	4031
累计接待人数	万人次	7.8	6.5	9.9
景区(点)				
统计的景区(点)	个	23	24	24
累计接待人数	万人次	149.2	128.6	206.3
一日游游客所占比重	%	76	80	72.7
门票收入	万元	2012.7	2052.7	2858.2
交通客运				
累计抵达班车次	班、车次	41265	34148	41774
#铁　路	班、车次	304	388	346
民　航	班、车次	864	724	931
公　路	班、车次	40097	33036	40497
累计抵达旅客量	万人次	130.8	81.5	124.8
#铁　路	万人次	26.9	25	30.7
民　航	万人次	8.6	7.1	9.3
公　路	万人次	95.3	49.4	84.8
接待综合情况				
接待人数	万人次	243	249.2	331
旅游收入	万元	70883.8	60304.7	82490.2
人均天花费				
#过夜旅游者	元/人天	528.8	530	563.1
一日游游客	元/人天	216.5	170	131.3

10-22 成都贸易业销售百强企业名单(2001 年)

List of Top 100 Trade Enterprises in Total Sales of Chengdu (2001)

序号	企 业 名 称	序号	企 业 名 称
1	中国石油天然气股份公司四川销售分公司	26	中国农业生产资料成都公司
2	四川省卷烟销售公司	27	成都泰昌金属有限责任公司
3	四川红塔卷烟销售有限责任公司	28	四川省棉麻土产总公司
4	四川省烟草公司成都分公司	29	四川省纺织品进出口公司有限责任公司
5	四川省新华书店集团有限责任公司	30	四川省汽车工业总公司
6	中国铁路物资成都公司	31	重庆家乐福连锁超市有限公司成都分店
7	成都宝钢西部贸易有限公司	32	成都市医药公司
8	四川省农业生产资料总公司	33	成都华联商厦股份有限公司
9	成都人民商场（集团）股份有限公司	34	四川省烟草物资公司
10	四川省丝绸进出口公司	35	中国物资储运成都(集团)公司
11	成都百货大楼	36	成都三和汽车服务有限公司
12	四川天麒药业有限公司	37	四川省新科城电器有限责任公司
13	成都西部汽车城股份有限公司	38	中国汽车贸易西南公司
14	成都新亚通讯技术有限公司	39	四川省服装进出口（集团）公司
15	成都百货股份有限公司	40	四川省医药公司
16	中国航空油料公司	41	成都全兴大厦太平洋百货
17	四川省邮电器材总公司	42	四川伊尔康医药贸易有限公司
18	成都红旗连锁有限公司	43	成都西星长安铃木汽车销售服务有限公司
19	成都国美电器有限公司	44	四川省互惠商业有限责任公司
20	成都伊藤洋华堂有限公司	45	四川省新光工业进出口公司
21	成都王府井百货有限公司	46	四川港宏汽车销售有限责任公司
22	成都好又多百货商业广场有限公司	47	四川三和汽车贸易有限责任公司
23	四川省五矿机械进出口公司	48	成都市农业生产资料总公司
24	成都红旗连锁批发有限公司	49	成都普尔斯马特商业有限责任公司
25	成都商厦太平洋百货有限公司	50	中国化工供销西南公司

续表 1

序号	企 业 名 称	序号	企 业 名 称
51	四川和正百盛广场有限公司	76	成都旅侨商品有限公司
52	成都汽车贸易中心	77	成都交通油料能源有限公司
53	中国石油物资成都公司	78	成都市红旗商场
54	成都仁和春天百货有限公司	79	成都市国泰实业有限责任公司
55	双流县烟草公司	80	大邑县中药材公司
56	都江堰市烟草公司	81	成都市万城商贸有限公司
57	成都市新华书店	82	成都英康贸易有限责任公司
58	成都市医药总公司	83	四川省盐业总公司成都分公司
59	四川省工艺品进出口公司	84	四川省烟草公司郫县分公司
60	金光纸业（成都）有限公司	85	邛崃市烟草公司
61	成都市建材（集团）有限公司	86	四川省农业物资供销公司成都经营站
62	四川省烟草公司彭州市公司	87	四川捷顺实业有限公司
63	四川省机电设备总公司	88	成都市交电公司
64	成都市中药材公司	89	四川省机械设备进出口公司
65	四川省烟草公司新都县公司	90	四川省医药保健品总公司
66	四川省金属材料代理公司	91	四川省益申烟草责任有限公司
67	四川省烟叶生产购销公司	92	成都中国铁道建筑总公司西南物资公司
68	成都市诚达百货商业有限公司府河店	93	蜀都大厦股份有限公司
69	成都市医药工业公司	94	温江县烟草公司
70	成都医药采购供应站	95	成都市丝绸进出口公司
71	成都公众移动通信有限责任公司	96	四川一汽汽车销售服务有限公司
72	四川省烟草公司崇州市公司	97	成都文化用品钟表总公司
73	成都中业贸易(集团)有限责任公司	98	四川省大邑县烟草公司
74	四川省成都市糖酒公司	99	成都市新津进出口有限责任公司
75	成都人民商场黄河商业城有限责任公司	100	成都市温江县进出口公司

10-23 成都零售贸易销售二十强和餐饮销售二十强 (2001年)

List of Top 20 Retail Trade Enterprises and

List of Top 20 Catering Trade Enterprises in Total Sales of Chengdu (2001)

序　号	零售贸易销售二十强	序　号	餐饮销售二十强
1	成都人民商场(集团)股份有限公司	1	百胜餐饮(成都)有限公司
2	成都百货大楼	2	皇城老妈酒店有限责任公司
3	四川天麒药业有限公司	3	四川麦当劳餐厅食品有限公司
4	成都西部汽车城股份有限公司	4	香港荣辉海产天天渔港餐饮有限公司
5	成都红旗连锁有限公司	5	金牛区金龙渔港
6	成都国美电器有限公司	6	成都金牛山庄有限责任公司
7	成都伊藤洋华堂有限公司	7	四川德克士食品有限公司
8	成都王府井百货有限公司	8	成都海上海海鲜大排档
9	成都好又多百货商业广场有限公司	9	成都大蓉和餐饮文化娱乐有限公司
10	成都商厦太平洋百货有限公司	10	成都利苑金阁鱼翅海鲜
11	重庆家乐福连锁超市有限公司成都分店	11	成都天仁大酒店
12	成都华联商厦股份有限公司	12	成都市金港湾酒店
13	成都三和汽车服务有限公司	13	成都巨辐实业有限公司巴国布衣风味酒楼
14	中国汽车贸易西南公司	14	成都红杏酒家有限责任公司
15	成都全兴大厦太平洋百货	15	成都市高家庄养殖娱乐城
16	成都西星长安铃木汽车销售服务有限公司	16	成都新通惠实业有限责任公司
17	四川省互惠商业有限责任公司	17	成都银杏潮州餐饮有限公司
18	四川港宏汽车销售有限责任公司	18	成都市武侯区银杏川菜馆
19	四川三和汽车贸易有限责任公司	19	成都聚友体育发展有限公司
20	成都普尔斯马特商业有限责任公司	20	成都牡丹阁餐饮娱乐有限公司

主 要 统 计 指 标 解 释

社会消费品零售总额 指各种经济类型的批发零售贸易业、餐饮业、制造业和其他行业在一定时期内对城乡居民和社会集团的消费品零售额及消费品交易市场成交额中农民对非农业居民消费品零售额的总和。社会消费品零售总额包括：

(1)售给城乡居民作为生活用的商品和修建房屋用的建筑材料；(2)售给机关、团体、学校、部队、企业、事业单位的职工食堂和旅店（招待所）附设专门供本店旅客食用，不对外营业的食堂的各种食品、燃料；企业、单位和国营农场直接售给本单位职工和职工食堂的自己生产的产品；(3)售给部队干部、战士生活用的粮食、副食品、衣着品、日用品、燃料；(4)售给来华的外国人、华侨、港澳台同胞的消费品；(5)居民自费购买的中、西药品、中药材及医疗用品；(6)报社、出版社直接售给居民和社会集团的报纸、图书、杂志、集邮公司出售的新、旧纪念邮票、特种邮票、首日封、集邮册、集邮工具等；(7)旧货寄售商店自购、自销部分的商品；(8)煤气公司、液化石油气站售给居民和社会集团的煤气灶具和罐装液化石油气；(9)农民售给非农业居民和社会集团的商品。

商品交易市场成交额 指在固定场所、设施，有若干经营者入场实行集中、公开交易各类实物商品的市场成交的全部商品金额。包括各类消费品市场和生产资料市场成交的全部商品金额。

商品零售价格指数 是反映城乡商品零售价格变动趋势的一种经济指数。零售物价的调整变动直接影响到城乡居民的生活支出和国家的财政收入，影响居民购买力和市场供需平衡，影响消费与积累的比例。

居民消费价格指数 是反映一定时期内城乡居民所购买的生活消费品价格和服务项目价格变动趋势和程度的相对数。是按城市居民消费价格指数和农民消费价格指数综合计算取得。

对外借款 是我国利用外资的主要部分。包括我国通过外国政府贷款，国际金融组织贷款，外国银行商业贷款，出口信贷以及对外发行债券，股票等方式，从境外筹措的资金。

外商直接投资 是指外国企业和经济组织或个人（包括华侨、港澳台胞以及我国在境外注册的企业）按我国有关政策、法规，用现汇、实物、技术等在我国境内开办外商独资企业、与我国境内的企业或经济组织共同举办中外合资经营企业、合作经营企业或合作开发资源的投资（包括外商投资收益的再投资）以及经政府有关部门批准的项目投资总额内，企业从境外借入的资金。

旅游人数 指来我国参观、访问、旅行、探亲、访友、休养、考察、参加会议和从事经济、科技、文化、教育、体育、宗教等活动的外国人、华侨、港澳和台湾同胞的人数。不包括外国在我国的常住机构，如使领馆、通讯社、企业办事处的工作人员；来我国常驻的外国专家、留学生以及在岸逗留不过夜人员。

国际旅游（外汇）收入 指入境旅游的外国人、华侨、港澳台同胞在中国大陆旅游过程中发生的一切旅游支出，对于国家来说就是国际旅游（外汇）收入。

进出口总额 海关进出口总额指实际进出我国国境的货物总金额。包括对外贸易实际进出口货物，来料加工装配进出口货物，国家间、联合国及国际组织无偿援助物资和赠送品，华侨、港澳台同胞和外籍华人捐赠品，租赁期满归承租人所有的租赁货物，进料加工进出口货物，边境地方贸易及边境地区小额贸易进出口货物（边民互市贸易除外），中外合资经营企业、中外合作经营企业、外商独资经营企业进出口货物和公用物品，到、离岸价格在规定限额以上的进出口货样和广告品（无商业价值、无使用价值和免费提供出口的除外），从保税仓库提取在中国境内销售的进口货物，以及其他进出口货物。我国规定出口货物按离岸价格统计，进口货物按到岸价格统计。

利用外资 指我国各级政府、部门、企业和其他经济组织通过对外借款，吸收外商直接投资以及用其他方式筹措的境外现汇、设备、技术等。

十一、科技、教育和文化

简 要 说 明

主要内容

本部份包括科学技术活动、科技人员、教育、文化、艺术事业等基本情况。

资料来源

科技资料分别来源于成都市科委、成都市统计局和成都市高新技术产业开发区管委会。

教育资料分别来源于四川省教委、成都市教委和成都市劳动局。

文化资料分别来源于四川省文化厅、成都市文化局。

广播、电视资料分别来源于四川省广播电视厅、成都市广播电视局。

图书、报纸、杂志资料来源于四川省新闻出版局。

其他需要说明的问题

本部份资料除科技外,其余部分资料均为全社会统计口径。

普通高等学校情况

学校数（所）
25
20
15
10
5
11
14
14
19
20
20
22
1949
1978
1980
1990
1995
2000
2001
年份

在校生人数（万人）
0.68
1.96
2.88
5.69
7.75
14.07
18.84
1949
1978
1980
1990
1995
2000
2001
年份

专任教师数（万人）
0.07
0.69
0.74
1.07
1.07
1.12
1.26
1949
1978
1980
1990
1995
2000
2001
年份

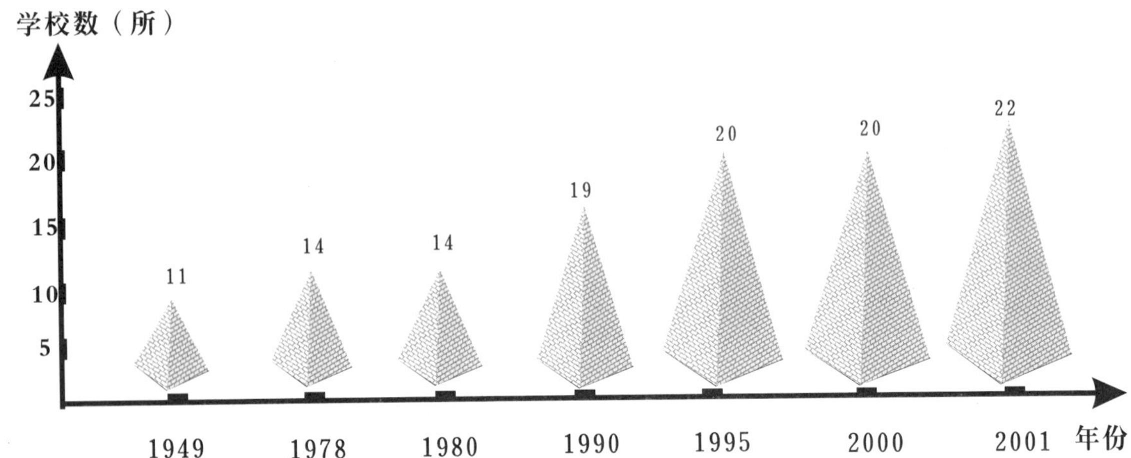

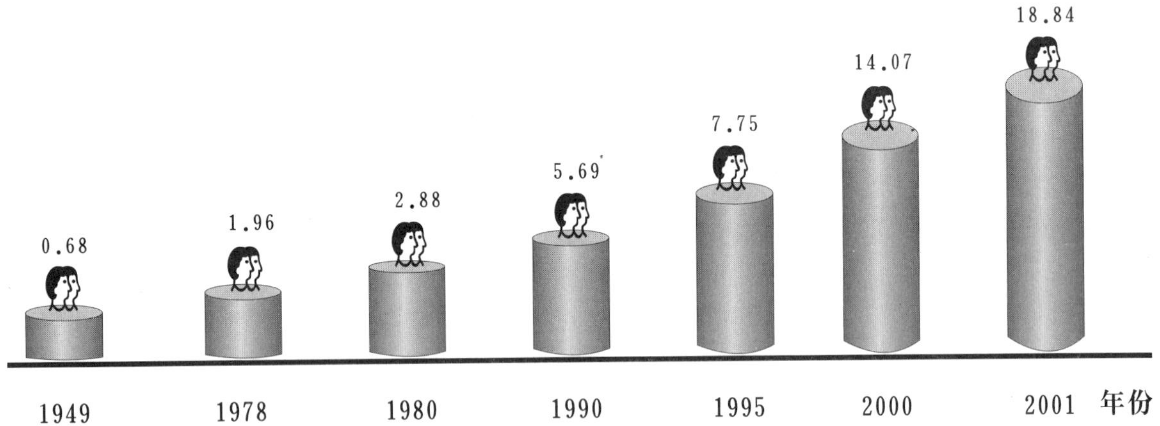

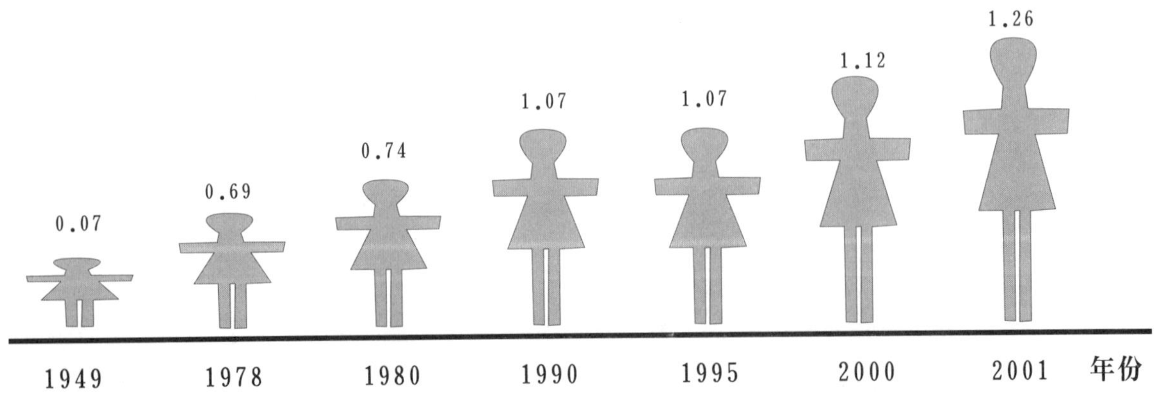

11-1 科研机构、人员、经费及活动情况(2001 年)

Basic Statistics on Agencies, Personnel, Expenditures and Activities of Scientific Technological Research Institutions (2001)

	单　位	合　计	#自　然科学技术	#科技情报文献机构
机构数	个	117	71	27
#地市属	个	87	55	14
从业人员	人	21238	11896	8046
#从事科技活动人员	人	12120	7207	4023
#专业技术干部	人	13388	7654	4792
经费收入	万元	186014.5	89482.7	91163.5
#财政补助收入	万元	47812.0	31462.1	11938.4
经费支出	万元	143380.5	85642.3	52313.9
#科研业务费支出	万元	54369.6	32189.8	20975.8
固定资产原值	万元	109260.2	97028.9	69989.9
课题情况：课题数	个	1645	1159	386
经费支出	万元	23606.9	17163.2	5951.8
投入人员	人年	4270	2675	1362
发表科技论文	篇	2565	1275	664
#国外发表	篇	118	57	44
出版科技著作	种	128	40	10
专利申请受理数	件	102	57	45
专利授权数	件	53	38	15
#发明专利	件	27	14	13

11-2 国家级高新技术产业企业主要经济指标(2001 年)

Main Economic Indicators of State-Level High-Tech Enterprises (2001)

	单 位	合 计	区内企业	区外企业
企业数	个	582	402	180
总产值	万元	3408781.4	21586771.2	1250104.3
总收入	万元	3561922.4	2406568.5	1155353.9
#技术收入	万元	117592.1	79419.3	38172.8
产品销售收入	万元	2781227.2	1780198.5	1001028.7
#新产品收入	万元	735085.4	519342.4	215743.0
#高新技术产品收入	万元	875809.6	482978.0	392831.6
出口创汇总额	万美元	10291.2	5249.9	5041.3
净利润	万元	375298.8	269765.4	105533.4
实际上缴税费总额	万元	233496.5	160048.6	73447.9
总成本与费用	万元	3115204.4	2246036.5	869167.9
年末资产总计	万元	6746371.1	4818535.0	1927836.1
#流动资产	万元	3356793.0	2332709.3	1024083.7
长期投资	万元	619579.7	529479.1	90100.6
固定资产原价	万元	20052892.2	1473587.8	531701.4
#固定资产净值	万元	1401560.7	1027780.8	373779.9
无形资产	万元	369908.8	189617.8	180291.1
年末负债合计	万元	3201683.4	2327453.7	874229.7
年末所有者权益	万元	3544687.7	2491081.3	1053606.4
本年技术开发经费筹集额	万元	179343.3	71005.6	108337.7
技术开发经费支出总额	万元	108554.7	54406.9	54147.8
#研究与发展支出	万元	26739.9	19510.4	7229.5
年末职工人数	人	131025	75218	55807

注：区内、区外企业指高新技术产业开发区范围内外企业。

11-3 国家级科技计划项目执行情况(2001 年)

Executive Statistics of State-Level Planning Projects on Science and Technology (2001)

	单　　位	星火计划项　　目	火炬计划项　　目	成果推广计划项目(实施部分)
计划总投资	万元	3733086.6	319850.5	321285.6
项目落实资金	万元	921071.2	75774.2	91563.0
#政府部门资金	万元	27768.0	2837.2	5640.0
贷　　款	万元	199320.0	11388.6	1200.0
其他资金	万元	14832.0	4249.6	5460.0
国外资金	万元			1500.0
自有资金	万元	729151.2	60555.9	79113.0
项目支出合计	万元	650494.8	62676.9	65157.0
#研制费	万元	722778.8	24865.2	10942.5
已偿还项目贷款	万元	31920.0	5760.0	225.0
工业项目效益及成果				
新增产值	万元	835236.0	343890.3	227212.5
出口额	万美元	4899.6	291.3	
净利润额	万元	145508.4	50306.9	56344.5
实交税金	万元	56058.0	31102.7	18657.0
专利授权数	项	24	35	
#发　明	项	12	18	

11-4 教育事业基本情况

Basic Statistics on Education

	单 位	1978 年	1980 年	1990 年	1995 年	1998 年	2000 年	2001 年
学校数								
普通高等学校	所	14	14	19	20	21	20	22
普通中等专业学校	所	40	44	50	55	53	51	46
普通中学	所	791	625	580	558	548	548	552
小　学	所	4669	4860	3580	3063	2749	2467	2142
在校生数								
普通高等学校	人	19632	28790	56874	77507	92196	140661	188394
普通中等专业学校	人	14967	17306	27972	51160	65939	64969	53647
普通中学	人	574039	438221	347004	373207	365164	482494	520641
小　学	人	1202491	1234444	670718	725625	800611	771582	767201
毕业生数								
普通高等学校	人	4411	4216	16777	24535	21529	23624	27991
普通中等专业学校	人	3470	4293	8401	11651	17542	20148	23979
普通中学	人	224994	169679	87343	95417	120408	106203	128761
小　学	人	227553	193944	139585	118529	113786	147700	133001
招生数								
普通高等学校	人	7973	6603	16087	24636	28740	55131	68066
普通中等专业学校	人	6676	5153	9703	18913	24301	17697	13157
普通中学	人	254708	171351	115835	136447	143428	182487	180909
小　学	人	279079	230882	91258	130786	117867	129966	124120
专任教师数								
普通高等学校	人	6940	7366	10699	10701	11156	11246	12657
普通中等专业学校	人	2206	2622	3262	3514	3234	3175	2491
普通中学	人	27423	25636	24947	26976	28281	30655	32032
小　学	人	41040	42617	40492	37036	37710	37618	37057
每一教师负担学生数								
普通高等学校	人	2.8	3.9	5.3	7.2	8.3	12.5	14.9
普通中等专业学校	人	6.8	6.6	8.6	14.6	20.4	20.5	21.5
普通中学	人	20.9	17.1	13.9	13.8	12.9	15.7	16.3
小　学	人	29.0	29.0	16.6	19.6	21.2	20.5	20.7

11-5 各类学校基本情况(2001 年)

Basic Statistics on Various Schools (2001)

	学校数(所)	毕业生(人)	招生数(人)	在校生(人)	专任教师(人)
普通高等学校	**22**	**27991**	**68066**	**188394**	**12657**
普通中等专业学校	**46**	**23979**	**13157**	**53647**	**2491**
中等技术学校	41	22906	12030	49711	2197
中等师范学校	5	1073	1127	3936	294
普通中学	**552**	**128761**	**180909**	**520641**	**32032**
高　中	154	29425	48285	115741	7776
初　中	398	99336	132624	404900	24256
职业中学	**44**	**11084**	**14699**	**34890**	**2969**
高　中	44	11084	14699	34890	2969
小　　学	**2142**	**133001**	**124120**	**767201**	**37057**
特殊教育学校	**8**	**181**	**154**	**600**	**150**
盲、聋哑学校	6	167	135	505	126
弱智儿童辅读学校	2	14	19	95	24

注：普通中学高中学校数中含完全中学 159 所。职业中学初中校数为初、高中合设。普通中学初中校数中含 9 年制学校 63 所。

11-6 普通高校研究生概况(2001 年)

Basic Statistics on Postgraduates in Regular Institutions of Higher Education (2001)

单位：人

	毕业生	招　　生	在校生	毕业班学生
总　　　计	**2665**	**6816**	**17422**	**4420**
攻读博士学位研究生	453	1304	3491	958
攻读硕士学位研究生	2220	5512	13931	3462

11-7 普通中学基本情况 (2001 年)

Basic Statistics on Regular Secondary Schools (2001)

	学校数 (所)	毕业生 (人)	招生数 (人)	在校生 (人)	教职员工 (人)	专任教师 (人)
总　计	**552**	**128761**	**180909**	**520641**	**41302**	**32032**
城　市	115	34880	46888	134827	12107	9143
县　镇	305	73890	108215	306206	23807	18459
农　村	132	19991	25806	79608	5388	4430
高　中	**154**	**29425**	**48285**	**115741**		**7776**
城　市	62	11606	15936	42398		2881
县　镇	88	17513	31562	71685		4765
农　村	4	306	787	1658		130
初　中	**398**	**99336**	**132624**	**404900**		**24256**
城　市	53	23274	30952	92429		6262
县　镇	217	56377	76653	234521		13694
农　村	128	19685	25019	77950		4300

11-8 小学基本情况 (2001 年)

Basic Statistics on Primary Schools (2001)

	学校数 (所)	毕业生 (人)	招生数 (人)	在校生 (人)	教职员工 (人)	专任教师 (人)
总　计	**2142**	**133001**	**124120**	**767201**	**42616**	**37057**
城　市	171	2618	19548	121720	7753	6352
县　镇	350	5583	44437	272855	15693	13175
农　村	1621	10335	60135	372626	19170	17530

11-9 成人高等学校教育基本情况

Basic Statistics on Education in Institutions of Higher Learning for Adults

	单 位	1990 年	1995 年	2000 年	2001 年
成人高等院校					
学校数	所	40	32	31	25
毕业生数	人	14849	20588	23943	34887
在校生数	人	51247	70437	82919	168669
招生数	人	17925	24646	47027	80826
教职工数	人	6976	6772	8239	7232
#专任教师	人	3044	2968	3880	3438

11-10 幼 儿 园 基 本 情 况

Basic Statistics on Kindergartens

	单 位	1990 年	1995 年	2000 年	2001 年
幼儿园数	所	2497	3003	2835	1645
幼儿园班数	班	6199	7275	7697	7924
在园幼儿数	人	181959	265145	270318	252022
#学前班	人	54841	76590	70579	77284
教职员工数	人	13269	14198	16049	14956
#教 师	人	8142	9363	10193	8424
保健员	人	587	594	1201	1061

11-11 艺术表演团体及场所演出情况

Basic Statistics on Performance of Art Troupes and Sites

	单 位	1990 年	1995 年	2000 年	2001 年
艺术表演团体	**个**	**20**	**20**	**19**	**15**
国内演出场次	千场	2.6	2.2	3.0	2.7
国内观众人次	万人次	135.3	100.0	204.2	180.0
出访演出场次	场		365	251	402
艺术表演场所	**个**	**27**	**24**	**25**	**23**
座席数	千个	29.0	16.2	12.9	12.2
演映出场数	千场	53.8	13.5	8.8	3.2
#艺术场数	千场	0.7	0.3	0.5	0.5
观众人次	万人次	1294.6	67.4	49.0	61.8
#艺术场数	万人次	46.7	22.3	38.1	50.6

11-12 群 众 文 化 事 业 (2001 年)

Main Indicators on Mass Culture (2001)

	单 位	总 计	群 众 艺术馆	文化馆	文化站
机构数	个	418	5	15	398
人员数	人	1347	223	268	856
举办展览	个	1368	41	137	1190
录相放映	万场	2.0			2.0
观众人数	万人次	1654			1654
举办训练班	次	2398	681	298	1419
组织文艺活动	次	3769	399	377	2993
藏 书	万册	51.6		2.0	49.6
总收入	万元	2606.2	1083.5	531.4	991.3
总支出	万元	2436.9	1010.2	531.6	895.1

11-13 公共图书馆基本情况

Basic Statistics on Public Libraries

	单 位	1990 年	1995 年	2000 年	2001 年
图书馆数	个	16	16	17	18
阅览室座席数	个	2375	2200	2200	3332
总藏量	万册(件)	643	688	746	752
图书流通人数	万人次	113	119	89	86
公共房屋建筑面积	万平方米	4.1	4.6	5.1	5.4
#书 库	万平方米	1.7	1.9	2.1	2.1
阅览室	万平方米	0.8	0.8	1	1
经费支出	万元	318	804	1416	1433
#购书费	万元	106	126	277	271

11-14 博物馆基本情况

Basic Statistics on Museums

	单 位	1990 年	1995 年	2000 年	2001 年
博物馆数	个	8	9	10	11
综合馆	个	4	4	4	4
专业馆	个	1	2	4	7
纪念馆	个	3	3	2	
文物藏品	件	168275	185938	183670	188199
#一级品	件	513	472	910	965
陈 列	个	17	15	39	20
展 览	个	21	6	34	30
参观人数	万人次	313	304	247	440
公用房屋建筑面积	万平方米	6.8	8.1	10.1	8.7

11-15 图书、报纸、杂志出版数量

Number of Books, Magazines and Newspaper Published

	单 位	1990 年	1995 年	2000 年	2001 年
图书出版					
种　类	种	2676	3017	3855	3832
总印数	万册	21152	15438	27315	26047
总印张数	千印张	823599	838938	1576718	1580980
报纸出版					
种　数	种	47	64	53	82
综合报	种	9	18	24	41
专业报	种	38	46	29	41
总印数	万份	78813	121579	107292	136737
综合报	万份	51037	89052	75058	101683
专业报	万份	27776	32527	32234	35054
总印张	千印张	566161	1757004	3264061	3945527
杂志出版					
种　类	种	190	246	235	244
总印数	万册	3222	3944	4908	4171
总印张数	千印张	89963	121314	160668	162328

11-16 广播、电视事业基本情况(2001 年)

Basic Statistics on Broadcasting and Television (2001)

	单 位	广播事业	# 市 级	# 县 级	电视事业	# 市 级	# 县 级
基本情况							
电(电视)台	座	2	1		2	1	
发射台	座	22	2	17	44	1	40
节目套数	套	16	3	9	23	5	9
日(周)平均播音时间	时:分	185:10	57:00	54:30	1839:18	543:24	465:27
人口覆盖率	%	99.05	98.04	55.71	98.42	94.68	43.82
节目制作情况	**小时**	**37332**	**20654**	**2561**	**15127**	**6077**	**3951**
新闻节目	小时	4479	1460	696	4965	2189	1560
文艺节目	小时	10886	4805	491	2219	1270	347
专题节目	小时	13374	8763	586	3264	726	848
服务信息节目	小时	5923	4684	377	3033	1460	627
教育节目	小时	1519		209	866	195	29
广告节目	小时	1151	942	203	780	237	540

注：①表中数均指无线广播、电视情况。

②县级电视发射台含系统内外电视发射台、转播台。

③广播台为日平均播音时间；电视台为周平均播音时间。

主要统计指标解释

普通高等学校 指按照国家规定的设置标准和审批程序批准举办，通过国家统一招生考试，招收高中毕业生为主要培养对象，实施高等教育的全日制大学、独立设置的学院和高等专科学校、短期职业大学。

成人高等学校 指按照国家有关规定审批，招收通过全国成人高教统一招生考试的具有高中毕业或同等学历的在职从业人员利用脱产、半脱产、业余或函授等多种形式对其实施高等学历教育培养高等教育专科或本科毕业水平的专门人才，修业年限、课程设置和总学时数均按高等学历教育要求付诸实施的学校。包括广播电视大学、职工高等学校、农民高等学校、管理干部学院、教育学院、独立设置的函授学院等。

小学学龄儿童入学率 指调查范围内已入小学学习的学龄儿童占学龄儿童总数（包括弱智儿童在内，但不包括盲聋哑儿童）的比重。计算公式：

$$\text{小学学龄儿童入学率}=\frac{\text{已入学的小学学龄儿童数}}{\text{校内外小学学龄儿童总数}}\times 100\%$$

独立研究与开发机构 指有明确的任务和研究方向，有一定学术水平的业务骨干和一定数量的研究人员，具有研究、开发、开展学术工作的基本条件，主要进行科学研究与技术开发活动，并且在行政上有独立的组织形式，财务上独立核算盈亏，有权与其他单位签订合同，在银行有单独户头的单位。包括国务院各部门、中国科学院、中国社会科学院和各省、自治区、直辖市以及地（市）以上〔含地（市）〕各部门所属的国有独立的科学研究与技术开发机构。

独立研究与开发机构职工 指在科学研究与技术开发机构工作，并由其支付工资的各种人员。包括长期职工和临时职工，不包括编制以外的离休、退休人员和停薪留职人员，但包括招聘人员。

研究与发展经费支出 指报告期内用于研究与实验发展课题活动（基础研究、应用研究、实验发展）的全部实际支出。包括用于研究与发展课题活动的直接支出，还包括间接用于研究与发展活动的一切支出（院、所管理费、维持院、所正常运转的必需费用和与研究发展有关的基本建设支出）。

科学家和工程师 指具有大学本科及以上学历的和不具备上述学历但有高、中级职称的人员。

专业技术人员 指已取得科学技术职称，或大学、中专的理、工、农、医科系毕业，以及国民经济各部门从工作实践中提拔，从事理、工、农、医等自学科学技术的研究、教学、生产的专业人员和在机关、企业、事业中从事科学技术业务管理工作的专业人员。

工程技术人员 指在国民经济各行业从事工程技术工作的自然科学技术专业人员，包括：高级工程师、工程师、助理工程师、技术员和未评定职称的技术人员。

农业技术人员 指在国民经济各行业从事农业技术工作的自然科学技术专业人员，包括：高级农艺师、农艺师、助理农艺师、技术员和未评定职称的技术人员。

卫生技术人员 指在国民经济各行业从事卫生医务工作的自然科学技术专业人员，包括：正副主任医师、主治医师、医师、医（护）士和未评定职称的技术人员。

科学研究人员 指在国民经济各行业从事科学技术活动的自然科学技术专业人员，包括：正副研究员、助理研究员、研究实习员、技术员和未评定职称的技术人员。

自然科学教学人员 指在国民经济各行业从事自然科学技术方面教学活动的专业人员，包括：正副教授、讲师、助教、教师和在中学从事自然科学技术方面教学活动的人员。

文化事业机构 指从事专业文化工作和为专业文化工作服务的独立建制的单独核算的单位。不包括这些单位另外举办独立核算的其他机构和各部门的业余文化组织。

十二、体育、卫生、福利及其他

简 要 说 明

主要内容

本部份反映体育、卫生、社会福利及其他事业发展情况。

体育:包括群众体育和竞技体育运动员、教练员、裁判员人数,《国家体育标准达标》情况等。

卫生:包括各类医疗卫生机构、床位、工作人员及病床使用率等指标。

民政:包括社会福利院、儿童福利院、精神病人福利院、社会办敬老院等各级福利院个数、床位及收养人数;优抚、救济情况。

其他事业:包括全市范围内司法、社会治安情况等。

资料来源

体育资料来源于成都市体委。

卫生资料来源于成都市卫生局。

社会福利资料来源于成都市民政局。

司法、社会治安等资料分别来源于成都市司法局、成都市公安局。

其他需要说明的问题

体育资料除《国家体育锻炼标准》达标人数外,其余指标均为市及市以下统计口径。

卫生资料为全社会统计口径。

福利机构相应指标为市及市以下统计口径。

职工保险福利费用:含国有、集体和其他经济单位的职工福利费用。

卫生机构数（个）

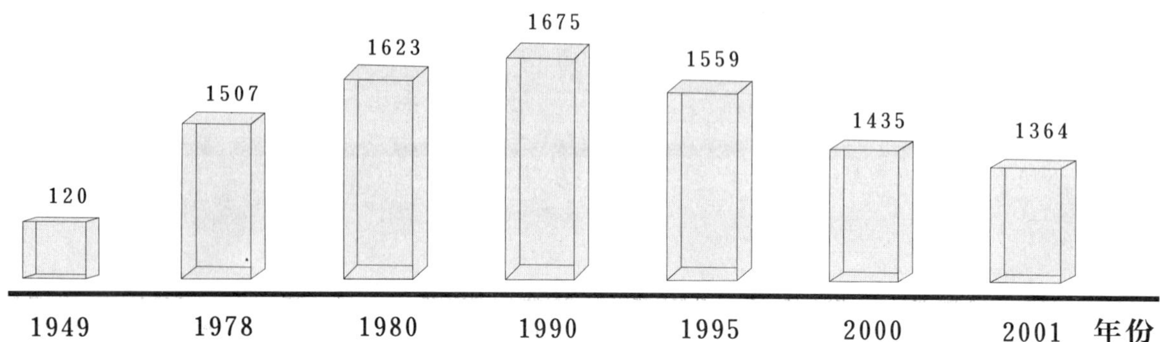

机构床位数（万张）

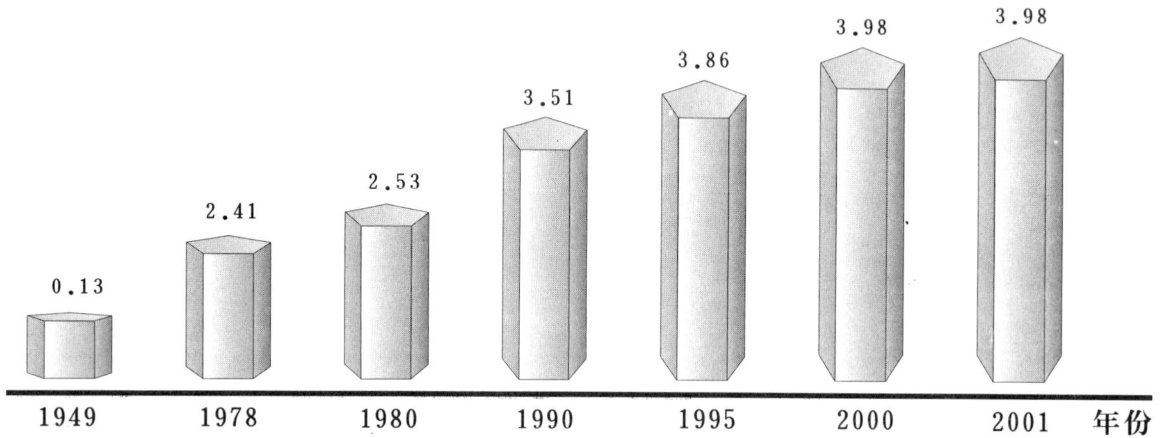

卫生技术人员（万人）

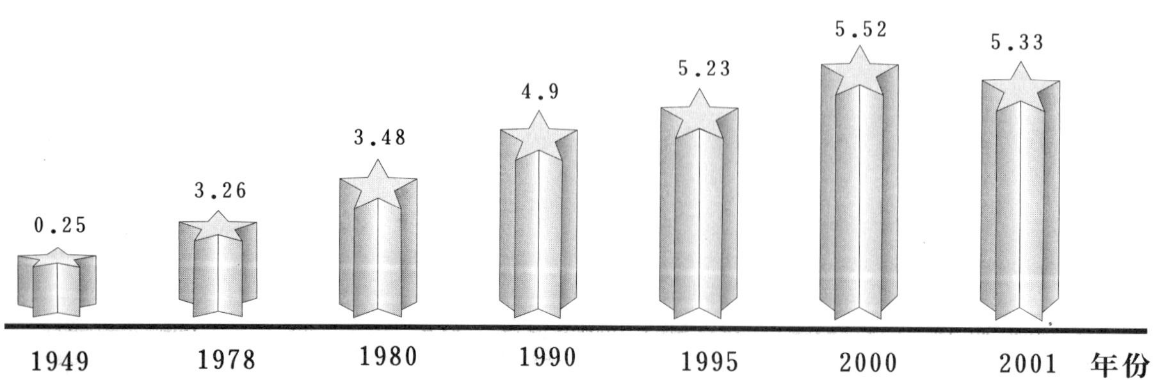

12-1 体 育 活 动 情 况

Activities of Sports

	单 位	1990 年	1995 年	2000 年	2001 年
体育场地数	个	2831	2955	3414	3366
《国家体育锻炼标准》达标人数	人	556322	1126513	786485	853906
#成年组（及格级）	人	52112	623831	369159	396457
少年甲组（良好级）	人	95791	342392	276033	292380
少年乙组（优秀级）	人	217604	160290	141293	165069
等级运动员发展人数	人	172	535	437	732
#二级运动员	人	93	120	149	334
等级裁判员发展人数	人	312	658	438	417
#一级裁判员	人	66	41		
优秀运动队运动员	人	108	89	75	92
优秀运动队专职教练员	人	12	17	17	20
少年儿童业余体校	所	26	28	28	30
少年儿童业余体校在校生	人	2927	3273	6121	7831
少年儿童业余体校专职教练员	人	183	165	171	163
各部门举办运动会次数	次	1173	851	1439	1103

注：《国家体育锻炼标准》达标人数，1990 年按年龄分组，1995 年、2000 年、2001 年按成绩分组。

12-2 医疗卫生事业基本情况

Basic Statistics of Health Care

	单 位	1990 年	1995 年	2000 年	2001 年
总 计					
机构数	个	1675	1559	1435	6558
#医院、卫生院	个	516	567	568	566
床位数	张	35121	38579	39796	39893
#医院、卫生院	张	30438	33048	34107	34048
工作人员	人	64934	69267	72926	69256
#卫生技术人员	人	49016	52295	55176	53331
#医 生	人	23181	24745	26187	25167
中医师	人	3928	4356	4611	4541
西医师	人	15288	16933	16972	16132
中西医结合师	人	82	164	225	215
中医士	人	1034	761	819	835
西医士	人	2261	1998	3133	3105
其他中医	人	588	533	427	339
护 师	人	5919	8117	10033	10068
护 士	人	5780	5293	5575	5307
助产士	人	822	585	584	596
护理员	人	1578	1164	608	520
药剂人员	人	5172	5540	5355	5071
总计中:县及县以上医院					
机构数	个	150	158	170	172
床位数	张	23154	25736	26335	25946
工作人员数	人	34823	37510	39442	38280
#卫生技术人员	人	26589	28744	29966	29138
#医 生	人	10734	11809	12096	11809
平均每万人口拥有					
医院、卫生院床位数	张	33	34	34	33
卫生技术人员	人	53	54	54	52
#医 生	人	25	26	26	25

注：①2001 年机构数 6558 个，较以前年度增加幅度很大，这源于以前年度未将个体开业机构数计入总机构中。

②近三年个体开业机构数分别为：1999 年为 4457 个，2000 年为 4869 个，2001 年为 5194 个。

12-3 医 院 诊 疗 情 况(2001 年)

Number of Hospital Patients (2001)

	诊疗人次 (人次)	#门急诊	健康检查人数 (人)	住院人数 (人)	每百门、急诊次的入院人数 (人)	治愈率 (%)	好转率 (%)	病死率 (%)
医院总计	**28417107**	**27652879**	**709575**	**718608**	**2.53**	**60**	**37**	**1**
县及县以上医院	17986179	17355545	450714	484291	2.69	54	41	2
#综合医院	6042847	5882818	243385	235538	3.90	51	45	2
中医医院	2030590	2023912	22231	39822	1.96	56	41	1
医学院附属医院	3078223	2776175	31279	67939	2.21	55	36	2
传染病院	33412	33412	1302	1779	5.32	31	61	5
精神病院	39599	39285	367	1917	4.82	15	82	1
结核病院	27835	27835		1044	3.75		99	1
妇幼保健院	111742	111598	27121	3104	2.78	93	6	
儿童医院	378869	378869		6266	1.65	82	17	
肿瘤医院	48194	48180	14	5982	12.41	37	51	3
农村卫生院	9833787	9756213	184525	224347	2.28	70	28	
其他医院	597141	541121	74336	9970	1.67	69	28	2

12-4 县及县以上医院有关经营情况(2001 年)

Operation of Hospitals at County Level and Above (2001)

		机构数 (个)	平均每所医院每天诊疗人次 (人次)	病床使用率 (%)	平均每诊疗人次医疗费(元)			平均每一出院者住院医疗费(元)			出院者平均每天住院医疗费 (元)
					合计	#药品费	#检查费	合计	#床位费	#药费	
综合医院	**合 计**	**37**	**804**	**80**	**78**	**38**	**16**	**3667**	**174**	**1372**	**363**
	部 属	2	3599	119	77	20	26	6814	244	2097	613
	省 属	3	1348	82	107	70	11	6469	367	3149	444
	市 属	7	849	65	102	60	15	3809	200	1369	311
	区(县)属	13	443	74	65	30	13	1651	94	626	216
	县 属	12	568	74	50	26	11	1845	96	771	225
中医医院	**合 计**	**18**	**615**	**60**	**55**	**37**	**11**	**2644**	**128**	**1129**	**239**
	省 属	2	1191	62	85	66	17	5044	244	2408	274
	市 属	1	727	42	46	35	10	4410	156	1180	219
	区(县)属	8	391	56	39	22	6	1720	108	665	197
	县 属	7	535	62	33	18	4	1480	77	571	195

12-5 农村村级卫生组织情况

Health Organization at Village Level

	1995 年	1998 年	2000 年	2001 年
医药费实行减免的村数（个）	89	214	281	251
无医疗点的村数（个）	693	704	934	982
村设置的医疗点数（个）	4318	4301	3895	3766
村或群众集体办	1610	1555	1322	1281
乡村医生和卫生员联合办	441	333	240	298
乡卫生院设点	144	129	160	121
个体办	1891	2276	2168	2049
其　它	232	8	5	17
乡村医生和卫生员人数（人）	6823	6313	6003	5822
乡村医生	4729	4758	4813	4800
卫生员	2094	1555	1190	1022
农村接生员	1155	755	457	376

12-6 全市居民前十位死亡原因、死亡率（2001 年）

Cause of Death and Death Rate of 10 Major Diseases (2001)

序位及死因	死亡人数（人）	死亡率（/10 万）
十种死亡原因合计	**26587**	**523.1**
1 呼吸系统疾病	9425	185.0
2 循环系统疾病	6125	120.2
3 恶性肿瘤	5876	116.4
4 损伤和中毒	2128	41.8
5 消化系统疾病	1047	20.6
6 内分泌及营养代谢	809	15.9
7 泌尿生殖系统疾病	428	8.4
8 诊断不明疾病	288	5.7
9 神经系统疾病	252	5.0
10 传染及寄生虫	209	4.1

12-7 社会福利机构情况

Basic Statistics on Social Welfare Institutions

	单 位	1990 年	1995 年	2000 年	2001 年
社会福利院					
单位数	个	5	5	5	6
床位数	张	710	820	1118	1163
年末收养人数	人	648	754	893	937
儿童福利院					
单位数	个	1	1	2	2
床位数	张	150	166	492	627
年末收养人数	人	127	166	487	627
精神病人福利院					
单位数	个	1	1	1	1
床位数	张	320	335	358	416
年末收养人数	人	322	318	358	416
社会办敬老院					
单位数	个	344	333	344	342
床位数	张	6981	8388	7998	8597
年末收养人数	人	4804	5995	6392	6394

12-8 优 抚、救 济 情 况

Persons Receiving Subsidies or Relief Funds

	1990 年	1995 年	2000 年	2001 年
优抚对象(万人)	33.0	32.6	33.1	34.0
#革命伤残人员(人)	8288	8432	8622	8500
烈军属人员(万人)	12.9	10.9	9.9	9.9
抚恤人数(人)	11003	10904	10917	10656
#烈属抚恤	2715	2481	2295	1173
复退军人得到定期定量补助人数(人)	25371	29925	30898	3114
困难户得到国家临时救济人数(人次)	62096	88452	54216	
精简退职老弱病残职工得到救济人数(人)	6000	5789	5528	5247
享受原工资 40%救济人数	2043	1863	1819	1702
享受定期定量救济人数	3957	3926	3709	3545

12-9 离休、退休、退职人员保险福利费用及构成(2001 年)

Social Insurance and Welfare Fund and Its Composition of Retirees (2001 年)

	保险福利费用总额(万元)	#国有企业	构成(%)	#国有企业
离休、退休、退职人员保险福利费用	**483518.1**	**240020.2**	**100**	**100**
离休金	24460.5	10336.4	5.0	4.3
退休金	361162.9	186673.0	74.7	77.7
退职生活费	3721.1	1852.2	0.8	0.8
医疗卫生费	68610.2	30640.5	14.2	12.8
其　他	25563.4	10518.1	5.3	4.4

12-10 律师、公证、调解工作基本情况

Basic Statistics on Lawyers, Notarization and Mediation

	单 位	1990年	1995年	2000年	2001年
律师工作					
法律律师事务所	个	22	53	78	89
律师工作人员	人	817	870	1229	1236
#专职律师	人	142	332	731	806
民事诉讼代理	件	3852	2871	4792	5069
刑事诉讼辩护及代理	件	2727	1373	3056	3669
经济案件诉讼代理	件	5830	2544	3459	3580
行政诉讼代理	件		83	152	169
非诉讼法律事务	件	1049	3467	3018	3091
解答法律咨询	件	15625	16683	32000	32700
代写法律事务文书	件	8954	7270	6110	6300
公证工作					
公证处	个	18	20	21	22
公证人员	人	111	123	143	189
#公证员	人	48	91	121	124
办理国内公证	件	16032	33478	72874	86041
民事公证	件	10423	17906	28464	31677
经济合同公证	件	5609	15572	44410	53448
办理涉外及港澳台公证	件	4294	11460	25750	28744
公证收入	万元	59.86	369.82	946.62	932.11

12-11 国内公证文书分类情况

Domestic Notarial Documents by Type

单位：件

	1990年	1995年	2000年	2001年
总　　计	**16032**	**33478**	**72874**	**85125**
经济公证	**5609**	**15572**	**44410**	**53448**
#购　销	45	220	137	461
联　　营	77	188	14	12
贷　　款	493	4883	11828	22100
招标、投标	7	14	92	147
科技协作	21	10	11	
劳务合同	674	663	1029	3519
建筑工程承包	73	69	31	40
农、林、牧、渔业承包	2394	119	185	313
乡镇企业承包	115	64	42	49
财产租赁	89	255	19	190
其他经济合同	710	1763	8504	5140
法人(代表人)资格	33	25	167	205
法人委托书	173	222	1347	2485
民事公证	**10423**	**17906**	**28464**	**31677**
#收　养	813	182	54	39
解除收养	22	10	5	
遗　嘱	319	411	630	4638
产　权	218	285	2022	607
亲属关系	33	141	184	931
房屋买卖	128	1276	1596	17
房屋租赁	1981	209	51	80
留学协议	170	86	18	11
遗赠扶养协议	136	101	79	108
其他民事协议	529	4572	4251	3274
委托书	365	300	1627	2842
赠与书	929	2585	4517	4785
声明书	215	643	1599	774
宅基地使用权	1	934	153	69
继承权	1500	1665	3807	4638

12-12 涉外及涉台、港、澳公证文书分类(2001 年)

Foreign-related Notarial Documents by Type (2001)

	办证件数 (件)	构　　成 (%)		办证件数 (件)	构　　成 (%)
总　　计	**28744**	**100**	声明书	196	0.7
#收　养	91	0.3	委托书	275	1.0
出　　生	3126	10.9	营业证书	66	0.2
死　　亡	24	0.1	公司章程	14	
生存、居住	80	0.3	职　　称	249	0.9
学　　历	1719	6.0	法人资格	38	0.1
经　　历	1004	3.5	其他法律文书	1006	3.5
婚姻状况	3011	10.5	担　　保	5	
亲属关系	2205	7.7	文本相符	6472	22.5
继承权	47	0.2	签名印鉴属实	1738	6.1
受和未受刑事处分	4756	16.6	其　　他	2121	7.4

12-13 基层法律服务情况(2001 年)

Law Service for Grassroots Units (2001)

	单　位	2001 年		单　位	2001 年
一、机构人员情况			调解纠纷	件	5807
已建基层法律事务所	个	165	协办公证	件	728
基层法律工作者	人	972	见　　证	件	2487
二、全年工作情况			代写法律事务文书	份	10900
担任法律顾问	家	1379	解答法律咨询	人次	64814
代理诉讼事务	件	6300	办理法律援助事务	件	1118
代理非诉讼事务	件	2655	参与行政司法工作	人次	21745

12-14 劳动仲裁受理及处理案件情况(2001年)

Labor Disputes Accepted and Handled by labor Dispute Arbitration Committees (2001)

	单 位	合 计	#国 有 企 业	#城 镇 集体企业	#外商及港澳台投资企业	#私 营 企 业
上期末结案件数	**件**	**44**	**2**	**3**	**5**	**6**
案件受理情况						
案件数	件	1511	350	224	89	265
用人单位申述案件数	件	34	2	7	1	4
劳动者申述案件数	件	1477	348	217	88	261
劳动者当事人人数	人	2827	696	604	191	395
#集体争议劳动者当事人数	人	1302	361	383	103	140
案件处理情况						
结案案件数	件	1526	348	228	89	282
处理方式						
仲裁调解	件	400	70	74	14	82
仲裁裁决	件	706	183	94	56	134
其他方式	件	420	95	60	19	66
处理结果						
用人单位胜诉	件	266	87	36	25	31
劳动者胜诉	件	844	183	139	47	157
双方部分胜诉	件	416	78	53	17	94
不服裁决向法院起诉	**件**	**255**	**115**	**38**	**23**	**14**
本期末结案数	**件**	**29**	**8**	**5**	**4**	
用人单位调解						
受理劳动争议案件数	件	183		18		58
调解成功案件件数	件	144		18		39
其他方式调解案件数	**件**	**168**	**10**	**3**	**17**	**3**

12-15 社会治安及交通、火灾情况

Basic Statistics of law-and-order Situation, Traffic Accidents and Fires

	单 位	1997 年	1998 年	2000 年	2001 年
刑事案件					
立案数	件	24195	24226	62708	63612
破案数	件	18968	18990	28293	16897
破案率	%	78.4	78.4	45.1	22.7
治安案件					
立案数	件	37436	33676	54476	54240
查处数	件	30830	28357	33961	32708
城市交通事故					
交通事故发生数	次	3094	3562	4877	4962
死伤人数	人	2774	3386	5582	14743
#死亡人数	人	570	585	1206	1429
损失折款	万元	1215.24	1086.46	1342.36	3622.63
火 灾					
火灾事故发生数	次	1374	1596	1929	1767
死伤人数	人	84	73	78	78
#死亡人数	人	27	18	30	20
损失折款	万元	935.04	724.28	761.88	662.32

主 要 统 计 指 标 解 释

等级运动员人数 指经考核正式批准授予等级运动员称号的人数。运动员等级分为国际级运动健将、运动健将、一级运动员、二级运动员、三级运动员、少年级运动员。

等级裁判员人数 指经考核正式批准授予等级裁判员称号的人数。裁判员等级分为国际裁判、国家级裁判、一级裁判、二级裁判、三级裁判。

体育场 指有400米跑道（中心含足球场），有固定跑道6条以上，并有固定看台的室外田径场地。以看台容纳观众人数分：甲级25000人以上，乙级15000－25000人，丙级5000－15000人，丁级5000人以下。体育馆指有固定看台，可供篮球、排球、羽毛球、乒乓球、体操等项目训练比赛活动用的室内运动场地。以看台容纳观众人数分：甲级6000人以上，乙级4000－6000人，丙级2000－4000人，丁级2000人以下。

医院 指名称为医院，设有固定床位能收容病人住院并能为病人提供医疗、护理服务的医疗机构。包括县及县以上医院、农村乡卫生院、其他医院三部分。按所属性质分为卫生部门、工业及其他部门，集体经济单位三类。其中县及县以上医院按业务性质分为综合医院和专科医院。

卫生技术人员 指卫生事业机构支付工资的全部固定职工和合同制职工中现任职务为卫生技术工作的专业人员。包括中医师、西医师、中西医结合高级医师、护师、中药师、西药师、检验师、其他技师、中医士、西医士、护士、助产士、中药剂士、西药剂士、检验士、其他技士、其他中医、护理员、中药剂员、西药剂员、检验员，其他初级卫生技术人员。

社会福利事业单位 指集中收养社会孤老、残、幼的机构。包括由民政部门管理的社会福利院、儿童福利院、精神病人福利院和城镇集体办的福利院，以及农村集体举办的敬老院。

律师 指受聘参加法律顾问处工作，担任法律顾问、刑（民）事代理人、刑事辩护人，办理非诉讼事件、解答法律询问，代写法律事务文书等主要从事律师业务的专职法律工作者和兼职律师。

离休、退休、退职人员 指正式办理了离休、退休、退职手续，并享受相应的离休、退休、退职待遇的人员。

保险福利费用 指企业、事业、机关单位在工资以外实际支付给职工和离休、退休、退职人员个人以及用于集体的劳动保险和福利费用。

离休、退休、退职人员保险福利费用包括：①离休金；②退休金；③退职生活费；④医疗卫生费；⑤护理费；⑥生活补贴；⑦交通费补贴；⑧丧葬抚恤救济费；⑨其他。

十三、企业调查

简 要 说 明

主要内容

本部分资料反映成都市企业发展情况,主要包括:企业景气调查、企业集团统计、企业建立现代企业制度跟踪监测统计调查。

资料来源

本部分资料来源于国家统计局成都市企业调查队。

其他需要说明的问题

景气调查资料是在全市企业中采取抽样调查方式取得,企业集团统计和建立现代企业制度跟踪监测统计资料是在全市企业中采取重点调查方式取得。

全市企业景气指数走势

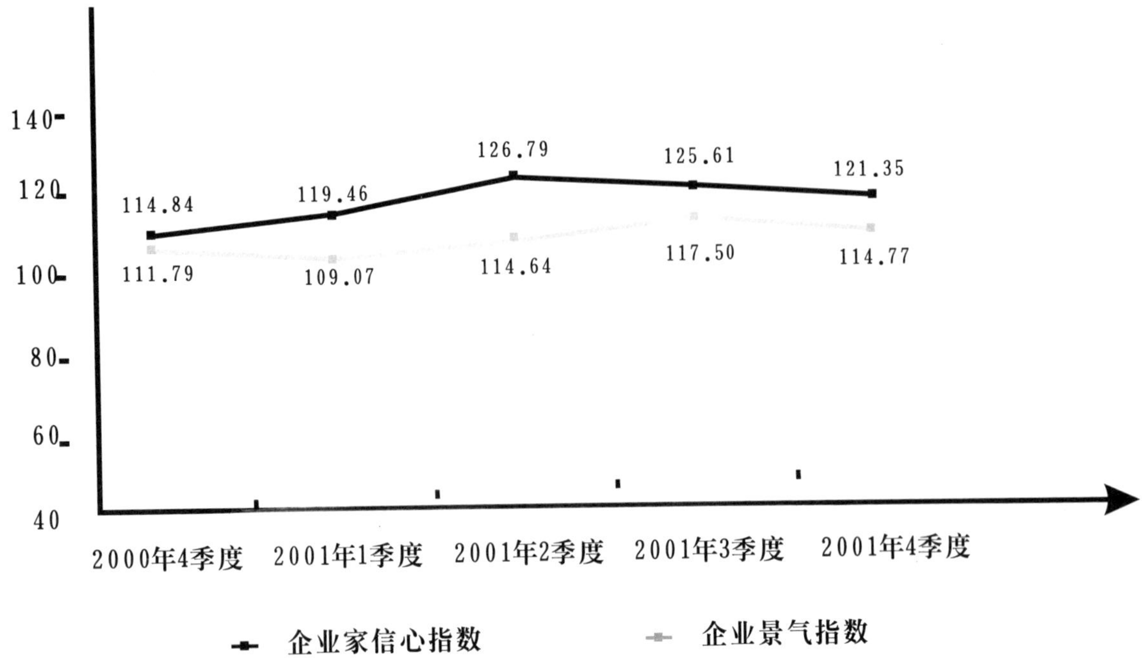

工业企业景气指数走势

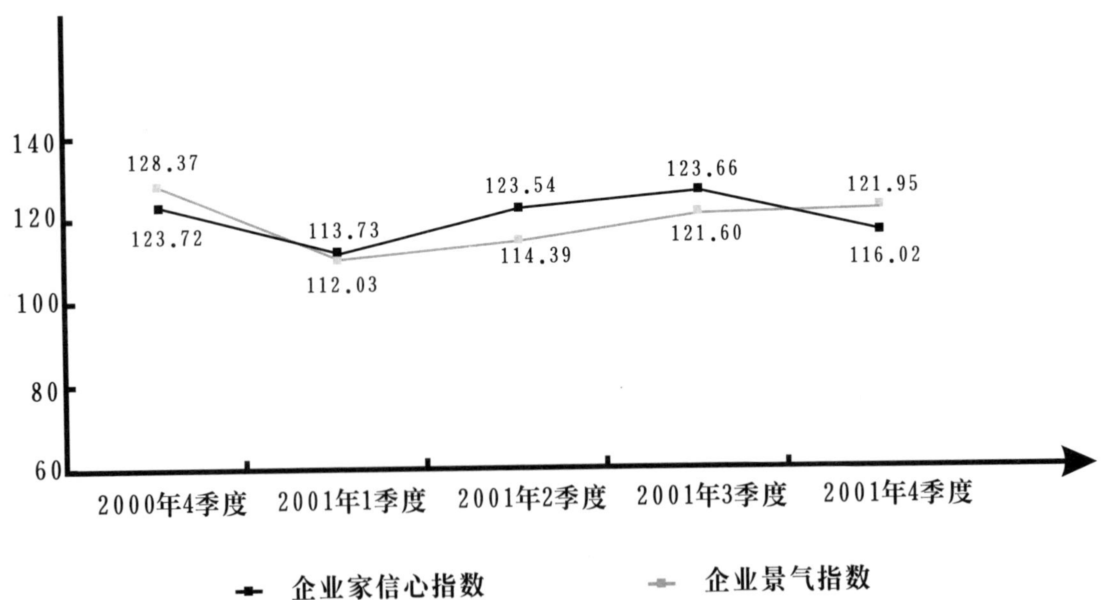

13-1 企业家信心指数(2001年)

Entrepreneur Confidence Index (2001)

	上年四季度(点)	一季度(点)	二季度(点)	三季度(点)	四季度(点)
全市企业家信心指数	**114.84**	**119.46**	**126.79**	**125.61**	**121.35**
按行业类别分					
工　业	123.72	113.73	123.54	123.66	116.02
建筑业	122.25	119.97	128.92	124.71	118.98
交通、仓储及邮电通信业	114.81	126.06	130.77	126.92	126.92
批发和零售贸易、饮食业	67.11	97.53	103.90	110.95	108.43
房地产业	153.89	131.83	148.39	145.16	141.92
社会服务业	119.05	127.66	136.00	125.11	129.28
按登记注册类型分					
国有企业	110.55	112.65	123.56	122.56	116.34
集体企业	96.66	121.04	112.14	115.80	109.92
股份合作企业	146.86	130.75	136.63	124.87	130.75
联营企业	88.89	57.14	85.71	84.92	100.00
有限责任公司	138.82	127.43	135.52	136.13	125.24
股份有限公司	120.92	98.51	113.15	115.73	116.54
私营企业	100.00	125.00	150.00	125.00	125.00
外商及港、澳、台投资企业	126.55	125.07	129.23	124.00	126.85
按企业规模分					
总大型	111.25	112.46	121.08	129.51	123.20
特大型	175.37	111.04	122.46	122.46	110.26
大　型	104.15	113.02	120.54	132.45	128.60
中小型	119.43	119.14	127.73	121.48	117.58
中　型	118.60	117.92	128.90	121.97	120.81
小　型	121.33	121.69	125.30	120.48	110.84
特殊企业群体企业家信心指数					
国家重点联系企业	122.38	111.07	111.07	111.07	111.07
国家试点企业集团成员	73.98	100.00	100.00	200.00	200.00
乡镇企业	135.84	139.13	134.30	142.03	135.23
上市公司	97.93	90.28	96.95	117.73	115.69

13-2 企业景气指数(2001年)

Business Climate Index (2001)

	上年四季度(点)	一季度(点)	二季度(点)	三季度(点)	四季度(点)
全市企业家信心指数	**111.79**	**109.07**	**114.64**	**117.50**	**114.77**
按行业类别分					
工　业	128.37	112.03	114.39	121.60	121.95
建筑业	96.51	89.29	101.33	113.46	120.66
交通、仓储及邮电通信业	66.96	129.91	129.91	122.22	122.22
批发和零售贸易、饮食业	97.22	105.24	112.04	106.63	98.32
房地产业	122.35	120.59	127.05	124.15	114.39
社会服务业	85.19	97.34	105.67	104.35	100.00
按登记注册类型分					
国有企业	98.06	102.94	110.82	111.46	113.63
集体企业	102.78	92.42	97.32	110.09	119.48
股份合作企业	153.19	122.76	103.84	97.95	91.58
联营企业	90.70	141.27	114.29	113.49	114.29
有限责任公司	108.44	120.88	120.67	129.87	117.8
股份有限公司	138.31	101.21	123.62	100.44	97.24
私营企业	100.00	150.00	125.00	150.00	150.00
外商及港、澳、台投资企业	115.68	126.04	129.00	139.76	126.95
按企业规模分					
总大型	117.64	109.68	117.85	119.87	125.69
特大型	60.03	111.04	107.04	118.45	107.04
大　型	124.03	109.15	122.11	120.47	133.47
中小型	98.78	106.25	110.94	114.51	108.66
中　型	101.16	106.94	111.56	118.50	108.72
小　型	93.24	104.82	109.64	106.10	108.54
特殊企业群体企业家信心指数					
国家重点联系企业	134.84	111.07	111.07	111.07	111.07
国家试点企业集团成员	57.32	100.00	100.00	100.00	100.00
乡镇企业	132.71	119.77	134.40	140.89	138.57
上市公司	129.96	96.10	107.75	70.91	63.51

13-3 分行业综合生产经营景气指数(2001 年)

Business Climate Index by Sector (2001)

	上年四季度(点)	一季度(点)	二季度(点)	三季度(点)	四季度(点)
工业企业景气指数	**128.37**	**112.03**	**114.39**	**121.60**	**121.95**
生产成本景气指数	93.98	108.68	119.07	113.53	108.43
生产总量景气指数	125.51	113.30	133.20	128.82	118.95
产品订货景气指数	94.03	85.26	93.99	101.13	95.58
产品销售量景气指数	121.03	144.38	129.92	133.44	125.46
产品销售价格景气指数	96.22	75.29	65.46	66.96	72.90
产成品库存景气指数	97.77	120.21	100.55	109.34	92.83
税后利润景气指数	108.93	116.89	118.56	119.34	110.10
流动资金景气指数	61.59	78.23	99.05	85.90	90.18
货款拖欠景气指数	109.98	102.00	110.31	104.71	92.66
设备利用景气指数	111.21	103.41	107.03	103.50	107.96
用工景气指数	86.13	87.22	96.11	98.92	100.33
固定资产投资景气指数	119.46	106.00	111.86	117.56	108.02
科技开发景气指数	106.98	121.73	83.72	85.79	60.59
主要原材料及能源供应景气指数	95.31	82.84	129.39	70.25	71.85
建筑业企业景气指数	**96.51**	**89.29**	**101.31**	**113.26**	**120.35**
工程合同签订数景气指数	83.65	67.84	78.65	93.86	132.91
建筑产品实物工程量景气指数	90.97	86.39	77.16	110.84	126.92
房屋施工景气指数	98.66	115.78	82.45	128.79	140.25

续表 1

	上年四季度(点)	一季度(点)	二季度(点)	三季度(点)	四季度(点)
房屋竣工景气指数	**90.96**	**96.79**	**59.38**	**117.26**	**123.45**
工程结算收入景气指数	97.33	102.46	71.79	118.85	140.47
建筑材料购进价格景气指数	67.34	67.39	73.12	83.09	98.71
工程结算成本景气指数	80.57	90.89	79.83	78.46	88.23
盈利（亏损）变化景气指数	81.75	112.00	109.03	114.26	123.37
流动资金景气指数	70.77	73.11	65.27	82.06	88.11
货款拖欠景气指数	79.09	85.20	87.78	76.94	81.52
劳动力需求景气指数	66.81	93.56	88.79	107.98	97.87
固定资产投资景气指数	87.00	103.40	87.71	83.96	77.11
交通运输、仓储及邮电通讯业企业景气指数	**66.96**	**122.22**	**129.91**	**122.22**	**122.22**
业务量景气指数	129.63	126.92	126.92	130.77	138.46
业务收入景气指数	129.63	138.46	123.08	122.22	129.91
业务收费价格景气指数	66.96	75.80	87.34	87.34	87.34
营业成本景气指数	37.04	44.55	50.00	47.87	52.84
盈利（亏损）变化景气指数	81.78	99.14	101.12	72.82	101.98
流动资金景气指数	82.08	72.22	99.14	88.46	79.65
货款拖欠景气指数	72.00	94.17	97.94	93.94	103.11
劳动力需求景气指数	48.45	98.02	107.58	103.73	103.73
固定资产投资景气指数	66.96	115.38	89.32	95.29	102.99
批发零售贸易、餐饮业企业景气指数	**97.22**	**105.24**	**112.04**	**106.63**	**98.32**

续表 2

	上年四季度(点)	一季度(点)	二季度(点)	三季度(点)	四季度(点)
商品购进总额景气指数	98.15	111.41	92.01	107.13	86.77
商品购进价格景气指数	116.80	113.28	120.38	113.03	99.90
商品销售总额景气指数	117.52	108.76	99.15	131.12	106.83
#出口商品销售额景气指数	74.73	79.85	105.18	163.57	127.46
商品销售价格景气指数	70.12	65.66	75.87	71.95	82.73
商品库存景气指数	90.93	108.08	67.36	101.43	82.86
经营(营业)费用景气指数	108.98	89.92	123.62	87.36	90.35
盈利（亏损）变化景气指数	65.87	91.24	81.54	97.97	93.77
流动资金景气指数	60.99	66.89	95.20	99.94	90.65
货款拖欠景气指数	113.81	138.58	125.43	138.41	133.26
劳动力需求景气指数	58.43	74.50	98.02	95.09	108.33
固定资产投资景气指数	93.32	98.05	67.77	61.98	65.89
房地产业企业景气指数	**122.35**	**120.59**	**127.05**	**124.15**	**114.39**
土地开发面积景气指数	101.94	94.04	96.62	96.55	89.83
完成投资景气指数	119.26	83.20	100.15	113.21	122.61
新开工面积景气指数		87.85	85.12	94.74	87.5
房屋竣工面积景气指数	99.32	90.48	97.85	103.64	108.93
商品房预售面积景气指数	107.18	97.86	95.04	98.72	107.38
商品房销售面积景气指数	103.08	93.83	93.99	98.72	98.76

续表 3

	上年四季度(点)	一季度(点)	二季度(点)	三季度(点)	四季度(点)
商品房销售价格景气指数	92.85	102.95	86.12	99.98	86.21
空置商品房面积景气指数	157.84	156.91	158.31	150.42	153.02
盈利（亏损）变化景气指数	73.84	97.52	100.97	108.51	84.31
流动资金景气指数	58.32	65.75	94.43	93.48	96.63
货款拖欠景气指数	139.33	143.25	139.26	141.80	126.32
劳动力需求景气指数	87.37	103.10	75.88	103.39	94.97
固定资产投资景气指数	90.72	115.62	85.69	93.21	74.56
社会服务业企业景气指数	**85.19**	**82.73**	**105.67**	**104.35**	**100.00**
业务量景气指数	79.77	115.74	109.84	120.95	133.45
客房出租景气指数	76.92	61.62	93.39	112.44	102.78
旅游客源景气指数	122.73	123.00	101.57	111.27	116.53
业务收费(服务)价格景气指数	77.78	77.91	68.82	86.36	90.48
营业收入景气指数	76.20	129.39	106.94	125.11	137.61
营业成本景气指数	86.91	52.17	60.26	47.83	43.48
盈利（亏损）变化景气指数	72.63	104.39	117.71	119.33	123.50
流动资金景气指数	87.65	88.41	95.45	95.58	90.61
货款拖欠景气指数	126.09	152.38	147.62	129.24	129.24
劳动力需求景气指数	75.75	91.67	80.00	89.47	100.00
固定资产投资景气指数	75.32	89.73	66.55	82.49	86.84

13-4 企业集团概况(2001 年)

Basic Conditions on Enterprise Groups (2001)

	企业集团单位数(个)	#已建立母子公司体制的	#母公司职能为混合经营型的	#集团成员中有上市公司的
合　　计	**65**	**51**	**50**	**12**
按母公司主营行业类别分				
农、林、牧、渔业	1	1	1	
制造业	41	32	33	11
电力、煤气及水的生产和供应业	2	2	2	
建筑业	5	4	4	
批发和零售贸易餐饮业	10	8	7	1
房地产业	6	4	3	
其　它				
按母公司规模划分				
特大型	3	3	3	1
大　型	31	27	23	10
中　型	20	13	18	1
小　型	1	1	1	
其　它	10	7	5	
按母公司登记注册类型分				
国有企业	8	3	7	1
国有独资公司	14	14	11	4
其他有限责任公司	15	14	11	4
股份有限公司	19	16	14	3
港澳台及中外合资企业	1	1	1	
其　他	8	3	6	
按母公司控股情况分				
国有绝对控股	29	23	24	6
国有相对控股	3	3	2	
集体绝对控股	5	3	4	
集体相对控股	3	2	2	
其　他	25	20	18	6

注：企业集团相关资料据成都市企业调查队重点调查跟踪监察资料整理。

13-5 企业集团主要财务指标

Main Financial Indicators of Enterprise Groups

	单 位	2000 年	2001 年	2001 年比 2000 年±%
企业集团数	个	65	65	
#亏损企业集团数	个	12	16	33.33
营业收入	万元	3917856	4389321	12.03
#主营业务收入	万元	3804561	4310899	13.31
#出口额	万元	97088	155982	60.66
主营业务成本	万元	3014687	3435374	13.95
主营业务税金及附加	万元	71938	69436	–3.48
新产品销售收入	万元	218744	469347	114.56
存货跌价损失及“三费”合计	万元	650172	830389	27.72
投资收益	万元	17867	20885	16.89
利税总额	万元	162492	178760	10.01
#利润总额	万元	230463	251956	9.33
#亏损集团亏损额	万元	22659	28824	27.21
应交所得税	万元	43685	44169	1.11
应交增值税	万元	67971	73196	7.69
年末资产总计	万元	5764444	7093188	23.05
固定资产原价	万元	2131308	2360261	10.74
#累计折旧	万元	776484	864973	11.4
#本年折旧	万元	97875	171935	75.67
累计对外投资	万元	439334	732252	66.67
#本年对外投资	万元	99008	261115	163.73
存 货	万元	936139	1055651	12.77
流动资产年平均余额	万元	3201496	3806490	18.9
年末负债合计	万元	3492737	4292539	22.9
#流动负债	万元	2917238	3519649	20.65
少数股东权益	万元	177508	307496	73.23
股东(所有者)权益合计	万元	2094199	2493153	19.05
#股本(实收资本)	万元	995022	1072998	7.84
固定资产投资完成额	万元	296139	334361	12.91
研究开发费用	万元	46940	35972	–23.37

注：“三费”指企业生产经营中发生的营业费、管理费、财务费。

13-6 企业集团主要业务指标

Main Business Indicators of Enterprise Groups

	单　位	2000 年	2001 年	2001 年比 2000 年±%
农、林、牧、渔业企业总产值	万元	21165	20459	−3.34
制造业企业总产值	万元	1634885	1879594	14.97
电、气及水生产和供应业企业总产值	万元	32512	32523	0.03
建筑业企业总产值	万元	1359996	1376298	1.2
交通运输业企业客运量	万人	4010	4475	11.6
批零贸易餐饮业企业商品销售总额	万元	710796	715288	0.63
外贸企业进出口总额	万美元	10685	8468	−20.75
#出口额	万美元	18651	17215	−7.7

13-7 企业集团从业人员和劳动报酬

Employees and Remuneration Payment of Enterprise Groups

	单　位	2000 年	2001 年	2001 年比 2000 年±%
从业人员年末数	**人**	**270674**	**262339**	**−3.08**
#在岗职工	人	206249	185113	−10.25
其他从业人员	人	64425	77226	19.87
#研究开发人员	人	9608	6450	−32.87
从业人员劳动报酬总额	**万元**	**300465**	**309570**	**3.03**
#在岗职工	万元	232038	232128	0.04
其他从业人员	万元	68427	77442	13.17
#研究开发人员	万元	7209	10042	39.3
从业人员人均劳动报酬	**元**	**11101**	**11800**	**6.3**
#在岗职工	元	11250	12540	11.47
其他从业人员	元	10621	10028	−5.58
#研究开发人员	元	7503	15569	107.5

13-8　企业集团主要经济效益指标

Main Indicators on Economic Benefit of Enterprise Groups

	单　位	2000 年	2001 年	2001 年比 2000 年±（百分点）
资产负债率	%	60.59	60.52	–0.07
劳动生产率	百元/人	1447	1673	15.62
营业收入利润率	%	4.15	4.07	–0.07
成本费用利润率	%	4.43	4.19	–0.24
资产利税率	%	5.25	4.53	–0.71
总资产使用率	%	66	60.78	–5.23
流动资产比率	%	55.54	53.66	–1.87
研究开发费用与主营业务比率		1.23	0.83	–0.4
资金利润率	%	3.57	3.37	–0.19
净资产收益率	%	5.67	5.4	–0.27
总资产报酬率	%	3.86	3.44	–0.42

注：劳动生产力根据企业集团营业收入和年末从业人员计算，该指标 2001 年比 2000 年为增长百分比。

13-9 部分大中型工业改制企业主要经济指标

Main Indicators of Part Large-scale and Medium-scale Enterprise Groups with Its System Reformed

单位：万元

	2001 年末企业数(户)	2001 年末从业人员(人)	年末资产总计		固定资产原价	
			2000 年	2001 年	2000 年	2001 年
总　计	**61**	**81540**	**1958362**	**2174421**	**896001**	**979954**
按主营行业分						
#制造业	61	81514	1924985	2143907	883301	966834
电气水的生产和供应业	1	26	33377	30514	12700	13120
按控股情况分						
国有绝对控股	13	33623	797780	864953	345571	368713
国有相对控股	11	15761	403900	451123	209439	210098
集体绝对控股	8	8518	222343	216319	97791	105113
集体相对控股	2	836	33529	30065	12463	10704
其　他	27	22802	500810	611961	230737	285326
按企业规模分						
特大型	1	3116	100836	124317	53450	61044
大　型	32	63142	1472852	1657662	673714	744521
中　型	27	15030	383545	391364	168796	174343
小　型	1	252	1129	1078	41	46
按登记注册类型分						
国有独资公司	1	10676	254984	289205	101322	129520
其他有限责任公司	30	30008	702060	782652	317803	360278
股份有限公司	25	35685	805058	899269	392009	407456
中外合资企业	2	2295	128850	135095	42397	41990
其　它	3	2876	67410	68200	42470	40710

注：部分大中型工业改制企业资料根据成都市企业调查队重点调查跟踪监测资料整理。

续表 1

单位：万元

	累计折旧		累计对外投资		流动资产年平均余额		年末负债合计	
	2000 年	2001 年	2000 年	2001 年	2000 年	2001 年	2000 年	2001 年
总　　计	**341616**	**369596**	**194577**	**228075**	**902895**	**1003094**	**1264202**	**1396962**
按主营行业分								
#制造业	336866	363836	180759	215105	892987	992898	1241954	1377645
电气水的生产和供应业	4750	5760	13818	12970	9908	10196	22248	19317
按控股情况分								
国有绝对控股	154383	163888	170875	87912	360758	391742	553681	576757
国有相对控股	78173	86877	29323	28572	178654	220589	279745	308114
集体绝对控股	26480	29407	12393	14244	93607	96133	143274	137072
集体相对控股	3299	2772			15073	15047	17683	16973
其　他	79281	86652	81986	97347	254803	279583	358046	358046
按企业规模分								
特大型	11717	15984			50632	62946	27398	40943
大　型	273816	293058	172535	204551	684458	752811	1000415	1114809
中　型	56066	60537	22042	23524	167217	186783	235800	240669
小　型	17	17					589	541
按登记注册类型分								
国有独资公司	39633	41878	16363	17800	117798	132292	197582	186278
其他有限责任公司	99472	119015	23964	17403	304553	351286	502478	572476
股份有限公司	166978	171234	114937	140488	393618	434213	494661	562436
中外合资企业	22720	24938	39313	52384	54441	53849	24976	34340
其　它	12813	12531			32485	31454	44505	41432

续表 2

单位：万元

	流动负债		年末股东权益合计		股本（实收资本）	
	2000 年	2001 年	2000 年	2001 年	2000 年	2001 年
总计	**940992**	**1146650**	**694160**	**777459**	**467184**	**528193**
按主营行业分						
#制造业	932970	1138176	383031	766262	457536	518545
电气水的生产和供应业	8022	8474	11129	11197	9648	9648
按控股情况分						
国有绝对控股	417103	483410	244099	288196	149871	188978
国有相对控股	192252	244273	124155	143009	120808	129907
集体绝对控股	101602	95792	79069	79247	44712	51862
集体相对控股	15823	15283	15846	13092	9305	9305
其他	214212	307892	230991	253915	142488	148141
按企业规模分						
特大型	25848	40393	73438	83374	38238	46528
大型	743478	912840	472437	542853	330681	379127
中型	171521	193275	147745	150695	97966	102238
小型	145	142	540	537	300	300
按登记注册类型分						
国有独资公司	159964	161621	57402	102927	21502	64925
其他有限责任公司	355160	456035	199582	210176	142505	160099
股份有限公司	360811	459645	310397	336833	244346	247697
中外合资企业	24976	32921	103874	100755	45989	45989
其它	40081	36428	22905	26768	12842	9483

续表 3

单位：万元

	营业收入		主营业务成本		主营业务税金及附加		新产品销售收入额	
	2000 年	2001 年	2000 年	2001 年	2000 年	2001 年	2000 年	2001 年
总　计	**1224631**	**1307557**	**904801**	**959046**	**16215**	**13230**	**140104**	**183026**
按主营行业分								
#制造业	1209430	1293410	894992	951265	15027	12206	140104	183026
电气水的生产和供应业	15201	14147	9809	7781	1188	1024		
按控股情况分								
国有绝对控股	299048	299658	238467	241251	1013	920	38735	35170
国有相对控股	291541	282821	207458	189234	9973	7537	15712	20950
集体绝对控股	152413	137937	119175	97105	2887	1607	9079	8957
集体相对控股	10398	10028	7074	6568	68	60		
其　他	471231	577113	332627	424888	2274	3106	76578	117948
按企业规模分								
特大型	286987	389482	212883	296273			61837	107462
大　型	721920	716819	526202	504038	13065	10285	73385	70064
中　型	215273	210685	165266	158165	3146	2941	4882	5500
小　型	451	571	450	570	4	4		
按登记注册类型分								
国有独资公司	58708	61429	42083	46254	205	210	11449	10435
其他有限责任公司	610261	705239	468442	547285	3940	2983	86857	129897
股份有限公司	482493	480109	352057	331402	11642	9856	36453	37882
中外合资企业	36615	30864	27416	21573			845	2312
其　它	36554	29916	14803	12532	428	181	4500	2500

续表 4

单位：万元

	利润总额		应交所得税		应缴增值税		研究开发费用	
	2000 年	2001 年	2000 年	2001 年	2000 年	2001 年	2000 年	2001 年
总　计	**62364**	**73362**	**12740**	**17474**	**38780**	**34597**	**12624**	**25691**
按主营行业分								
#制造业	61249	72235	12551	17305	37130	33067	12624	25691
电气水的生产和供应业	1115	1127	189	169	1650	1530		
按控股情况分								
国有绝对控股	–367	9180	1212	1713	7484	5076	8193	6578
国有相对控股	23159	25989	3996	5365	15377	13025	1687	14753
集体绝对控股	6558	6694	1821	2030	6116	4761	152	1070
集体相对控股	269	39	102	40	546	856		
其　他	32745	31460	5609	8326	9257	10879	2592	3290
按企业规模分								
特大型	13795	18136	3697	5985			528	685
大　型	38245	48786	7529	10212	31139	26408	10729	23845
中　型	10352	6465	1514	1277	7610	8159	1367	1161
小　型	–28	–25			31	30		
按登记注册类型分								
国有独资公司	–3021	66	2	2	228	946	3049	2597
其他有限责任公司	23312	20787	5803	8350	11107	7295	5009	4575
股份有限公司	36320	37680	6170	8682	22132	22055	2604	17175
中外合资企业	4360	12059	318	184	2212	1572	1080	651
其　它	1393	2770	447	256	3101	2729	882	693

13-10 部分大中型工业改制企业主要经济效益指标

Main Indicators on Economic Benefit of Part Large–scale and Medium–scale Enterprise Groups with Its System Reformed

单位：%

	资产负债率		劳动生产率		营业收入利润率	
	2000 年	2001 年	2000 年	2001 年	2000 年	2001 年
总　计	**64.55**	**64.25**	**1467**	**1604**	**5.09**	**5.61**
按主营行业分						
#制造业	64.52	64.26	1449	1587	5.06	5.58
电气水的生产和供应业	66.66	63.3	58465	54412	7.34	7.97
按控股情况分						
国有绝对控股	69.4	66.68	858	891	–0.12	3.06
国有相对控股	69.26	68.3	1722	1794	7.94	9.19
集体绝对控股	64.44	63.37	1736	1619	4.3	4.85
集体相对控股	52.74	56.45	1017	1200	2.59	0.39
其　他	53.88	58.51	2150	2531	6.95	5.45
按企业规模分						
特大型	27.17	32.93	11339	12178	4.81	4.78
大　型	67.92	67.25	1110	1135	5.3	6.81
中　型	61.48	61.49	1374	1402	4.81	3.07
小　型	52.17	50.19	182	227	–6.21	–4.38
按登记注册类型分						
国有独资公司	77.49	64.41	566	575	–5.15	0.11
其他有限责任公司	71.57	73.15	2081	2350	3.82	2.95
股份有限公司	61.44	62.54	1262	1345	7.53	7.85
中外合资企业	19.38	25.42	1561	1345	11.91	39.07
其　它	66.02	60.75	1137	1040	3.81	9.26

注：劳动生产率根据企业营业收入和年末从业人员计算，其计算单位为百元/人。

续表 1

单位：%

	成本费用利润率		资产利税率		总资产使用率		流动资产比率	
	2000 年	2001 年	2000 年	2001 年	2000 年	2001 年	2000 年	2001 年
总　计	**5.68**	**6.27**	**5.99**	**5.57**	**59.51**	**57.39**	**46.1**	**46.13**
按主营行业分								
#制造业	5.64	6.22	5.89	5.48	59.76	57.55	46.39	46.31
电气水的生产和供应业	9.69	11.95	11.84	12.06	44.94	45.7	29.69	33.41
按控股情况分								
国有绝对控股	-0.12	3.01	1.02	1.75	36.67	34.21	45.22	45.29
国有相对控股	9.25	10.97	12.01	10.32	69.37	60.31	44.23	48.9
集体绝对控股	4.72	5.61	7	6.04	67.87	61.99	42.1	44.44
集体相对控股	2.99	0.44	2.63	3.18	29.65	31.71	44.96	50.05
其　他	8.19	6.3	8.84	7.43	86.23	87.62	50.88	45.69
按企业规模分								
特大型	5.71	5.54	13.68	14.59	250.22	275.62	50.21	50.63
大　型	5.85	7.55	5.6	5.16	47.73	42.08	46.47	45.41
中　型	5.13	3.31	5.5	4.49	54.68	52.91	43.6	47.73
小　型	-4.78	-3.52	0.62	0.83	39.95	52.97	52.08	51.39
按登记注册类型分								
国有独资公司	-5.24	0.1	-1.01	0.42	21.77	20.56	46.2	45.74
其他有限责任公司	4.21	3.26	5.46	3.97	81.4	85.09	43.88	44.88
股份有限公司	8.52	9.03	8.71	7.74	57.91	51.43	48.89	48.29
中外合资企业	11.35	35.43	5.1	10.09	27.84	22.41	42.25	39.86
其　它	6.52	15.05	7.3	8.33	54.00	43.57	48.19	46.12

续表 2

单位：%

	长期负债与资产总计比率		资金利润率		净资产收益率		总资产报酬率	
	2000 年	2001 年	2000 年	2001 年	2000 年	2001 年	2000 年	2001 年
总　计	**16.5**	**11.51**	**4.28**	**4.55**	**7.15**	**7.19**	**4.89**	**4.88**
按主营行业分								
#制造业	16.05	11.17	4.26	4.53	7.13	7.17	4.87	4.89
电气水的生产和供应业	42.62	35.53	6.24	6.42	8.32	8.56	5.83	4.74
按控股情况分								
国有绝对控股	17.12	10.79	–0.07	1.54	–0.65	2.59	1.69	2.49
国有相对控股	21.66	14.15	7.47	7.56	15.43	14.42	7.31	7.32
集体绝对控股	18.74	19.08	3.98	3.9	5.99	5.89	5.27	5.09
集体相对控股	5.55	5.62	1.11	0.17	1.05	–0.01	2.47	2.39
其　他	11.1	8.2	8.06	6.58	11.75	9.11	8.02	6.52
按企业规模分								
特大型	1.54	0.44	14.94	16.79	13.75	14.57	14.61	15.1
大　型	17.44	12.18	3.53	4.05	6.5	7.11	4.35	4.52
中　型	16.76	12.11	3.7	2.15	5.98	3.44	4.42	3.18
小　型	39.33	37.01	–4.58	–4.29	–5.19	–4.66	–2.48	–2.32
按登记注册类型分								
国有独资公司	14.75	8.53	–1.68	0.03	–5.27	0.06	0.9	1.65
其他有限责任公司	20.98	14.88	4.46	3.51	8.77	5.92	5.19	4.14
股份有限公司	16.63	11.43	5.87	5.62	9.71	8.61	6.18	5.87
中外合资企业		1.05	5.88	17.01	3.89	11.79	4.04	9.54
其　它	6.56	7.34	2.24	4.65	9.39	2.4	5.26	4.13

主 要 统 计 指 标 解 释

景气指数 又称景气度，它是对企业景气调查中的定性指标通过定量方法加以汇总，综合反映某一特定调查群体或某一社会经济现象所处的状态或发展趋势的一种指标。企业的景气指数是根据调查企业中，选择“好”或“上升”或“乐观”的企业与选择“差”或“下降”或“不乐观”的企业的所占份额(一般以主营业务收入对比重加权，下同)之差来计算的，统一用纯正数形式表示，以100作为景气指数的临界值，其数值范围在0—200之间；当景气指数大于100时，表明经济状况趋于上升或改善，处于景气状态；当景气指数小于100时，表明经济状况趋于下降或恶化，处于不景气状态。其具体计算方法为：(选择“好”的企业份额—选择“差”的企业份额)×100+100。

景气指数的种类 企业景气调查的景气指数共分为两类：综合景气指数和个体景气指数。综合景气指数指用以综合反映调查总体所处的状态和未来发展变化趋势的景气指数。包括企业家信心指数。也称宏观经济景气指数，它是根据企业家对当前宏观经济运行态势的判断而对未来发展变化的预期（通常是指对“乐观”“一般”、“不乐观”的选择）而编制的景气指数，用以综合反映企业家对宏观经济的看法和信心。企业景气指数。也称为企业综合生产经营景气指数，它是根据企业家对当前企业生产经营状况所做出的判断和对未来发展变化的预期（通常是指对“良好”、“一般”、“不佳”的选择）而编制的景气指数，用以综合反映企业生产经营现状和未来发展变化趋势。个体景气指数。也称为单位景气指数，是反映调查总体的某一方面（或某一单项）所处的状态和未来发展变化趋势的景气指数。企业调查的个体景气指数包括企业生产经营的各个方面的景气指数，包括：生产景气指数、产品定货景气指数、劳动力需求景气指数、税后利润景气指数、产品销售景气指数、生产成本景气指数。

企业集团 是指以资本为主要纽带的母子公司为主体，以集团章程为共同行为规范的母公司、子公司、参股公司及其他成员企业或机构共同组成的具有一定规模的企业法人联合体。企业集团不具有企业法人资格。企业集团由母公司、子公司、参股公司以及其他成员单位组建而成。事业单位法人、社会团体法人也可以成为企业集团成员。企业集团具有以下特征：①多元的组织。企业集团不是公司那样单一的法人经济实体，它是以资本为联结纽带的多法人的联合体，本身不是企业法人，而成员单位都是独立的法人。②较大的规模。企业集团不仅是母公司的规模大，集团整体规模也很大。我国的企业集团由于原有基础较差，生产集约程度低，规模偏小，实力不强，按登记的条件，企业集团的母公司需拥有5家控股子公司，注册资本总和在1亿元以上即可申请组建企业集团。③分层次的结构。企业集团一般由4个层次的企业组成，它以一个母公司为核心，依据其与其他成员企业的不同的产权关系和生产技术、经营服务等方面的联系，可分成由全资、控股子公司组成的控股层，由有参股关系的公司组成的参股层，由较多的固定协作联系的企业组成的协作层。④多样化的经营。企业集团为了提高对市场的应变能力，减少经营风险，往往不是生产一种或一类产品，而是在不同行业、不同领域内开展多样化的经营。⑤多种功能。企业集团不仅具有生产产品的能力，还有强大的研究开发的能力，有自己的研究机构和技术开发中心，不断进行技术创新，不断发展和推出市场需求的新产品；企业集团有完善的销售服务网络，有很强的市场开拓、参加国内外市场竞争的能力；企业集团还有投融资功能，拥有集团的投资中心和融资中心。

集团公司 是企业集团中起主导作用的核心企业。它通过投资和生产经营协作等多种联结纽带，决定和影响着集团内的其他成员企业。在企业集团母子公司体制中，集团公司是母公司，是居于控制地位的控股公司。集团公司对外代表集团。

企业集团子公司 是集团母公司对其拥有全部股权或控股权的企业法人。

企业集团参股、协作企业 是集团母公司对其参股或与母子公司形成生产经营协作关系的企业法人、事业单位法人或者社会团体法人。

企业集团主营行业 指本企业集团生产经营活动的主要行业性质。企业集团往往从事多种生产经营活动，一般应根据集团内获得营业收入份额最大的三项产品或活动确定其主要行业性质。主营行业类别：从事多种经营的企业集团确定其主营行业类别时，要将各母子公司（单位）主营业务收入按行业小类分别汇总后，把主营业务收入合计最大的行业小类确定为企业集团的主营行业小类。

现代企业制度 一般是指适应社会化大生产和现代市场经济要求的，产权明晰、权责分明、政企分开和管理科学的一整套企业制度，具体说，主要是指现代公司法人制度，它有如下基本特征：一是企业拥有法人财产权，是独立的法人；二是企业资产所有权明晰，出资者权责明确，负有限责任；三是政企明确分开；四是企业领导体制和组织管理制度科学化。

公司制的概念及分类 公司（在英美称公司为 company 或 corporation,日本称为会社）是指由于若干自然人或法人自愿组合而成的一种企业组织形式。公司制是企业制度中的一种，即公司法人制度。与独资企业和合伙企业不同，公司是依法定程序设立，以营利为目的的具有法人资格的企业，它有自己独立的财产，可以而且必须独立承担经济责任，同时享有相应的民事权利。我国公司是指依照《中华人民共和国公司法》在中国境内设立的有限责任公司和股份有限公司。世界多数国家的公司法，根据股东和公司责任的不同，一般把公司分为四种：无限责任公司、有限责任公司、股份有限公司、两合公司。

有限责任公司 是指根据《中华人民共和国公司登记管理条例》规定登记注册，由两个以上，五十个以下的股东共同出资，每个股东以其所认缴的出资额对公司承担有限责任，公司以其全部资产对其债务承担责任的经济组织。

国有独资公司 是指国家授权的投资机构或者国家授权的部门单独投资设立的有限责任公司。

股份有限公司 是指根据《中华人民共和国公司登记管理条例》规定登记注册，其全部注册资本由等额股份构成并通过发行股票筹集资本，股东以其认购的股份对公司承担有限责任，公司以其全部资产对其债务承担责任的经济组织。

十四、区(市)县

简 要 说 明

主要内容

本部份资料反映成都市各区(市)县社会、经济发展的基本情况，主要包括:土地、人口、国内生产总值、农业、工业、交通运输邮电、固定资产投资、社会消费品零售总额、财政金融、税收情况等主要社会经济情况。

资料来源

全市资料来源于成都市统计局和市级有关主管部门。

区(市)县资料，主要来源于各区(市)县统计局，部份资料来源于市级相关主管部门。

其他需要说明的问题

历史资料按现行行政区划口径计算。

财政指标按分级核算口径计算，金融指标按金融业务统计口径计算，其余各项指标均按辖区口径计算。

因本章部分指标未列锦江、青羊、金牛、武侯、成华五区及高新区统计数，故分项之和不等于全市合计。

2001年全市主要指标构成(%)

土地面积

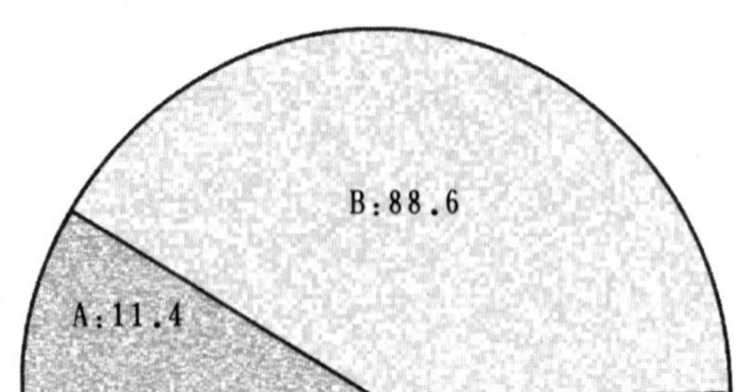

年末总人口

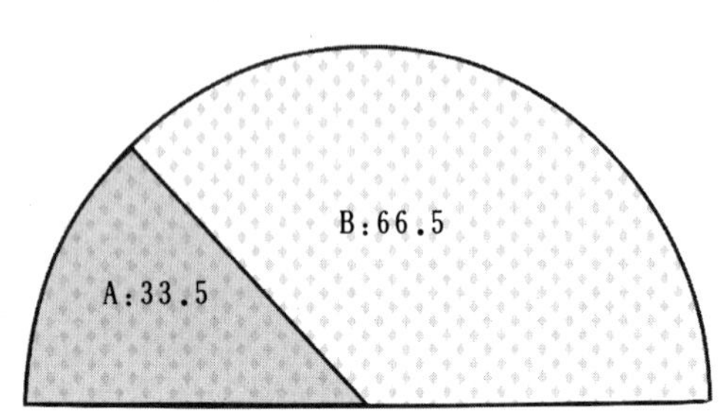

国内生产总值

A:52.1　B:47.9

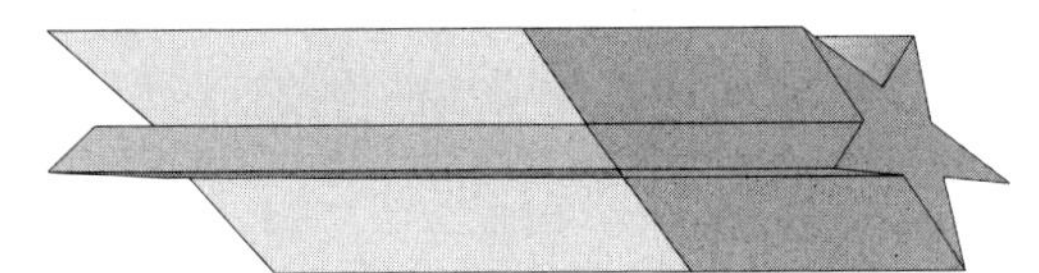

全社会固定资产投资

A:66.2　B:33.8

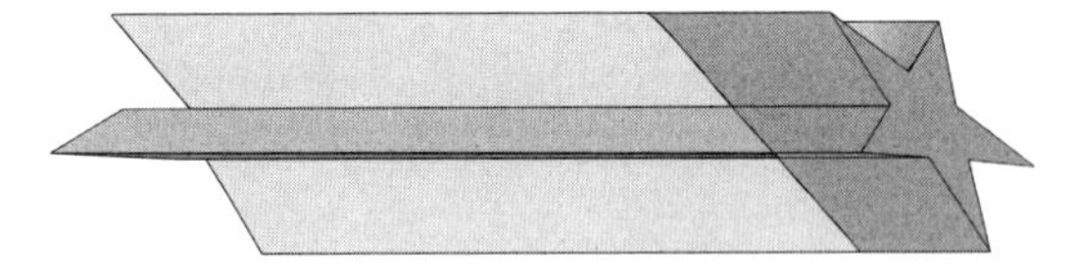

社会消费品零售总额

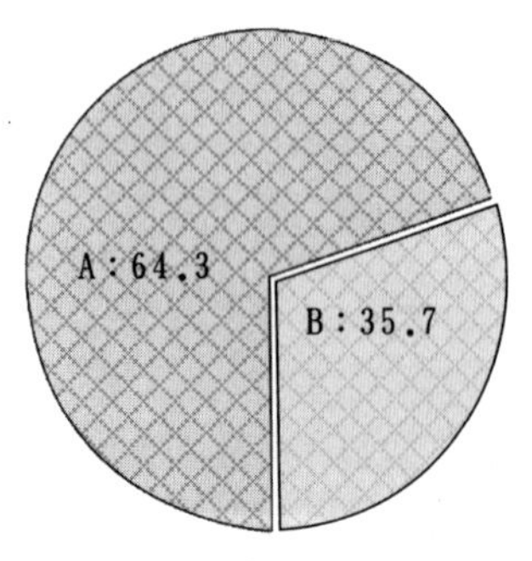

地方财政预算内收入

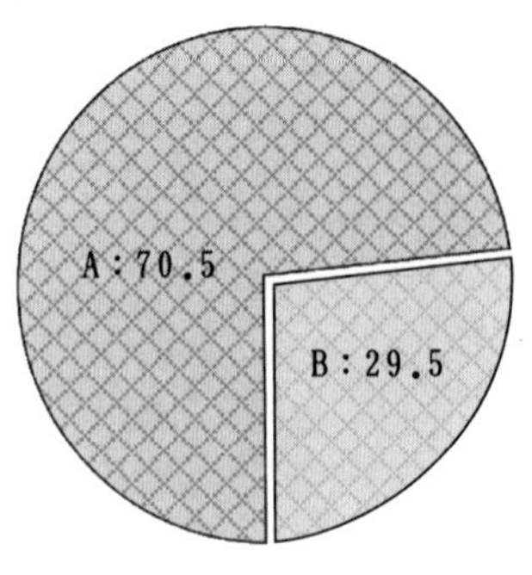

A:市区合计　B:县(市)合计

14-1 区(市)县土地面积、户数和人口数(2001 年末)

Land Area, Household and Population in Districts, Cities at County Level and Counties (2001 year-end)

	土地面积 (平方公里)	总户数 (户)	总人口 (人)	平均每户人口 (人)	人口密度 (人/平方公里)
全　　市	**12390**	**3206310**	**10198981**	**3.2**	**823**
#锦 江 区	62	129337	389848	3.0	6288
青 羊 区	68	158414	458670	2.9	6745
金 牛 区	108	191408	580970	3.0	5379
武 侯 区	78	177954	548258	3.1	7029
成 华 区	111	179124	544339	3.0	4904
龙泉驿区	555	162213	491964	3.0	886
青白江区	392	122376	401136	3.3	1023
金 堂 县	1155	261582	843833	3.2	731
双 流 县	1067	262101	866681	3.3	812
温 江 县	277	98738	306591	3.1	1107
郫　　县	437	152390	475835	3.1	1089
新 都 县	481	197731	597557	3.0	1242
大 邑 县	1548	142798	496092	3.5	320
蒲 江 县	580	79975	256339	3.2	442
新 津 县	332	91831	289955	3.2	873
都江堰市	1208	183223	594605	3.2	492
彭 州 市	1420	241233	772608	3.2	544
邛 崃 市	1377	182568	638638	3.5	464
崇 州 市	1090	191314	645062	3.4	592

14-2 历年区（市）县

Total Population in Districts, Cities at County Level

年份	全　市	锦江区	青羊区	金牛区	武侯区	成华区	龙泉驿区	青白江区	金堂县
1949	50132						2102	1704	4431
1952	51196						2169	1801	4768
1957	59419						2047	2009	5212
1962	55134						2022	2158	4966
1965	60938						2268	2387	5412
1970	69521						2716	2850	6287
1975	78197						3186	3302	7163
1978	80606						3363	3449	7424
1979	81581						3369	3470	7470
1980	82254						3403	3488	7487
1981	83341						3455	3517	7540
1982	84325						3497	3545	7593
1983	84885						3508	3558	7609
1984	85400						3511	3563	7605
1985	86268						3535	3585	7652
1986	87473						3577	3627	7711
1987	88730						3625	3668	7790
1988	89857						3695	3665	7868
1989	90859						3697	3722	7951
1990	91950	3953	4438	4336	3486	4389	3729	3749	8053
1991	92773	3958	4474	4404	3563	4461	3779	3779	8108
1992	93686	3983	4498	4518	3664	4527	3837	3800	8142
1993	94730	4014	4561	4620	3786	4616	3915	3822	8173
1994	96039	4041	4608	4717	3917	4726	4291	3748	8189
1995	97160	4032	4665	4827	4057	4823	4505	3877	8226
1996	98074	3939	4581	5016	3640	4993	4586	3909	8263
1997	98919	3927	4578	5136	3779	5068	4655	3934	8295
1998	99700	3928	4595	5245	3872	5117	4731	3953	8331
1999	100356	3886	4593	5414	3951	5222	4792	3966	8373
2000	100335	3810	4568	5650	4079	5338	4848	4002	8446
2001	101990	3898	4587	5810	5483	5443	4920	4011	8438

年 末 总 人 口

and Counties by Year (Year-end)

单位：百人

双流县	温江县	郫　县	新都县	大邑县	蒲江县	新津县	都江堰市	彭州市	邛崃市	崇州市
6727	1454	2553	2920	3008	1233	1566	3044	4089	3795	4061
5938	1550	2642	3093	3096	1316	1703	3173	4378	4003	4220
5716	1678	2815	3415	3467	1496	1874	3509	4968	4528	4475
4498	1485	2461	3144	2809	1346	1618	3177	4664	3771	4032
5043	1656	2737	3495	3163	1521	1800	3650	5172	4089	4318
5800	1990	3245	4093	3718	1848	2111	4234	6024	4832	5055
7308	2256	3704	4597	4289	2177	2432	4666	6603	5592	5537
7443	2331	3803	4733	4366	2238	2488	4761	6753	5752	5634
7552	2350	3840	4753	4375	2248	2500	4798	6781	5764	5662
7617	2370	3869	4786	4391	2259	2524	4817	6817	5781	5705
7751	2398	3916	4850	4437	2287	2556	4868	6884	5827	5752
7837	2441	3943	4904	4480	2308	2576	4919	6950	5852	5796
7863	2458	3955	4934	4494	2313	2584	4949	6968	5879	5823
7899	2467	3959	4954	4497	2323	2591	4989	6977	5895	5847
7952	2499	3992	4988	4515	2354	2612	5044	7026	5914	5888
8071	2498	3995	5050	4562	2389	2639	5109	7120	5962	5942
8190	2520	4034	5125	4616	2412	2668	5191	7218	6019	6003
8301	2555	4070	5248	4652	2430	2691	5271	7271	6067	6067
8451	2591	4110	5290	4694	2437	2711	5326	7322	6110	6141
8494	2650	4212	5323	4737	2454	2728	5429	7381	6188	6221
8554	2685	4245	5388	4762	2463	2743	5492	7427	6223	6264
8618	2755	4271	5460	4794	2472	2766	5545	7469	6273	6294
8693	2848	4312	5541	4813	2478	2784	5602	7517	6298	6335
8730	2897	4355	5642	4837	2492	2797	5682	7559	6330	6381
8790	2933	4412	5716	4861	2522	2819	5728	7592	6362	6413
8401	2977	4475	5782	4883	2533	2838	5773	7607	6382	6448
8457	3008	4557	5829	4910	2537	2851	5804	7619	6402	6458
8518	3039	4627	5874	4924	2545	2865	5849	7652	6410	6468
8543	3052	4662	5893	4931	2550	2882	5874	7691	6409	6467
8616	3056	4709	5959	5002	2563	2895	5944	7740	6398	6462
8667	3066	4758	5976	4961	2563	2900	5946	7726	6386	6451

14-3 历年区（市）县

Non-agricultural Population in Districts,

年份	全　市	锦江区	青羊区	金牛区	武侯区	成华区	龙泉驿区	青白江区	金堂县
1949	10169						144	134	266
1952	9423						109	136	195
1957	13839						119	167	380
1962	14871						95	294	323
1965	16318						146	327	338
1970	16512						134	412	668
1975	17094						183	495	405
1978	17946						207	546	453
1979	18782						215	551	464
1980	19204						219	556	472
1981	19774						226	561	477
1982	20374						231	578	500
1983	20886						240	591	516
1984	22550						357	675	595
1985	23493						428	697	621
1986	22725						285	630	556
1987	23321						301	649	567
1988	24016						313	666	582
1989	24534						322	686	591
1990	25099	3406	3833	3230	2376	3260	328	699	599
1991	25604	3411	3866	3296	2452	3326	357	717	611
1992	26674	3430	3885	3416	2570	3393	400	739	720
1993	27614	3459	3943	3524	2720	3485	432	756	742
1994	29098	3491	3985	3670	2915	3601	886	779	808
1995	30086	3477	4035	3783	3052	3716	1091	804	846
1996	31015	3382	3974	3986	2845	3879	1157	838	878
1997	31850	3366	3969	4103	2986	3948	1216	860	908
1998	32729	3362	4010	4223	3113	4054	1279	883	927
1999	33615	3341	4087	4451	3217	4188	1328	901	958
2000	34590	3291	4089	4693	3387	4298	1378	917	997
2001	35478	3403	4115	4851	4240	4399	1464	939	1012

年末非农业人口

Cities at County Level and Counties by Year

单位：百人

双流县	温江县	郫　县	新都县	大邑县	蒲江县	新津县	都江堰市	彭州市	邛崃市	崇州市
380	166	368	595	102	106	282	412	482	349	289
336	182	336	463	173	86	213	419	542	369	338
411	205	363	401	280	75	251	526	554	329	427
355	210	325	344	282	91	227	640	573	282	416
447	231	317	367	304	102	230	840	632	365	382
369	240	293	358	330	104	241	864	671	348	386
580	254	327	380	354	125	248	864	752	403	397
604	287	349	404	366	135	258	876	782	404	432
638	303	375	429	377	139	270	914	802	427	446
653	310	391	451	392	141	285	919	815	435	466
705	320	414	489	418	150	298	949	835	465	493
732	342	415	509	441	159	319	982	855	479	506
754	360	441	528	456	163	328	1009	872	497	531
852	419	493	592	502	194	359	1082	951	661	615
920	443	512	628	507	202	372	1137	995	592	641
882	372	446	596	466	187	354	1112	913	532	588
932	376	457	619	474	194	360	1140	924	547	594
976	398	475	715	484	200	366	1179	935	563	605
1031	416	491	741	497	204	376	1186	938	575	619
1057	466	568	774	509	208	381	1234	948	584	638
1080	491	580	822	521	215	389	1267	964	594	647
1149	572	607	898	571	252	425	1310	995	651	692
1188	676	631	978	600	260	446	1339	1025	665	717
1235	725	649	1091	631	274	454	1399	1057	682	755
1260	752	686	1160	657	284	468	1443	1077	714	779
1274	791	729	1243	681	293	483	1484	1110	730	813
1345	815	795	1296	712	300	498	1514	1146	743	831
1382	835	841	1328	727	338	508	1549	1221	760	852
1408	844	872	1358	737	346	528	1551	1230	791	870
1525	850	899	1398	756	359	534	1577	1250	803	880
1572	856	947	1453	763	369	549	1577	1244	823	902

14-4 区(市)县人口自然变动情况(2001年)

Natural Changes of Population in Districts, Cities at County Level and Counties (2001)

	出生人口（人）	死亡人口（人）	出生率（%）	死亡率（%）	自然增长率（%）
全　　市	**72504**	**56381**	**7.13**	**5.55**	**1.59**
#锦 江 区	2371	1934	6.15	5.02	1.13
青 羊 区	2775	1739	6.06	3.80	2.26
金 牛 区	3765	2234	6.57	3.90	2.67
武 侯 区	4544	1458	8.37	2.69	5.69
成 华 区	3951	1893	7.33	3.51	3.82
龙泉驿区	4168	1043	8.53	2.14	6.40
青白江区	2406	2247	6.01	5.61	0.40
金 堂 县	7033	5658	8.33	6.70	1.63
双 流 县	7185	5559	8.31	6.43	1.88
温 江 县	2095	1787	6.84	5.84	1.01
郫　县	3602	3057	7.61	6.46	1.15
新 都 县	4695	3709	7.87	6.22	1.65
大 邑 县	3024	3264	6.10	6.58	–0.48
蒲 江 县	1476	1468	5.76	5.73	0.03
新 津 县	1911	1766	6.60	6.10	0.50
都江堰市	5106	3679	8.59	6.19	2.40
彭 州 市	4930	5855	6.38	7.57	–1.20
邛 崃 市	3665	4000	5.73	6.26	–0.52
崇 州 市	3802	4031	5.89	6.24	–0.35

14-5 区(市)县人口机械变动情况(2001 年)

Moving Changes of Population in Districts, Cities at County Level and Counties (2001)

	迁入人口（人）	迁出人口（人）	迁入率（%）	迁出率（%）	机构变动增长率（%）
全 市	**158734**	**107862**	**15.61**	**10.61**	**5.00**
#锦江区	17341	6613	44.98	17.15	27.83
青羊区	13967	11045	30.51	24.13	6.38
金牛区	23825	11736	41.58	20.48	21.10
武侯区	20274	15775	37.36	29.07	8.29
成华区	17182	7135	31.87	13.24	18.64
龙泉驿区	9025	5287	18.48	10.83	7.65
青白江区	3374	2271	8.42	5.67	2.75
金堂县	3248	4562	3.85	5.40	–1.56
双流县	7653	4421	8.86	5.12	3.74
温江县	3898	3285	12.73	10.73	2.00
郫 县	7938	3569	16.77	7.54	9.23
新都县	6716	6017	11.25	10.08	1.17
大邑县	4648	3963	9.37	7.99	1.38
蒲江县	1484	1390	5.79	5.42	0.37
新津县	2377	1914	8.20	6.61	1.60
都江堰市	6197	7578	10.42	12.75	–2.32
彭州市	3667	3911	4.74	5.06	–0.32
邛崃市	2844	3752	4.45	5.87	–1.42
崇州市	3076	3638	4.76	5.63	–0.87

14-6 区(市)县婚姻、计划生育情况(2001年)

Matrimony and Family Planning in Districts, Cities at County Level and Counties (2001)

	结婚人数（人）	离婚人数（人）	计划生育率(%)	一孩率(%)	领证率(%)
全　市	**135670**	**42244**	**96.24**	**91.08**	**44.59**
#锦 江 区	4974	2915	99.38	95.61	40.44
青 羊 区	6096	3268	98.71	96.12	43.92
金 牛 区	7878	3084	98.99	95.19	43.97
武 侯 区	6368	2846	99.67	95.71	47.05
成 华 区	8698	3598	97.48	93.74	43.35
龙泉驿区	8190	1920	98.53	90.10	42.34
青白江区	6218	2206	95.30	89.50	31.67
金 堂 县	9756	1458	92.28	84.63	37.65
双 流 县	13828	3064	95.22	92.55	41.40
温 江 县	4918	1300	98.22	94.84	48.25
郫　县	6180	990	97.58	93.69	48.19
新 都 县	8400	2498	95.90	94.29	45.27
大 邑 县	5532	1280	98.25	90.99	47.77
蒲 江 县	2966	844	98.72	92.74	50.94
新 津 县	3632	1156	96.75	93.44	45.94
都江堰市	7448	2288	95.82	90.15	57.39
彭 州 市	8004	2830	94.78	85.97	42.28
邛 崃 市	6766	2054	95.59	88.92	44.26
崇 州 市	7386	1564	93.50	88.42	49.93

注：领证率是指一孩妇女中领取独生子女证人数占已婚育龄妇女人数的比率。

续表1

	育龄妇女人数(万人)	已婚育龄妇女人数(万人)	已婚育龄妇女占育龄妇女比例(%)	出生婴儿性别比(以女性为100)	综合避孕率(%)
全市	**276.7**	**225.9**	**81.64**	**109**	**91.61**
#锦江区	8.8	7.3	82.95	108	84.88
青羊区	9.8	7.3	74.49	110	88.20
金牛区	11.0	9.1	82.73	113	90.00
武侯区	8.6	6.2	72.09	104	86.08
成华区	11.9	10.0	84.03	109	86.36
龙泉驿区	13.9	11.2	80.58	110	90.98
青白江区	11.3	9.5	84.07	108	89.86
金堂县	25.1	19.0	75.70	112	93.33
双流县	26.4	21.3	80.68	110	91.94
温江县	9.1	7.3	80.22	118	92.59
郫县	13.5	11.6	85.93	111	92.21
新都县	17.2	14.6	84.88	109	91.85
大邑县	14.0	11.8	84.29	109	93.20
蒲江县	7.5	6.3	84.00	95	93.79
新津县	8.5	7.3	85.88	110	93.34
都江堰市	17.3	13.9	80.35	106	92.38
彭州市	22.4	18.7	83.48	104	93.65
邛崃市	18.1	15.4	85.08	111	94.30
崇州市	18.8	15.3	81.38	110	93.97

14-7 区(市)县国内生产总值(2001年)

Gross Domestic Product in Districts, Cities at County Level and Counties (2001)

单位：万元

	国内生产总值	第一产业	第二产业			第三产业
				工业	建筑业	
全市	**14920370**	**1317371**	**6761525**	**5421900**	**1339625**	**6841474**
#锦江区	1041356	9800	257111	192760	64351	774445
青羊区	1148606	4979	310143	171911	138232	833484
金牛区	1400011	14474	487117	317700	169417	898420
武侯区	975247	8602	440269	324070	116199	526376
成华区	1183309	18278	658256	551537	106719	506775
龙泉驿区	584866	107363	209394	138072	71322	268109
青白江区	467247	45468	267424	234663	32761	154355
金堂县	617631	130241	243566	204858	38708	243824
双流县	1132188	121574	587696	495791	91905	422918
温江县	420919	50003	228636	205026	23610	142280
郫县	701819	86950	434726	391224	43502	180143
新都县	751344	94957	413608	373143	40465	242779
大邑县	515870	77977	220990	183799	37191	216903
蒲江县	220261	49365	97126	76338	20788	73770
新津县	303292	47015	145128	119052	26076	111149
都江堰市	617967	97755	238621	190546	48075	281591
彭州市	512020	133727	135666	111586	24080	242627
邛崃市	646653	102920	282725	253821	28904	261008
崇州市	705150	103520	326689	293658	33031	274941

14-8 区(市)县国内生产总值发展速度(2001 年)

Development Rates of Gross Domestic Product in Districts,

Cities at County Level and Counties (2001)

单位：%

	国内生产总值	第一产业	第二产业	工　业	建筑业	第三产业
全　　市	**113.1**	**104.2**	**115.0**	**114.3**	**117.7**	**113.0**
#锦 江 区	114.0	102.2	117.3	117.3	117.3	113.1
青 羊 区	113.7	74.1	113.8	112.8	115.1	114.0
金 牛 区	114.0	100.2	122.0	123.8	118.6	110.3
武 侯 区	113.6	103.6	115.1	113.2	120.6	112.6
成 华 区	110.5	98.6	112.3	112.9	109.5	108.6
龙泉驿区	114.4	105.5	118.5	118.0	119.5	115.2
青白江区	114.8	103.4	119.2	120.4	111.2	111.1
金 堂 县	109.5	106.7	110.1	111.8	101.9	110.3
双 流 县	113.6	104.5	114.8	114.2	118.2	114.7
温 江 县	114.2	103.6	117.6	116.0	134.0	113.1
郫　　县	114.2	103.8	116.7	116.3	120.3	113.9
新 都 县	114.6	104.9	119.1	118.4	125.5	111.4
大 邑 县	114.4	104.9	118.2	117.4	122.5	114.4
蒲 江 县	113.0	105.1	114.4	114.3	115.0	116.7
新 津 县	114.3	104.9	116.6	116.3	118.1	115.6
都江堰市	113.7	103.9	117.2	114.8	128.0	114.4
彭 州 市	90.7	100.3	77.9	72.7	116.7	94.5
邛 崃 市	113.5	104.2	119.0	120.5	106.6	111.9
崇 州 市	114.4	103.6	117.8	117.7	118.1	114.9

注：发展速度以上度为基期，按可比价格计算。

14-9 区(市)县农林牧渔业总产值

Gross Output Value of Farming, Forestry, Animal Husbandry and Fishery in Districts, Cities at County Level and Counties

单位：万元

	1978 年	1980 年	1990 年	2000 年	2001 年
全　　市	**157073**	**171518**	**601911**	**1977360**	**2121433**
#龙泉驿区	8551	8402	31264	156929	177826
青白江区	6540	7591	21574	67411	70069
金 堂 县	13567	14986	56926	179171	203399
双 流 县	17079	19464	54809	200855	218656
温 江 县	7369	7765	21371	74367	78842
郫　　县	11108	10958	36945	127977	134749
新 都 县	11133	12687	44402	129089	139588
大 邑 县	7492	9645	35912	112632	119721
蒲 江 县	5380	6322	22200	74275	78298
新 津 县	4924	5745	19173	80910	86393
都江堰市	10492	11948	40924	131933	139181
彭 州 市	14812	17203	61611	195610	209356
邛 崃 市	10485	13377	52290	171294	178813
崇 州 市	14852	16075	54908	158879	164863

14-10 区(市)县农林牧渔业总产值(2001 年)

Gross Output Value of Farming, Forestry, Animal Husbandry and Fishery in Districts, Cities at County Level and Counties (2001)

单位：万元

	总计	农业	林业	牧业	渔业
全市	**2121433**	**1238181**	**33819**	**810704**	**38729**
#锦江区	17994	12789	13	4845	347
青羊区	12304	4377	51	7792	84
金牛区	27014	10637	537	15499	341
武侯区	17289	8711	32	8200	346
成华区	31107	15259	26	12722	3100
龙泉驿区	177826	109957	370	63866	3633
青白江区	70069	44604	419	24383	663
金堂县	203399	124269	1636	74685	2809
双流县	218656	120933	874	92852	3997
温江县	78842	44965	342	32619	916
郫县	134749	82009	874	50813	1053
新都县	139588	100155	734	37484	1215
大邑县	119721	62841	3061	51203	2616
蒲江县	78298	42584	376	32964	2374
新津县	86393	40104	882	41235	4172
都江堰市	139181	85570	7637	43314	2660
彭州市	209356	138783	5984	63347	1242
邛崃市	178813	87907	6885	80972	3049
崇州市	164863	97863	3086	59818	4096

14-11 区(市)县农林牧渔业总产值构成(2001年)

Gross Output Value of Farming, Forestry, Animal Husbandry and Fishery in Districts ,Cities at County Level and Counties and Its Composition (2001)

单位：%

	总　计	农　业	林　业	牧　业	渔　业
全　　市	**100**	**58.37**	**1.59**	**38.21**	**1.83**
#锦 江 区	100	71.07	0.07	26.93	1.93
青 羊 区	100	35.57	0.42	63.33	0.68
金 牛 区	100	39.38	1.99	57.37	1.26
武 侯 区	100	50.38	0.19	47.43	2.00
成 华 区	100	49.05	0.08	40.90	9.97
龙泉驿区	100	61.83	0.21	35.92	2.04
青白江区	100	63.66	0.60	34.80	0.94
金 堂 县	100	61.10	0.80	36.72	1.38
双 流 县	100	55.31	0.40	42.46	1.83
温 江 县	100	57.03	0.44	41.37	1.16
郫　　县	100	60.86	0.65	37.71	0.78
新 都 县	100	71.75	0.53	26.85	0.87
大 邑 县	100	52.49	2.56	42.77	2.18
蒲 江 县	100	54.39	0.48	42.10	3.03
新 津 县	100	46.42	1.02	47.73	4.83
都江堰市	100	61.48	5.49	31.12	1.91
彭 州 市	100	66.29	2.86	30.26	0.89
邛 崃 市	100	49.16	3.85	45.28	1.71
崇 州 市	100	59.36	1.87	36.28	2.49

14-12　区(市)县年末实有耕地面积

Cultivated Land Area in Districts, Cities at County Level and Counties

单位：公顷

	1978 年	1980 年	1990 年	2000 年	2001 年
全　　市	**495593**	**489979**	**465439**	**424585**	**415348**
#锦 江 区				1723	1654
青 羊 区				1728	1600
金 牛 区	23710	23233	20798	3479	3291
武 侯 区				1927	1508
成 华 区				2650	2615
龙泉驿区	22850	22679	20296	13593	13150
青白江区	21422	21305	20676	19121	18940
金 堂 县	56698	56159	54254	49126	47971
双 流 县	54790	54763	52220	49228	48817
温 江 县	16970	16837	16417	15536	14965
郫　　县	28870	28643	28168	27192	27169
新 都 县	30458	30301	29482	26833	26255
大 邑 县	32401	31658	30137	27800	27399
蒲 江 县	21717	21453	19939	16672	16492
新 津 县	18081	17971	17259	16432	15964
都江堰市	32524	31954	30139	28045	27235
彭 州 市	47386	46964	44485	44161	43218
邛 崃 市	45297	43913	40940	38710	37072
崇 州 市	42419	42146	40229	39101	38590

14-13 历年区（市）县

Total Grain Yield in Districts, Cities at

年 份	全 市	龙泉驿区	青白江区	金堂县	双流县	温江县	郫 县
1949	1273658	57550	59710	95544	155510	60890	96710
1952	1544739	63125	97350	111999	164599	66070	124065
1957	1870274	78905	71760	133102	193463	76055	143020
1962	1372761	48095	60370	113043	117443	59295	113790
1965	1917783	82975	77990	147963	189340	86535	145745
1970	2339406	107370	100345	192538	240780	98385	169290
1975	2539669	132180	113290	211019	286099	112030	180380
1978	2948539	156920	126085	245199	332503	125870	208028
1979	3104080	159605	131755	260504	335998	126965	216370
1980	3051394	156495	130740	282109	344047	130160	212992
1981	3010770	149550	117340	216615	330815	133645	217861
1982	3526560	171495	144160	315752	399362	143555	250940
1983	3712175	180210	153415	351130	412318	147915	258840
1984	3593555	186975	151900	345765	389172	151175	237195
1985	3447355	176890	151670	339120	372821	138715	233170
1986	3577317	170335	149669	315512	387088	150124	254201
1987	3538924	171232	142942	327089	372897	150438	250029
1988	3295664	155911	137991	317010	338568	143431	234655
1989	3567994	176466	148740	346236	386346	151220	243844
1990	3817016	187058	153745	349793	416971	158486	269136
1991	3922619	189782	161912	337694	437011	164900	279412
1992	3990512	196678	165086	362942	437509	166593	274367
1993	3975301	170404	161258	356033	435888	166691	285296
1994	3972979	170500	160438	359200	429424	167179	294634
1995	3989688	172587	163254	365046	432569	168309	292139
1996	4006090	172782	166824	367342	428096	169260	292192
1997	4020984	172240	160677	371452	422736	168885	296379
1998	4038582	171150	162409	371929	422402	164785	296462
1999	3970178	165061	163377	377661	413132	161227	280063
2000	3637072	125018	155671	332631	371383	137437	242205
2001	3107297	102928	132257	252783	295681	108864	190756

粮食总产量

County Level and Counties by Year

单位：吨

新都县	大邑县	蒲江县	新津县	都江堰市	彭州市	邛崃市	崇州市
88810	75875	45605	33236	101460	124925	84518	123315
124995	115765	50285	45580	111505	149375	118625	152770
140335	128010	67785	65255	134295	196350	158475	175080
111510	84485	38920	50760	86890	157220	116005	141805
145530	120985	70416	69520	126710	195426	168310	184650
173055	149085	91463	80790	148285	247711	189582	217030
205800	148625	88997	90615	152380	264658	188039	216935
214775	199850	111516	106445	184225	285237	235438	257410
222950	214815	122845	109540	193885	310418	263125	274605
217670	205680	118195	110580	178835	301665	255510	253870
214290	215440	118410	110780	194610	300280	264850	265050
259995	235555	129885	119585	229930	346225	304285	307650
262570	250610	138665	127180	232225	361250	330420	332155
260585	246620	121865	120160	227700	340340	285205	350950
241675	233360	118675	121125	211835	305105	299070	339110
250441	247259	127790	126652	227581	328326	330838	350705
252429	241526	132989	127762	225417	309278	332162	345083
230236	218718	133310	108674	210891	292780	304775	318577
252453	235544	139559	123681	222647	324015	327406	332982
273361	275918	143934	129562	255716	349609	337250	357397
275714	287890	146927	138606	264161	364937	348013	367756
276635	284728	151119	142771	260557	387642	358200	369807
281046	281348	151772	147093	254986	397966	370004	369954
281676	261279	152325	147088	262847	406035	363781	379303
283686	262324	154798	147235	266579	408556	365198	379393
285593	270120	156592	148136	266596	412617	370222	379571
271665	279322	159730	151981	266650	417795	379689	385032
282547	281596	160116	151657	266630	420124	385655	385121
272092	285908	155956	147584	265568	420388	378772	383309
263925	276013	138363	139069	239895	404117	360011	369538
203563	255617	124296	122791	222914	363450	333414	339302

14-14 区(市)县农林牧渔业主要产品产量(一)

Yield of Major Farm Crops in Districts, Cities at County Level and Counties (Ⅰ)

单位：吨

	稻谷产量		小麦产量		油菜籽产量	
	2000 年	2001 年	2000 年	2001 年	2000 年	2001 年
全　　市	**2344973**	**2013640**	**727238**	**592749**	**185880**	**183990**
#锦 江 区	3564	2518	1012	360	34	27
青 羊 区	10778	7541	3316	2565	696	634
金 牛 区	14554	10892	5850	4105	1332	1145
武 侯 区	8492	4410	4046	3036	182	159
成 华 区	8230	7281	4803	3947		
龙泉驿区	49928	41110	25767	14819	555	455
青白江区	93826	82570	31725	26494	10543	9926
金 堂 县	99566	78033	96308	67198	16852	17823
双 流 县	256146	202099	85223	68463	17226	14808
温 江 县	106646	85638	26625	20085	5264	5011
郫　　县	182054	145061	44596	32410	11478	11682
新 都 县	189111	144129	52974	39441	15023	13705
大 邑 县	175134	160538	53355	51522	15980	16990
蒲 江 县	105750	90836	7176	5492	15161	15669
新 津 县	99639	87871	29754	26513	6518	7232
都江堰市	167316	156374	48835	44201	10910	10900
彭 州 市	266274	241253	72519	60375	15082	13233
邛 崃 市	233813	217774	49236	42877	24773	25602
崇 州 市	262995	241043	79393	74516	17710	18371

14-15 区(市)县农林牧渔业主要产品产量(二)

Yield of Major Farm Crops in Districts, Cities at County Level and Counties (Ⅱ)

单位：吨

	蔬菜产量		水果产量		禽蛋产量	
	2000 年	2001 年	2000 年	2001 年	2000 年	2001 年
全　　市	**4098199**	**3984034**	**523978**	**595274**	**146369**	**156520**
#锦 江 区	58086	65989	380	405	742	728
青 羊 区	22831	27791	53	70	4034	2809
金 牛 区	93759	80894	2646	1515	4778	4844
武 侯 区	44236	43993	19	12	2651	2053
成 华 区	134559	136063	762	845	6176	6154
龙泉驿区	352479	375238	192085	208450	21228	24905
青白江区	169890	149048	6192	6132	2404	2556
金 堂 县	393754	363741	137674	159247	9816	13125
双 流 县	470845	462649	60266	74968	5919	6518
温 江 县	94457	84572	276	320	7287	6674
郫　县	429143	454885	1695	1879	6491	6561
新 都 县	261996	255271	2691	3101	8779	9490
大 邑 县	151327	150327	6138	7113	12744	13200
蒲 江 县	113046	109684	61153	68818	2647	2807
新 津 县	140192	132739	9085	11875	8763	10160
都江堰市	157129	151720	5831	8184	5769	6776
彭 州 市	591801	543678	3223	4780	13388	12583
邛 崃 市	209350	212165	30205	33735	9110	9438
崇 州 市	189511	167928	3344	3716	10693	12568

14-16 区(市)县农林牧渔业主要产品产量(三)

Yield of Major Farm Crops in Districts, Cities at County Level and Counties (III)

	水产品（吨）		出栏肥猪头数（头）		出栏羊只数（只）	
	2000 年	2001 年	2000 年	2001 年	2000 年	2001 年
全　　市	**49622**	**54863**	**6800579**	**7242527**	**734392**	**904589**
#锦 江 区	464	492	47072	45900	320	
青 羊 区	110	120	45425	35878	43	31
金 牛 区	522	522	99892	112846	90	
武 侯 区	450	500	60891	65565	55	
成 华 区	4475	4482	122263	109525		10
龙泉驿区	4850	5350	361090	369915	144677	159286
青白江区	1002	1005	258835	266924	18214	23790
金 堂 县	3810	4220	729268	733252	146751	226815
双 流 县	5350	5822	580341	595100	131784	142255
温 江 县	1228	1305	335125	336993	196	218
郫　　县	1430	1511	489717	499938		
新 都 县	1616	1762	385227	398177	414	667
大 邑 县	3498	3802	433895	461589	144969	174406
蒲 江 县	3260	3551	251338	272931	54590	65626
新 津 县	5523	6150	277740	281349	12386	15061
都江堰市	1830	1990	408986	445432	5719	7703
彭 州 市	1626	1800	558887	574788	3046	2739
邛 崃 市	3978	4350	616053	810504	59962	60506
崇 州 市	4600	5925	645884	736075	11176	25326

14-17 区(市)县农林牧渔业主要产品产量(四)

Yield of Major Farm Crops in Districts, Cities at County Level and Counties (Ⅳ)

单位：吨

	肉类总产量		#猪肉		牛奶	
	2000 年	2001 年	2000 年	2001 年	2000 年	2001 年
全　　市	**686173**	**748463**	**465230**	**498147**	**49753**	**62778**
#锦江区	3535	3584	3098	3029	3653	4113
青羊区	5200	3717	3089	2439	8379	9071
金牛区	8999	9884	6994	7900	9251	10454
武侯区	5170	5697	4263	4327	2663	4935
成华区	10533	9562	8485	7464	5134	4965
龙泉驿区	43767	49718	25240	27820	2778	2969
青白江区	21482	22638	17729	18285	1382	1393
金堂县	70590	74150	51101	51590	329	535
双流县	75891	83482	38303	40494	1762	2939
温江县	29548	29276	22549	22381	1202	1459
郫　县	46939	49536	32321	32996	1827	4144
新都县	32933	34991	27041	28193	3201	4511
大邑县	41862	47187	28897	31468	92	110
蒲江县	30309	32404	15408	16978	27	32
新津县	35018	35508	19442	19694	287	593
都江堰市	36448	41610	28526	31015	454	334
彭州市	58372	61673	38047	39095	1659	1740
邛崃市	64979	77206	42224	53494	54	274
崇州市	55938	67611	46217	53272	49	332

14-18 区(市)县年末生猪存栏数

Number of Living Hogs in Districts, Cities at County Level and Counties

单位：头

	1978 年	1980 年	1990 年	2000 年	2001 年
全　　市	**4590063**	**5421991**	**5329303**	**4331741**	**4382931**
#锦 江 区				26742	27378
青 羊 区				32740	20905
金 牛 区	269677	283544	277319	61134	69051
武 侯 区				20923	27132
成 华 区				56027	54795
龙泉驿区	227517	241606	268666	172649	165607
青白江区	235256	267619	248464	202242	200302
金 堂 县	502264	575928	552860	584138	545287
双 流 县	542336	593404	533261	323112	317981
温 江 县	167215	214417	249651	200312	215471
郫　　县	261455	344499	344841	261861	229633
新 都 县	355193	400301	322210	234262	235171
大 邑 县	274919	323895	322571	313159	317362
蒲 江 县	149605	190968	207639	148680	176482
新 津 县	157642	181843	202910	172552	193023
都江堰市	284847	379640	332703	253086	240159
彭 州 市	434814	518500	486550	373744	362962
邛 崃 市	354797	436806	493786	550662	555197
崇 州 市	372526	469021	485872	310862	391954

14-19　区(市)县农村居民人均收入情况(2001年)

Per Capita Income of Rural Residents in Districts,

Cities at County Level and Counties (2001)

单位：元

	农村居民人均总收入	比上年±%	农村人均可支配收入	比上年±%
全　　市	**4663.34**	**8.49**	**3110.88**	**5.08**
#锦 江 区	4183.34	1.59	3652.77	4.87
青 羊 区	4946.52	–6.05	3621.90	4.81
金 牛 区	4607.25	10.91	3682.19	5.15
武 侯 区	4985.94	13.06	3664.80	5.27
成 华 区	4597.00	0.90	3586.99	4.76
龙泉驿区	5478.67	35.17	3155.19	6.72
青白江区	3997.71	8.98	2904.68	7.21
金 堂 县	3836.04	4.42	2763.98	3.96
双 流 县	5476.39	5.11	3242.34	5.47
温 江 县	4887.36	25.99	3219.11	5.68
郫　 县	4918.80	4.89	3243.85	5.36
新 都 县	4306.14	2.95	3083.65	5.61
大 邑 县	5288.96	6.30	3001.37	5.35
蒲 江 县	4038.88	8.74	2849.24	5.35
新 津 县	4158.02	–1.23	3026.11	5.44
都江堰市	4917.10	37.34	3055.30	5.05
彭 州 市	4852.33	9.17	3011.23	4.61
邛 崃 市	4437.53	1.09	2849.14	5.59
崇 州 市	4337.23	–1.95	3042.61	5.37

14-20 历年区（市）县

Per Capita Net Income of Rural Residents in Districts,

年　份	全　　市	龙泉驿区	青白江区	金堂县	双流县	温江县	郫　县
1949	32	30	23	21	40	45	42
1952	40	42	27	28	55	57	56
1957	54	62	35	34	72	80	77
1962	44	43	47	35	58	66	62
1965	67	71	57	50	65	103	101
1970	82	80	74	63	72	125	120
1975	90	93	80	61	80	132	135
1978	140	155	129	138	130	176	168
1979	175	179	142	144	141	204	188
1980	223	221	187	151	192	262	238
1981	276	194	133	156	227	304	281
1982	310	260	195	197	265	323	325
1983	334	298	213	236	305	373	359
1984	366	308	280	278	343	392	405
1985	413	359	357	310	378	433	457
1986	458	470	420	343	435	490	493
1987	526	528	467	390	507	553	552
1988	632	570	526	443	596	624	584
1989	693	790	598	502	650	702	667
1990	773	692	649	552	690	791	707
1991	832	831	755	609	745	880	821
1992	903	944	820	660	850	969	868
1993	1029	1046	906	777	1029	1128	1036
1994	1303	1378	1160	1081	1375	1560	1415
1995	1649	1703	1463	1424	1771	1891	1844
1996	2051	2047	1815	1808	2226	2318	2190
1997	2427	2499	2196	2187	2578	2556	2555
1998	2631	2699	2418	2390	2808	2763	2771
1999	2783	2881	2570	2543	2979	2936	2942
2000	2926	3041	2713	2686	3141	3092	3098
2001	3111	3155	2905	2764	3242	3219	3244

注：2001 年为可支配收入。

农民人均纯收入

Cities at County Level and Counties by Year

单位：元

新都县	大邑县	蒲江县	新津县	都江堰市	彭州市	邛崃市	崇州市
24	38	22	23	33	37	29	32
33	42	27	31	45	54	40	38
56	66	32	48	67	70	52	52
53	63	36	39	45	48	36	41
87	80	59	54	66	65	60	64
124	110	79	68	73	83	68	75
132	111	83	70	75	85	60	67
156	136	135	151	121	131	122	131
202	187	195	206	172	181	135	154
259	198	202	225	197	229	208	224
303	247	257	291	262	271	237	272
374	340	341	327	278	309	253	321
375	377	351	329	315	350	264	354
459	384	359	346	347	366	345	422
492	442	417	435	399	404	429	438
549	464	459	470	456	466	477	500
625	501	505	553	503	543	522	609
684	611	559	595	622	671	644	688
746	711	626	630	666	696	684	719
876	754	651	635	692	742	711	819
987	803	788	773	777	831	754	846
1067	891	859	865	835	915	832	884
1167	1066	950	968	1020	1026	941	1044
1498	1327	1220	1330	1330	1347	1227	1326
1769	1654	1544	1710	1758	1763	1580	1682
2202	2034	1909	2087	2219	2195	1944	2100
2417	2343	2188	2420	2434	2487	2209	2447
2623	2572	2443	2635	2636	2710	2420	2652
2793	2737	2596	2787	2788	2841	2572	2803
2943	2887	2739	2933	2933	2984	2715	2946
3084	3001	2849	3026	3055	3011	2849	3042

14-21 区(市)县农村居民人均支出情况(2001年)

Per Capita Annual Expenditure of Rural Residents in Districts, Cities at County Level and Counties (2001)

单位：元

	农民人均经营费用支出	比上年±%	农村人均生活消费支出	比上年±%	#食品支出	比上年±%
全　　市	**1161.45**	**16.17**	**2353.37**	**6.94**	**1155.89**	**2.65**
#锦江区	277.53	24.72	2844.10	13.00	1327.25	−0.14
青羊区	741.32	−40.78	3871.58	5.55	1284.17	−16.91
金牛区	506.92	44.08	3805.01	23.51	1132.48	7.05
武侯区	572.88	−5.93	3068.42	10.45	1468.20	7.43
成华区	586.39	−10.50	3536.69	0.15	1430.95	−9.31
龙泉驿区	1796.40	148.62	2611.80	15.06	1107.49	8.93
青白江区	864.08	13.64	1948.68	4.11	1021.83	−2.56
金堂县	835.78	4.62	1684.74	−0.35	795.75	-0.69
双流县	1827.11	7.40	2410.93	4.49	1205.45	6.79
温江县	1160.80	111.31	2508.34	22.50	1203.42	10.28
郫　县	1324.05	5.30	2528.79	5.14	1264.04	−0.54
新都县	872.37	−5.13	2092.52	−8.84	1087.38	1.43
大邑县	1848.21	7.23	2282.43	6.30	1285.74	−2.20
蒲江县	981.03	26.96	2258.61	9.35	1451.78	12.22
新津县	778.50	−16.68	2160.14	−11.30	1165.21	−2.16
都江堰市	1291.50	179.41	2578.05	7.71	1293.51	2.23
彭州市	1474.87	17.28	2054.28	45.60	968.28	28.11
邛崃市	1180.86	−4.93	1769.45	2.51	1044.64	1.98
崇州市	1031.69	−18.79	2077.58	9.25	1098.62	2.34

14-22 区(市)县乡镇企业主要指标(2001 年)

Main Indicators of Town and Township Enterprises in Districts, Cities at County Level and Counties (2001)

	企业个数（个）	# 集 体	年末职工人数（人）	# 集 体	增加值，（亿元）	# 集 体
全 市	**173377**	**4665**	**1217333**	**391413**	**279.81**	**79.58**
#锦江区	1835	196	26922	8161	3.51	1.39
青羊区	2562	245	23761	15212	5.57	3.37
金牛区	9616	471	59926	27191	16.03	8.47
武侯区	3929	288	56974	24048	14.33	7.73
成华区	11175	738	65775	34360	11.75	4.83
龙泉驿区	14593	211	90239	37084	12.87	4.37
青白江区	6511	283	47628	25143	9.06	3.47
金堂县	16770	145	63239	15194	14.19	1.92
双流县	20999	215	132181	26933	35.78	9.29
温江县	6853	81	41707	10288	8.47	1.73
郫 县	8733	142	60888	15036	23.14	6.32
新都县	10373	630	103503	63842	18.09	9.7
大邑县	6899	38	60485	6332	21.07	2.16
蒲江县	1405	70	19485	4281	4.49	0.68
新津县	1828	43	35772	10041	10.26	1.15
都江堰市	2645	233	47859	17583	7.85	3.4
彭州市	23396	319	87774	33003	7.36	3.05
邛崃市	14308	21	67573	552	21.79	0.09
崇州市	6598	29	102212	4002	25.3	0.44

续表 1

	营业收入（亿元）	# 集　体	利税总额（亿元）	# 集　体	入库税金（亿元）	# 集　体
全　　市	**994.82**	**333.18**	**53.49**	**20.93**	**21.37**	**11.11**
#锦 江 区	19.10	7.08	0.57	0.39	0.38	0.30
青 羊 区	32.50	12.38	2.08	1.13	0.63	0.64
金 牛 区	64.61	34.07	4.75	2.66	1.50	1.12
武 侯 区	67.50	41.73	3.66	1.87	1.90	0.99
成 华 区	61.77	26.23	2.60	1.88	1.47	1.12
龙泉驿区	50.00	15.00	1.73	1.01	1.38	0.78
青白江区	26.80	15.03	1.02	0.46	0.49	0.31
金 堂 县	47.30	6.29	1.19	0.57	0.48	0.16
双 流 县	118.00	32.03	9.29	2.66	2.96	1.32
温 江 县	30.28	6.42	2.20	0.26	0.46	0.10
郫　　县	82.30	36.06	3.56	2.10	1.39	1.03
新 都 县	73.07	44.37	3.02	2.03	1.64	1.10
大 邑 县	44.96	3.71	2.34	0.48	1.19	0.11
蒲 江 县	17.22	2.61	0.81	0.14	0.33	0.06
新 津 县	30.96	3.33	1.87	0.25	0.77	0.11
都江堰市	27.30	11.30	1.38	0.53	1.04	0.47
彭 州 市	26.60	11.05	1.14	0.50	0.78	0.38
邛 崃 市	64.00	0.34	4.20	0.03	1.05	0.02
崇 州 市	79.74	1.53	3.62	0.06	0.73	0.02

14-23 区(市)县规模以上工业企业主要经济指标(2001 年)

Main Indicators of Industrial Enterprises above Designed Size in Districts, Cities at County Level and Counties (2001)

单位：万元

	企业数(个)	占全市的比重(%)	#亏损企业	亏损面(%)	工业总产值	占全市的比重(%)	工业增加值	占全市的比重(%)
全　　市	**1318**	**100**	**410**	**31.1**	**7076999**	**100**	**2449807**	**100**
#锦江区	55	4.2	27	49.1	570328	8.1	261035	10.7
青羊区	66	5.0	12	18.2	340678	4.8	113215	4.6
金牛区	78	5.9	17	21.8	499062	7.1	176600	7.2
武侯区	64	4.9	19	29.7	343717	4.9	85534	3.5
成华区	112	8.5	39	34.8	1017213	14.3	430737	17.6
龙泉驿区	63	4.8	27	42.9	261846	3.7	56985	2.3
青白江区	41	3.1	11	26.8	464579	6.6	133652	5.5
金堂县	37	2.8	14	37.8	88407	1.2	23218	0.9
双流县	108	8.2	34	31.5	679029	9.5	243606	9.9
温江县	66	5.0	21	31.8	315470	4.5	110680	4.5
郫　县	84	6.4	18	21.4	421193	6.0	129610	5.3
新都县	120	9.0	47	39.2	487707	6.9	134889	5.5
大邑县	49	3.7	12	24.5	127681	1.8	42838	1.7
蒲江县	31	2.4	7	22.6	65408	0.9	19367	0.8
新津县	41	3.1	10	24.4	162034	2.3	53022	2.2
都江堰市	76	5.8	25	32.9	161044	2.3	51503	2.1
彭州市	56	4.2	28	50.0	166372	2.4	48260	2.0
邛崃市	67	5.1	11	16.4	130023	1.8	46279	1.9
崇州市	47	3.6	18	38.3	150375	2.1	43881	1.8

注：规模以上工业企业为全部国有和年销售收入在 500 万元及以上的非国有工业企业。

续表 1 单位：万元

	利润总额	占全市的比重(%)	亏损企业亏损额	占全市的比重(%)	利税总额	占全市的比重(%)	从业人员平均数(人)	占全市的比重(%)
全　　市	**411609**	**100**	**111211**	**100**	**905882**	**100**	**485348**	**100**
#锦 江 区	90620	22.0	8190	7.4	129651	14.3	41520	8.6
青 羊 区	4846	1.2	4362	3.9	16658	1.8	33633	6.9
金 牛 区	54057	13.1	2302	2.1	90035	9.9	27286	5.6
武 侯 区	9043	2.2	8485	7.6	21817	2.4	23830	4.9
成 华 区	30586	7.4	20819	18.7	202402	22.3	74884	15.4
龙泉驿区	–6480		13577	12.2	4484	0.5	27115	5.6
青白江区	10258	2.5	4998	4.5	30623	3.4	29467	6.1
金 堂 县	–2158		5427	4.9	2539	0.3	11615	2.4
双 流 县	29581	7.2	6940	6.2	56295	6.2	36436	7.5
温 江 县	29953	7.3	2155	1.9	49675	5.5	17755	3.7
郫　县	19126	4.6	4830	4.3	33237	3.7	22009	4.5
新 都 县	10182	2.5	7596	6.8	33091	3.7	32870	6.8
大 邑 县	6855	1.7	1470	1.4	17850	2.0	12849	2.6
蒲 江 县	1646	0.4	712	0.7	5793	0.6	4187	1.0
新 津 县	5317	1.3	1410	1.3	11660	1.3	11845	2.4
都江堰市	700	0.2	5115	4.6	9868	1.1	17146	3.5
彭 州 市	804	0.2	5949	5.3	10509	1.2	13790	2.8
邛 崃 市	5126	1.2	1593	1.4	20041	2.2	8886	1.8
崇 州 市	3393	0.8	1189	1.1	10759	1.2	15494	3.2

续表 2 单位：万元

	资产总计	占全市的比重(%)	流动资产平均余额	占全市的比重(%)	固定资产净值平均值	占全市的比重(%)	销售收入	占全市的比重(%)
全　　市	**12845818**	**100**	**6092488**	**100**	**4079599**	**100**	**7263946**	**100**
#锦 江 区	1711658	13.3	678546	11.1	716943	17.5	862435	11.8
青 羊 区	984956	7.7	483504	7.9	316774	7.8	367739	5.1
金 牛 区	998128	7.8	546619	9.0	193713	4.7	553733	7.6
武 侯 区	459285	3.6	229768	3.8	137783	3.4	302388	4.2
成 华 区	2032027	15.8	1095375	18.0	551179	13.4	992533	13.7
龙泉驿区	553260	4.3	233399	3.8	181566	4.5	254287	3.5
青白江区	735907	5.7	314876	5.2	289106	7.1	449581	6.2
金 堂 县	219617	1.7	101919	1.7	79564	2.0	71720	1.0
双 流 县	835235	6.5	394378	6.5	253405	6.2	648744	8.9
温 江 县	632407	4.9	274566	4.5	213607	5.2	304057	4.2
郫　　县	459354	3.6	206651	3.4	151716	3.7	414699	5.7
新 都 县	653542	5.1	274760	4.5	282263	6.9	469249	6.5
大 邑 县	185038	1.4	98429	1.6	63721	1.6	108668	1.5
蒲 江 县	110867	0.9	45522	0.7	31471	0.8	72110	1.0
新 津 县	159834	1.2	67548	1.1	59316	1.5	160854	2.2
都江堰市	287449	2.2	131007	2.2	102155	2.5	173340	2.4
彭 州 市	344960	2.7	140894	2.3	138409	3.4	167337	2.3
邛 崃 市	207919	1.6	101154	1.7	71695	1.8	116346	1.6
崇 州 市	165837	1.4	73717	1.2	52473	1.3	144795	2.0

续表 3　　　　　　　　　　　　　　　　　　　　　　　　　　单位：%

	综合效益指　数	产　品销售率	总资产贡献率	成本费用利润率	资　产负债率	劳动生产率(元/人)	流动资产周转次数(次)
全　　市	**121.49**	**98.56**	**8.34**	**6.10**	**61.58**	**50475**	**1.19**
#锦 江 区	147.63	100.56	8.79	11.59	81.4	62870	1.27
青 羊 区	77.87	98.69	2.37	1.34	58.01	33662	0.76
金 牛 区	156.37	97.87	10.13	10.79	47.65	64722	1.01
武 侯 区	98.05	98.60	6.21	3.09	55.25	35893	1.32
成 华 区	118.56	99.78	11.47	3.63	67.83	57521	0.91
龙泉驿区	56.22	98.17	2.25	–2.48	72.24	21016	1.09
青白江区	102.19	98.18	5.25	2.34	49.07	45357	1.43
金 堂 县	50.47	95.56	3.49	–2.84	68.03	19989	0.70
双 流 县	136.60	96.64	8.13	4.81	52.47	66859	1.64
温 江 县	148.96	97.48	9.10	10.96	55.73	62338	1.11
郫　　县	129.47	99.79	8.54	4.90	53.06	58889	2.01
新 都 县	104.82	97.07	6.34	2.22	62.65	41037	1.71
大 邑 县	115.09	98.50	12.20	6.82	71.99	33340	1.10
蒲 江 县	109.68	99.09	7.21	2.36	50.8	46255	1.58
新 津 县	120.57	98.07	8.76	3.42	59.41	44763	2.38
都江堰市	79.35	98.47	5.23	0.41	69.41	30038	1.32
彭 州 市	78.50	99.23	5.10	0.48	75.28	34997	1.19
邛 崃 市	124.52	99.84	10.61	4.88	57.23	52081	1.15
崇 州 市	95.67	97.16	7.99	2.43	68.69	28322	1.96

14-24 区(市)县邮电通信指标

Main Indicators of Postal and Telecommunications in Districts, Cities at County Level and Counties

	邮电业务收入 (万元)		年末移动电话用户数 (户)	
	2000年	2001年	2000年	2001年
全　　市	**716428**	**731300**	**991000**	**2300832**
#龙泉驿区	24158	29849	20963	26986
青白江区			16403	37946
金 堂 县	5373	6732	13200	22270
双 流 县	19713	25528	43000	87000
温 江 县	9065	11656	18103	42140
郫　县	11016	12010	21683	82716
新 都 县	22742	24196	30000	60000
大 邑 县	14600	15680	13820	30000
蒲 江 县	3627	3926	8578	9371
新 津 县	11992	14223	43233	56203
都江堰市	12730	14487	36625	50120
彭 州 市	5371	5686	30000	104240
邛 崃 市	4321	4628	23000	
崇 州 市	8259	5123	20136	

续表 1

	年末固定电话用户（户）		市内电话机（户）		农村电话机（户）	
	2000 年	2001 年	2000 年	2001 年	2000 年	2001 年
全　　市	**1764315**	**2110418**	**1481152**	**1684436**	**283163**	**425982**
#龙泉驿区	39756	49444	28372	28938	11384	20506
青白江区	40548	50236	40548	50236		
金 堂 县	34934	42528	16563	19693	18371	22835
双 流 县	84677	103929	30268	36103	54409	67826
温 江 县	39917	49599	23065	26167	16852	23432
郫　　县	52978	64534	19438	23255	33540	41279
新 都 县	73338	90390	36480	37459	36858	52931
大 邑 县	35228	45133	18199	19503	17029	25630
蒲 江 县	16976	22696	8812	10452	8164	12244
新 津 县	23714	30322	12193	14533	11521	15789
都江堰市	65785	82505	51295	62352	14490	20153
彭 州 市	56353	71756	26300	32879	30053	38877
邛 崃 市	43450	54055	24360	26860	19090	27195
崇 州 市	42500	54058	19714	23486	22786	30572

14-25 区(市)县交通运输指标

Main Indicators of Transportation in Districts, Cities at County Level and Counties

	公路通车里程 (公里)		公里旅客周转量 (万人公里)	
	2000 年	2001 年	2000 年	2001 年
全　　市	**13374**	**12198**	**1148128**	**1293121**
#龙泉驿区	846	526	35896	42036
青白江区	521	514	15037	16547
金 堂 县	1173	885	101429	116309
双 流 县	1448	1542	59169	71870
温 江 县	359	325	6056	7014
郫　县	419	668	24226	24735
新 都 县	572	598	17939	18604
大 邑 县	1284	1581	19200	19845
蒲 江 县	925	914	7476	8112
新 津 县	532	243	10950	12045
都江堰市	604	697	47388	51925
彭 州 市	1210	913	71812	77384
邛 崃 市	1482	979	44520	52088
崇 州 市	1181	1059	12144	12989

注：2001 年公路里程为公路普查数，不包括宽 4.5 米以下的公路里程。

续表 1

	公路货物周转量 (万吨公里)		通公路乡镇数 (个)	
	2000 年	2001 年	2000 年	2001 年
全　　市	**712243**	**783752**	**337**	**335**
#龙泉驿区	19003	22213	19	19
青白江区	9358	10294	15	15
金 堂 县	80996	92223	24	24
双 流 县	51758	16478	26	26
温 江 县	4220	4670	15	15
郫　县	7770	8101	19	19
新 都 县	21767	25475	17	17
大 邑 县	22721	23102	27	27
蒲 江 县	8348	9329	19	19
新 津 县	6766	7288	16	16
都江堰市	3211	3875	28	28
彭 州 市	58343	62427	28	28
邛 崃 市	31696	36926	33	33
崇 州 市	23014	21866	34	34

14-26　区(市)县全社会固定资产投资

Total Investment in Fixed Assets in Districts, Cities at County Level and Counties

单位：万元

	1978 年	1980 年	1990 年	2000 年	2001 年
全　　市	**29391**	**55744**	**401156**	**4759020**	**5822157**
#龙泉驿区	551	878	16043	218244	263081
青白江区	2177	1799	21266	99302	121452
金 堂 县	597	657	11400	122368	123454
双 流 县	427	725	20615	359317	415312
温 江 县	872	756	8865	81182	115809
郫　 县	98	282	9611	220084	279832
新 都 县	99	1344	14913	146479	187061
大 邑 县	879	1130	3835	109986	137592
蒲 江 县	522	768	3948	62290	79822
新 津 县	77	253	3000	73676	88141
都江堰市	1243	3070	16338	182365	238873
彭 州 市	590	1117	18683	79965	87900
邛 崃 市	1396	1356	6197	87677	101800
崇 州 市	465	504	4353	93373	113568

14-27 区(市)县全社会固定资产投资(2001年)

Total Investment in Fixed Assets in Districts, Cities at County Level and Counties (2001)

单位：万元

	合　计	#基本建设	#更新改造	#房地产开发
全　　市	**5822157**	**2815371**	**649091**	**1707554**
#龙泉驿区	263081	140207	31381	44785
青白江区	121452	47989	33062	11838
金 堂 县	123454	47219	19814	7947
双 流 县	415312	284140	26238	82674
温 江 县	115809	52239	32802	10119
郫　县	279832	149878	64322	6900
新 都 县	187061	96216	36748	17974
大 邑 县	137592	109843	10181	3156
蒲 江 县	79822	38572	12476	521
新 津 县	88141	50781	15060	12321
都江堰市	238873	127335	15886	39824
彭 州 市	87900	27838	15096	7662
邛 崃 市	101800	33346	15135	19751
崇 州 市	113568	64297	17563	14672

14-28 区(市)县教育、卫生情况(2001 年)

Main Indicators on Education and Health Care in Districts, Cities at County Level and Counties (2001)

	普通中学			普通小学		
	学校(所)	在校学生(人)	专任教师(人)	学校(所)	在校学生(人)	专任教师(人)
全市	**552**	**520641**	**32032**	**2142**	**767201**	**37057**
#龙泉驿区	29	21749	1556	119	37988	2122
青白江区	19	18135	1093	138	29306	1508
金堂县	37	27563	2057	341	58256	2821
双流县	45	46072	3032	182	67331	3253
温江县	21	16679	1107	43	24011	1217
郫县	23	22689	1616	89	39137	1854
新都县	31	33852	1950	135	46316	1899
大邑县	33	25335	1420	114	36509	1820
蒲江县	22	14337	835	38	19644	994
新津县	16	15151	962	58	22909	1043
都江堰市	40	33256	1879	137	50842	2201
彭州市	38	41186	2049	170	58298	2757
邛崃市	47	31927	1772	112	47923	2690
崇州市	40	33492	1848	152	49436	2374

续表 1

	学龄儿童入学率(%)	卫生机构(个)	#医院卫生院	医院、卫生院床位数(张)	卫生技术人员(人)	#医生
全市	**99.94**	**6558**	**566**	**34048**	**53331**	**25167**
#龙泉驿区	100.00	129	30	1533	2005	742
青白江区	99.90	93	21	796	1380	593
金堂县	99.95	204	45	1340	2102	918
双流县	99.95	330	40	1661	2651	1136
温江县	99.93	144	20	1099	1823	757
郫县	100.00	220	24	1116	1915	761
新都县	99.99	149	27	1152	2164	873
大邑县	99.94	341	37	1003	1532	602
蒲江县	99.99	58	22	318	727	362
新津县	100.00	102	18	585	1119	448
都江堰市	99.92	112	35	1661	2639	1048
彭州市	100.00	253	44	1217	2192	914
邛崃市	99.91	248	44	1076	1922	943
崇州市	99.77	314	39	1023	1997	813

14-29 区(市)县社会消费品零售总额(2001年)

Total Retail Sale of Consumable Goods in Districts,

Cities at County Level and Counties (2001)

单位：万元

	社会消费品零售总额	在总额中：		在总额中：		
		# 批发零售贸易业	# 餐饮业	市的零售额	县的零售额	县以下的零售额
全　　市	**6275187**	**3703392**	**1212790**	**4005583**	**535738**	**1733866**
#龙泉驿区	215222	76885	60682	82580		132642
青白江区	123291	71183	13053	85071		38220
金 堂 县	156956	104583	21054		61827	95129
双 流 县	263359	139422	69230		91276	172083
温 江 县	106305	64756	20085		57200	49105
郫　　县	170233	79782	40577		78275	91958
新 都 县	257131	107517	60464		129265	127866
大 邑 县	169391	87763	32400		58392	110999
蒲 江 县	83255	39742	19682		43694	39561
新 津 县	107661	63148	15544		54909	52752
都江堰市	262037	125739	59507	146741		115296
彭 州 市	254919	107590	43044	136635		118284
邛 崃 市	193915	112635	38192	95832		98083
崇 州 市	212069	111749	41727	107021		105048

续表 1　　　　　　　　　　　　　　　　　　　　　　　　单位：万元

	在总额中：				在总额中：农业生产者直接零售额
	#国有经济	#集体经济	#个体经济	#私营经济	
全　　市	**577638**	**1051145**	**1824266**	**779791**	**1005871**
#龙泉驿区	9831	38158	63008	43010	56948
青白江区	3337	4640	63127	12991	35456
金 堂 县	22328	16712	78196	11197	28523
双 流 县	10688	7184	150750	39754	34403
温 江 县	16725	5532	58382	6049	17806
郫　　县	3268	15674	92449	20676	37463
新 都 县	21733	22042	126139	33374	53527
大 邑 县	9347	20521	92922	10634	31065
蒲 江 县	6747	3955	38900	15439	20971
新 津 县	8293	9700	44479	33601	9258
都江堰市	26356	31341	106099	24180	66039
彭 州 市	16198	10001	109039	21743	97938
邛 崃 市	6074	2723	114044	37138	30174
崇 州 市	11049	46381	87282	31935	33205

14-30 区(市)县财政收入

Government Financial Revenue in Districts，Cities at County Level and Counties

单位：万元

	1978 年	1980 年	1990 年	2000 年	2001 年
全　　市	**73882**	**75687**	**203981**	**1186106**	**1453175**
#锦 江 区				39198	55433
青 羊 区				45213	57520
金 牛 区				68303	84839
武 侯 区				56390	69045
成 华 区				45008	59510
龙泉驿区	594	614	3410	25624	30204
青白江区	1545	1921	10290	23936	26239
金 堂 县	1662	1935	5631	21017	22492
双 流 县	1543	1766	7849	66399	72272
温 江 县	694	918	3064	24153	30805
郫　　县	875	1020	3773	29637	40100
新 都 县	1506	1883	7155	39328	48546
大 邑 县	799	909	3463	24090	29050
蒲 江 县	220	328	1197	10226	11094
新 津 县	440	361	2113	13976	16845
都江堰市	1492	1887	6383	29500	35543
彭 州 市	1398	1662	5657	25866	25942
邛 崃 市	795	885	4260	23449	29363
崇 州 市	1269	1605	4293	22940	29279

14-31 区(市)县财政支出

Government Financial Expenditures in Districts, Cities at County Level and Counties

单位：万元

	1978 年	1980 年	1990 年	2000 年	2001 年
全　　市	**29626**	**33359**	**119179**	**829432**	**1056589**
#锦 江 区				27773	42045
青 羊 区				32335	41201
金 牛 区				49851	53127
武 侯 区				38463	46904
成 华 区				30545	41447
龙泉驿区	607	740	3029	21168	26240
青白江区	308	280	2867	16313	20108
金 堂 县	1727	1711	5240	22944	28812
双 流 县	1317	1383	5517	51319	56168
温 江 县	492	695	2608	16549	21689
郫　　县	572	695	3089	22065	30609
新 都 县	643	947	4779	27630	33793
大 邑 县	685	1018	3286	23064	28309
蒲 江 县	485	753	1733	12592	13546
新 津 县	430	917	2320	15377	18082
都江堰市	742	1200	4557	25869	32647
彭 州 市	896	1176	4194	23152	26501
邛 崃 市	735	1534	3721	22112	29627
崇 州 市	755	1090	3014	23990	31265

14-32 区(市)县地方财政收入(2001年)

Local Government Financial Revenue in Districts, Cities at County Level and Counties (2001)

单位：万元

	地方财政收入(含基金收入)	财政一般预算收入	# 工商税收	# 农业税收	# 企业收入
全 市	**776481**	**718970**	**326921**	**51984**	**163963**
#锦江区	33428	33368	15311	953	6419
青羊区	32084	31864	16839	1140	9107
金牛区	46394	46237	27425	631	12726
武侯区	35466	35385	22084	591	10026
成华区	31106	30854	17434	165	8013
龙泉驿区	17432	15042	7553	1550	2584
青白江区	12895	9707	5707	818	1274
金堂县	16219	14478	3489	1960	5319
双流县	38605	36847	23885	3914	3658
温江县	14059	12255	7033	1196	2261
郫县	23550	19629	7475	2265	7890
新都县	24321	21694	9353	2121	6234
大邑县	19690	17377	4972	2393	7045
蒲江县	7528	6921	2141	713	2676
新津县	10616	9429	2920	780	2512
都江堰市	20105	17799	8802	1654	4313
彭州市	14168	12039	5268	1815	2733
邛崃市	19184	12682	4535	1985	4087
崇州市	20667	18805	4770	2291	6398

注：本表地方财政收入扣除省分税收入。

14-33　区(市)县地方财政支出(2001年)

Local Government Financial Expenditures in Districts,
Cities at County Level and Counties (2001)

单位：万元

	地方财政支出	财政一般预算支出	# 生产性支出	# 支农支出	# 文教卫支出
全　　市	1056589	1002860	215976	49245	200389
#锦江区	42045	41973	9095	872	7141
青羊区	41201	40956	14460	320	8269
金牛区	53127	53008	14687	1626	9000
武侯区	46904	46654	12569	3129	6957
成华区	41447	41205	9216	1583	5222
龙泉驿区	26240	24012	3526	2035	6927
青白江区	20108	16434	1371	1752	5953
金堂县	28812	26983	4133	3058	8374
双流县	56168	54782	7606	3940	17782
温江县	21689	19919	1486	1610	5143
郫　县	30609	26573	4631	1659	8416
新都县	33793	32010	4530	3206	9547
大邑县	28309	25990	3893	2246	5862
蒲江县	13546	13161	752	2336	3974
新津县	18082	16839	2873	1788	5104
都江堰市	32647	30089	4069	3460	7824
彭州市	26501	23119	1238	2758	8834
邛崃市	29627	24347	2348	2951	7816
崇州市	31265	29385	6098	1908	8010

14-34 区(市)县上划中央增值税和消费税情况

Value-added Tax and Consumption Tax Turned over to Central Government in Districts, Cities at County Level and Counties

单位：万元

	1995 年	1997 年	2000 年	2001 年
全　　市	**231981**	**310222**	**460874**	**748682**
#锦 江 区	7201	9623	12662	17716
青 羊 区	7264	9503	12917	21181
金 牛 区	9767	12398	19054	30153
武 侯 区	12165	10540	17680	27158
成 华 区	7681	11203	15350	24923
龙泉驿区	3406	4578	8421	13749
青白江区	6920	9267	9813	15650
金 堂 县	4891	5675	6027	6436
双 流 县	7465	10866	17030	28709
温 江 县	3424	5185	10741	18188
郫　 县	3054	4836	10421	17599
新 都 县	9177	10897	16755	26727
大 邑 县	3397	4357	5771	9360
蒲 江 县	1884	2296	2632	3590
新 津 县	2207	2940	4170	6456
都江堰市	6263	8027	9259	15079
彭 州 市	6757	8854	9228	12657
邛 崃 市	3621	4869	7157	10630
崇 州 市	4341	4195	5795	9184

14-35 区（市）县税收情况(2001 年)

Main Indicators of Taxation in Districts，Cities at County Level and Counties (2001)

单位：万元

	合　计	内 资 企 业			
		小　计	#国有企业	#集体企业	#联营企业
全　市	**1381916**	**1068323**	**484115**	**124812**	**6461**
#锦 江 区	50169	40686	5766	12646	189
青 羊 区	54817	46384	6498	17300	18
金 牛 区	82519	73333	15863	9270	260
武 侯 区	68652	53225	5453	8383	269
成 华 区	60518	53320	9152	12338	366
龙泉驿区	27336	22456	4941	6348	426
青白江区	25400	19242	5553	2015	60
金 堂 县	14752	11757	4757	1514	1
双 流 县	67631	47667	23655	10024	1687
温 江 县	28438	19401	13170	1354	136
郫　县	34697	24110	3740	4694	239
新 都 县	40222	25780	7076	4299	170
大 邑 县	19169	16358	4498	2275	15
蒲 江 县	7399	5918	1551	1095	6
新 津 县	12466	10356	1893	932	186
都江堰市	31311	26929	8699	7097	595
彭 州 市	21564	15302	6108	3136	222
邛 崃 市	20000	15639	3947	2973	20
崇 州 市	19053	15379	3049	2136	544

续表 1

单位：万元

	内资企业		港澳台及外商投资企业	个体经营	在合计中：乡镇企业
	#股份公司	#私营企业			
全　　市	**351620**	**48411**	**219154**	**94439**	**58638**
#锦 江 区	21234	438	4701	4782	2572
青 羊 区	19277	1760	5752	2681	4696
金 牛 区	20450	394	2194	4612	
武 侯 区	14286	21318	10097	5330	6246
成 华 区	27876	3261	3536	3662	6080
龙泉驿区	9601	482	2314	2566	480
青白江区	10713	625	4394	1764	3475
金 堂 县	5243	234	784	2211	728
双 流 县	9139	2490	13986	5978	5976
温 江 县	4230	284	4618	4419	611
郫　县	13613	1796	8267	2320	1655
新 都 县	12882	229	9024	5418	8388
大 邑 县	7326	2244	518	2292	1545
蒲 江 县	2779	487	257	1227	2236
新 津 县	5832	1512	283	1825	
都江堰市	7444	1060	1495	2887	6308
彭 州 市	3103	2215	2055	4207	1922
邛 崃 市	6516	2026	681	3680	424
崇 州 市	6138	3512	15	3659	

14-36 区(市)县金融保险指标(2001 年)

Main Indicators on Banking and Insurance in Districts,

Cities at County Level and Counties (2001)

单位：万元

	金融机构年末存款余额	#城乡居民年末储蓄余额	金融机构年末贷款余额	保费收入	已决赔款
全　　市	**22571432**	**9954531**	**17622699**	**285055**	**89438**
#龙泉驿区				7072	1590
青白江区				2447	2161
金 堂 县	243975	184500	184259	3669	1864
双 流 县	1099680	615287	891607	8802	3955
温 江 县	331433	220805	188381	3424	910
郫　　县	412166	288925	192686	4934	1130
新 都 县	566515	425311	273637	6160	2698
大 邑 县	213426	169050	195329	3527	1318
蒲 江 县	102449	79731	98449	2117	519
新 津 县	204253	161179	118226	4648	1151
都江堰市	495944	347688	255425	7793	2395
彭 州 市	393545	310449	319758	4445	1701
邛 崃 市	262290	210694	153113	1300	730
崇 州 市	322930	275059	218624	2878	1444

十五、普查资料

简 要 说 明

主要内容

本部分包括 R&D 资源清查资料和人口普查资料等内容。

资料来源

R&D 资源清查资料根据成都市 R&D 资源清查数据集整理而得。

人口普查资料来源于成都市第五次人口普查快速汇总资料。

15-1 R&D 人 员 情 况(2000年)

Research and Experimental Development Resources Personnel (2000)

	有R&D活动单位数(个)	R&D人员折合全时人员(人)	#科学家和工程师	#全时人员
总 计	**402**	**29082**	**20830**	**17243**
一、按执行部门分组				
科研院所	55	10760	6611	6080
高等院校	22	7787	5446	2875
企 业	273	7594	6596	6108
其 他	52	2941	2177	2181
二、按活动类型分组				
基础研究		2656		
应用研究		7908		
试验发展		18518		
三、按登记注册类型分组				
国 有	221	25014	17031	13648
集 体	14	251	226	227
股份合作	11	145	127	127
联 营	2	21	21	21
有限责任公司	80	2608	2492	2350
股份有限公司	29	560	496	457
私 营	21	262	235	234
港澳台商投资	8	72	63	65
外商投资	16	149	140	115
四、按隶属关系分组				
中 央	83	17604	11953	9490
地 方	319	11478	8877	7753
五、按国民经济行业分组				
农 业	1	460		320
畜牧业	5	94	88	83
渔 业	1	9	1	6
农、林、牧、渔服务业	20	471	311	373
石油和天然气开采业	1	299	213	299
食品加工业	1	12	12	12
食品制造业	3	29	23	29
烟草加工业	1	62	45	62
纺织业	1	15	11	11
家具制造业	1			
印刷业、记录媒介的复制	2	29	29	

续表 1

	有R&D活动单位数（个）	R&D人员折合全时人员（人）	#科学家和工程师	#全时人员
文教体育用品制造业	1	1	1	
化学原料及化学制品制造业	15	580	417	493
医药制造业	32	720	587	616
橡胶制品业	1	10	10	10
塑料制品业	1	7	4	4
非金属矿物制品业	5	47	34	41
黑色金属冶炼及压延加工业	3	307	307	140
有色金属冶炼及压延加工业	1	10	10	7
金属制品业	5	46	42	44
普通机械制造业	11	229	168	126
专用设备制造业	23	227	217	178
交通运输设备制造业	19	946	796	529
武器弹药制造业	2	169	74	92
电气机械及器材制造业	12	241	209	217
电子及通信设备制造业	53	717	625	597
仪器仪表及文化办公用机械制造业	11	218	205	165
其他制造业	4	26	26	23
电力、蒸汽、热水的生产和供应业	2	58	56	35
煤气生产和供应业	1	38	30	14
自来水的生产和供应业	2	22	14	16
土木工程建筑业	12	923	901	720
线路、管道和设备安装业	1	14	7	14
地质勘查业	7	327	299	204
铁路运输业	2	116	116	116
交通运输辅助业	2	145	103	132
邮电通信业	3	76	50	64
计算机应用服务业	31	1856	1787	1836
卫　生	21	1426	1278	717
教　育	18	7091	4867	2649
科学研究业	56	10787	6635	6107
综合技术服务业	8	227	222	141

15-2 R&D 活动经费情况(2000年)

Expenditure on Research and Experimental Development Resources (2000)

单位：万元

	R&D经费内部支出	#经常费支出	#人员劳务费	#固定资购建	#设备购置费	R&D经费外部支出
总　　计	**220287**	**199267**	**41875**	**47201**	**39182**	**9697**
一、按执行部门分组						
科研院所	125190	108107	21138	25005	18504	2335
高等院校	27123	25854	4655	5351	5284	1176
企　业	56944	55545	12215	13682	13032	5283
其　他	11030	9762	3868	3164	2363	903
二、按活动类型分组						
基础研究		6541				
应用研究		29763				
试验发展		162963				
三、按资金来源分组						
政府资金	129945					
企业资金	62867					
国外资金	458					
其　　他	27018					
四、按登记注册类型分组						
国　有	191569	170999	36200	39930	32040	7063
集　体	1428	1415	267	366	362	130
股份合作	2430	2422	295	264	258	415
联　营	74	73	23	21	20	21
有限责任公司	11806	11502	2521	2820	2746	1173
股份有限公司	7399	7334	1424	2380	2342	486
私　营	1732	1683	370	530	530	56
港澳台商投资	1292	1283	127	201	193	139
外商投资	2558	2558	650	691	691	214
五、按隶属关系分组						
中　央	164473	147890	28893	32079	26769	4956
地　方	55814	51377	12982	15122	12414	4740
六、按国民经济行业分组						
农　业	2389	2349	885	884	872	543
畜牧业	490	442	191	110	100	24
渔　业	85	83	10	52	51	10
农、林、牧、渔服务业	763	760	500	67	67	30
石油和天然气开采业	4293	3102	252	1308	522	213
食品加工业	103	100	33	48	46	
食品制造业	94	91	52	8	6	
烟草加工业	16	16		5	5	
纺织业	105	105	30	19	19	
家具制造业	9	9	7			
印刷业、记录媒介的复制	754	754	73	130	130	80

续表 1

单位：万元

	R&D经费内部支出	#经常费支出	#人员劳务费	#固定资产购建	#设备购置费	R&D经费外部支出
文教体育用品制造业	77	77	12	45	45	12
化学原料及化学制品制造业	3687	2908	727	1304	900	171
医药制造业	10029	9910	1350	2454	2396	1373
橡胶制品业	133	130	32	30	28	20
塑料制品业	11	11	1	1	1	4
非金属矿物制品业	149	149	42	21	21	17
黑色金属冶炼及压延加工业	3403	3403	1565	125	125	799
有色金属冶炼及压延加工业	44	44	23	6	6	
金属制品业	109	109	34	24	24	
普通机械制造业	3836	3836	535	176	176	109
专用设备制造业	776	740	220	142	116	72
交通运输设备制造业	7944	7902	1312	1316	1284	583
武器弹药制造业	364	364	205	41	41	
电气机械及器材制造业	2120	2110	480	684	681	111
电子及通信设备制造业	8499	8172	1981	2381	2295	518
仪器仪表及文化办公用机械制造业	3019	3000	573	736	726	107
其他制造业	111	110	30	44	43	65
电力、蒸汽、热水的生产和供应业	2777	2777	735	617	617	761
煤气生产和供应业	592	584	33	545	539	
自来水的生产和供应业	62	61	15	24	24	14
土木工程建筑业	1639	1638	772	663	662	13
线路、管道和设备安装业	56	55	17	3	3	19
地质勘查业	1067	1067	739	225	225	173
铁路运输业	121	120	54	19	19	
交通运输辅助业	875	875	136	219	219	
邮电通信业	1633	1630	105	1169	1166	
计算机应用服务业	3232	3208	800	591	587	346
卫　生	2382	2365	1496	567	567	19
教　育	26395	25142	4288	5270	5203	1158
科学研究业	125360	108277	21168	25005	18504	2335
综合技术服务业	686	686	366	126	126	

15-3 科 技 活 动 人 员 情 况(2000 年)

Personnel in Scientific and Technological Activities (2000)

	有科技活动企业数（人）	科技活动人员（人）	#科学家和工程师
总　　计	**600**	**79397**	**52537**
一、按执行部门分组			
科研院所	98	19031	11455
高等院校	22	10828	8210
企　业	423	42480	27135
其　他	57	7058	5737
二、按登记注册类型分组			
国　有	317	58912	38704
集　体	23	1168	703
股份合作	14	983	530
联　营	3	74	74
有限责任公司	120	9625	6894
股份有限公司	52	6109	3934
私　营	28	856	558
港澳台商投资	12	421	245
外商投资	31	1249	895
三、按隶属关系分组			
中　央	107	38109	23526
地　方	493	41288	29011
四、按国民经济行业分组			
农　业	1	624	569
畜牧业	6	212	159
渔　业	1	12	2
农、林、牧、渔服务业	21	754	389
石油和天然气开采业	1	430	277
食品加工业	2	35	35
食品制造业	6	166	81
饮料制造业	2	104	93
烟草加工业	1	62	45
纺织业	3	166	67
皮革、毛皮、羽绒及其制品业	1	21	18
家具制造业	1	19	6
造纸及纸制品业	1	20	15
印刷业、记录媒介的复制	3	200	134

续表 1

	有科技活动企业数（人）	科技活动人员（人）	#科学家和工程师
文教体育用品制造业	1	36	12
石油加工及炼焦业	1	63	23
化学原料及化学制品制造业	25	2825	1635
医药制造业	46	2444	1945
化学纤维制造业	1	20	19
橡胶制品业	1	30	30
塑料制品业	4	131	43
非金属矿物制品业	12	498	283
黑色金属冶炼及压延加工业	4	2980	1699
有色金属冶炼及压延加工业	4	162	96
金属制品业	7	677	647
普通机械制造业	16	2112	1257
专用设备制造业	38	2447	1426
交通运输设备制造业	35	9685	4752
武器弹药制造业	3	547	208
电气机械及器材制造业	22	1694	1135
电子及通信设备制造业	76	7685	5256
仪器仪表及文化办公用机械制造业	16	867	596
其他制造业	6	89	85
电力、蒸汽、热水的生产和供应业	2	356	356
煤气生产和供应业	1	373	81
自来水的生产和供应业	2	186	142
土木工程建筑业	20	2046	1771
线路、管道和设备安装业	1	54	13
地质勘查业	7	1842	1531
水利管理业	1	20	20
铁路运输业	2	309	253
交通运输辅助业	2	186	139
邮电通信业	4	295	205
计算机应用服务业	39	3138	2709
卫　生	22	3338	3105
教　育	18	9561	6946
科学研究业	99	19030	11457
综合技术服务业	12	846	772

15-4 科技活动经费筹集情况(2000 年)

Funding for Scientific and Technological Activities (2000)

单位：万元

	科技经费筹集额							
	小 计	政 府 资 金	#基建 资金	企 业 资 金	事业单 位资金	金融机 构贷款	国 外 资 金	其 他 资 金
总 计	**590439**	**246501**	**25851**	**207366**	**52412**	**56529**	**1496**	**26134**
一、按执行部门分组								
科研院所	227471	171898	20779	12768	34835	3507	30	4433
高等院校	39957	23867	407	14876	77	257	284	596
企 业	303216	44747	4618	178496	5535	52762	968	20708
其 他	19796	5989	47	1226	11965	3	215	398
二、按登记注册类型分组								
国 有	446290	234703	25851	111345	51107	26866	630	21639
集 体	5352	359		4317				676
股份合作	6062	20		5060		830		152
联 营	737	105		413	10	163		46
有限责任公司	49606	3280		31764	1250	11860	141	1312
股份有限公司	53906	7319		39206	8	6248		1125
私 营	4419	327		3208	38	518		329
港澳台商投资	9118	175		3087		5000		856
外商投资	14951	213		8967		5044	726	
三、按隶属关系分组								
中 央	330344	199709	22982	79127	11965	21938	314	17291
地 方	260096	46792	2869	128240	40447	34591	1183	8843
四、按国民经济行业分组								
农 业	4763	4763	40					
畜牧业	696	7	7	637	52			
渔 业	91	91						
农、林、牧、渔服务业	1657	749		276	406	2	104	121
石油和天然气开采业	7625				7477			148
食品加工业	582			82		300		200
食品制造业	2325	295		1482		200		348
饮料制造业	697	57		636				4
烟草加工业	3016			3016				
纺织业	2365	105		2260				
皮革、毛皮、羽绒及其制品业	106	56		34				16
家具制造业	38			38				
造纸及纸制品业	437			437				
印刷业、记录媒介的复制	1256			787		132		337

续表 1　　　　单位：万元

	科技经费筹集额							
	小计	政府资金	#基建资金	企业资金	事业单位资金	金融机构贷款	国外资金	其他资金
文教体育用品制造业	95	65		30				
石油加工及炼焦业	1			1				
化学原料及化学制品制造业	43914	3542		19891	4219	13845		2417
医药制造业	25604	2627		15394		5538	101	1944
化学纤维制造业	29			29				
橡胶制品业	500			400		100		
塑料制品业	903	110		653		140		
非金属矿物制品业	2195	148		2047				
黑色金属冶炼及压延加工业	11885			11885				
有色金属冶炼及压延加工业	1701	376		1274				50
金属制品业	1072	287		555				230
普通机械制造业	7830	631		6742		178		279
专用设备制造业	6682	1977		4236	44	204		222
交通运输设备制造业	39494	18681		8185		2275		10353
武器弹药制造业	1935	1370		565				
电气机械及器材制造业	11963	920		6894		3513		636
电子及通信设备制造业	43126	3905		30653	1208	6139	726	495
仪器仪表及文化办公用机械制造业	10529	1354		3290	55	5780		50
其他制造业	392	43		243	10	55		41
电力、蒸汽、热水的生产和供应业	4555			4551		4		
煤气生产和供应业	795			722				73
自来水的生产和供应业	196	20		176				
土木工程建筑业	21367	944		20418	5			
线路、管道和设备安装业	300			200				100
地质勘查业	949	425		247	250			27
水利管理业	4	2			2			
铁路运输业	807			807				
交通运输辅助业	6486	5209	4618	543				734
邮电通信业	27321	171		17565		8000		1585
计算机应用服务业	19220	1139		11127	50	6261	141	503
卫　生	4954	1442		126	3308			79
教　育	38575	22666	407	14756	77	257	284	535
科学研究业	227550	171856	20779	12768	34853	3507	133	4433
综合技术服务业	1860	467		708	398	101	8	178

15-5 科技活动经费支出情况(2000 年)

Expenditures of Scientific and Technological Activities (2000)

单位：万元

	当年科技活动经费支出						
	合计	内部支出	#经常性支出	#人员劳务费	固定资产购建	#设备购置	外部支出
总计	**543988**	**520810**	**461978**	**92893**	**139684**	**111971**	**23179**
一、按执行部门分组							
科研院所	199790	197244	173310	34122	35253	23742	2546
高等院校	35235	33914	31193	8519	7657	7590	1322
企业	286327	268278	239066	43054	89955	75171	18049
其他	22636	21374	18410	7198	6819	5467	1262
二、按登记注册类型分组							
国有	406886	392309	351622	69229	93494	71559	14577
集体	5651	5197	4468	1811	1563	1260	454
股份合作	6021	5440	5353	1055	508	448	581
联营	649	624	608	90	408	402	25
有限责任公司	55249	51112	39427	8779	19301	15875	4136
股份有限公司	46611	44927	41253	7799	17127	15664	1684
私营	5330	5133	3953	1130	2092	2041	198
港澳台商投资	5604	5024	4527	470	2115	1804	581
外商投资	11987	11044	10768	2529	3076	2919	944
三、按隶属关系分组							
中央	287884	280430	251442	44636	72234	57658	7454
地方	256104	240380	210536	48257	67450	54313	15724
四、按国民经济行业分组							
农业	4768	3958	3918	1200	1185	1145	810
畜牧业	939	899	677	279	349	229	40
渔业	113	103	83	10	70	55	10
农、林、牧、渔服务业	1610	1565	1513	886	140	138	45
石油和天然气开采业	7557	7344	5160	357	2347	1245	213
食品加工业	726	726	566	186	413	326	
食品制造业	2371	2371	2128	263	1388	1232	
饮料制造业	1219	1219	1219	51	37	37	
烟草加工业	3016	3016	3016	12	1000	1000	
纺织业	2365	2282	2282	158	70	70	83
皮革、毛皮、羽绒及其制品业	115	115	115	32			
家具制造业	38	38	38	29	1	1	
造纸及纸制品业	508	508	437	10	79	16	
印刷业、记录媒介的复制	837	757	757	77	130	130	80

续表 1

单位：万元

	当年科技活动经费支出						
	合计	内部支出	#经常性支出	#人员劳务费	固定资产购建	#设备购置	外部支出
文教体育用品制造业	89	77	77	12	45	45	12
石油加工及炼焦业	29	29	8	8	21		
化学原料及化学制品制造业	34021	31181	30034	3514	6215	5651	2839
医药制造业	30566	27571	24105	3728	9737	7988	2995
化学纤维制造业	677	677	677	29			
橡胶制品业	450	400	330	80	140	70	50
塑料制品业	937	930	910	48	309	309	7
非金属矿物制品业	2279	2227	2182	384	1192	1147	52
黑色金属冶炼及压延加工业	10315	7830	7550	4618	637	507	2485
有色金属冶炼及压延加工业	1533	1533	1533	289	119	119	
金属制品业	1051	1051	1041	298	394	384	
普通机械制造业	10253	10145	10145	1747	345	345	109
专用设备制造业	6801	6084	5252	1337	1623	1280	717
交通运输设备制造业	36978	35186	33081	4708	9609	7964	1792
武器弹药制造业	1890	1410	1225	367	226	41	480
电气机械及器材制造业	9251	8854	8099	2987	3784	3403	397
电子及通信设备制造业	53895	51583	39249	8281	19976	16830	2312
仪器仪表及文化办公用机械制造业	5604	5478	5257	870	1079	956	126
其他制造业	370	304	289	54	59	54	66
电力、蒸汽、热水的生产和供应业	4506	3536	3536	934	787	787	970
煤气生产和供应业	908	908	795	45	844	751	
自来水的生产和供应业	226	195	164	40	96	82	32
土木工程建筑业	11402	11316	11222	2523	6587	6500	86
线路、管道和设备安装业	343	270	205	63	68	68	73
地质勘查业	1842	1596	1594	1219	266	266	247
水利管理业	19	19	19	19			
铁路运输业	941	938	911	390	238	238	3
交通运输辅助业	6032	6032	895	139	5362	225	
邮电通信业	26188	26188	26161	493	14286	14259	
计算机应用服务业	15916	13733	12200	3747	2650	2073	2183
卫　生	6294	6260	5771	3722	2447	2447	34
教　育	34086	32798	30186	7597	7464	7397	1288
科学研究业	200137	197591	173386	34091	35523	23812	2546
综合技术服务业	1983	1983	1983	966	350	350	

15-6 科 技 成 果 情 况(2000 年)

Achievements in Scientific and Technological Research (2000)

	专利申请(件)	#发明专利申请数	拥有发明专利数(件)	发表科技论文(篇)	出版科技著作(篇)
总　　计	**658**	**259**	**377**	**15760**	**880**
一、按执行部门分组					
科研院所	103	58	86	3026	131
高等院校	79	45		10770	678
企　业	460	147	275	518	6
其　他	16	9	16	1446	65
二、按登记注册类型分组					
国　有	295	145	215	15760	880
集　体	17	7	15		
股份合作	12	5	6		
联　营	2	2	4		
有限责任公司	136	36	43		
股份有限公司	97	24	22		
私　营	22	9	29		
港澳台商投资	53	20	28		
外商投资	24	11	15		
三、按隶属关系分组					
中　央	191	110	198	6804	356
地　方	467	149	179	8956	524
四、按国民经济行业分组					
农　业	4	4		231	
畜牧业	6	3	2	27	1
农、林、牧、渔服务业	3			32	3
石油和天然气开采业				55	
食品加工业	2				
食品制造业	1			5	
饮料制造业	27	2		4	
化学原料及化学制品制造业	26	15	67	148	1
医药制造业	89	37	17	8	
橡胶制品业	2	1	1		

续表 1

	专利申请(件)	#发明专利申请数	拥有发明专利数(件)	发表科技论文(篇)	出版科技著作(篇)
塑料制品业	3		1		
非金属矿物制品业	18	2	1		
黑色金属冶炼及压延加工业	7	4	13		
有色金属冶炼及压延加工业	4	3	2	35	
金属制品业	1		1		
普通机械制造业	7		4	5	
专用设备制造业	74	28	44		
交通运输设备制造业	3		32		
电气机械及器材制造业	30	4	3		
电子及通信设备制造业	86	26	45		
仪器仪表及文化办公用机械制造业	16	7	8		
其他制造业			11		
电力、蒸汽、热水的生产和供应业			3		
煤气生产和供应业	1	1	1		
自来水的生产和供应业	1				
土木工程建筑业	3	2	2	157	5
线路、管道和设备安装业	2	1	5		
地质勘查业				124	
铁路运输业				53	1
交通运输辅助业	2	2	3	129	
计算机应用服务业	42	10	3		
卫　生	11	5	2	2618	82
教　育	73	43	0	9036	619
科学研究业	103	58	86	3032	132
综合技术服务业	4		13	61	36

15-7 独立研究机构和非独立科技机构情况(2000 年)

Basic Indicators of Independent Research Institutions and Non-Independent Research Institutions (2000)

	机构数（个）	# 法人机构	机构从事科技活动人员（人）	# 科学家工程师	机构科技经费内部支出（万元）	# R&D经费	机构年末固定资产原价（万元）	# 仪器设备
总计	**587**	**105**	**36103**	**23529**	**281756**	**157355**	**598782**	**225410**
一、按执行部门分组								
科研院所	106	105	18903	11346	197244	125120	284256	126951
高等院校	213		4185	2503	14280	11836	33233	23572
企业	253		12340	9159	68724	19705	277448	72058
其他	15		675	521	1508	694	3845	2830
二、按学科分组								
数学	6		131	39	72	64	121	64
信息科学与系统科学	25	1	732	634	5497	3096	2951	1849
力学	1		62	24	126	13	29985	3529
物理学	6		185	62	376	161	340	257
化学	14	2	961	599	3369	2048	2960	1453
地球科学	17	7	796	572	32900	21792	7495	4289
生物学	22	3	822	538	6200	3638	9996	3501
农学	13	10	523	354	4752	1518	3902	1059
林学	4	3	274	186	1905	282	2217	33
畜牧、兽医科学	9	2	294	228	3262	543	3605	898
基础医学	7	1	200	136	965	189	4346	2193
临床医学	34	3	762	513	5796	1074	14841	9676
预防医学与卫生学	6	2	290	222	1930	822	2696	1148
药学	27		536	467	6658	2432	9466	1874
中医学与中药学	30	5	1270	806	6844	2811	6246	1868
工程与技术科学基础学科	16	10	4301	2577	31615	24784	79842	39522
测绘科学技术	3	1	317	259	1048	145	681	538
材料科学	25	2	515	345	2290	630	4374	2349
矿山工程技术	2	1	138	118	1262	1048	6242	2249
冶金工程技术	7		555	293	2212	661	5907	3296
机械工程	30	2	1409	965	7567	2142	46070	7404
动力与电气工程	6		456	435	6108	5182	13463	6610
能源科学技术	6	2	271	164	974	140	1433	141
核科学技术	4	1	259	138	2146	836	3378	1351
电子、通信与自动控制技术	102	3	4523	3219	37607	13816	69563	44698
计算机科学技术	31	4	3023	2528	12438	1681	17892	5272
化学工程	16	1	613	363	1783	354	6056	2401
纺织科学技术	5	3	150	98	2236	226	995	162
食品科学技术	6	1	112	35	143	69	492	209
土木建筑工程	10	7	593	409	8670	580	6023	933
水利工程	3	2	1315	575	7390	63	5404	2915
交通运输工程	16	2	322	254	4339	2394	7254	3872
航空、航天科学技术	12	1	7677	3966	61945	61079	119295	62199

续表 1

	机构数（个）	#法人机构	机构从事科技活动人员（人）	#科学家工程师	机构科技经费内部支出（万元）	#R&D经费	机构年末固定资产原价（万元）	#仪器设备
环境科学技术	8	3	288	198	1225	221	1578	424
安全科学技术	1	1	88	62	1193	383	1787	805
管理学	4	1	39	28	133	6	52	0
语言学	1		14	14	0	0	10	3
文　学	2		45	45	25	25	160	28
历史学	2		6	5	5	5	30	6
经济学	15	3	233	194	2091	68	1857	72
法　学	1		15	15	0	0	12	10
社会学	4	2	306	267	1358	204	1927	14
民族学	8	2	164	161	669	44	89951	502
新闻学与传播学	1	1	26	15	39		96	85
图书馆、情报与文献学	11	8	387	313	2289	76	5185	3615
教育学	6	1	72	58	225	2	333	40
体育科学	1	1	21	21	73		273	
统计学	1		12	12	9	9		
三、按国民经济行业分组								
畜牧业	2		61	59	453	349	841	166
农、林、牧、渔服务业	7		140	68	391	198	348	77
食品加工业	1		22	22	464	100	180	140
食品制造业	2		59	19	60	36	429	200
饮料制造业	1		10	8	69		95	41
家具制造业	1		19	6	38	9	3	1
造纸及纸制品业	1		20	12	437		71	12
石油加工及炼焦业	1		18	16	1		53	43
化学原料及化学制品制造业	14		699	422	2690	600	3201	1994
医药制造业	39		989	779	10866	3844	16596	9867
橡胶制品业	1		28	28	300	100		
塑料制品业	2		16	9	401	11	1440	968
非金属矿物制品业	8		182	141	660	57	1194	563
黑色金属冶炼及压延加工业	7		875	410	3392	751	6721	3465
有色金属冶炼及压延加工业	2		23	21	58		12	12
金属制品业	3		168	155	340	29	2485	992
普通机械制造业	4		158	132	3338	1735	10754	4003
专用设备制造业	14		513	339	1793	335	3492	1306
交通运输设备制造业	17		1583	985	2488	1306	31887	2386
武器弹药制造业	4		125	77	1016	155	540	354
电气机械及器材制造业	12		508	221	2480	716	9055	8017
电子及通信设备制造业	64		2524	2084	18655	1877	69142	25340
仪器仪表及文化办公用机械制造业	12		321	257	3124	2193	789	538

续表 2

	机构数（个）	# 法人机构	机构从事科技活动人员（人）	# 科学家工程师	机构科技经费内部支出（万元）	# R&D经费	机构年末固定资产原价（万元）	# 仪器设备
其他制造业	1		10	9	70	65		
电力、蒸汽、热水的生产和供应业	1		347	347	3523	2764	12255	6019
煤气生产和供应业	1		38	14	60	30	446	110
自来水的生产和供应业	1		39	10	50	12	169	39
土木工程建筑业	6		139	96	2521	586	91008	477
地质勘查业	4		333	264	639	118	990	908
铁路运输业	1		48	45	262	80	212	142
邮电通信业	1		36	33	557	329	66	
计算机应用服务业	23		2599	2262	8063	1563	13323	4016
卫　生	38		824	480	1479	788	4446	3274
教　育	181		3616	2243	13510	11327	30162	21358
科学研究业	105	104	18871	11320	197149	125120	284075	126951
综合技术服务业	5	1	142	136	360	172	2304	1634
四、按登记注册类型分组								
国　有	404	105	28060	17315	231997	146750	407762	186697
集　体	14		413	297	3584	1056	38211	10493
股份合作	8		240	188	2954	268	1113	418
联　营	5		61	60	337	73	309	235
有限责任公司	71		4614	3691	21290	4250	28261	9726
股份有限公司	43		1524	1133	13778	3268	106721	5997
私　营	16		425	387	2337	849	2287	439
港澳台商投资	9		151	102	2250	622	10285	8395
外商投资	17		615	356	3229	220	3834	3011
五、按机构类型分组								
与境外机构合办	32		1336	731	5215	4393	6100	2349
与国内高校合办	35		879	671	6073	3943	53023	23093
与国内独立研究机构合办	133		2425	1228	4348	3005	11047	8551
与境内注册外商独自企业合办	9		173	110	1746	1403	3313	1327
与境内注册其他企业合办	6		517	482	4718	3548	13105	6735
单位自办	272	9	21767	14161	177123	119129	415120	152053
其　他	100	96	9006	6146	82533	21935	97075	31303
六、按隶属关系分组								
中　央	181	28	19122	11372	169405	133492	290919	153784
地　方	406	77	16981	12157	112352	23863	307863	71627

15-8 科技项目（课题）情况(2000年)

Science and technology projects (2000)

	项目（课题）数（项）	项目参加人员折合全时当年（人年）	#科学家和工程师	项目（课题）实际经费支出（万元）
总计	**6988**	**25236**	**18446**	**191228**
一、按活动类型分组				
基础研究	1097	2489	1494	4493
应用研究	2254	7188	4678	18061
试验发展	2051	7845	6374	62901
研究与试验发展成果应用	1249	6866	5248	101109
科技服务	337	847	651	4663
二、按学科分组				
数学	95	129	94	417
信息科学与系统科学	96	436	390	6653
力学	34	90	69	498
物理学	142	385	292	1866
化学	153	498	411	2830
地球科学	411	1097	847	8619
生物学	323	814	617	6259
农学	276	789	509	2319
林学	22	59	46	85
畜牧、兽医科学	97	371	296	1477
水产学	2	9	1	83
基础医学	120	936	568	527
临床医学	390	1135	619	2186
预防医学与卫生学	115	324	294	1497
药学	134	729	605	13549
中医学与中药学	405	1430	671	3571
工程与技术科学基础学科	44	211	117	262
测绘科学技术	33	101	100	411
材料科学	353	1037	650	5839
矿山工程技术	68	185	130	2192
冶金工程技术	45	176	136	918
机械工程	372	1542	1235	21171
动力与电气工程	50	160	134	768
能源科学技术	32	120	119	1450
核科学技术	24	590	404	339
电子、通信与自动控制技术	874	5192	3983	62238
计算机科学技术	264	1014	782	12965
化学工程	424	1178	743	5582
纺织科学技术	40	122	93	2502
食品科学技术	35	125	93	207
土木建筑工程	133	805	742	2093
水利工程	118	258	187	1232
交通运输工程	282	563	533	11723
航空、航天科学技术	52	1051	676	3833
环境科学技术	167	359	309	1185

续表1

	项目（课题）数（项）	项目参加人员折合全时当年（人年）	#科学家和工程师	项目（课题）实际经费支出（万元）
安全科学技术	56	84	78	456
管理学	161	243	179	332
马克思主义	16	29	22	5
哲　学	9	16	15	7
宗教学	3	3	3	4
语言学	24	35	26	7
文　学	31	22	21	16
艺术学	17	21	21	11
历史学	13	21	20	15
考古学	4	14	13	18
经济学	218	241	226	290
政治学	3	5	5	3
法　学	16	13	13	6
军事学	1	163	84	150
社会学	16	20	20	9
民族学	8	12	12	5
新闻学与传播学	7	31	19	7
图书馆、情报与文献学	37	71	45	406
教育学	86	120	82	118
体育科学	27	46	40	7
统计学	10	8	8	15
三、按国民经济行业分组				
畜牧业	12	95	81	617
渔　业	2	9	1	83
农、林、牧、渔服务业	59	471	252	1147
石油和天然气开采业	88	430	277	7343
有色金属矿采选业	8	21	21	11
食品加工业	6	37	35	571
食品制造业	7	34	23	42
饮料制造业	2	12	12	1031
烟草加工业	1	62	45	16
纺织业	7	25	18	2229
造纸及纸制品业	4	6	5	285
文教体育用品制造业	1	1	1	77
石油加工及炼焦业	2	16	16	1
化学原料及化学制品制造业	125	692	519	4197
医药制造业	195	1162	941	19455
化学纤维制造业	1	20	19	29
橡胶制品业	2	30	30	330
塑料制品业	5	78	9	691
非金属矿物制品业	19	151	106	1868
黑色金属冶炼及压延加工业	27	149	149	3211

续表 2

	项目（课题）数（项）	项目参加人员折合全时当年（人年）	#科学家和工程师	项目（课题）实际经费支出（万元）
有色金属冶炼及压延加工业	12	72	45	276
金属制品业	26	95	95	322
普通机械制造业	61	208	169	4271
专用设备制造业	93	765	529	3473
交通运输设备制造业	118	1368	962	12704
武器弹药制造业	28	939	625	1196
电气机械及器材制造业	71	716	474	7624
电子及通信设备制造业	257	2918	2507	27386
仪器仪表及文化办公用机械制造业	66	269	251	3462
其他制造业	9	38	38	121
电力、蒸汽、热水的生产和供应业	7	27	26	249
煤气生产和供应业	5	7	7	425
自来水的生产和供应业	4	18	18	61
土木工程建筑业	55	735	705	4220
线路、管道和设备安装业	2	32	12	148
装修装饰业	1	4	2	9
地质勘查业	41	329	298	1166
铁路运输业	12	45	42	245
航空运输业	3	8	8	18
交通运输辅助业	24	120	120	308
邮电通信业	29	118	112	24352
计算机应用服务业	106	958	830	10541
卫　生	787	3215	1612	3285
教　育	3104	5409	3549	25990
科学研究业	1389	3118	2646	15312
综合技术服务业	105	207	202	835
四、按项目来源分组				
国家科技项目（课题）	1857	8744	6057	46931
地方科技项目（课题）	1065	4184	3268	16148
其他企业委托科技项目（课题）	1066	3015	1776	17417
本企业自选项目（课题）	1361	5817	4799	83198
来自国外的科技项目（课题）	1092	1838	1261	16952
其他科技项目（课题）	547	1638	1286	10583
五、按项目合作形式分组				
与境外机构合作	110	433	360	4613
与国内高校合作	200	1129	908	12567
与国内独立科研机构合作	236	1678	1362	11837
与境内注册外商独资企业合作	14	99	95	4121
与境内注册其他企业合作	587	2122	1648	17956
独立完成	5634	18957	13503	134025
其　他	207	819	570	6109

15-9 历次人口普查基本情况

Basic Statistics of Each Population Census

	第二次（1964 年 7 月 1 日 0 时）	第三次（1982 年 7 月 1 日 0 时）	第四次（1990 年 7 月 1 日 0 时）	第五次*（2000 年 11 月 1 日 0 时）
总人口(人)	**5813052**	**8402626**	**9266518**	**11244272**
男　性	2981104	4282432	4762705	5774398
女　性	2831948	4120194	4503813	5469874
性别比（女=100）	105.27	103.94	105.75	105.57
家庭户规模(人/户)		**3.99**	**3.41**	**3.07**
各年龄组人口（%）				
0-14 岁		30.26	19.31	16.43
15-64 岁		64.71	74.26	75.61
65 岁及以上		5.03	6.43	7.96
民族人口(人、%)				
汉　族	5798424	8381128	9231796	11183734
占总人口比重	99.75	99.74	99.63	99.46
少数民族	14628	21488	34722	60538
占总人口比重	0.25	0.26	0.37	0.54
每十万人拥有的各种受教育程度人口（人）				
大专及以上	1289	1493	3193	7237
高中和中专	2687	7067	9350	13274
初　中	6008	19978	26314	33480
小　学	34693	42601	40242	34900
文盲人口及文盲率（人，%）				
文盲人口	1762287	1391395	1078328	414058
文盲率	30.32	16.56	11.64	3.68
城乡人口(人)				
城镇人口	2104181	2932532	3593757	6013437
乡村人口	3708871	5470094	5672761	5230835

注：①第五次人口普查数据为人口普查一号公报的数据。

②第二次人口普查的文盲人口是指 13 周岁及以上不识字或识字很少的人。

15-10 区(市)县总人口和性别比(2000年)

Total Population and Sex Ratio in Districts, Cities at County level and counties (2000)

	总人数 (人)			占总人口比重 (%)		性别比 (女性=100)
	合 计	男	女	男	女	
全 市	**11105454**	**5703109**	**5402345**	**51.35**	**48.65**	**105.57**
锦江区	440195	224483	215712	51.00	49.00	104.07
青羊区	550986	285633	265353	51.84	48.16	107.64
金牛区	923132	482968	440164	52.32	47.68	109.72
武侯区	603147	313249	289898	51.94	48.06	108.05
成华区	732710	388110	344600	52.97	47.03	112.63
高新区	219516	118615	100901	54.03	45.97	117.56
龙泉驿区	478241	245440	232801	51.32	48.68	105.43
青白江区	384671	197505	187166	51.34	48.66	105.52
金堂县	771357	400955	370402	51.98	48.02	108.25
双流县	874184	447901	426283	51.24	48.76	105.07
温 江	322285	163129	159156	50.62	49.38	102.50
郫 县	490263	245554	244709	50.09	49.91	100.35
新 都	611970	308835	303135	50.47	49.53	101.88
大 邑	490329	253277	237052	51.65	48.35	106.84
蒲 江	247525	125454	122071	50.68	49.32	102.77
新 津	290955	146074	144881	50.21	49.79	100.82
都江堰	621745	314716	307029	50.62	49.38	102.50
彭 州	770930	389719	381211	50.55	49.45	102.23
邛 崃	630695	320965	309730	50.89	49.11	103.63
崇 州	650618	330527	320091	50.80	49.20	103.26

15-11 区(市)县家庭户与集体户的总户数和总人口(2000年)

Family Households and Collective Households and Their Population
in Districts, Cities at County level and counties (2000)

	总人口（人）	家庭户		集体户人口数（人）	家庭户人口占总人口比重（%）	平均每个家庭户人口（人/户）
		户数（户）	人口数（人）			
全　　市	**11105454**	**3337741**	**10264228**	**841226**	**92.43**	**3.08**
锦江区	440195	144674	388520	51675	88.26	2.69
青羊区	550986	170396	462790	88196	83.99	2.72
金牛区	923132	283760	782231	140901	84.74	2.76
武侯区	603147	173229	467637	135510	77.53	2.70
成华区	732710	223071	640771	91939	87.45	2.87
高新区	219516	59439	183139	36377	83.43	3.08
龙泉驿区	478241	141021	446104	32137	93.28	3.16
青白江区	384671	117300	364048	20623	94.64	3.10
金堂县	771357	240589	759871	11486	98.51	3.16
双流县	874184	258450	832948	41236	95.28	3.22
温　江	322285	98337	303012	19273	94.02	3.08
郫　县	490263	151101	470947	19316	96.06	3.12
新　都	611970	181621	575683	36287	94.07	3.17
大　邑	490329	144714	476808	13521	97.24	3.29
蒲　江	247525	75907	243719	3806	98.46	3.21
新　津	290955	87255	285927	5028	98.27	3.28
都江堰	621745	185194	581204	40541	93.48	3.14
彭　州	770930	229254	757400	13530	98.24	3.30
邛　崃	630695	187367	619682	11013	98.25	3.31
崇　州	650618	185062	621787	28831	95.57	3.36

15-12 区（市）县年龄结构(2000年)

Age Composition in Districts, Cities at County level and counties (2000)

	总人口（人）	年龄别人口（人）			占总人口比重（%）		
		0-14岁	15-64岁	65岁及以上	0-14岁	15-64岁	65岁及以上
全　　市	**11105454**	**1825070**	**8396610**	**883774**	**16.43**	**75.61**	**7.96**
锦江区	440195	52741	345939	41515	11.98	78.59	9.43
青羊区	550986	65953	436553	48480	11.97	79.23	8.80
金牛区	923132	110421	748297	64414	11.96	81.06	6.98
武侯区	603147	70271	495625	37251	11.65	82.17	6.18
成华区	732710	92219	589986	50505	12.59	80.52	6.89
高新区	219516	29195	178997	11324	13.30	81.54	5.16
龙泉驿区	478241	83730	359302	35209	17.51	75.13	7.36
青白江区	384671	69436	284528	30707	18.05	73.97	7.98
金堂县	771357	169879	536131	65347	22.02	69.51	8.47
双流县	874184	157909	649120	67155	18.06	74.26	7.68
温　江	322285	52809	244065	25411	16.39	75.73	7.88
郫　县	490263	84211	366693	39359	17.18	74.79	8.03
新　都	611970	104901	459292	47777	17.14	75.05	7.81
大　邑	490329	91282	355020	44027	18.62	72.40	8.98
蒲　江	247525	46171	181466	19888	18.65	73.31	8.04
新　津	290955	51674	214788	24493	17.76	73.82	8.42
都江堰	621745	113964	454102	53679	18.33	73.04	8.63
彭　州	770930	143867	564779	62284	18.66	73.26	8.08
邛　崃	630695	116947	458438	55310	18.54	72.69	8.77
崇　州	650618	117490	473489	59639	18.06	72.77	9.17

15-13 区(市)县每十万人拥有的各种受教育程度人口

Population with Various Education Attainments per 100,000 Persons in Districts, Cities at County level and counties

单位：人

	大专及以上		高中和中专		初中		小学	
	1990	2000	1990	2000	1990	2000	1990	2000
全市	**3487**	**7237**	**10210**	**13274**	**28732**	**33480**	**43940**	**34900**
锦江区	9280	16639	22910	23724	31678	31418	26286	20062
青羊区	12822	20857	26904	25261	29457	29148	22715	17415
金牛区	10446	15928	22592	21737	31478	33496	26366	20729
武侯区	18028	24868	19558	22216	29518	28822	24885	17064
成华区	10236	15562	21670	22678	31830	33153	28296	20519
高新区		12802		19289		35350		23338
龙泉驿区	685	4448	6830	12780	26385	31489	47722	37888
青白江区	2121	3094	7357	9743	27353	30740	46325	40990
金堂县	2525	1228	3866	5448	23202	32137	55835	45315
双流县	970	2647	5998	8840	27704	34592	50659	41304
温江	1422	4099	8038	13600	30344	34506	45647	36197
郫县	676	3096	6823	10342	31419	35666	48888	40448
新都	904	2726	7276	10547	30151	35536	48914	40324
大邑	520	1343	5564	7138	27598	34199	50119	44656
蒲江	1000	1425	6038	7957	32691	38927	48077	39123
新津	718	1938	7239	9406	30248	35476	47480	40483
都江堰	1204	3103	8329	12761	30255	34189	46237	38111
彭州	936	1943	5502	7082	26772	34839	48353	42937
邛崃	375	1091	5045	7001	28261	35345	52247	44517
崇州	499	1335	6083	7717	28157	34069	50799	46445

15-14 区(市)县按城乡分的文盲人口(2000年)

Comparison of Illiterate Population by Urban and Rural Residence in Districts, Cities at County level and counties (2000)

	合计	文盲人口(人)		文盲率(%)	
		城镇	乡村	城镇	乡村
全市	**408946**	**154612**	**254334**	**2.60**	**4.92**
锦江区	11006	11006		2.50	
青羊区	11615	11615		2.11	
金牛区	20246	20246		2.19	
武侯区	10528	10528		1.75	
成华区	15033	15033		2.05	
高新区	5676	5676		2.59	
龙泉驿区	21227	11575	9652	4.40	4.48
青白江区	23285	6489	16796	4.54	6.95
金堂县	35112	5087	30025	3.76	4.72
双流县	34376	3020	31356	1.44	4.72
温江	13423	3455	9968	3.04	4.78
郫县	11893	5119	6774	2.07	2.79
新都	21379	4918	16461	2.42	4.02
大邑	28625	4697	23928	4.07	6.38
蒲江	10422	1990	8432	2.65	4.89
新津	13996	2676	11320	3.80	5.13
都江堰	33423	9357	24066	3.57	6.70
彭州	39635	10808	28827	4.39	5.49
邛崃	23833	6080	17753	2.55	4.53
崇州	24213	5237	18976	3.57	3.76

15-15 区（市）县文盲人口

Illiterate Population in Districts, Cities at County level and counties

	文盲人口(人)		文盲率(%)		降低百分点
	1990 年	2000 年	1990 年	2000 年	
全　　市	**1078328**	**408946**	**11.64**	**3.68**	**7.96**
锦江区	31996	11006	7.75	2.5	5.25
青羊区	29220	11615	6.24	2.11	4.13
金牛区	35522	20246	7.31	2.19	5.12
武侯区	23988	10528	6.45	1.75	4.7
成华区	31168	15033	6.64	2.05	4.59
高新区		5676		2.59	
龙泉驿区	58987	21227	15.82	4.44	11.38
青白江区	56478	23285	15.11	6.05	9.06
金堂县	112905	35112	14.27	4.55	9.72
双流县	106294	34376	12.73	3.93	8.8
温　江	33477	13423	12.84	4.16	8.68
郫　县	43048	11893	10.61	2.43	8.18
新　都	57385	21379	10.86	3.49	7.37
大　邑	65389	28625	13.86	5.84	8.02
蒲　江	25665	10422	10.51	4.21	6.3
新　津	32652	13996	12.11	4.81	7.3
都江堰	64615	33423	11.99	5.38	6.61
彭　州	116854	39635	15.91	5.14	10.77
邛　崃	75844	23833	12.31	3.78	8.53
崇　州	76841	24213	12.48	3.72	8.76

15-16 区(市)县总人口增长情况

Growth of Total Population in Districts, Cities at County level and counties

单位：人

	1990年普查总人口	2000年普查总人口	2000年与1990年比较		
			增加人数	增长率（%）	年增长率(%)
全　　市	**9266518**	**11105454**	**1838936**	**19.84**	**1.77**
锦江区	412865	440195	27330	6.62	0.62
青羊区	468128	550986	82858	17.70	1.59
金牛区	485952	923132	437180	89.96	6.41
武侯区	371854	603147	231293	62.20	4.79
成华区	469252	732710	263458	56.14	4.41
高新区		219516			
龙泉驿区	372955	478241	105286	28.23	2.44
青白江区	373866	384671	10805	2.89	0.28
金堂县	791038	771357	-19681	-2.49	-0.24
双流县	834865	874184	39319	4.71	0.45
温　江	260725	322285	61560	23.61	2.07
郫　县	405913	490263	84350	20.78	1.84
新　都	528535	611970	83435	15.79	1.43
大　邑	471873	490329	18456	3.91	0.37
蒲　江	244100	247525	3425	1.40	0.13
新　津	269631	290955	21324	7.91	0.74
都江堰	538795	621745	82950	15.40	1.40
彭　州	734411	770930	36519	4.97	0.47
邛　崃	615914	630695	14781	2.40	0.23
崇　州	615846	650618	34772	5.65	0.53

15-17 区(市)县汉族和各少数民族人口(2000 年)

Population of Han and Minority Nationalities in Districts, Cities at County level and counties (2000)

单位：人

	总人口	汉族		各少数民族	
		人数	占总人口比重（%）	人数	占总人口比重（%）
全市	**11105454**	**11045663**	**99.46**	**59791**	**0.54**
锦江区	440195	437043	99.28	3152	0.72
青羊区	550986	545175	98.95	5811	1.05
金牛区	923132	913436	98.95	9696	1.05
武侯区	603147	592471	98.23	10676	1.77
成华区	732710	727823	99.33	4887	0.67
高新区	219516	217390	99.03	2126	0.97
龙泉驿区	478241	476640	99.67	1601	0.33
青白江区	384671	382628	99.47	2043	0.53
金堂县	771357	770697	99.91	660	0.09
双流县	874184	872414	99.80	1770	0.20
温江	322285	321118	99.64	1167	0.36
郫县	490263	487821	99.50	2442	0.50
新都	611970	610325	99.73	1645	0.27
大邑	490329	489674	99.87	655	0.13
蒲江	247525	247309	99.91	216	0.09
新津	290955	290540	99.86	415	0.14
都江堰	621745	614182	98.78	7563	1.22
彭州	770930	769071	99.76	1859	0.24
邛崃	630695	630258	99.93	437	0.07
崇州	650618	649648	99.85	970	0.15

15-18 区(市)县城乡人口分布(2000年)

Population Distribution by Urban and Rural Residence in Districts, Cities at County level and counties (2000)

	总人口（人）	城镇人口（人）	乡村人口（人）	占总人口比重（%）	
				城　镇	乡　村
全　　市	**11105454**	**5938880**	**5166574**	**53.48**	**46.52**
锦江区	440195	440195		100.00	
青羊区	550986	550986		100.00	
金牛区	923132	923132		100.00	
武侯区	603147	603147		100.00	
成华区	732710	732710		100.00	
高新区	219516	219516		100.00	
龙泉驿区	478241	263033	215208	55.00	45.00
青白江区	384671	143059	241612	37.19	62.81
金堂县	771357	135450	635907	17.56	82.44
双流县	874184	209454	664730	23.96	76.04
温　江	322285	113638	208647	35.26	64.74
郫　县	490263	247289	242974	50.44	49.56
新　都	611970	202868	409102	33.15	66.85
大　邑	490329	115325	375004	23.52	76.48
蒲　江	247525	74975	172550	30.29	69.71
新　津	290955	70498	220457	24.23	75.77
都江堰	621745	262314	359431	42.19	57.81
彭　州	770930	245927	525003	31.90	68.10
邛　崃	630695	238844	391851	37.87	62.13
崇　州	650618	146519	504099	22.52	77.48

主 要 统 计 指 标 解 释

科技活动：指在自然科学、农业科学、医药科学、工程与技术科学、人文与社会科学领域(简称科学技术领域)中与科技知识的产生、发展、传播和应用密切相关的有组织的活动。为核算科技投入的需要，科技活动可分为科学研究与试验发展(R&D)、科学研究与试验发展成果应用及相关的科技服务三类活动。

科学研究与试验发展（R&D）：指在科学技术领域，为增加知识总量、以及运用这些知识去创造新的应用进行的系统的创造性的活动，包括基础研究、应用研究、试验发展三类活动。

基础研究：指为了获得关于现象和可观察事实的基本原理的新知识(揭示客观事物的本质、运动规律，获得新发现、新学说)而进行的实验性或理论性研究，它不以任何专门或特定的应用或使用为目的。其成果以科学论文和科学著作为主要形式。

应用研究：也指为获得新知识而进行的创造性研究，主要针对某一特定的目的或目标。应用研究是为了确定基础研究成果可能的用途，或是为达到预定的目标探索应采取的新方法(原理性)或新途径。其成果形式以科学论文、专著、原理性模型或发明专利为主。

试验发展：指利用从基础研究、应用研究和实际经验所获得的现有知识，为产生新的产品、材料和装置，建立新的工艺、系统和服务，以及对已产生和建立的上述各项作实质性的改进而进行的系统性工作。其成果形式主要是专利、专有技术、新产品原型或样机样件等。

科技活动全时人员：指企业科技活动人员中在报告年度实际从事科技活动的时间占制度工作时间90%以上(含90%)的人员。在企业科技管理部门(科研管理处、部、科等)专职从事科技管理工作的人员、企业所属常年有开发任务的科技机构中专职从事科技活动及其管理和直接服务的人员，以及上述人员以外在报告年度主要从事科技项目开发的人员可视作科技活动全时人员。

高中级技术职称人员：指企业科技活动人员中已评定高级和中级技术职称(职务)的人员。高级技术职称人员包括：高级工程师、高级经济师、高级会计师、高级统计师、正副教授、正副研究员等；中级技术职称人员包括：工程师、经济师、会计师、统计师、讲师、助理研究员等

科技活动经费支出总额：指企业在报告年度实际支出的全部科技活动费用，包括列入技术开发的经费支出以及技改等资金实际用于科技活动的支出。不包括生产性支出和归还贷款支出。科技活动经费支出总额分为内部支出和外部支出。

研究与试验发展经费支出：指报告年度在企业科技活动经费内部支出中用于基础研究、应用研究和试验发展三类项目以及这三类项目的管理和服务费用的支出。不论何种经费来源，只要实际用于上述三类项目的经费支出都应计算在内。具体计算办法：可将企业全部科技项目中确定为基础研究、应用研究和试验发展三类项目的经费支出加总，再加上按上述三类项目支出占全部科技项目经费支出比重计算分摊的科技管理和服务费用取得。

专利申请数：指企业在报告年度内向专利行政部门提出专利申请并被受理的件数。

发明专利申请数：指企业在报告年度内向专利行政部门提出发明专利申请并被受理的件数。

拥有发明专利数：指企业作为专利权人在报告年度拥有的、经国内外专利行政部门授权且在有效期内的发明专利件数。

标准时间：第五次全国人口普查的标准时间为：2000年11月1日0时；2000年11月1日0时以后出生的人不登记；2000年11月1日0时以后死亡的人仍要登记普查表短表或普查表长表；2000年11月1日0时以后发迁移的人，仍在原常住地登记。

普查对象：人口普查的对象是具有中华人民共和国国籍并在中华人民共和国境内常住的人；人口普查，采用按常住人口登记的原则。每个人必须在常住地进行登记。一个人只能在一个地方登记。

附录一：全国重点城市统计资料

全国重点城市主要指标(2001 年)

Main Indicators of Major Cities in China

	年末总人口 (万人)	国内生产总值 (亿元)		第一产业增加值 (亿元)	
	2001 年	2001 年	比 2000 年 ±%	2001 年	比 2000 年 ±%
直辖市					
北 京	1366.60	2845.70	11.2	93.10	4.5
上 海	1327.10	4950.80	10.2	85.50	3.0
天 津	1004.10	1826.70	12.0	78.60	6.3
重 庆	3097.00	1750.00	9.0	293.00	2.2
副省级城市					
成 都	1019.90	1490.90	13.1	132.54	4.2
沈 阳	689.30	1238.00	10.1	76.60	4.5
长 春	705.70	1003.00	13.4	135.90	9.7
哈尔滨	941.10	1120.10	11.2	186.10	4.6
青 岛	710.50	1316.10	13.7	143.22	2.3
武 汉	758.20	1347.80	12.0	85.03	5.3
西 安	694.90	733.90	14.0	45.87	2.5
南 京	553.00	1154.40	11.2	58.75	7.5
济 南	569.00	1066.20	12.1	97.17	4.0
广 州	712.60	2685.80	12.7	97.28	2.2
厦 门	134.40	558.30	12.2	22.03	8.1
深 圳	468.80	1954.20	13.2	18.11	7.2
大 连	554.60	1235.60	11.8	111.39	5.2
杭 州	629.10	1568.00	12.2	111.46	7.4
宁 波	543.35	1310.60	12.0	98.55	5.0
其他主要城市					
昆 明	487.50	672.80	8.5	53.80	4.0
石家庄	895.90	1085.50	9.1	153.36	4.2
太 原	315.30	386.30	10.5	14.94	–2.9
无 锡	435.90	1360.00	11.5	54.40	6.7
苏 州	580.50	1760.30	12.3	91.41	1.2
合 肥	442.20	363.40	11.3	38.09	3.2
南 昌	440.20	485.60	12.1	47.94	4.1
长 沙	587.10	728.10	12.1	78.37	4.9
贵 阳	335.80	302.80	11.2	25.09	3.8
珠 海	75.90	366.60	12.1	15.15	7.3

	第二产业增加值（亿元）		第三产业增加值（亿元）		全社会固定资产投资总额（亿元）	
	2001年	比2000年±%	2001年	比2000年±%	2001年	比2000年±%
直辖市						
北　京	1030.60	9.4	1722.00	12.8	1530.50	18.0
上　海	2355.50	12.0	2509.80	8.7	1984.31	6.1
天　津	891.50	12.7	856.60	11.7	705.10	15.8
重　庆	727.00	11.8	730.00	9.0	801.82	22.3
副省级城市						
成　都	676.13	15.0	682.19	13.0	582.21	22.3
沈　阳	542.00	9.5	619.40	11.3	302.80	15.5
长　春	443.60	14.1	423.50	14.0	285.00	21.2
哈尔滨	393.10	13.4	540.90	12.0	311.80	22.9
青　岛	648.74	16.2	524.12	14.0	384.41	19.7
武　汉	594.84	12.3	667.93	12.1	508.44	10.0
西　安	326.42	15.4	361.56	12.5	287.72	23.8
南　京	557.61	10.5	538.08	12.3	464.91	12.8
济　南	443.15	9.8	525.84	15.9	344.15	12.5
广　州	1125.06	10.9	1463.42	9.4	978.21	5.9
厦　门	296.68	13.2	239.62	11.2	191.89	9.6
深　圳	1056.46	13.3	879.60	13.2	673.37	8.7
大　连	574.24	12.5	550.01	12.6	305.10	13.6
杭　州	793.58	12.7	662.98	12.5	629.27	22.1
宁　波	718.54	13.1	493.49	12.0	470.28	30.4
其他主要城市						
昆　明	312.70	7.2	306.34	10.6	263.00	10.0
石家庄	502.27	9.6	429.82	10.3	380.87	5.5
太　原	189.60	10.4	181.80	11.9	122.71	17.1
无　锡	751.00	11.2	554.60	12.5	405.01	15.7
苏　州	999.89	12.6	668.98	13.6	564.85	9.4
合　肥	176.36	12.3	148.95	12.5	142.50	8.8
南　昌	231.16	12.9	206.52	12.0	96.87	21.3
长　沙	297.09	13.1	352.62	12.9	279.80	38.3
贵　阳	152.69	11.7	124.97	12.1	155.42	36.8
珠　海	202.80	13.4	148.64	10.7	104.87	10.4

	社会消费品零售总额（亿元）		海关进出口总额（亿美元）		实际利用外资（亿美元）	
	2001 年	比 2000 年±%	2001 年	比 2000 年±%	2001 年	比 2000 年±%
直辖市						
北　京	1593.50	10.4	515.41	3.9	40.10	33.2
上　海	1861.30	8.1	608.95	11.3	43.92	39.0
天　津	832.70	13.0	323.71	8.6	32.97	16.7
重　庆	699.30	8.7	18.34	2.7	4.24	22.9
副省级城市						
成　都	627.52	13.2	18.95	28.0	3.10	17.0
沈　阳	623.50	10.2	27.92	4.0	12.08	15.7
长　春	358.30	15.1	23.00	34.5	5.10	41.7
哈尔滨	503.00	10.6	12.70	4.6	2.20	10.0
青　岛	352.88	14.7	154.16	13.9	15.98	24.6
武　汉	685.82	13.0	21.56	6.2	14.32	10.0
西　安	365.93	11.4	16.99	–2.1	1.77	13.1
南　京	465.83	11.0	95.88	5.3	9.52	–3.5
济　南	397.50	12.1	15.01	4.3	4.25	33.0
广　州	1248.28	11.3	230.37	–1.7	33.27	6.8
厦　门	186.55	8.3	110.79	10.2	11.53	11.8
深　圳	609.26	13.2	686.11	7.3	36.03	21.4
大　连	534.19	9.3	133.50	2.5	14.80	10.9
杭　州	458.82	13.6	112.98	7.8	5.03	16.7
宁　波	414.18	14.0	88.91	17.9	8.74	41.0
其他主要城市						
昆　明	265.28	10.7	13.41	16.5		
石家庄	369.10	11.6	9.42	23.8	1.98	33.8
太　原	161.10	9.1	13.22	–2.5	0.69	–5.5
无　锡	390.82	11.2	66.67	11.4	13.57	25.4
苏　州	391.54	12.5	236.62	17.9	30.22	4.8
合　肥	164.60	11.0	20.50	7.4	1.76	33.9
南　昌	160.80	11.4	9.72	–12.9	1.28	2.9 倍
长　沙	345.00	12.1	16.51	0.4	2.65	49.8
贵　阳	121.66	12.1	4.94	0.8	0.59	12.1
珠　海	128.44	11.5	98.03	7.0	12.02	18.0

注：实际利用外资含政府贷款。

	财政收入（亿元）		#地方财政收入(亿元)		财政支出(亿元)	
	2001 年	比 2000 年 ±%	2001 年	比 2000 年 ±%	2001 年	比 2000 年 ±%
直辖市						
北　京	507.70	27.4	454.20	31.6	614.90	25.4
上　海	1995.62	13.9	620.24	24.6	726.38	16.6
天　津	304.50	24.4	163.64	22.5	234.67	25.5
重　庆	196.18	20.2	126.41	21.0	255.90	22.6
副省级城市						
成　都	145.32	22.5	77.65	32.1	105.66	27.4
沈　阳	154.10	28.7	80.80	34.3	103.50	17.7
长　春	97.40	28.1	36.30	19.4	59.00	15.4
哈尔滨	103.10	19.4	65.40	19.6	93.60	20.2
青　岛			98.71	23.4	109.78	24.9
武　汉	150.18	21.8	86.16	28.7	119.60	34.3
西　安	82.90	20.1	55.97	19.2	57.40	10.6
南　京	204.77	24.4	112.64	21.7	117.72	16.0
济　南	202.20	19.1	59.61	21.5	70.37	28.6
广　州			271.91	23.7	314.98	21.8
厦　门	110.50	20.8	65.31	26.0	74.31	25.7
深　圳			265.65	18.1	260.08	13.5
大　连			99.60	23.1	119.80	23.5
杭　州	188.46	31.9	104.28	50.7	104.93	42.9
宁　波	194.29	31.3	99.11	54.0	121.93	36.6
其他主要城市						
昆　明	123.02	3.0	59.84	6.2	72.05	2.5
石家庄	71.86	16.5	44.33	17.5	59.42	18.2
太　原	35.16	12.9	24.16	12.5	29.74	21.0
无　锡	141.92	26.6	76.47	30.1	72.49	30.2
苏　州	208.95	32.0	111.57	35.0	113.79	42.4
合　肥	49.29	17.6	27.69	13.6	30.96	20.1
南　昌	52.43	17.6	22.49	17.5	28.32	19.0
长　沙	63.04	23.4	46.02	27.6	55.32	28.9
贵　阳	63.51	16.4	27.97	9.3	36.17	16.6
珠　海			31.68	30.0	37.45	20.0

	金融机构存款余额（亿元）		金融机构贷款余额（亿元）		城乡居民储蓄存款余额（亿元）	
	2001 年	比 2000 年 ±%	2001 年	比 2000 年 ±%	2001 年	比 2000 年 ±%
直辖市						
北　京	12131.50	25.4	7202.90	20.1	3536.30	21.0
上　海	9584.22	23.3	7187.90	20.5	3001.89	18.9
天　津	2562.55	12.3	2159.86	15.8	1284.95	9.6
重　庆	2294.05	20.4	1871.98	−0.5	1317.17	21.3
副省级城市						
成　都	2257.12	19.4	1762.27	18.5	995.45	19.8
沈　阳	1907.00	12.1	1547.30	11.1	1058.10	10.4
长　春	1158.40	14.3	1344.80	8.1	608.10	13.9
哈尔滨	1495.40	19.0	1469.90	39.9	831.40	16.4
青　岛	1232.39	16.7	1079.89	12.9	618.74	15.6
武　汉	2014.86	18.9	1518.73	13.1	802.00	21.6
西　安	1629.72	22.0	1185.97	22.0	800.86	18.5
南　京	2293.02	16.8	1962.27	15.0	716.13	20.0
济　南	1457.50	14.3	1292.00	20.8	534.60	15.5
广　州	6228.04	12.3	4336.50	11.3	2600.43	16.1
厦　门	642.37	17.9	506.36	11.8	262.23	20.0
深　圳	4092.57	29.2	2860.75	24.8	1373.39	26.9
大　连	1563.85	14.1	1307.17	12.6	838.98	7.9
杭　州	2621.51	25.5	2087.70	23.8	941.84	19.4
宁　波	1444.53	23.6	1051.56	21.3	699.46	13.4
其他主要城市						
昆　明	1295.21	13.8	943.77	11.3	504.64	13.7
石家庄	1470.74	10.6	1349.27	17.3	823.24	9.5
太　原	1121.61	22.5	820.94	25.9	470.19	12.0
无　锡	1269.12	17.7	809.28	13.6	644.46	16.3
苏　州	1731.62	17.2	1059.82	9.2	936.94	16.6
合　肥	710.94	26.3	705.10	18.0	225.64	22.7
南　昌	791.05	18.1	517.72	18.9	232.93	−15.9
长　沙	986.85	19.4	778.28	23.2	444.07	19.0
贵　阳	645.22	2.4	486.31	20.2	240.13	21.5
珠　海	494.24	11.0	317.60	5.8	248.91	15.2

	城镇居民人均可支配收入（元）		农民人均可支配收入（元）		居民消费价格指数（%）
	2001 年	比 2000 年±%	2001 年	比 2000 年±%	
直辖市					
北　京	11578	11.9	5099	8.8	103.1
上　海	12883	9.9	5850	5.1	100.0
天　津	8959	10.1	4825	10.4	101.2
重　庆	6721	7.1	1971	4.2	101.7
副省级城市					
成　都	8128	6.3	3111	5.1	100.8
沈　阳	6383	9.2	3230	3.0	100.0
长　春	6339	13.8	2785	8.5	102.3
哈尔滨	6407	13.8	2618	5.7	101.0
青　岛	8731	8.9	3901	7.3	101.0
武　汉	7305	8.1	3100	5.0	99.5
西　安	6705	5.4	2490	6.2	99.9
南　京	8848	7.5	7326	4.0	99.9
济　南	9565	12.9	3216	5.6	100.3
广　州	14694	5.2	6446	5.9	98.9
厦　门	11365	8.3	4425	9.8	98.5
深　圳	23544	8.9	9869	6.8	97.8
大　连	7418	8.1	3900	4.3	99.5
杭　州	10896	12.7	4896	8.9	99.5
宁　波	11991	9.8	5362	6.3	99.3
其他主要城市					
昆　明	7790	6.1	2318	4.4	100.6
石家庄	6805	5.6	3149	-0.3	99.8
太　原	6500	8.0	2738	3.6	99.0
无　锡	9454	9.9	5524	5.8	100.2
苏　州	10515	13.4	5790	5.5	99.5
合　肥	6817	6.7	2032	2.9	98.4
南　昌	6206	8.3	2517	5.3	100.6
长　沙	8704	9.0	3218	7.2	98.3
贵　阳	6909	7.1	2229	5.9	103.2
珠　海	15870	5.0	4800	8.7	98.6

附录二：部分企业、事业、机关单位简介

成都市民政局

成都市民政局是主要负责有关社会事务、救灾救济、保障优抚基层建设等工作的市政府组成部门。2001年，市民政局在市委、市政府的领导下，在上级民政部门的指导下，以邓小平理论和江总书记“三个代表”重要思想为行动指南，与时俱进，抓住西部大开发这一历史机遇，认真贯彻落实党的路线、方针、政策，抓重点，攻难点，促发展，进一步完善了“五个工作体系”，即较规范的城乡基层民主政治建设工作体系、较开放的社会福利服务工作体系、较健全的社会保障工作体系、较完善的拥军优抚安置工作体系和讲效率社会行政事务管理工作体系；实现了“四个转变”，即思想观念、工作思路、工作方式方法、工作作风的进一步转变，较好地完成了各项民政工作任务，为全市改革、发展、稳定的大局做出了一定的贡献。

成都猛追湾中学

成都猛追湾中学位于一环路内侧，占地十五亩，学校始建于1990年，常年保持12个教学班规模，是一所设施先进、管理科学、质量优异的现代化的初级中学。

猛追湾中学师资力量雄厚，教学质量优异。学校现有高级教师6名，一级教师31名，中级及其以上职称教师占总数的66%。学校具有专科学历的教师有12人，本科学历教师41人，学历达标率和高学历占有率分别为94%和73%。学校拥有区学科带头人3名，区级骨干教师10名。教师们师德素质高，业务能力强，他们爱岗敬业，从而使我校的教学质量一直保持在较高水平。学校现有三个年级综合成绩均列全区前3名，其中初02级更是以较大优势连续三年雄居榜首，升重点人数可望突破90人，创成华区新高。

猛追湾中学领导班子团结务实，勤政开拓，班子搭配合理，4名校级干部中有高级教师和中学一级教师各2名。班子管理有方，领导有法，带领全校教职工积极进取，取得不俗的成绩，学校先后被评为成华区文明学校、成华区文明学校、成都市校风示范校、成都市绿色学校、成都市校园环境管理先进学校、成华区健康教育示范校，连续十二年因教学工作成绩突出而受到市区教育局的表彰奖励。猛追湾中学现已发展成为成华区窗口学校。在学校行政的带领下，勤劳的“猛追人”正在努力向成都市九年义务教育示范校和精品化巴蜀名校迈进。

成都市体育彩票管理中心

成都市体育体彩票管理中心是市体育局下设的直属单位之一，属自收自支事业单位。位于成都市人民中路一段11号市体育局办公楼内。

成都市体育彩票管理中心的主要任务是：按照国家和省体育局对体育彩票的规定和要求，负责我市体育彩票的市场管理，确保体育彩票在我市有序地销售；制定和申请我市体育彩票销售额度计划，按规定的销售额度平衡分配到各销售地区和单位；负责我市体育彩票各销售单位、部门、站点的咨询、申报、登记、审批、监督及业务指导；组织实施体育彩票的销售管理，配合有关部门对销售工作中的违规、违纪或违法行为进行查处。

在省体育局、省体育彩票管理中心的指导下、在市体育局的直接领导下，在相关部门的支持和各区（市） 体育行政部门同志的共同努力下，截止2001年底，我市中国体育彩票销售总额达5.91亿元，占全省总销量的47%，其中：电脑中国体育彩票共销售5.88亿元（“6+1”数字型5.08亿元、“四花选四”0.4亿元、“足球彩票”0.39亿元），即开型中国体育彩票销售320万元。目前在我市即开型体育彩票分散销售品种有“体育器械”、“钓鱼”、“大丰收”、“同花顺”、“捉虫虫”五个品种，分设销售点1746个。全年共筹集体育彩票公益金0.42亿元 。

体育彩票的发行，极大地推动了我市体育场馆建设，改善了全民健身设施，促进了全民健身活动的开展，为我市体育事业的发展、为社会保障资金的筹集起到了积极的作用。

金牛区教育局

金牛区是国务院颂的全国首批实现“两基”的区，四川省“两基”工作先进区。全区共有中小学85所，幼儿园90所，社会力量办学96所，乡成人学校4所，其中重点中学5所，市级示范性普通高中1所，市级义务教育示范校3所，省级示范幼儿园2所，

各类教育协调发展，教育质量稳步提高，2001年全区高考一次上线1047人，被各级录取2000余人，名列成都市五城区前茅，教育工作连年荣获市政府表彰。

金牛区委、区政府在加快经济建设步伐的同时，加大对教育的投入，切实保证教育经费的“三个增长”。2001年全区教育总投入就达1.47亿元。作为金牛区教育工作的组织者和实施者，金牛区教育局大力提倡服务的观念和作风，切实为学校服务，为教师服务，为学生服务，为家长服务。5年来，共投入8000余万资金修、改、扩建中小学、幼儿园40所，25所学校铺设塑胶跑道；投入1500余万元配置现代教育技术设备；投入4500余万元解决教师住房870套。

金牛区教育局积极探索教育可持续发展的新动力，率先开展了《构建学习型组织培养学习型教师》课题研究，2001年该课题被中国教育学会列为“十五”规划课题。通过课题研究，广大教师与时俱进实施素质教育的能力和水平显著提高。目前，全区有享受国务院津贴的教育专家1人，特级教师9人，市学科带头人14人，省市优秀教师40余人。

成都市档案局

近年来，全市各级档案行政管理机关强化“经济建设发展到哪里，档案工作就延伸服务到哪里”的意识，与时俱进，切实履行《档案法》所赋予的对本行政区域内各机关、团体、企事业单位档案工作进行监督、指导和检查的职责。档案工作在全市经济社会发展中发挥了积极作用，成为全市各项建设事业不可或缺的一个重要组成部分。

（一）面向经济主战场的档案工作向纵深发展。

全市各极档案行政管理机关认真统筹规划，协调组织，以开展达标升级活动为手段，加大对企业、科技事业单位、城市重点建设项目及农业农村档案工作的宏观指导力度，档案工作由此呈现出新的面貌。随着全市大务发展民营企业和企业改革的不断深入，各档案部门及时调整工作思路和方法，积极主动地为民营企业发展、经济结构调整和企业的兼并重组提供服务，制定出台了非国有企业档案管理的有关规范，加强了检查、指导，为民营企业档案工作的建立和国有企业转制、资产重组中的档案转移做了大量工作。围绕近年来五路一桥、府南河工程、城南高速公路等重点项目建设，各档案部门主动联系，跟踪服务，积极参与预验收和竣工验收，保证了在建项目档案资料的齐全完整。在农业农村档案工作方面，全市4107个行政村，村村都建立了档案工作，农科档案三级网络初步建成。档案工作深入到了全市经济主战场的各个角落，规范化、科学化、现代化程度不断提高，有力地促进了各项工作的开展。

（二）社会服务功能增强。

作为党和政府永久保管档案的基地，全市各类档案馆狠抓基础业务建设，积极开展档案的收集、接收、整理、鉴定、编目和著录工作。仅2001年度，全市各档案馆交接收档案48847卷（册），整理档案92000余卷（册），抢救重点档案7403卷，向社会开放档案15680卷，接待查档利用者2686人（次）。在认真搞好业务建设的同时，各档案馆积极创新档案服务的新路子，进一步加强档案编研及档案信息资源的开发利用工作，档案馆的社会服务功能明显增强。成都市档案馆、金牛区档案馆拓宽工作思路，利用馆藏档案举办专题展览，在社会上引起较大反响，因此分别被命名为“爱国主义教育基地”。

（三）档案现代化管理步伐加快。

为推进档案现代化管理步伐，市档案局研制开发了《紫晶文档一体化档案管理软件》。2001年，档案微机管理和推行的《立卷归档规则》被市政府列入政务管理目标，市档案局在试点的基础上对该软件进行了升级换代，同时在全市范围内进行推广，有力地推进了“文档一体化”进程。为配合全市政务和档案信息上网工作的开展，市档案局（馆）在成都公众信息网上开通了局（馆）主页，金堂、青白江、温江、新都等区 档案局（馆）主页已完成注册上网。

成都市红旗商场

成都市红旗商场是四川省商业十强企业和零售效益十强企业，四川地区最大的副食品零售企业，成都地区农副土特产品的窗口，全国大型副食品商场经济联络会理事长单位。

商场近年来以副食为主，多种经营，扩大经营规模，大力向外发展，已发展成为拥有14个分公司，1个服装日用百货经营部及广告、储运、舞厅、招待所、餐厅、汽车队、驾驶培训学校的综合性商业企业，经营品种达3万余种。

红旗商场销售额在全国副食品零售企业中名列前茅，荣获国内贸易部"全国先进企业"，卫生部"食品卫生先进企业"、"中国质协全国用户满意企业"、"全国售后服务最佳企业"、"四川省文明单位"、"四川省打假工作先进集体"、"四川省十大零售企业"、"成都市文明标兵单位、优质服务最佳单位"、"成都十佳商场"等60多个荣誉称号，荣登国内贸易部、国家技术监督局"全国亿元商业企业柜台商品质量活动"光荣榜。

商场大力对外发展，陆续开设了分场、专销店、专业批发市场等，分布在旅游胜地、城郊结合部。对外拓展外向型业务，是商场进一步扩大经营规模的重要措施。

地址：成都市蜀都大道总府路1号
电话：(028)86625647
传真：(028)86741310
电挂：0084
邮政编码：610016

成都市郫县红光镇

红光镇是毛主席1958年亲临视察过的地方，地处川西平原腹心地带，距省会成都市仅13公里，成灌高速公路、成都市绕城高速公路、213国道穿越全境，具有优越的区位优势。镇域人口3.8万，其中非农业人口2.1万，面积23.5平方公里，现有耕地1.7万亩，辖区13个村，90个社，两个居民委员会，6838户。目前是全国小城镇综合改革试点镇、四川省综合改革试点镇、四川省小城镇建设试点镇、四川省技术综合开发试点镇、成都市小城镇建设试点重点镇、成都市户口改革试点镇、成都市小城镇建设试点重点镇、成都市户口改革试点镇、中国科技数码镇、全国经济发展百强镇。

改革开放前，红光镇农村人均年纯收入不足400元，没有较大工厂和发达的第三产业，到了1992年，红光经济发展还是比较缓慢，工农业总产值不足1亿元，农村人均收入不足1000元，财政收入只有100多万元；第一产业占90%，第二产业占8%，第三产业占2%；从1992年开始，红光镇利用小城镇建设试点这个契机，大力调整产业结构，发展工业，兴办第三产业；2001年，全镇农民人均纯收入已达到4564元，农业产值6142万，占5.2%，工业产值18亿，占84.8%，第三产业2.3亿，占10%，财政收入4500万元，是改革开放前的40余倍。

企业经济：随着改革开放的进一步深入，近几年乡镇企业迅猛发展，已形成电子软件、机械制造、食品饮料、化工、新材料、轻工等行业，现有镇属、三资、外资、民营及个体工商企业1100多家，较大企业有托普集团西部软件、成都恒通铝业公司、成都利普科技公司、广东中山市今日集团成都乐百氏公司、新兴富皇公司、川交农用汽车制造有限公司等。

农业经济：全镇以"三高"农业为主的农村经济快速发展，红光是全国瘦肉型商品猪、商品粮生产基地，同时又是成都市郊二线蔬菜基地，4.6公里长的马光堰观光农业产业带已初具规模，目前进园企业已有10余家，较大的有天安花园、绿泽园、胖妈生态园、天香园等，并有农业产业公司十余家。2001年粮食总产量达到1160万公斤，出栏商品猪2.5万头，家禽35万只，特种蔬菜面积3626亩，年产各类鲜菜2万吨，水果20万公斤，农业产业化和生物农业工程企业十余家。

第三产业：全镇第三产业正不断发展，已从1992年的不足2%上升为现在10%，产值达2.3亿元，从业人口近3000人。

红光镇建成区面积已达3平方公里，城区内基本做到了绿化、美化、净化、亮化，辖区内有大学2所，中专2所，中学2所，小学6所，医院2处，病床500余张，邮电、通讯、金融网点齐备，文化娱乐生活丰富，基础条件优越，是发展工业、兴办第三产业、居住、旅游的好地方。

红光人正以"自加压力求发展，团结拼搏创一流"的精神，着力进行全国小城镇综合试点争取利用三年时间建成，达到郫 榜首乡镇、成都市一流乡镇、四川省经济强镇、西部样板乡镇、全国知名乡镇、中国科技数码镇。

成都理工大学继续教育学院振华中专部

成都振华中专部是一所成都理工大学继续教育学院所属的中等专业学校，学校多年来以大专院校为后盾，以社会需求为依托，以科学管理为手段，为理工大学和社会各界培养了大批合格人才。

学校坐落在西南航空港经济开发区、新川大和将要新建的信息工程学院毗邻。教学设施完善，有全新的书桌凳，微机，明亮的教室，舒适的学生公寓住宿，宽阔的运动场和师生用膳房。交通四通八达，成雅高速公路通过校园旁边，这里已被规划为教育园区 。

学校为了扩大办学规模，引进了核动力学院两个系统招生在此就学，校园人气兴旺，朝气蓬勃，欣欣向荣。

学校实施专家治校，科学管理。有一支由教授、副教授、研究生、讲师、高级教师等组成的优秀教师队伍，他们热心教育事业，热爱学生，科学管理，教书育人，教学质量高。学校历届学生通过各专业教学，如普通话、计算机、市场营销、导游、电工、英语、装饰广告等通过国家技能考试，都能100%地拿到职业技能等级证书，为他们毕业后就业打下坚实基础。新生进校后，首先由学校组织进行军训，让他们接受革命传统教育和严格的组织纪律教育，使学生养成良好的行为习惯和道德情操。省人大代表视察该校时感慨地说：“你们真是功德无量啊！”多年来由于该校本着为服务，为家长学生负责的办学宗旨，培养的学生素质高。再加上该校与四川省人才开发中心相互配合，每届毕业生除愿升理工大学深以外，都100%推荐到国家机关、中外企业和工商部门就业，薪金都十分可观，受到家长，社会，领导的高度赞扬和评价，连续3年被评为成都市先进学校 。

联系电话：(028)85866633　　87988089
85837322　　87715669
手机：1367818170860　　13069347989
邮编：610211
地址：西南航空港经济开发区白家镇

成都市金牛区春雨电器厂

本单位是西南地区工商注册，专业生产液位控制器的厂家，是国家技术监督情报协会环保专业委员会会员企业，被国家认证首批“中国环保产品质量信得过重点品牌”。主要产品有：＜1＞CHY－801（单相）全自动水塔抽水控制器；＜2＞CHY－803（单相）全自动排污泵控制器；＜3＞CHY－804（单相）全自动塔井水位控制器；＜4＞CHY－805（三相）全自动水塔抽水控制器；＜5＞CHY－806（三相）全自动PLC恒压变量供水控制器；＜6＞CHY－807（三相）全自动变频恒压变量供水控制器；＜7＞CHY－808（三相）全自动排污泵控制器；＜8＞CHY－810（三相）全自动保护起动箱（风机水泵专用）。性能指标及参数：专利性产品，取代以往国家标准，功能和性能领先于同类产品。适用各行业的自动化用水。法人代表向华成为中国技术监督情报协会理事。欢迎加界新老用户和朋友，来厂洽谈业务。

法人代表：向华成
传真：(028)87508998
电话：(028)87667513　　87512621
地址：成都市营门口路45号国贸大厦13楼6号
成都市金兴路土桥
邮编：610031

蓬勃发展的成都市老年大学

成都市老年大学创建于1986年4月，16年来在市委、市政府的关怀和社会各界的支持、帮助下，全校师生员工艰苦创业，团结奋斗，摸索研究，逐步发展壮大，已先后毕(结)业学员1．5万余人。现已形成多学科、多层次、多学制的，拥有2000多名(3000多人次)在校学员的具有一定规划的综合性老年大学。每期在校任课的兼职教师50余人(多系专家、学者、教授)。学校设有办公室、教务处、艺术团、学生会、关心下一代分会，办有《成都老年教育报》，成都老年大学协会与之合署办公。

学校的办学宗旨是：“增长知识，丰富生活，陶冶情操，促进健康，服务社会”。目前学校开设有必修课，包括邓小平理论、江总书记“三个代表”重要思想、道德建设、时事政策、老年学、新兴科普知识、卫生医疗保健知识等内容。开设有古代汉语、文学欣赏、历史、英语、电脑、书法、国画、摄影、音乐、舞蹈、按摩、食疗、花卉、烹饪、拳剑等10个专业40多个专业班。学校艺术团下有男子合唱、女子合唱、混声合唱、舞蹈、时装表演和两个民乐等七个乐队。还建有国画、书法、摄影研究会，学习写作组、英语自学小组等。学校重视开展室外的第二课堂活动，学生会及各班、组经常组织参观、写生、旅游、练歌、习舞、联欢、祝寿、慰问孤老、关心下一代等活动。学习和课外活动的紧密结合，使离退休同学在这所学校里解决了老有所学、老有所乐、老有所为、老有所教的问题，思想跟上了时代，知识得到了更新，心情愉快，身心健康。办好老年大学是贯彻老龄工作方针的重要措施，是实现健康老龄化的有效途径。一代社会主义新型老年群体，正在这里诞生和成长 。

成都市民族宗教事务局

成都市民族宗教事务局原名成都市民族宗教事务委员会，是市政府主管全市民族宗教事务的工作部门。其主要职责是：贯彻执行党和政府关于民族宗教工作的方针、政策，组织开展全市民族宗教工作和重大问题的调查研究，向市委、市政府提出政策性的建议和意见。负责处理违反民族宗教政策、伤害民族宗教感情的问题；负责处理民族宗教方面的突发事件。推动民族宗教界人士开展爱国主义、社会主义、维护祖国统一和民族团结的自我教育，巩固和发展党同民族宗教界的爱国统一战线，团结和动员广大民族宗教界人士为改革开放和经济建设服务等。

2001年，我市民族宗教工作在市委、市政府领导下，在省民委、省宗教局指导下，全面贯彻执行党的民族宗教政策，坚持服从服务于改革、发展、稳定大局，工作中不断强化政治意识、创新意识和责任意识，着力于妥善解决重点、难点和热点问题，切实做到“认识、领导、工作、责任”四点到位，

主要做了以下工作：一是加大力度，有效开展学习教育；二是维护稳定，依法管理宗教事务；三是开拓创新，扎实推进民族工作；四是突出重点，顺利实施机构改革；五是责任到位，全面完成目标任务；六是树立形象，着力加强机关建设。为成都市跨越式发展和安宁团结作出了积极贡献，分别受到国家民委、省委省政府、省宗教局给予的表彰。

鸣谢单位：

成都市建设委员会

成都市化学工业局

成都市纺织行业协会

成都市国税局

成都市国家税务局于1994年底税务机构分设后成立，主管成都市国家税收，具体负责全市增值税、消费税、金融保险业营业税（中央级收入部分）、中央企业所得税、金融保险企业所得税、军队（包括武警部队）所办的国有所得税、中央与地方所属企事业单位组成的联营企业、股份制所得税以及涉外企业所得税、居民储蓄存款利息所得利息个人所得税、车辆购置税等税种的征收管理、稽查和进出口税收管理工作。

自成立以来，成都市国税局系统认真贯彻落实邓小平同志建设有中国特色社会主义理论和党中央确定的“抓住机遇，深化改革，扩大开放，促进发展，保持稳定”的总方针，在省国税局和市委、市政府的领导下，各项税收工作取得了长足的进步。尤其是在刚刚过去的“九五”时期，全市各级国税机关按照“带好队、收好税、执好法、服好务”的工作思路，认真贯彻“加强征管、堵塞漏洞、惩治腐败、清缴欠税”的16字税收工作方针，坚持以改革统揽全局，以组织收入为中心，以服务经济为目的，以强化管理为手段，以队伍建设为保证，切实转变思想观念，改进工作作风，提高工作效率，增强服务意识，谱写了我市国税发展史上的辉煌篇章。

“九五”期间，全市国税系统累计组织税收收入276.8亿元，为“八五”时期167.1亿元的1.65倍，年均增幅达15.86%；2000年，全市国税收入突破70亿元，比国税局成立之初的1995年增长35亿余元，翻了一番。“九五”时期成为已我市国税收入增幅最大、增收最多、增长最稳定的时期。2001年，全市国税税收收入突破80亿元，继续保持了良好的增长势头。此外，几年来，全市国税系统严格执行税收政策，税收宏观调控作用充分发挥；逐步深化征管改革，征管质量和效率不断提高；大力加强法制建设，税收执法环境日益改善；坚持从严治队，干部队伍建设成效明显。税收征管新模式初步形成，税收法制宣传教育深入开展，国税队伍建设成效显著，为平衡地方财政收支、促进经济发展、推动改革开放和社会稳定作出了积极贡献。

“十五”期间，为了更好地发挥税收的财政保障、宏观调控和调节收入三大职能作用，服务于市委、市政府确定的在今后10年内“构建设西部战略高地，基本实现现代化”的总体发目标，全市各级国税机关将进一步以邓小平理论为指导，按照“三个代表”的要求，贯彻落实党的十五大和十五届五中全会精神，坚持“带好队、收好税、执好法、服好务”的工作思路，以实施西部大开发战略为契机，以科技进步为依托，以组织收入为中心，以税收信息化建设为主线，以强化税收管理为根本出发点，以提高国税队伍整体素质为保障，全面推动国税事业深入发展，为构建西部战略高地、实现成都市经济跨越式发展和社会全面进步作出更大的贡献。

地址：成都市槐树街53号
邮编：610031
电话：（028）8626113

四川宏大建築工程公司

Sichuan hongda jianzhu gongcheng gongsi

四川宏大建筑工程公司系省建委批准，以四川省建筑技术进修学院的技术力量为骨干的二级建筑施工企业。公司注册资金2500万元，建筑机械设备先进齐全，有施工高层建筑的爬塔、塔机及其它施工机具300余台，可承担 30层高、30米跨度的工业与民用建筑及二级标准以下公路工程。公司技术力量雄厚，有职称的工程管理人员 162 人，各种技术工人1000余人，具有丰富的现场施工经验。公司管理健全，质量保证体系科学、完善。1992 年至 1997 年执行全面质量管理。1998 年贯彻实施ISO9002质量管理体系，1999年9月通过ISO9002国际质量体系认证，并获得证书。

公司近年来承建、交工的数十万平方米的各类建筑工程合格率100%，履约率100%，优良品率 80% 以上。公司多次获得上级主管部门的表彰，荣获成都市先进建筑企业、标准化建筑工地、安全生产先进单位、质量无投拆单位、质量信誉双信单位等荣誉称号，并因工程质量创优良成绩突出在《四川日报》上通报表彰。2001年荣获四川省统计局颁发的“四川集体建筑企业综合实力100 强”证书。公司重合同、守信誉，坚持回访和后期服务制度，受到建设单位好评。公司承建的很多工程都是原业主的后续工程。公司近几年获芙蓉杯的工程 7 个：市统建科学路小区、长信房地产科研业务楼、西南设计院4号、5号职工住宅，成都三十中综合实验楼，四川省林业医院2号楼，四川省水土保持局综合楼。天府杯金奖2个：中国建筑西南设计院4号楼，棕北二期。

白屋金华街商住楼

华西苑住宅楼

成都市金牛区广播电视局

金牛区广播电视局（金牛区有线电视台)是金牛区行政区域内广播电视事业的主管单位，是区委、区政府新闻宣传机构。自建设开播以来，在区委、区政府及上级有关部门的领导和指导下，其事业建设和宣传、管理工作取得了较大发展和长足进步，为全区两个文明建设作出了积极贡献。

事业基础设施建设

1、前端及网络：金牛区有线电视台严格按照国家的技术标准和技术规范，高起点、高标准、高质量地进行建设。前端设备采用了具有世界一流水平的比利时巴可公司和美国GI公司的顶级产品，光发射系统的设备全部采用美国GI公司的OMNISTAR系列产品，建成了具有省内一流水平的有线电视前端和HFO光纤传输网络(HFC)。

在网络上，严格按照国家“五一”的建网原则进行总体规划和建设。现已开通包括中央、省、市、区节目44个频道45套电视节目（今后还可增加数十套加密付费电视节目，并提供INTEMET互访、电子邮件、股市交易、视频道播等多媒体服务），形成了一个以区委、区政府为中心，上连中央、省、市，下达千家万户，具备数据传输，可进行多功能开发的宽带综合信息网，拥有约18万用户，是全省同级有线电视台中技术设备最先进、传输质量最好、用户最多的有线电视系统。

2、技术用房：目前，该局拥有技术用房1000多平方米，配备了大、小新闻演播室、语播室、导播机房、编辑机房、录音机房、前端机房、修理室、配电房等技术用房，其中新闻演播室和语播室，经西南建筑设计声学测试验收，各项技术参数全部达到了国家的技术标准。

3、宣传设施、设备：金牛区广播电视局（金牛区有线电视台）现拥有日本索尼公司BELACAM系列的摄录、编辑设备和美国索罗公司的调音设备30多台，具有完整的摄录编辑制作系统。

宣传工作及节目安排

该局严格按照党的新闻宣传纪律，完整地传送了中央、省、市有线、无线电视节目。主要开办了《金牛新闻》、《经济与生活》、《金线传情》、《影视欣赏》 等新闻、经济和服务类节目。

搞好共缆传输，促进农村广播电视网的发展

该局已经提前实现村村通广播电视，随着我区农村经济和社会发展及广大农民群众的需求，金牛区广播电视局（金牛区有线电视台）将继续对全区农村光纤电视网络实现广播电视共缆传输作出总体规划。

依法管理全区广播电视

该局是金牛区行政区域内广播电视主管部门，将依法对全区广播电视事业进行建设和管理，对个别私拉乱接广播电视线路，窃取信号的现象等违法行为将依法给予查处。在收费中“严格执价、依法收费”。一是切实贯彻《价格法》；二是严格执行收费标准，该收则收，应收不漏，决不乱收；三是增加收费透明度，做到收费标准公开；四是广泛听取社会各界的意见和建议，自觉接受物价检查，确保了电视台认真执行物价法律法规，规范价格收费行为，受到广大用户的好评。

成都市風景園林規劃設計院

成都市风景园林规划设计院的前身是成都市园林局设计室，成立于1981年，主要从事城市园林绿化设计。为提高我市的园林绿化设计水平，发展风景园林绿化建设事业，于1992年扩编为成都市风景园林规划设计院，直属成都市园林管理局。

该院是中国风景园林协会常务理事单位，是成都市风景园林学会的常务理事和规划设计专业委员会主任单位，是西南地区首家取得风景园林规划、设计专业认证单位，现发展成为规划、设计、施工“一条龙”作业线。其主要业务范围：风景园林规划、设计、施工，园林建筑设计、室内装饰，园林广告、技术咨询等。

“活水公园”
荣获国际“优秀水岸设计最高荣获奖”

目前，该院从成都市的实际情况出发，根据成都市的城市总体规划，充分利用我市园林绿化的优势和特点，结合山丘河流、文物古迹、主要干道和大型公共建筑合理规划、设计风景园林，以河流、干道为骨架，以公园块状绿地和小游园状绿地为重点，以广大社会单位绿化为基础，以近郊山丘河流、林盘林网绿化为外围，建设点、线、面、圈结合，城区与郊区结合，平面与立体结合，完成了具有蓉城特色的城市风景园林绿化系统。建院以来，立足成都，面向全国，完成了府南河合整治工程、成都市风景园绿化体系等地域环境规划设计；二滩、泸州市、宜宾市、都江堰市等园林绿地系统，攀枝花、九寨沟、都江堰、龙池、卧龙、十陵等风景名胜区体系；市区内各大公园、小游园、二滩森林公园、世博会蜀风园、泸州市江北公园、盐亭高山森林公园、三峡国际旅游城、新疆昌吉文化广场等园林绿化；大熊猫基地、动物园兽舍、侨台房屋工程、园林职工宿舍等园林建筑；黄河商业城、西南石油学院、海口市文化活动村等环境绿化；市区各大公园、双流艺中、二滩风景区、天台山风景台等大规划、设计、施工。成都市风景园林规划设计院的园林绿化事业方兴未艾。

成都府南河综合整治工程
荣获第二届国际“地域环境设计奖”

设计是工程建设的灵魂。该院的宗旨是：现代化的理念，高品味的设计，优质量的信誉，最满意的服务。该院有理由坚信，按照现在这种良好势头发展下去，成都市风景园林规划设计院将迅速发展，对成都、对四川、对中国、对人类的城市与园林、社会与环境作出新的、更大的贡献。

法人代表、院长兼书记：江克华
地址：成都市九里提南路58号
电话：（028）87642603　87646219
传真：（028）87646219　87651090
邮编：610031

广交朋友、共图发展、欢迎垂询、诚邀光临！

四川省光阳数码喷绘有限公司

KUNYANG SICHUAN KUNYANG DIGITAL PRINTING CO.,LTD

四川省光阳数码喷绘广告有限公司是四川省最具有竞争力的广告喷绘公司之一，成立的时间虽然只有短短的三年，却在整个西南喷绘市场中具有很强的占有率.光阳本着"您的要求,我的追求"的经营宗旨,1998年就从美国引进全西南首台巨型双面喷绘机和诺尔SALSA高精度数码喷绘机,成为西南喷绘界的领头羊,也使户外广告业在西南地区的发展奠定了坚实的市场基础.

光阳公司地处成都市中区,拥有两层楼的现代化办公和喷绘制作场地.公司员工中汇聚了西南地区喷绘界及广告业的精英,透过对西南市场的精准把握,凭着良好的企业管理、十多台高配置的苹果电脑、EPSON高精度的画面输出设备、优质的广告耗材和严格的质量监控体系,为客户提供具有国际水准且符合中国国情的专业广告作品.

随着公司规模的不断发展壮大,光阳已成为典型的完备服务公司,从广告策划、设计到喷绘制作、安装、媒体发布一体化的创作、生产流程,不仅使客户免除了中间环节的繁琐程序,而且为客户节约了资金成本.二十一世飞速地发展,而光阳始终走在高科技的最尖端,为实现"让高科技服务于您"的承诺,2001更从美国引进八色巨型数码喷绘机,而且将不断引进与国际潮流同步的喷绘设备.

光阳公司始终坚信"品质维持着我们的荣誉",创造出一流的广告作品和树立光阳品牌形象是每一个光阳人不断追求的目标.

设备介绍 Arrangement intruduction

西南地區唯一擁有5M雙面噴繪機的專業噴繪公司；擁有3.2M寬幅600DPI數碼噴繪機的專業噴繪公司；擁有照片級質量，室外耐久性達兩年的寬幅打印機的公司。

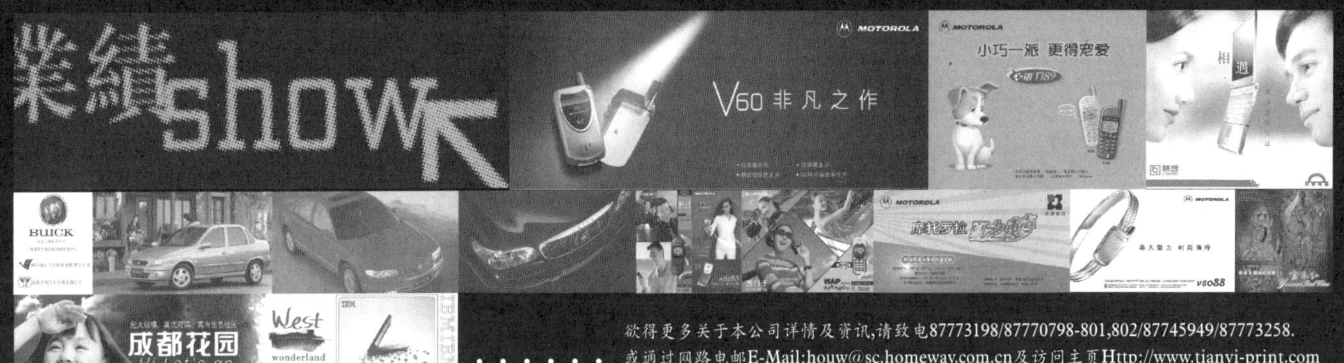

欲得更多关于本公司详情及资讯,请致电87773198/87770798-801,802/87745949/87773258.

或通过网路电邮E-Mail:houw@sc.homeway.com.cn及访问主页Http://www.tianyi-print.com

或亲临成都市花牌坊街2号四特大厦三楼公司总部,届时恭迎阁下光临。ART DESIGN/仕室贰道设计

成都邮区中心局

成都邮区中心局是全国七个一级邮区中心局之一，是西南地区重要的邮政通信枢纽和邮件集散地。主要承担着邮件的分拣、接发、运输、经转和各类邮件容器及业务档案的管理。它的正式运行，为我省邮区中心局体制的建设和发展起着关键性的作用，为我省邮政通信网路组织管理走向科学化、标准化、现代化，逐步实现集约化、专业化生产和进一步合理配置邮政资源，提高网络运行效率，加快邮件传递速度奠定了坚实的基础。该局现有职工2800余人，固定资产总值近6亿元，生产及办公用房10万平方米。拥有的主要设备有信函自动分拣机3套，包刷自动分拣机1套，各类邮件处理和机械加工设备611台（套），重、中、轻型邮件运输和生产辅助车345辆，运能达1581吨。该局紧紧抓住历史的机遇，坚定信心、迎难而上。认真遵循“搞好管理抓落实，控制成本增效益，强化质量加提速，预防事故保安全，广开门路兴三产，加快建设促发展”的建局方针，强化企业管理，控制成本支出；优化通信网路，确保邮件提速；提高通信质量，杜绝安全事故；加大科技投入，推进二枢纽进度；大力发展三产，分流富余人员。在发展中锻炼了队伍，在发展中壮大了实力，在发展中创新了机制，在发展中增强了企业的活力。

目前，通往全国的航空邮路可直达北京、上海、广州、拉萨等39个大中城市；派押的火车邮路有4条，每日接发干线邮运火车20趟次；自办汽车邮路30条，其中：7条省际汽车邮路通达西安、兰州、重庆、贵阳等城市，23条省内汽车邮路覆盖全省（快速邮路10条，普通邮路13条），邮路单程总长度为73968公里，形成了能综合利用铁路、公路、航空等多种运输方式的快速高效的邮运网路。2001年全局共完成汽车邮运产品量30.78亿袋公里，火车邮运产品量38.67亿袋公里，航空邮运产品量71.73亿千克公里，转运产品量619万袋，挂号信函日均处理量达6万件，平常信函日均处理量达70万件，包刷日均处理量达0.9万件。

该局用真诚的奉献，奋斗的激情，辛勤的劳动取得了通信生产和精神文明建设的双丰收，在四川邮政的历史画卷上，谱写了新的篇章。为全省邮政的经营和发展提供了强有力的支撑，为实现邮政全行业三年扭亏的总体目标和西部经济的腾飞做出了积极的贡献。

局长：　柴昌建
电话：　(028) 83317527
传真：　(028) 83379016
邮编：　610081
网址：　www.sptb.com

勤政务实的领导班子　　成都第二邮政枢纽　　大吨位干线邮件运输车　　现代化的信函分拣车间

成都市墙材革新建筑节能办公室

召开科研会

组织优势骨干企业参加“2002中国成都住宅产业博览会”。

经过11年的艰苦努力，成都市新型墙体材料生产的比例已由1990年的18.34%提高到2001年的58%，新型墙材产品已有砖、板、块三大类23个品种。新型墙材应用面积的比例已由1990后11%提高到2001年的68.8%。1990年-- 2001年期间累计生产新型墙材的290.21亿标块，推广应用新型墙材面积5245万平方米，节约能耗62.6万吨标煤，节约土地19405亩，利用工业废渣2165万吨，获得了显著的社会效益和经济效益。

2001年，我市新型墙材年产量达到35.9亿标块，占墙材年总产量的58%；实心黏土砖实际生产25.98亿标块，达到目标限制值的要求。全年应用新型墙材建筑面积达到620.64万平方米，占全年总建筑面积的68.6%；完成建筑节能试点小区锦西民园一期3.96万平方米，中房战旗小区南六B组团6万平方米。全面完成了目标任务。

我们将2002年至2003年定为：“打好墙改可持续发展基础年”。2002年的工作目标是：全市应用新型墙材建筑面积达到全年总建筑面积的65%以上；全年新型墙材产量达到墙材总产量的58%以上；黏土实心砖生产限制值在2001年的基础上下降5%；实施新型墙体材料建筑节能小区试点2—3个；建筑节能工程试点2个；实施新型建筑材料企业技改项目1—2个。

召开节能工作会

中国统计出版社最新资料书简目

中国统计年鉴—2002
中国统计摘要—2002
2002 中国发展报告
国际统计年鉴—2002
中国农村统计年鉴—2002
中国城市统计年鉴—2001
中国人口统计年鉴—2002
中国社会统计资料—2001
中国工业经济统计年鉴—2001
中国劳动统计年鉴—2002
中国市场统计年鉴—2002
2001 年中国城市发展报告
中国建筑业统计年鉴—2002
中国固定资产投资统计年鉴—2002
中国西部统计年鉴—2001
中国对外经济贸易统计年鉴—2001
中国商品交易市场统计年鉴—2001
中国价格及城镇居民家庭收支
调查统计年鉴—2002
如何使用统计年鉴
中国市民的经济观
中国民政统计年鉴—2002
中国食品工业年鉴—2001
北京统计年鉴—2002
天津统计年鉴—2002
河北经济年鉴—2002
山西统计年鉴—2002
内蒙古统计年鉴—2002
辽宁统计年鉴—2002
吉林统计年鉴—2002
黑龙江统计年鉴—2002
上海统计年鉴—2002
江苏统计年鉴—2002
浙江统计年鉴—2002
安徽统计年鉴—2002
福建统计年鉴—2002
江西统计年鉴—2002
山东统计年鉴—2002
河南统计年鉴—2002
湖北统计年鉴—2002
湖南统计年鉴—2002
广东统计年鉴—2002
广西统计年鉴—2002
贵州统计年鉴—2002
云南统计年鉴—2002
海南统计年鉴—2002
四川统计年鉴—2002
重庆统计年鉴—2002
西藏统计年鉴—2002
陕西统计年鉴—2002
甘肃统计年鉴—2002
青海统计年鉴—2002
宁夏统计年鉴—2002
新疆统计年鉴—2002
新疆生产建兵团统计年鉴—2002
石家庄统计年鉴—2002
唐山统计年鉴—2002
保定统计年鉴—2002
邯郸统计年鉴—2002
太原统计年鉴—2002
临汾年鉴—2002
呼和浩特经济统计年鉴—2002
沈阳年鉴—2002
大连统计年鉴—2002
延吉统计年鉴—2002
四平统计年鉴—2002
吉林市社会经济统计年鉴—2002
齐齐哈尔经济统计年鉴—2002
哈尔滨统计年鉴—2002
黑龙江垦区统计年鉴—2002
牡丹江统计年鉴—2002
上海浦东新区统计年鉴—2002
南京统计年鉴—2002
苏州统计年鉴—2002
常州统计年鉴—2002
无锡统计年鉴—2002
徐州统计年鉴—2002
南通统计年鉴—2002
盐城统计年鉴—2002
连云港统计年鉴—2002
张家口统计年鉴—2002
杭州统计年鉴—2002
绍兴统计年鉴—2002
宁波统计年鉴—2002
舟山统计年鉴—2002
温州统计年鉴—2002
台州统计年鉴—2002
福州年鉴—2002
厦门经济特区年鉴—2002
福州经济技术开发区年鉴—2002
南昌统计年鉴—2002
九江统计年鉴—2002
河池地区年鉴—2002
济南统计年鉴—2002
青岛统计年鉴—2002
泰安统计年鉴—2002
郑州统计年鉴—2002
洛阳统计年鉴—2002
三门峡统计年鉴—2002
平顶山统计年鉴—2002
南阳经济统计年鉴—2002
武汉统计年鉴—2002
宜昌统计年鉴—2002
十堰统计年鉴—2002
广州统计年鉴—2002
东莞统计年鉴—2002
惠州统计年鉴—2002
珠海统计年鉴—2002
深圳统计信息年鉴—2002
桂林经济社会统计年鉴—2002
南宁地区统计年鉴—2002
南宁统计年鉴—2002
柳州地区统计年鉴—2002
柳州经济统计年鉴—2002
海口统计年鉴—2002
成都统计年鉴—2002
攀枝花统计年鉴—2002
广安统计年鉴—2002
贵阳统计年鉴—2002
昆明统计年鉴—2002
西安统计年鉴—2002
兰州年鉴—2002
天水统计年鉴—2002
西宁统计年鉴—2002
乌鲁木齐统计年鉴—2002
吐鲁番统计年鉴—2002
巴音郭楞统计年鉴—2002
伊克昭盟统计年鉴—2002
石河子统计年鉴—2002
庆阳年鉴—2002
银川统计年鉴—2002